戎光祥研究叢書 15

# 戦国・近世の島津一族と家臣

五味克夫
Gomi Yoshio

戎光祥出版

目次

第1部　島津本宗家と史料

第3部　薩摩藩島津家の史料伝来

# 第1部

# 島津本宗家と史料

# 第一章　「島津家物語―日我上人自記―」について

鹿児島大学図書館郷土資料室架蔵の和綴写本の中に、表題「島津家物語」とある一冊の虫損本がある。鹿児島高等農林学校図書館旧蔵本で大正十三年（一九二四）の登録印がある。おそらく、同年頃入庫の同種の写本類とともに研究資料として購入されたものであろう。近年、図書館郷土資料室に移管され解読する機会を得、その内容・成立事情についていささか考えることがあったので、全文の紹介とともに一、二の私見を記しておきたい。

島津家物語の内題に日我上人自記とあり、「永禄六年己亥関東房州より九州日向へ下向の時旅中に於て是を記す」という日我の副え書きが付けられている。日我は日蓮宗の僧で当時の安房国妙本寺と駿河国久遠寺の住職であり、宗門内の問題で上洛中であったが、さらに西国の本拠地九州日向にまで足をのばしたものであろう。日我五十六歳、永禄十年（一五六七）に六十歳で職を高弟日侃に譲っている。日我・日侃については妙本寺文書に関係史料が多く、その動静を知ることができる(1)。本永寺・定善寺・顕本寺はいずれも日向における同派の寺であり、廃寺となった顕本寺を除き、本永寺は宮崎市高岡町に、定善寺は日向市に現存する(2)。日我・日侃とも日向出身とあれば、当時島津・伊東両氏が覇を競っていた日向はもとより、大隅・薩摩の政治情勢に深い関心を抱いていたであろうことは想像に難くない。日我自記は島津家の内紛の中から台頭してきた相州島津家の当主（伊作家忠良―日新―貴久、義久）に注目し、その善政を評価し、将来の発展を予測している。また、日新・貴久の功業にもっとも大きな貢献をした人物として伊集院忠朗―孤舟―をあげ、両者の緊密な協力の下で戦国大名島津氏の隆盛がもたらされたと理解している。逆に本宗島津家の勝久、その子孫（勝久の子忠良、忠良の妻は伊東氏、その子良久）らには手きびしく太守の器に非ずとしている。ただ、自記の骨子は日我の作るところとしてもこれを現在のごとき文章としたのは日侃かと思われ、内容も永禄六年以降に及んでいる。たとえば、義久の修理大夫就任は永禄七年三月であり、永禄六年以降のことである。また「当時隠居有て息の義久当屋形也」とあるが、義久の家督相続は永禄九年二月のことである。しかし、永禄十一年十二月の日新の死についてはふれていないから、大体永禄十年頃までの情況を記したものであろう。

物語の構成は本文と追て書からなり、追て書の末尾に永禄六年頃の評定衆老中五人と奏者衆三人の氏名、先陣後陣の役名をあげている。次に「右島津家物語云々」とあって天正九年（一五八一）三月日侃の奥書があり、日我上人自記の述作と伝来の事情を記している。それによれば、永禄六年九州より関東へ帰国の際路次で見聞した諸国大名の物語十四帖を作成したが、その中でもっともよく島津氏の善政を書き記したもので十年前にも日向定善寺におくったが、届かなかったということである。その後、元亀二年（一五七二）根占の順礼三人が来山した際、日侃は直筆の写本に一首の歌を添えて帰国のみやげにもたせてやっている。今（天正九年三月）またこの物語をおくるについては作中主要人物として記されている伊集院氏一族の人々にも披露してほしい。日侃自身出かけたいとは思うが老体のことゆえ思うにまかせない。万事よろしく頼み入ると述べている。時に日侃七十四歳、既に妙本寺前住上人とよばれていた。写本の末尾の記載は池水氏が文政十二年（一八二九）四月福崎氏蔵本により写したことを示しているが、福崎・池水氏とも何人か不明である。

本文で注目すべき記述は、まず島津忠久の母丹後局を九条家の女とし、したがって藤原姓とするのは従来きかぬ説である。(3) また、日新・貴久が庶家の出でありながら守護の任につこうとするについての決意表明と、これを支持しかつその実現に奔走した伊集院孤舟の進言などの内容も検討に値しよう。肝付省釣を敵に廻して遂にこれを圧服した経緯と、後に孤舟の家が忠金、忠棟（幸侃）と権勢を極める事由の説明が導き出されるような記述の内容である。日侃の追記はさらに現実的に九州を席捲する勢を示す義久代の島津氏とその有力家臣の座にある伊集院氏の存在を意識して書かれたものであろう。本永寺のある日向高岡は北諸県郡旧穆佐院の地で当時は既に島津氏の勢力圏内に入っていたのである。

何分原本でなく江戸後期の写本であり、かつ虫損著しく解読不能の箇所も多く、問題は残るが、戦国期の島津氏を研究する一資料としてあえて紹介した次第である。大方の教示、叱正をいただきたい。

## 註

（1）『千葉県史料』（中世編諸家文書）所収「妙本寺文書」天文十八年十一月十六日付久遠寺置文に妙本寺当住日我とあり、天文二十二年八月二十五日付妙願寺置文も妙本寺日我とある。また、「妙本寺文書」二に永禄三年八月二十八日付の源氏貞の書下に「駿河国富士上方小泉郷久遠寺之事」の宛名は久遠寺日我上人とある。日我上人の西国下向については、「妙本寺文書」二に日我が西国惣門徒中に本山への服従を求めた永禄三年十月十三日の条々があり、それによれば「日我下向歟、若者、中途迄発足歟、不然者使僧お下可申候」とあることにより知られる。また永禄五年二月二十七生年五十五日我とある妙本寺置文に「今度上洛に附て、宰相阿闍梨申付候、世家共彼下知次第可有之候」とあって、日我の上洛不在中のことを書き置いていることから、このころ日我の西国下向の事実を承知しうる。

「妙本寺文書」には永禄十年十月三日付で、六十才の日我が日侃上人宛に久遠寺と妙本寺西寺の貫主職を譲与している文書がある。天正九年三月二十五日の文書では房州妙本寺当住日侃と隠居日我の連署がある。
（2）「三国名勝図会」、「高岡名勝志」参照。
（3）朝河貫一「島津忠久の生ひ立ち」（『史苑』一二―四、一九三九年）参照。

島津家物語　日我上人自記

永禄六年己亥従関東房州九州日向江下向之時於旅中記是

日我

九州奥三ケ国とは大隅、薩摩、日向なり、中古頼朝御代島津判官忠久と云人ハ頼朝御在京之時九条殿御息女丹後之局と申に御交会有て持せ給ふ御子也、秩父畠山養育扶佐まし、本田を指副奥三ケ国拝領有て下らる也、左衛門佐忠久と吾妻鑑なとに有之ハ此人の事也、其末葉に及て四百年に三ケ国知行有之、代々家督ハ仮名三郎、官は修理大夫、氏ハ母方を募藤原氏、幕ハ十文字也、近代の屋形無器量にして国を持破り家を失給へりて人牢人（十四代陸奥守勝久の御事也、母大友因幡守政親女）して親父ハ豊後の大友を頼豊後の府中に有て珠数を引てハさとし徒なる覚悟まて也、子息（忠良）は日向の伊東を被頼、是又正体なく候て島津の名をくたす也、彼家の庶子田布施の相州（忠良）、出水の薩州（実久）、樺山太郎（幸久）、北郷次郎（時久）、新納四郎（忠勝）、飫肥の豊州（忠朝）なとて余多有之、従昔彼家督及断絶候ハ田布施の相州可為国主由先祖の掟也、然処に或は薩州或ハ北郷なと人数分限の衆様々計略の行にて国を守んとし色々賄賂仁義候て雖望家督、有武て無文ハ治国利民難成、有文て無武ハ防戦守御不叶、依之年久無主国となり、望をかけ肥後境より行をなし、日向の伊東は片端より打入、味方ハかれを是としこれを非とす、一城一郡も閑なる地これなく、爰に田布施の相州、永禄六年己亥其比日新斎と云七十余の入道也、其息嫡男修理太夫貴久五十計也、舎弟ハ右馬頭と号す、又貴久息四人あり、嫡子修理太夫義久、舎弟又四郎（義弘）廿八、其次又六郎（歳久）廿計、其次又七郎（家久）十五六の人なり、相州の臣下に伊集院掃部助（忠朗）、受領ハ大和守と云ものあり、其時分孤舟斎と号す、是も七十余の入道也、其子に掃部助（忠倉）、年廿七八の人也、日新孤舟君臣共に文武の達者也、工夫智略無双功者也、御息貴久是又心操すなをにして国政の智あり、日新未田布施の相州の比、孤舟未大和守たりし時、和州に対して宣ひけるハ既に当家の家督及断絶、且又逸々にして国家共に破れ為他国他名被押領事歎きても余あり、惣領無器量に被生事、当家破滅の先表也、庶子雖多之是又自分の出頭私宅の我欲のミにして広く分国を治め鎮め大軍を可守護樹（ママ）なし、我か筋目庶子の棟梁として家督中絶の日従当方可相続契約雖有之、我も又内に智略うすく外に人衆なし、其上当時地利を十ヲ二十持たる一家国老等有之ハ当日出頭大身の族を先代契約の掟をも不可用、但爰に二ツの頼ミあり、一ッハ貴久も無器量者にあらす、かれか国を可治ほとの覚悟有之ハ思立事も可有之歟、子を見る事親にあり、雖然我又無器量なれハ、愚者のほめそしりハ正儀にハあるへからす、一ツニは汝思案工夫武略計略味方の中ニハ可論人なし、諸侍之覚悟ハ胸中可有之、然間万一事を可全乎、是二ッの頼なくてハ無之と云々、大和守申様御掟の分謹て承候、若殿の事ハ御器量をも委ク不存候、但御鑒見には過へからす、乍去遠く事を求め末に頼を掛給ハんよりハ御一代の内に可思召立候、御免たに御座候ハハ日向の事ハ過半伊東知行ニ候間不及力ニ、儅者近代迄鹿児島の御手に入候分ハ一所も不残某走廻りて相調可申、若不及和親者有之、御身方強大罷成て後可打平事易キ事ニ候、当時諸侍の胸中ハ年来案内者ニ候間、文をは武にて挫キ、武をは文にて和くへき間思召立候ハハ今明の内より可相調と云々、相州の曰、被申旨無余儀候、若十歳之内外の幼稚にて不然父祖の時代より其企有之者功を成す事も可有之、只今同名他名と交りをなし傍輩等レイノ様何して今更屋形と号して事新しく家を募ひ身をたかふくは頓《ニハカ》に誰か君臣の思を成さんや、仮令家督断絶せハ我か及子孫可相続地盤の工夫遠慮可入也、貴久無器量ニおいてハ不及力次第成共見る処有ゆへ此分也、既に周の文王ハ殷の紂王の悪逆無道降の朝上下万民滅亡に及ふの間彼等をたすけ国土を安泰ならしめんかために西伯たりし時様々善を尽し美つくし忠信之走廻り不知数無其許容、然る間時を待つ折節或時西伯狩に出て太公望を見付同車にして司天台を築き師範として天下政道治国利民の道を聞き発と云息をも同心して天下政道をならハしめんたり、雖然終に西伯の代に不取代ヲ西伯薨せられし後未忌中の間に一つハ時の来を見及ひ、一つハ孝行として軍を起し殷の代を討て周の代とす、父の西伯を文王と諡す、息の発を武王と号す、其政文王の道少も不替、依之周の代三十六七代七八百年文王の筋相続ケリ、其政道を守り大公望は斉王となり、周公旦の息伯禽ハ魯国の王となり給へり、工夫思案武略計略のたけたる人当方身方の内には無之と見て候、雖然惣領職中絶候に事を起さらんハ如何様分国中に可応敵心の人も有之、事成間敷瑞相をも見当殊に我等兄弟無器量に生出たる間、一旦代を取てもやがて他の物となり、剰へ田布施の家をも破らハ労して功なき世上成へしと及見給へ、申上候てあるらめ、我又自分ニ思立事ハ根なくして花実を求るあてかい成へし、抑家督断絶の事、日々夜々歎き不過之、天の時なく人の和なけれハ分国の地頭徒に塗炭に落たりとてハらハらとなかしけり、私曰、此所闕文アルヘシ、大和守、貴久公エ謁見シテ時来ヲ説アリト見ヘタリ、伯禽魯公トナリ玉ヘルトアル文勢武略計略ノタケタル人、当方身方内ニハ無之ト云者貴久公大和守江答ヘ玉フナルヘシ、追日可校合故姑闕文ノママニヲク、

其時大和も涙にむせひ是非の即答に及す、良有て御盃出て其後差寄て大和申様ハ、扨三ケ国の主に申者候ハハ成度思召か御諚承度候と云く、貴久曰、先誰人成り共島津の惣領職に可成人を見立意見者臣下を見定め、其上ニ事を起度候、身カ事自分さへ覚悟有者と思ハす、まして人眼にはさこそ候らめ、意見者ニハ先其方の外には見及はす、一家中に誰か家督に仰へき人や候と云く、大和申様いやいや御意はかやうにて候得共他に大将を求被成無詮、屋形にさへ成給ふへき御覚悟ならハ輙く走廻り手便をなし可申、他家を取立可申事不及覚悟候、貴久曰、如被申仰くものさへ候ハハ家と云、時代と云、強クいやにてハ候ハす、若其分ならハ爰に二つの頼あり、一つニハ老父分別深ク武文の心持道に叶時に逢り、一つには其方計なかく工夫不浅然と云く、大和申様扨国持島津惣領職に御備候而之御心持とハ如何様に御思案被成候哉、貴久曰、別に心持候ハす、朝に道を聞て夕部に死共可也、命の長短身の昇洗(沈)ハ過去之宿習に有り現在一旦の名聞暫時の活計にさへ身命を捨る事あり、侍の義理を思い命を捨事も命ハ義に依て軽しと有り、何そ況や四百余年頼朝以来中絶無キ家只今断絶ニ及領の分国他の物と成るへき所を相続し、先祖死体ひからかさん事一日成りとも本望也、為国為家なれは及一命程の事成り共後悔すへからすして政道の事、一家国老諸輩に対して非礼緩怠すへからす、万民百姓に向ての重□非分を不可言、文武一道の事ハ善も悪も老父とその方両所の覚悟可任、此外には思案なしと云く、大和守申、此上ハ当日の事ハ可申筋目も候、扨日向の事ハ及百年伊東知行に罷成候、渠は弓矢に賢く候上、大山節所を隔候間、不及力事も候へし近代惣領家の御分国大隅、薩摩、日向半国并屋久島、永良部島、種子島、琉球にいたる迄□く今日より御知行と可思召、某か走廻候御所務ハ速く可参候、其上にて御分国を心の儘に罷成らハ肥後の相良、日向の伊東後日可被討事を兼て堺目に取手をいたし□擬を可申、其時分国の内に偏に武を好て文ハ薄く自らの出頭を願ひ他の出身をいやかるもの候へし、成間敷自訴を企而善なるへくんハ旗下に有るへし、不成者敵国と同心し、敵他国より打て入らは我ハ分国より跡を切らんと可存、其人は先ツ言をよくして一旦は任御意可走廻と申、其後大途向の意見を可申上、其旨先誓言別儀を以て不存由を断、扨只今伊集院大和と万事を走廻り候、かれハ小人也、仮令当家御安堵の事ハ御分国地盤の案内者旧臣御同名なとの間なれハ如斯調申候、他国へ弓矢を取てかさなりなることにて候へし、彼大和を被取除、某に□任候ハハ九州の地ハ不申及周防、長門、伊予、土佐迄も打随へ可進と申もの出来るへし、其時仮令

真実に西国を悉く討可取擬雖有之、彼人の異見にまかせ某を被除間敷由思召定る分ならハ御分国を安堵させ可申、かく申せはとて自分の身上を惜ミ申には候はす、当日夫ほと大功をなし大儀を可起功臣十年二十年の内に可出と不見候、せいさい一郡二郡なと持したかへ是を大儀と存先国を調、後に自訴を申、御敵に可被成方を見及候、成間敷事を仕出し、結句御分国も破れ御家も亡候ハハ労して功なき行ニ候間此分申上也、御分別有之ハ五代十代ハ如何、二代三代御在世たるへし、申旨於御合点ハ可走廻云々、貴久曰、被申旨同心也、其故は家督さへ無断絶ハ二つなき命成とも可出申上ハ誰人来て大和をしりそけよ我□(か)異見□(を)云と有とも不可任其儀ニ、若其方ニ指副便にも可成あらハ世を取に付ても取収ての上も夫ハ公私の談合に有へし、儻家督を為可残の弓矢ニ而こそあれ、全く人の国を押領すへき欲心の弓矢にあらす、家の断絶すへきを歎ヶ敷の間、家さへ残るへくんハ専一也、家の残□□其方走廻り可成の間所用なき他国を取らんとて分国を安堵させ家を再興したらんする忠臣を可除哉とて此趣の誓文状を一通書付自判をすへ大和に被下たり、大和おしいたたき守に掛、其儘諸方をからくり地盤懇切の人々を先ッ語、其手便直にてかなたこなたを相かたらひほむるを聞て悦ふものをは陰にて是をおひや□(か)し欲深きものにハ賄路を送り後日の仇と可成者をハ討之、三略の権道様々に相計ける間、程なく三ヶ国相随、鹿児島とて島津殿代々の在府の地に打入て貴久ハ島津の屋形に成し申ける、従元貴久は文武心に有て身を高ふらす、三綱五常を身に行ひ大慈大悲の人にて仏神三宝を深く敬ひ孝行にして万民をあはれミ諸士之忠儀を感し、少も金欲非分の心なし、四国西国の商人、唐・南蛮の客船、異国琉球の水夫にいたる迄彼寄特をほめ、順路を慕、歌にうたひ口にすさみとす、或詩賦に作り、或絵図に写事限りなし、無欲におはすゆへ、異国、本朝の商船つとひ来て財宝徳分前代未聞也、万民百姓は月日をいたたくかことく崇て大隅正八幡の神旦のシ□□□也、別宮本社両回廊にいたる迄悉再興し当日ハ京より西ニハ是にましたる再興の神社なし云く、貴久地言(誓)曰、国を領し所務を成してのおもひ出に仏神に寄進し寺社を再興し船橋を渡し国土の民を豊にし、国家を安泰にしたる程の国の主たるもの活計何事か是にまさらんと云也、当時隠居有て息の義久当屋形也、是も器量のよしその聞得あり、但末は覚なき歟、末々ハ難知、日新斎ハ于今存命也、浮口に有てハ若者を集め側に置、日夜朝暮文武の指南あり、義久には年の寄りたるものを被差副たり、然る間浮口に日新斎・孤舟あり、中に貴久あり、前に義久臣下に掃部以下の評定衆三所を一口に談合し、内外共に一徹なり、義久より貴久へ問給へハ、貴久・日新・孤舟に聞せて異見有り、依之二三代ハ長久也、日向、大隅、薩摩の堺に肝付と云代々島津の家をまほる人也、根占・肝付とて両人共に弓取也、中比根占腕弱き時分肝付より根占の知行を押領し根占か子を聟に取り親をばとりこにしたり、肝付親ハ入道して六十計なり、せいてう(省釣)と云、子は兼吉(良兼)と云けり、地利十二三持たり、省釣は貴久の妹聟彼覚悟を聞に武略に長し利根才覚人に勝れ思案工夫我にましたるもの世にあらしと利口高慢しむき路を面とし人をひしき身を高ふり我ほとの大将恐らくハ三ケ国にしもあらし、凡九州にも希成へく思もへり、雖然思案浅く慮知みしかく広く国を領し久敷世を可持人にあらす、血気の勇士也、国人といひ、縁近と云、内外共に賞翫也、心すき人体なれハ自分の用心又逆心の時可頼かゆへ、前々より日向の伊東と内々言通す、島津と伊東ハ時分に依て縁者を組時もあり、又敵々に成り弓矢に及ふ時もあり、当代敵味方也、爰に省釣味方の島津に難題を為可言ニ伊東の息女を嫁にこい、吉(良)兼の女にすへき内談也、其上にて或時鹿児島へ被参候折節貴久と一座に宿て寝物語にせいてう被申様ハ前々より当方を守り御身体乍恐御縁辺ニ参候間、頼申候外ハ無他候、此上心底を残し可申にあらす候間、存旨を御許容有へくんハ可申於御別条ハ不及力云々、貴久曰内外共他人に異なる間ニ候得者争か別条を可存候、但事により物に依り是非格言ニハ可及、先子細を被演候得と云々、其時省釣様々地盤骨けい誓詞の上被申事に只今三ケ国御安堵の事は自元御名字の国と申、惣領絶へハ相州家督を可被付旨御分国中存知と申、殊に御器量のゆへ如斯候、更ニ非他力ニ、若ハ伊集院大和なと自分の走廻り之様ニ存候歟、全く非其儀候、此上御出頭被成度候ハハ御遠慮一ケ条可入候、其ゆへハ伊集院忠節我壱人の様に存て軍而ハ必自訴を可申、殊ニ彼れか子掃部なんとを一国の守護代なとと可存時分御分国の侍壱人も同心申間敷候、富て不驕なんと如申彼か父子忠をたかぶり御世上を我か儘仕候而却て国家は破滅可申、将又九州ハ不及申ニ中国四国も弓箭出来て従他国打入てハ両虎かばねをあらそふ世間と可罷成由及承候、儻又隣国肥後、肥前、日向伊東うつ路なとも途を朝夕みたりかわしく候間、一行いたしたらんには可打随事輙事ニ候、琉球国の船唐南蛮の大船来朝の時かり催し屋久島、種子島の材木船を坊之津、指宿其外の島々浦々の大船小船弐十艘も三千(十)艘も揃集而御方中の軍勢無残発向せは九州の地ハ不及申、四国中国迄も可打取也、其惣大将軍に貴久殿次の将にハ某なるへし、伊集院抔ハ爰元にて芥子計の異見者小人なれハ少国ニハ似合□り、広く弓箭を取計ことをめくらすへきものにあらす、彼か異見にて大身に御成候する事ハ不可叶、彼を退け被成て畢竟某壱人に被任候ハハ涯分走廻り可申と云々、貴久之曰様体聞届候、於事儀者左も有へし、乍去我田布施一所の主ニ而候処、家督中絶ニ付只今三ケ国に手をかけ当家の物領に備り候事只偏に大和壱人か内外走廻故候、只今渠を退候ハハ根を断て枝をからすにこそ候へ、此上当日日本一州を打取候とも大忠節の大和をしりそけん事ハゆめゆめ不可有候、其ゆへハ当家断絶を可相停為にこそ出張仕候へ、如存分有之上は広く他人の本領の国を討取て無詮候、庶子の身として不肖すへいの家を起し、家督断絶の国を領し候事、偏に大和之恩ニ候、然処争か鴻恩大忠の臣を可賞（賞上に不の字あるへき歟）無恩不忠の人を乎、第一天道おそろ敷こそ候へ此事兼て大和も分別の前ニ候間、□□一紙の誓文を書渡候、若又大和同心に異見も□□ハ尤也、此上如存分無之とて無曲ニ雖被存候、先約をハ捨間鋪候、彼れをハ退よと候ハハ異見ニ而候ハす国家を被破候とて候へ、とても破候へくんハ不忠不儀に組せんより先忠を君臣同心に滅亡したらハ武将の本懐時節到来候歟、その方は前々より伊東と懇切候間、内々結和親、当方大途を可被懸計擬之上此儀訴而至許容ハ一旦当方を守り時分を以国家を押領すへし、もし許容なくんハ当日伊東与云合、前後有而当方を可討擬にこそ候らめ、夫ハ覚悟の前なれハ仮令雖及滅亡後悔すへからす、此度之当座敵味方の儀を可存候得共異見と有ん筋目と云迚もそなたより手を可被出間不及是非、急キ可被帰とありしかハせいてう手を失て肝付へ被帰たり、身方の内ニも肝付と同意の人もありしかとも大和其時始て貴久の誓詞を被出分国中の侍へ披見する間、いつれも島津家を守りける、其後省釣伊東の息女を迎取る、息の吉兼の妻にして省釣自身船に乗り鹿児島へ押渡り島津殿の屋形に矢を射入敵国とそなれりける、貴久の舎弟右馬頭人数をた□□引突て罷出けるを右馬頭を討□(取)て省釣引かへしけり、其儘伊東□云□敵国とそ成にけり、孤舟斎か未来記少も不替、儻又省釣も只ものにあらす、島津分国の片端にて敵を成しうこかし弓箭を取り人に情もかけ出すへき者に物をいたし利根才覚勝れたり、雖然まへかさ何もおこりかすく、当座の奇転けいはくのミにして後日の思案きおいおくれの工夫浅くおきろわさを好ミ人数をつくりきらを善くし人にほめられ我ほとの器量のものなしと高慢せり、去とも平人にハ希成へし、弓箭の稼き味方をそたてふせくゆへ今に滅亡せす、扨日新・孤舟・貴久工夫ふかく心をしつめ思案をなかくし内に正直を旨とし外ニハ知略計略有て世上を治らるるゆへ相良、伊東、肝付以下の敵人雖多滅亡なし、取合今に不果、若一方無器量の時代可付勝負歟、扨彼の孤舟斎ハ三ケ国にいろへとも知行ハ本領三拾町計持たり、自身の支度ハ古の小袖あり次第古袴黒地の刀、無用所事に花麗花美をせす、国家の諸士百姓万民神社仏寺の安泰にて貴賤男女の寒からすひたるからさるこそ孤舟斎か思出活計よと云々持たる物を貧なるものにとらせ、百姓の訴訟も任道理少も理をまけす、非をいはす□当世の相州の臣下ニ而有之□の身持心持少も替らす、七十余りの入道也、此物ハ日向伊東□臣下野村刑部少輔内山の城主也、又高橋市右衛門とハ飫肥の牢人、其外大隅、薩摩の修行人諸商人□雑談せり、此外孤舟斎の事ハ□□の人には重而聞せ可申、但誰人も可有之、其人の心持にや侍らん、小身にて三ケ国を取剰へ君臣二三代迄存生ニ而七十余の功成名遂て無越度名人可成歟、是にましたる功臣ハ非す、難をも可被言、せいてうの類あれハ世は広くこそ□□貴久名将とこそ覚ゆれ、何れの国も君臣共国家再興の方尚々被聞物語也、地盤より出世候て首尾相応したる事歟、筆を留了、

追て書

　島津は源家成へけれとも母方を募り準し候得は藤原と号す、家の仕置は頼朝より次第せり、東鑑に左衛門尉忠久と有ハ島津の始也、田布施の相州日新斎ハ家督にはならすして其息の修理太夫貴久惣領職に被成也、始は亮後ハ号太夫、従永禄歳百廿年計さき永享年中の昔貴久と云人の惣領あり、其人□舎弟時(持)久に譲代于時三ケ国乱ルゆへ隠居の以後貴久又打出如元三ケ国をしたかへられたり、弓箭取の故也、今度の相州も貴久と名乗て家督に罷成也、昔もその例多候、相州さいミんかり日新斎ニ付事ハ□貴日新と云本語□り、子孫国家貴重尊敬いたす□□やの心持歟、殊に息をは貴久と云、子孫繁栄して日新祝言成へし、此人根本にて貴久屋形に被成也、大和守も隠居の時さいミんを孤舟と云、范れいか世を取て功成名遂身退く□□□□云□□孤舟に五湖の□水に姓名をかかせし先例を取□孤舟と付にこそあらめ、日新と孤舟も当時七十有余の入道にて島津の家督貴久□や、二代屋形なり、日新□名□口□せられぬ、其政道その職の根本なれは所行ハ屋形也、文王の例可思□、義久も息女あり、末男子はなし、ニ□納日新の工夫ゆへ国家を持被静メニけり、孤舟又数代の功臣にて自分にも子あり、孫あり、三代の忠臣也、如斯出身末世にハ希成へし、上代竹内大臣を六代の臣と云し事希代の勝事也、当時家を起し身立て公私共三四代長命にして君臣無恙首尾一徹しておさめ来る家希にてこそ有へけれ、縦此上雖被及滅亡、夫は子孫の無器量無道にてこそ有へけれ、日新・孤舟・貴久の科にてハ不可有、貴久も当日隠居有て危き事に出張被成□甚持て我ハはや隠居なれは世に無共不苦身なれハ捨物也、義久当三ケ国の守護なれは為国為家世に有てと云を旨として少も虚言非例の事なしと云々、当日永禄六年の比島津家の役人次第の事

評定衆老中

伊集院掃部助「忠倉」年三十七八　　村田越前守「経定」年六十計

加治木弾正忠「兼盛」「天文十二年生」年三十計　　平田美濃守「昌宗」年五十計

「天文六年生」年三十計
川上左近将監「久朗」
　奏者衆
「大永六年生」年五十計
新納刑部大夫「忠元」
　　　　　　　　　年三十計
　　　　　　　阿多若狭守
　　　年五十計
上原兵庫助
　　「後長門守尚□（近）ナルベシ」

先陣後陣之役之事

先陣役川上名字の庶子勤之、後陣隔年番物領勤之、物領ハ披官なれとも賞罰也、昔於薩摩廿八人の国人有り、今は有無不定、忠久の時本田か筋今に大隅の守護代也、但曽於郡に在城也、留守、桑幡社家衆也、穴賢々々、

右島津家物語永禄六年己亥九州より関東へ帰国の時、於路次中記之、其外周防の大内、近江の佐々木、美濃一色、駿河の今河、都城の北郷、日向の長井、同都甲、畿内の三好、河州の篠原、甲斐駿河の出家なとの物語十四帖作之、其随一なり、余は善悪共に不定、此物語は始中終善政正路也、貴僧其節在住にて十年先定善寺登山の時指下候処、不相届候と云々、其後根占の順礼三人妙本寺ニ被立寄候間、当上人日侃直筆ニ写被レ預候、その奥書ニ歌一首あり、

みちしあれはあつまの末も西の海も
ともに誉れの名こそ流るれ　　日侃

是ハ島津殿の御事也、順礼衆三人の名字ハ山本孫左衛門、肥後摂津助、松野西市丞と被申候、被相尋合点可被成候、十一年先の事ニ候、此抄述作ハ拾九年ニ罷成候、其以来伊勢、駿河、伊賀、相模其外東国中書写事無限候、貴方其表ニ在国候間、此物語伊集院名字中披見可被成候、愚僧罷下可及訴陳候得共、当年七十四ニ罷成老体之衆不レ及二合期一候間、無二其儀一候、本永寺、定善寺、顕本寺其外之諸末寺一書遺族、御老中御一家中江貴方頼入候、可有披露候

　　　　　　　　　妙本寺前住上人

天正九年己歳三月　日　　七十四才

日侃（日我カ）

最光坊日根

遣献之

追而先年根占衆山本孫左衛門、肥後摂津助、松野西市丞、紀ともの守右三人元亀二辛未坂東順礼之時、安房国北郡妙本寺ニ而此物語一言一句も不違、乞願ハ築紫の土産ニせんとて悦て懐中して帰国せり、島津殿事を

道しあれはあつまのすえも西の海も
ともにほまれの名こそなかるれ

此歌を物語の奥に書付て授候キ、彼順礼三味線をひかるるなり

日侃爾（自）書

此一冊文政十二己丑四月福崎九五左エ門殿蔵本写之

池水政峯（花押）

佐土原産日我上人

伊東城下産日侃上人

# 第二章　「島津家物語―日我上人自記―」をめぐって

今（二〇〇二）からもう二十年ほども前のことになる。当時、新設後まもない鹿児島大学附属図書館郷土資料室の書架の一隅で「島津家物語」と表題のある一冊の和綴の写本を見つけた。鹿児島高等農林学校図書館の大正十三年の登録印があり、おそらく同時に研究資料として購入されていた他の写本類とともに農学部図書室から移管入架したものと思われた。内題には日我上人自記とあり、虫損もあり読み難い写本であったが、一覧して戦国末期の南九州の政治状況を適確に把握記述しているものと思われたので興をおぼえ、解読し、昭和五十年（一九七五）発行の『鹿大史学』二三号に「『島津家物語―日我上人自記―』について」と題して史料紹介欄に発表した（前章）。しかし、作者の日我については『千葉縣史料　中世篇　諸家文書』所収の「妙本寺文書」によって多少の知識を得た程度であった。それから十年後の昭和六十年、私は宮崎県史編纂の中世史部会の一員として宮崎県日向市の定善寺文書の調査に参加した。そのとき同じく調査員の一人であった福島金治氏から、私の史料紹介にもふれられて日我と妙本寺・定善寺の関係の深さなど史料の重要性について指摘をうけ、注意を促がされたことを憶えている。しかし、私はそれほど深く気にとめず、以後数年にわたって『宮崎県史　史料編　中世1』（平成二年刊行）に収録する文書の解読に当たってい る間も特に内容を吟味することもないまま難解な文書が多いという印象しかもたずに打ち過ぎてしまっていたのである。しかし、平成六年に刊行された県外文書を主にとりあげた『同　史料編　中世2』では「妙本寺文書」の中からも関係文書十二点が採録され、さらに平成十年刊行の『同　通史編　中世』では、上田純一・若山浩章氏らが両寺の関係にふれ、日我・日侃についても論及され、また同巻の「しおり」には川添昭二氏が「日向中世宗教史研究の歩み―日蓮宗―」を執筆され、その中で近年における佐藤博信氏らの精力的な妙本寺・日我研究を紹介されるとともに、前出拙稿にもふれられたのである。そんなことからさすがに怠惰な私も自責の念にかられ、あらためて旧稿を再検することとしたのである。そして、「島津家物語」は鹿大本（Aと呼ぶ）の他に都城島津家史料の中にも写本（Bと呼ぶ）が存在し、それも既に平成元年三月都城市立図書館刊行の『都城島津家史料　第三巻』に重永卓爾氏によって全文校訂翻刻紹介されていることを知ったのである。今回、千葉県史料研究財団から寄稿を求められたのを機に、甚だ遅きに失したが、両本（A・B）について若干の所見を記し、当面の責をふさぎたいと考える。

　Aの奥書には文政十二年（一八二九）四月に福崎九五左衛門の蔵本を池水政峰が写したとあり、Bの奥書には慶長十二年（一六〇七）十月に村田越前守の指示により大村市兵衛が書写したとある。Aは漢字・平仮名文であるのに対し、Bは漢字・片仮名文でBの方が古体を留めていると思われ、それぞれにかなりみとめられる文章の誤脱もどちらかといえばAよりも少ない。因みに、Aの福崎氏とあるのは中世末から近世初頭にかけての薩藩人名録ともいうべき『本藩人物誌』（鹿児島県史料集八）の編者名でもあり、その引用書目にも「島津家物語」があげられており、その記述の内容（評定衆老中・奏者衆名、年齢など）が合致するところから同家伝写本の可能性が考えられる。また、Bの村田氏はまさにその老中衆の一員でもあり、ともに写本作成の経緯を推測させる。Bは都城島津家史料旧目録の「御本家記録」（別に「御当家記録」あり）の「山田有長雑集鹿児島諏訪大明神と書始候云々写本二冊」中に収録されているもので、天保頃の鹿児島城下士山田有長の収集書写本を都城島津家が本家島津家を通じて借写したものと思われる。何れにしてもA・B二種の写本の存在によって、現存しないが早く旧島津家本「島津家物語」の伝存が推定され、両者の校合補正によって今後さらに妙本寺・日我研究の参考史料としての価値も高まるものと考えられる。(補註)

しかし、自記本文の内容はA・Bとも基本的には同一であるので、あわせて要約すれば、前段は妙本寺十四世日我が永禄六年（一五六三）日向下向から安房への帰路の途次に執筆したもので、島津氏の薩摩・大隅の治政の歴史の概略、とくに本宗家の衰退後、相州家の日新斎（忠良）が子の貴久を立て、重臣伊集院孤舟斎（忠朗）の全面的支援を得て家督を継承させ、貴久・義久父子も伊集院家を信任、姻戚で有勢家の肝付省釣（兼続）の提言を退け、日向の伊東義祐と対決の道を歩む状況を承知して、その主従両家の結束、政治姿勢を高く評価するとともに、当時の評定衆老中・奏者衆の顔ぶれなどを追記している。そして、その情報源は伊東家臣で内山（高岡）城主野村刑部少輔らと大隅・薩摩の修行人・諸商人の談話と明示されている。日我が定善寺・本永寺の和解など宗門の維持統制に尽力するかたわら、南九州の政情の成行にも強い関心を抱いていたことを示すものであろう。野村氏は伊東家の重臣であるが、同じく重臣の野尻城主福永氏と連携して天正五（一五七七）年十二月、島津氏に内応、伊東家没落の端緒をつくった人物で、かねてより島津氏勢力進出の気配を敏感に察知していたものと考えられる。

後段は天正九年（一五八一）三月付の最光坊日根宛の書状で、永禄六年（一五六三）以後、十年前（元亀三年）に定善寺へ登山した際に自記を交付したこと、また十一年前（元亀二年）に大隅根占衆の山本・肥後・松野の三人が巡礼登山した際にも当住の日侃が自作の歌を添えて書写付与していたこと（祢寝氏の肝付氏離反、島津氏服属は翌々年の天正元年）などの経緯を付記した上で、あらためて自記を送付するについてはこれを島津家の実力者伊集院氏の一覧に供するなどの工作を依頼しているのである。「妙本寺文書」には同年同月二十五日付の薩州御老者中宛の日我・日侃の連署書状案が伝えられており、それによれば伊東氏の没落、島津氏の制圧という当時の日向の状勢について、同地の出身者でもある両人が深刻にうけとめ、宗門勢力の維持に島津氏の寛容な対応を期待していることがわかるのである。あるいは日我が早くから伊集院氏の功績を高く評価し、島津氏発展の予測をたてていたことを披露してその理解を求める意図があったのではあるまいか（伊集院氏は孤舟の孫、幸侃代まで権勢をふるう）。

なお、旧稿では「自記（前段）の骨子は日我の作るところとしてもこれを現在のごとき文章としたのは日侃かと思われ、内容も永禄六年以降に及んでいる」としたが、記述の範囲が義久の家督相続後の永禄十年（一五六七）頃まで及び、その後の伝聞も混入していることはたしかであるが、述作者はやはり日我であり、後段の署名に妙本寺前住上人日侃七十四歳とあるのは日我の誤記であろう。だが、日侃の添書もその後に追筆として記されているから、自記全体は両者の合作といってよいのかもしれない。日我は永禄十年隠居後も戦国末期の房総の地にあって日侃を助けて困難な局面に臨んで奮闘したことは佐藤博信氏等の研究に詳しいが、最後まで広い視野で教線の保持に配慮した姿勢は特筆すべきであろう。

拙文を草するに当たり、厳冬の一日、はじめて妙本寺、日我らの墓に参り、帰路船上からその山並みを見はるかし、遠く離れた房総と日向の地を往来、活躍した七十九年のその生涯を偲ぶことであった。

【補註】　ここに「御本家記録」とあるのは、主として島津本家記録所収集編さんの諸史料を都城島津家の記録所が逐次書写した史料であり、「御当家記録」とは主として「御当家本支略系図」や「庄内軍記」、「庄内地理志」など都城島津家の記録所で収集編さんした史料と思われる。島津本家の記録所所蔵史料は廃藩置県の際の混乱や西南戦争などで焼失したものが少なくなかったから、かえって都城島津家史料中に写として残されている場合がある。Ｂ本所収の「山田有長雑集」（「鹿児島諏訪大明神と書始候本」）もその一例に当たるのではあるまいか。また、「島津家物語」が現在のところ、Ａ・Ｂ二本の所在が判明しているだけで、これまでにほとんど知られることのなかった一因としては、物語の主役の一人である伊集院忠朗（孤舟）の系統が慶長四年・七年に伊集院幸侃・忠真と島津家久によって誅殺、断絶させられるという歴史をたどったことがあげられるかもしれない。日我は、先の見通しとして自記追書の中に相州島津家の忠良（日新斎）以下三代と伊集院忠朗（孤舟）家三代の君臣が一致協力して治政の実をあげてきたのは希有の例であるとした上で、「縦此上雖被及滅亡、夫は子孫の無器量（用）無道にてこそ有べけれ、日新斎・孤舟・貴久の科にハ不可有」と記している。

# 第三章　鹿児島城の沿革―関係史料の紹介―

## 一、東福寺城・清水城・内城

鹿児島は薩摩国鹿児島郡の中心地、郡衙の所在地（郡元の地名を存す）であった。鎌倉時代初期、一時惟宗康友が郡司職を有したが、その前後はおおむね薩摩平氏の世襲するところで、長谷場・矢上（何れも地名による）氏もその統であった（系図では藤姓を称す）。地頭は島津（惟宗）忠久が初代、以後島津氏本宗家の世襲するところであるが、史料の上で直接鹿児島と関係をもったのは三代久経で、弘安七年（一二八四）浄光明寺を創建、梵鐘に銘文を記したとある。

また、文保三年（一三一九）には四代忠宗が鹿児島東福寺内の禁制を令している[1]。

右のことから、島津氏は薩摩国守護兼総地頭でもあり、その居所は高城郡或いは薩摩郡（現在の薩摩川内市国分寺跡或いは碇山城跡付近）かと考えられるが、別に鹿児島とは単に鹿児島郡の地頭としてのみならず、比較的早くから関係があったようにうかがえる。このことは、五代貞久が鎌倉幕府滅亡後に大隅国守護職をも復することにより、薩隅両国の境に位置するその地理的事情も加わって重視され、暦応四年（興国二年・一三四一）に郡司矢上一族中村氏らが南朝方の肝付兼重を迎えてたてこもった東福寺城を陥し入れて以来、島津氏は同城に拠って南九州経略の歩みを進めることになったのである。鹿児島における島津氏の居城は、上山城（鶴丸城）に落ちつくまで東福寺城・清水城・内城と変遷するが、その詳細は省略し、それぞれの来歴を要約している玉里文庫本文政五年の鹿児島城下絵図の注記を掲載しておこう(2)。

まず、東福寺城については「一、暦応四年より六代氏久公御在城、貞治二年隅州江御移候、二十三年御在城也、一、七代元久公志布志より鹿児島江御移、当城江被遊御座候得共城地狭少故、清水城を御築候而彼城江御移候」とある。さらに、

東福寺城　暦応三年肝付八郎兼重肝付領主兼尚弟号三俣当城に拠り中村弾正忠秀純ハ尾頸小城に在て矢上に力を合わす、依之同年八月十二日道鑑公御自将ニ而当城を御攻候得共不致落去、翌四年矢上高純人数を出し後詰いたし候ニ付、公御人数を被遣、矢上か居城催馬楽城を被攻落、乗勝て佐多三郎左衛門尉師忠を先陣として当城を攻らる、四月廿六日当城落去、同廿八日尾頸小城落城いたし候、一、久豊公御代応永廿年十二月七日夜伊集院頼久清水カ城を攻取ル、公ハ吉田江御座被成候御留主之時に北原三郎太郎東福寺之古城を取構へ地下之士町之者共五六十人程ニテ守之、谷山下大隅江早船を遣ス、佐多伯耆守親久、大寺美作守等当城ニ馳籠る、公吉田におひて被聞召、直ニ御駈付被遊候、吉田若狭守、蒲生美濃守御供也、其勢弐十三騎ニ而都合五十騎之内ト云、河田、比志島、川上馳参候而中途御供仕候、生殺地名を御下り諏方社江御神拝被遊候而清水城を御廻り棈木川を隔て、伏兵を置、東福寺城江御入被遊候、然処廻、市成、下大隅、向島之兵船追々着船いたし、上下三百人ニも被成候、亦入来院之人数百人程参候、夫より公御出馬被遊、原良ニ而合戦有之、

という記載がある。東福寺城の背後の山つづきは、「梶原城」で「清水城御在城ノ節、此処ハ梶原氏ノ居城也、梶原氏中世北原を名乗也、応永ノ合戦ニ北原太郎三郎、北原三郎太郎、同弥三郎などとあるハ皆梶原氏也、按ニ此処ハ東

福寺ノ本城ナルヘシ」との説明がある。東福寺城は南北朝期海に面した要害の城として重要な意義を有したが、居館や城下町を形成するには狭隘であった。(3)

そこで向側精木川をへだてた西北の丘陵が城地に選定された。清水城である。

同城については右掲絵図の注記に「本城清水城ト云」とある。清水城が本城と呼ばれたことは、鹿児島にある東福寺以下島津氏歴代の居城の中でも、同城が別格の重要な城であったことを物語っている。また、「一、応永廿年十二月七日夜、久豊公御人数を菱刈江被差向、御自身吉田江被成御座候、御留主ニ伊集院之城主弾正少弼頼久攻落候而人数を籠置、小野原良ニ陣を取候而罷居候を於吉田被聞召、直ニ御駈付被遊而御取返候、此時小野原良ニ而合戦有之、一、当城は至徳年中、七代太守元久公御築被遊候而東福寺城より御移被遊候、夫より久豊公、忠国公、立久公、忠昌公、忠治公、忠隆公、勝久公御代天文四年十月十日迄百五拾年程代々御在城被遊候所也、一、貴久公御年十三歳之時勝久公御養子ニ御成被遊、大永二年十月伊作より鹿児島江御越被遊候而当城ニ被成御座、勝久公御事ハ翌年四月伊作江被遊御隠居候、然処同年五月十五日夜貴久公難を御避被遊候而潜ニ当城を御忍出上下八人ニ而小野村江御動座被遊候而夫より如田布施御帰被遊候、六月廿一日勝久公鹿児島江御帰被遊、再守護職ニ御立被遊候得共、遂ニハ為賊臣御没落被遊候」とある。

清水城の居館は、後に島津家の祈願寺大乗院が建てられたところにあったと思われ、現在は清水中学校の敷地となっている。(4)

天文四年（一五三五）勝久の没落後、空城となっていたが、天文一九年貴久が三州守護として鹿児島を治所とした際、そこは見捨てられ精木川をへだてて南側の小高地が選定された。既に戦場は鹿児島から遠ざかり、三州経営から九州全域に勢力圏を拡大しようとする趨勢の中で、居城は要害城よりも、交通至便、城下町形成に有利な場所が選ばれたのであろう。そこは内城と呼ばれ、のち上山城麓鶴丸城に移転した跡には文之を開山に迎えた禅院大龍寺が造立された（現在は大龍小学校敷地）。絵図の注記には、「此地ハ本御内御屋形之跡也、（当時ハ御内ト唱ヘシ也）天文十九年大中公伊集院より初而鹿児島江御移被遊此地ニ被成御座候、龍伯公ニも此地へ被遊御座、文禄四年初冬中納言様へ御譲被遊、龍伯公ハ国分へ被遊御移候、慶長七年冬中納言様当城江御移被遊候跡当寺御建立被仰付候、開山文之和尚ナリ」とある。(5)

### 註

（１）鹿児島県史料『旧記雑録』前編巻一、以下とくにことわらぬ限り本文引用、または典拠史料は同本による。
（２）拙稿「玉里文庫本、文政五年鹿児島城絵図について」（『鹿大史学』二一、一九七三年）の史料紹介がある。
（３）東福寺城については、拙稿「東福寺城跡」（『鹿児島市文化財調査報告書』第２集、一九七八年）参照。
（４）清水城については、拙稿「清水城跡」（同３集、一九八〇年）参照。
（５）内城については、「内城（大龍寺）跡について」（『鹿児島市埋蔵文化財発掘調査報告書（１）大龍遺跡』一九七九年所収）参照。

## 二、上山城と鶴丸城

中世の上山城とは、ほぼ現在の城山にあたろう。前掲文政五年の城絵図の注記には、

上山城ハ昔上山氏の住城也、（文政元年薩摩国御家人交名注文ノ内上山領主トアリ、）正平年中ニハ上山ノ後家尼筑前国簸川ニ罷居候而致掛持居候処、

向島江罷居候上山右衛門五郎江譲与候正平七年閏二月、同十二年二月ノ譲状アリ、此時四至境東南ハ街道を境、西ハ川ヲ境、北ハ夏陰山、四郎カ坂、冷水ヲ限トアリ、一、天文四年十月勝久公鹿児島御没落以後出水之島津八郎左衛門尉実久鹿児島へ打入、守護之振舞ト相見得候砌、貴久公御家老伊集院大和守忠朗入道孤舟上ノ山城を取候而自身罷移、当地之地頭として在城候、一、同八年三月紫原合戦之時、貴久公当城江御発足被遊候而於紫原実久カ余党谷山之勢と御一戦被遊候、御勝利ニ而谷山御手ニ入候、

とあり、馬乗馬場、本馬乗馬場を掲げた箇所に「天正十九年八月上山城ノ口鍬初、川田駿河入道ト旧記ニアリ」と記し、同城の西方山つづきには「御城山坂元村片平門之内」として、「一、暦応四年五月廿三日夜南方凶徒鮫島彦次郎入道蓮道か党谷峯城江西田山王ノ上馳集候而上山城を可切取之由聞得有之候故、道鑑公御自身当城江被馳向、此城被取候而合戦之前途を失い一期浮沈たるへく候間、一族相催不移時刻馳越候様比志島彦一江被下候」とある。

また、「慶長十五年家久公より伊勢貞昌御使を以日置江被差越、島津下総守常久江被仰聞趣ハ太守様ハ山下江被成御座候間、上ノ山城御預被成候旨被仰聞ニ付、同年夏上ノ山江罷移家居等出来之上、八月より罷移、同十八年十月妻子引越上ノ山城江罷在候」とある。すなわち、中世の山城として上山城があり、その麓に城郭・城館を設営する場合、その一体性・関連性は無視できないものであったと考えられる。すなわち内城から上山城下への居城の移転の時期は天正十五年（一五八七）の豊臣秀吉の薩摩入り、義久の出家降服以降、秀吉の朝鮮出兵、義弘、家久の従軍、文禄検地、秀吉没後の撤兵、慶長四年（一五九九）の伊集院幸侃誅殺、庄内の乱、同五年（一六〇〇）の関ヶ原の戦等、目まぐるしい政治事件の連続の中で、義久、義弘、家久の親子、兄弟、叔父、舅婿関係と家督相続、国内統治、対外交渉の方針をめぐる家臣団をふくめての協力と対立関係が微妙に影響する極度に緊張した時期であり、居城の決定は島

津家にとって最重要課題の一つであったと思われる。

　その間にあって家督を相続した家久は上山城の修補とあわせて山麓に居館並びに家臣の屋敷の縄引をはじめ、新時代に即応した居城と城下町の建設にとりかかったのである。すなわち中世の上山城を取りこんで軍事上の配慮をすると共にその山麓をも城地として、城郭、城館並びに役座、武家屋敷、波戸等の施設を整備し、領内統治の進展をはかったものといえよう。

『経兼日記』慶長六年（一六〇一）正月十七日条に、「御前上之山へ御出、諸侍屋敷盛被御覧せ、其より遠矢なと被遊候」とあり、翌十八日条に「此日上之山之御普請初り候」とあり、以後しばしば普請場へ出向の記事のあることは、新城建設の開始を思わせる。[1] この年は関ヶ原合戦の翌年で平佐、蒲生等諸城の修築も行われているので、防衛上の配慮もあり、いち早く取りかかったのであろう。

『見聞秘記』によれば、「当御屋敷ハ慶長七年御縄張にて同九年甲辰三月御移徙、二月迄ハ本御内城へ被遊御座候」とあり、慶長七年の着手、九年の移住となっている。着工の年時に些少の相違はあるが、関ヶ原の戦い後ほどなく始まったとみてよいであろう。[2] 当然、義久・義弘の関心も深く、工事の進捗状況を気にかけており、義弘は実戦の体験から新城のプランに懸念の意を表し、同城を捨て、むしろ要害城である東福寺城を修築し、清水城とセットで奥の深い軍事的に勝れた居城を営むべきだと意見を述べている。[3] 左に挙げる慶長七年七月十六日付の義弘より家久宛の書状は懇切をきわめる。

　今度上之山の城普請之様子見申候ニ付而、存分共候侭兵部少輔へ具申含、仕合次第可申達之通申きかせ候キ、
定可有御聞候、乍不申能〻御思案候て、以来之儀ともを分別あるへく候、

一うへの山の様子我等見申分者、いかほとせいを入られ候共、御存分にハ可難成と存候、
一時分柄諸侍屋敷移なとゝ候ても、其身大形ならぬ儀共にて候、諸侍私之普請を専ニ仕候者、公儀之御普請者可難調候、屋形迄を前ゝ御うつし候ても見かけいかゝ敷存候、又諸侍御供申、一度ニ可罷移事候ハ、とても急ニ可難成候歟、
一諸侍屋敷之地あまり海近過候、先年寝占より兵船参候而、既いまの屋形ニ矢を射籠候、
一龍伯様鹿児島へ無御移ニ付而も、清水へ御移候へハ、第一諸口つまり候間、向後之御きつかいあるましきと存候、
一以前我等も鹿児島へ罷移なとゝ候て、屋形を見セ候時も、清水之事ハ一段可然在所之由、もりはかせ申候、
一万一被仰出候儀共、其ことく首尾なき事、無念なるなとゝ申人も多分在之物にて候、尤さやうニあるへき事共にて候、乍去物ニより悪をハいく度も改られ候事、往昔以来在之事ニ候、殊更或屋形を過半被造候、或者諸侍之家居等をも仕廻候なとゝ申ニは、各別之事にて候間、其遠慮も有間敷事と存候、勿輪相捨候へと申儀にてハ無之候、上之山の城者出城ニさせられ候て、当分も似合之人衆召移され、ぜん〳〵に御普請可被仰付候、左候而清水之事者屋形之地ニさせられ、東福之城を居城ニ取構候てハ、可有如何候之哉、此儀御同心おいてハ、龍伯様へ御談合申、龍伯様御指南ニより、うへの山移之儀、相違之やうニ候て可然候ハん哉、又それ迄ニも及はす、貴所為分別清水へ可被相定候哉、誠右之段ゝ之申事、あまり指出過たる儀共、他之存へき所もいかゝ敷候へ共、任無御等閑、存寄所之内證申入事ニ候、いつれ共功者之人ゝを被食寄、右之両所之儀を御見せ候て、増たると可申方を可被仰付事尤ニ候、とかく御分別ニハ過ましく候、御返事承度候、恐ゝ謹言、

しかし、家久は自説を変えず、粘り強く工事を進め、慶長末年ごろようやく一応の完成をみたもののようである。

すなわち城の楼門前の渡り初めが行われたのは慶長十一年（一六〇六）六月六日のことであり、同年と推定される五月一日付の義弘より家久宛の書状に、書院や数寄屋ができたそうだが雨があがったら行ってみようなどとあることからみて、なお営作の進行中であったことがわかる。[4] また、『旧記雑録後編』六九所収の伊地知周防守重康の「慶長十八年日記」に城普請の記事が毎日のように記されていることからも、長期間に及ぶ大工事であったことが推測される。その後、元和元年（一六一五）六月幕府より一国一城令が出され、分国中居城以外の破却が示達されている。山麓の城郭、城館の建設と密接な関係の下で修築された山上の上山城も慶長十九年城主島津常久の死後は廃城となり、施設も最小限の番小屋を残す形に切りかえられていったものと思われる。

これについては『旧典抜書』人、宝暦六年（一七五六）十二月条には、

> 御城山中江番所壱ヶ所被建置候由緒当座江不相知候、然共島津出雲先祖島津下総常久日置江被罷居候処、慶長十五年従家久公伊勢兵部貞昌御使ニ而家久公ニ者山下江被成御座候間、下総事上之山御城江被移御城中警固可仕旨被仰付、同十七年十月上之山作事相済、下総被罷移、家久公度々御光儀被遊候、左候而被移候為御祝儀、自家久公比志島紀伊国貞、伊勢貞昌御使ニ而御鑓拾本、御弓拾張、御鉄炮拾丁下総江拝領、弟子丸越後御使ニ而御折一合、御樽一荷下総内江被下候、下総事三ヶ年在番ニ而同十九年五月、於上之山被相果候旨出雲家譜ニ相見得候、下総被下置候場所当分霊符堂被建置候辺と申伝候由、出雲家より被申出候、当分之番所場所も相替、且誰様御代何様之訳を以被相建候儀相知不申候得共、家久公御代当節御城初而御取建被遊、上之山之儀肝要之場所と思召、下総事御身近御間柄之故を以御城為警固被召移置筋候得者、下総被果御番引取ニ相成候而も為締当分之番所為被立置儀ニ而者有之間敷哉云々、

とあり、終わりに四敷二間の「御城山中番所差図」が記されている。[5]

常久拝領の地跡とされる山腹の霊符堂については、『列朝制度』一二一、霊符祭、「明和九巳四月、曾山文助御当地諸郷へ災難除之札配り方願書之内」の別紙に次の如く記されている。[6]

御城地へ、霊符堂被遊御建立候訳は、御先祖中納言様御代、御城地之吉凶を黄友賢被申唐人江被為成御占候処、鶴丸山之御城は、四神相応之御城地ニて、成程万事宜御座候へども、一ツ之障御座候、火難之御城成由申上候、然処、火難消除之法は無之哉と御尋候、其儀は、唐土へ被仰遣、霊符尊神之御本尊、御安置被遊候ハバ、火災は自然と無御座筈と申上候付、御本丸相立、則唐土へ被仰遣、霊符尊神之御本尊御求被遊、御城山へ為被遊御安置事ニ候、左候て光久公御代ニ罷成、殊更御信仰之余り御下屋敷へ御隠居被遊砌ニも、右御本尊御下屋敷へ御置被遊候て、朝暮御勤行為被遊由候、其時節御本丸御焼失と承候、然共、御下屋敷には一向火相掛不申、

とあり、これにより現在の城山を江戸中期以前より嘉祥名で鶴丸山の城と呼んでいたことがわかる。また、城地としては火難の相があるとの黄友賢の見立てで霊符堂が建てられ、光久はその本尊を下屋敷に祀っていたため、元禄の大火で本丸は炎上したにもかかわらず下屋敷は全く無被害であったという。

元禄の大火については後述するが、ここに中世の上山城所在の城山は近世中頃には鶴丸山と呼ばれていたことがわかり、近世初頭山麓の城郭、城館をあわせて上山城と呼んでいたのが、やがて鶴丸城の通称に推移していくことが知られるのである。[7]

# 註

（１）鹿児島大学附属図書館所蔵玉里文庫本。『鹿児島市史』Ⅲ史料編に全文収録。なお、鹿児島城変遷の記述は『鹿児島のおいたち』、『鹿児島市史』等にも詳しい。

（２）鹿児島大学附属図書館所蔵玉里文庫本。なお、『旧記雑録追録』一―二六〇一号、林甚五兵衛尉の「御城御類火之覚書」に、「夜あけ時に御城迄に焼とまり申候、御城内の役所皆々焼申候、（略）御城ハ九十六年めに焼申候由承候」とあるから、元禄九年より逆算して九十六年前は慶長六年となり、鹿児島城造作のはじめをそのころとする説は当時すでに成立していたと思われる。

（３）鹿児島県史料『旧記雑録後編』巻三以降に、この間の史料が多く収録される。

（４）慶長十一年と推定される五月一日付の義弘より家久宛の書状（『旧記雑録後編』六〇）に、「鹿児島書院并数寄屋之事材木之木作過半出来たると見得候、雨晴候ハ、立可申候、我等罷越見廻可申候、風呂之儀ハ未企無之候、幾度申候而も路地の松見事成体無双儀候、然ハ当分其元路地ニ少為替事有之由承候間、是又後便ニ様子可被仰下候」とある。また、慶長十一年と比定される六月五日付の義弘の家久宛書状（同）に、「一かこしま御内前之橋も明日六日より渡被申候、一書院も急度可立之由候条定早々出来可申候」とある。

（５）鹿児島大学附属図書館所蔵玉里文庫本。

（６）『藩法集８　鹿児島藩』（創文社、一九六九年）所収。

（７）ここで上山城と鶴丸城に関する二、三の私見を蛇足ながら要約して記しておこう。

①鶴丸城の呼称は一般的に城山麓の屋形城を指す。上山城の呼称は初め屋形部分も含んでいたが、後には城山部分に限られるようになった。

②鶴丸城の呼称は通称であって公称ではない。正式には鹿児島城、他に屋形か御内等と呼ばれた。内城を本御内というのはもとの御内の意である。

③鹿児島城は天守閣等のない比較的簡単な屋形造りの城であるが、すでに内城で前例は開かれており、それよりは規模も大きく城山を背にしており戦時の際の配慮もなされていた。しかし、鎌倉時代はじめから一貫して島津氏の支配下にあった領国内の居城であ

るから、とくに領内に権勢を誇示する必要もなく、かつ領国内には外城が多数存在するため、むしろ要害城としての配慮より、領内統治・城下町形成・交通貿易等への配慮の方が必要とされたのであろう。
④右に加えて近世初頭より藩財政が逼迫していたから、資金節約の意味からも簡単な作事で済ますことになったのであろう。もっとも、築城以後まもなく幕府の統制が厳しくなったため当初の規模に拘束された一面もあろう。

## 三、城郭と城館

さて、慶長六・七年頃より城山麓に造成のはじめられた鹿児島城が一応体裁を整えたのは慶長末年頃としても、なお増築・補修は元和・寛永年間にかけても続けられたことであろう。

その間、寛永十三年（一六三六）に家久は国分に新城を構えて子の光久を居住させようと企て、幕府の許可のもとに多少工事にとりかかっている。家久は翌年病死したため、世嗣移城の計画は実現をみなかったが、国分の城館は以後、鹿児島城の控えの城として特別視され、幕末には鹿児島城移転の候補としてしばしば取沙汰されたのである。この寛永年間には、すでに鹿児島城築造以来早いところでは三十余年を経過し、殿舎の腐損も進行しはじめていたと考えられる。そのことは次の史料によってもうかがい知られよう(1)。

鹿児島御屋敷之御殿悉古罷成、虫付候間、新可被成御立替由、三郎左衛門尉殿・善兵衛尉殿へ申置候、城普請ニハ相替候間、被聞召置由候、其次ニ国府之御城黄門様御存生之内ニ、薩州様移被成度候由、酒井讃岐守殿を以被成御申候、其刻先城戸二重ツ、可被立置由被仰上候故、城戸二重之道具取せ候而、国分へ召置候、是も世間ゟい

かやうニか可申候間、可被聞召置由申上置候、

これは寛永十六年（一六三九）八月十五日付の、国家老川上久国より江戸家老伊勢貞昌に宛てた書状である。これに対し、在江戸の伊勢貞昌より国元の町田勘解由長官、頴娃左馬助に宛てた同年十月十八日付書状は次の如くであった(2)。

猶以石かき之絵図被仰付候付、若くつれかゝり候所を、餘ひろく共絵図ニ出申候て、若御目付之衆見出るやうにも申候へハにて御座候間、其御念遣肝要御座候、御屋作もとかく国府へ後日御移之儀候間、先大かたニ被遊御尤たるへく候哉、将又右之条ゝ野州同前ニ、讃岐守殿へ参て申入候、以上、

（略）

一鹿児島之御座所之御殿殊外ふり申候間、新敷御作事被仰付度候、此段も可相伺申旨被　仰下候条、是も先讃岐守殿へ得御意候へハ、御屋作者いかほと被成候而も不苦由被仰候事

一石垣くつれかゝり候、ヶ様なるをも被築直度候、如何可有御座哉と得御意候処、新儀ニ共普請被仰付儀者罷成間敷候、もとの石垣かきくつれ候を被為築儀にて候ハゝ、不苦候条、絵図を被成候ハゝ、御老中へ可被仰談之由御座候間、念之ためと存、讃岐守殿以御取成国府城を拝領候而、彼地へ可被罷移ニ相定候処、鹿児島之居所之石垣そこね候とて可致普請由、御年寄衆へ被申入、如何可有御座候やと申候へとも、少もくるしかるましき由候、定国府へ御移候共、此中鹿児島之御屋敷は其侭にて可被召置かと承候間、左様こそ可有御座由申入候、石垣之絵図御上候時、御年寄衆へ被進候、御書者可致進上と存、先今度参候御書は其侭召置、重而者御判紙を被下候ハゝ、於此方可相調可申候、此等之旨可然之様可預御被露候、恐ゝ謹言、

これによれば元和の一国一城令以後、城の修築には各大名とも気を遣い、参勤交代制の実施や島原の乱後の一段と強化された幕藩体制の確立の動きの中で、藩重臣が細心の注意を払っていることがうかがわれる。

鹿児島城の場合、国分新城の築営とは別に、殿舎の立替え造作については認められており、石垣の修補も旧状を復する場合は問題はないが、新儀の普請については堅く禁じられていることがわかる。とくに、石垣・堀の工事については絵図を提出してその補修の許可を得る必要があった。したがって、現在の鹿児島城跡の石垣・堀等の基本線はほぼ創建当時以来のものとみるべきであろう。

寛永二十一年（一六四四）十二月、幕府は城絵図の提出を命じているが、その指示は「一城之絵図之事、一本、二、三丸間数之事、一堀之ふかさ、ひろさの事、一天守之事、一惣曲輪堀ひろさ、ふかさの事、一城より地形高所有之者、高所之城とのあひた間数書付之事、但惣構ゟ外ニ高所有之共書付之事」等、具体的である(3)。

これにより作成提出された絵図がいわゆる正保の城絵図であり、現在国立公文書館には全国諸大名提出分の約半数が現存しているが、残念ながら鹿児島城の分は伝存していない。しかし、他の例からみて詳細な絵図であったことがわかり、城郭の規模がそれ以後、基本的に改められることは不可能ではなかったかと考えられる(4)。

鹿児島城もその後、石垣の修覆等細部について一々申請し、幕府の許可を得ていることが次の老中連署奉書によって確かめられる(5)。

以上

御札令拝見候、鹿児島城南之方石垣弐ヶ所破損付而修復有之度由絵図之通得其意候、如元可有普請候、恐々謹言、

寛文四辰

七月十日

久世大和守　広之判
稲葉美濃守　正則判
阿部豊後守　忠秋判
酒井雅楽頭　忠清判

松平大隅守殿

鹿児島城居所之堀三ヶ所幷侍屋敷廻之堀弐ヶ所埋候付而被浚之度由、絵図之通得其意候、如元可有普請候、恐々謹言、

寛文八年

六月十八日

稲葉美濃守　正則判
板倉内膳正　重矩判
土屋但馬守　数直判
久世大和守　広之判

松平大隅守殿

さて、本丸より南、内堀をへだてて二丸があった。『古記』天和三年（一六八三）十一月二十一日条に、「二之御丸立直ル、島津中務殿、島津伊賀殿屋敷、島津帯刀殿本屋敷迄二之御丸に成候ニ付、地引有之候事」、十二月十七日条に「二之御丸御作事今日より有之」とあり、貞享元年（一六八四）正月二日条に「二之御丸立直ル、大工凡四百余人」とあり、同二十四日条に「二之御丸御営造終ル」とある。また、元禄三年（一六九〇）八月十四日条には、「御城御門御普請、去冬より御取付、当夏中相調候得共、御門御通初無之、今日御門幷橋御通初有之候事」とあり、城門

普請も行われたことを知る。二丸内に御台所があり、さらにその南に御下屋敷があった。それは古く御四酡屋敷とも呼ばれ、当時は隠居光久が居住し、帰国した藩主綱貴が見舞いに訪れたりしていた。

元禄九年四月二十三日、鹿児島城本丸が焼失し、二丸の一部も罹災した。『古記』に次の記載がある。(6)

夜八ッ時に上町行屋より出火有之、東風吹候而御城風下ニ而候間（略）左候処ニ町田助太夫殿所、島津虎安殿火飛付大留より大火飛来リ、御番所上箱むね火入、御兵具所之角ニ火付、物奉行所入口之上ニ火付、小人数水ハ無之、精を出しても無其詮、一度焼立申候間、何れもあきれ果泪をなかし、二之丸打続平長や壱ツ解こぼし、島津内記殿、同又七殿下知ニ而漸取留申候、下之火に肝付主殿まて焼、金蔵ニ而取消候、島津主計殿手にて候、以上、

横山日記、文政十一年出し置、

これにより延焼系路、罹災の範囲を知ることができる。

また、『旧伝集』三に「御城へは七ッ時分火移、夜明御台所内にも少し焼申候、御代初て御座候と皆々申事」とあるため、本丸に近接した二丸内の御台所が一部焼け、御下屋敷は罹災を免かれたということになる。被災後、ただちに復旧の対策がたてられ幕府に申請がなされた。一ヵ月後、左記の如く幕府の許可がおりている。(7)

以上

薩州鹿児島城下今度出火之節、居所并櫓、塀、門、橋等焼失、石垣所々焼崩候付而、右之石垣築直之、櫓、門建之、塀、橋掛之、居所作事被申付度旨、絵図書付之通得其意候、如元可有普請候、恐々謹言、

元祿九子　五月廿三日

戸田山城守
忠昌判

土屋相模守　政直　判
阿部豊後守　正武　判
大久保加賀守　忠朝　判

松平薩摩守殿

その経緯は、さらに次の書状によってうかがうことができよう(8)。

一筆致啓達候、今度之火事御本丸回祿付而、御普請之儀大久保加賀守様江被仰入候処、御月番江御伺被成可然之旨御差図付而、去ル十三日戸田山城守様江絵図御伺書被差出候処、如元御普請被仰付候様御奉書被為成候、依之出火之儀御注進より始終公儀江被仰上候趣絵図ニ致裏書、此方へ一通、其老江一通可遣之由御意ニ付而、絵図之裏ニ委細書記差越申候、楼門并櫓、塀、橋等外圍之儀者、如元不被仰付而不叶儀候条、其心得ニ而材木之用意者無油断可被申付之旨御意候条可被奉得其意候、恐惶、

（元禄九子）五月廿八日　祢寝丹波　清雄　判

島津助之亟殿
島津縫殿
種子島蔵人殿
肝付主殿殿

復旧作業については、『御治世年表』に「一、御城御普請有之、御普請方中原為兵衛、中取隈元与一右衛門、惣大工永田次郎左衛門、此次郎左衛門老体故、加籠御免ニテ往来加籠舁被下候、」とあり、この時の工事担当者の氏名を

知りうる。[9]

工事の進捗状況については、「綱貴公譜中」に「先是元祿九年之初夏麑城回祿矣、雖然依其事広大漸修楼門外郭、未終其功也、去年以来先経営対面所及広間、是歳元祿十七年二月二十五日揮吉辰移徒于本丸、暁天綱貴出対面所、因旧規伊地知（伊地知八郎兵衛尉重澄勤之是因重澄之家例也）本田（本田家者不拘家之旧式庶流代勤之）両家勤移徒之儀式也」とある。[10] また、光久夫人陽和院より綱貴宛の消息にも「国もと本丸のふしんもたいめん所、ひろ間出来候て二月廿五日ニする〳〵とわたまし（移徒）も相すミ申候よし、めでたさいよ〳〵めでたき事のミといわゐ悦まいらせ候」とあり、まず本丸の公式行事の建物から整えられていったことがわかる。[11] 一方、『薩陽落穂集』には、

浄国院（吉貴）様御家督者宝永元申年にて翌酉年御初入部有之、其以後御役名御改格相替り候、御城御焼失以後御作事御対面所、虎之間、御番頭詰所、小番所、大番所迄出来有之、右之面々迄本丸へ相勤、御座間、御休息所、奥向、其外御家老座を初、御役所出来無之故、御下屋敷江被遊御座、御役座等も御下屋敷ニ有之、火事以来俄に出来之仮御作事故別而手狭き御作事にて有之候、翌年御参勤まで被成候故、月次出仕者不及申、諸士家督継目初而之御礼等御下屋敷於書院相済申候、且又大玄院（綱貴）様ハ御台所、火事以後者被成御座、是ハ尚又手細き御作事之由承得候、

とある。[12]

本丸の作業が完了したのは宝永四年（一七〇七）で、焼失以後復旧まで十年余を経過している。外廻りは焼失以前の通りだが、郭内については多少の変改は加えられたと思われる。

正徳三年（一七一三）四月、火災が発生し、再び城内延焼の危機に見舞われる。ここに、本丸・二丸・御下屋敷類焼の恐れを除くため、前面の屋敷を取除き空地とする等思い切った措置を施すことになった。左の史料もその時のも

のである。(13)

口上書

松平薩摩守城下薩州鹿児島、近年度々及大火、殊当年者両度薩摩守居宅近辺迄類焼仕候、然者薩摩守居宅曲輪之外ニ、前々嫡子部屋栖之内罷在候屋敷御座候、右圍ニ所々長屋を附置申候、又者右近辺ニ家来共差置候屋敷有之、火用心悪敷御座候間、此節右長屋を屏ニ相直、右家来共屋敷茂取除、薩摩守居宅江家作遠有之候様仕度候、此段御内意申上度薩摩守存候、以上、

巳（正徳三年）十二月

松平薩摩守使番
阿多六郎右衛門

また、『見聞秘記』には「吉貴公御代正徳年間之頃、当分の杮木原に罷居候大身衆下屋敷に被召移候、其節図あら〱左に記候、是ハ其時分下町へ出火有之、風並悪敷候得ハ御下屋敷並御本丸御用心の為に悪敷相見得申候故、以思食只今之通に被遊候、御城下に大身衆結構之屋作にて被罷居候節ハ当分よりも却而見分ハ宜有之候由古老の衆咄にて候」とあり、付記として本丸、二丸東側の周辺略図が載せてある。それによれば、本丸前は御犬垣とし、二の丸前は北から「慶長年間ヨリ正徳之始まで此所に有之、諸座」、ついで「喜入氏、島津中務殿、島津市大夫」と大身衆の屋敷がある。それらを移転し空地としたのであろう。そして、その地に安永二、三年記録所や演武館、造士館等が建設されたのであろう。

なお、二丸御門（明和五年以降は矢来門、現在の県立図書館正門）の位置に次の記載をみる。

二ノ丸御門公儀へ被差出置候絵図にも御門有之候故、此御門ハ倒壊之儀不相成候由也、

すなわち、後述の如く天明五年（一七八五）御下屋敷御門が二丸御門と正式に名称を変更するまで、同門は二丸御門と呼ばれていたことを示す。以後、同門は形状をとって矢来門と唱えられることになった(14)。その後、享保六年（一七二一）六月の仰出に、

一太守様御方諸役座共御本丸江相直シ可申候、

一御下屋敷者御隠居御方御作事取掛可申候、御隠居御方被仰付候御役人者、御下屋敷長屋之内江当分ハ役屋を建、義岡右京其外も可相詰候、爰元ニ而之被遊様ニ相応致候様可致候、御下屋敷御作事出来不申内ニ而候ハヽ、御仮屋江可被成御座候、磯方之儀御隠居御方江被召附候、

とあるように、本丸、二丸、御下屋敷をあわせて殿舎の作事、役座の移動は適宜実施されていたのであろう(15)。享保八年二月には、「御下屋敷御庭普請ニ付、六與諸士嫡子二男三男当分勤無之者、五月九日より朝五つ時罷出、御門番へ相断、御門前ニ差扣、御差図次第ニ相勤候、一日五十人宛主取一人、何レモ中帯ニテ罷出棺勤候事」というようなこともあった(16)。

また、『通達牒』に左の一例がある(17)。

御本丸溜之間之儀、此節鷺之間と被改額相懸候間、向後鷺之間と唱書付等ニも右之通可相記候、

（享保十一年巳）二月　　蔵人

このころから、殿舎居間の名称に鳥獣植物の名を付けるようになったと思われる。

さらに、加治木新納家文書中に年末詳、仮綴の「御対面所御襖杉戸絵目録」と表題のある冊子が残っている。内容は、本丸殿舎中の杉戸、襖絵の画題の内容説明及び目録であるが、それによれば「御対面所床、北頬襖、東頬襖、中

段上頬襖、北頬襖、東頬襖、孝行之間、拭縁杉戸、東頬杉戸、敷舞台杉戸、北頬杉戸、檜垣之間、梅之間、麟麟之間、虎之間、東西杉戸、獅子間、波之間、象之間、梅之間、水仙之間、鶴之間、椿之間」に画かれた中国の故事、花鳥の題材を一々掲げている。

さて、城郭の石垣・櫓・堀等の築造、修補等については左の如く、

松平大隅守鹿児島居宅圍内ニ建置候櫓ニ虫付候而危有之候付解こわし、損之候材木取替修補仕、本之通取立申度候、尤急ニ者成就仕間敷候、此段申上候、以上、

（享保二十年）十月　　御名内　宮之原甚五兵衛（道奥）

一々届け出ることで、従前通りの規模に限り認められたが、郭内の殿舎、柵垣屏等についての手入れは容認されていたと思われる。(18) 安永三年（一七七四）の江戸家老座の扣文にはそれらについて「御要害之筋ニハ曾テ有之間敷候、是迄御取扱無之場所江石垣も築キ櫓を揚、堀を堀候事者及御届候得共、土手之上柵垣又者練屏抔ニ而柵門并番所被相建、右番所江幕構等有之候而も不苦程合ニ候」と記してあり、(19) これが大体の基本原則であったろう。

したがって、殿舎の修補はときおり行われていたようで、安永九年にも実施されたことが左の史料からわかる。(20)

御城御対面所廻りより、虎之間並大番、小番詰所、御番頭詰所迄、御修補被仰付、近々取付之旨、御普請奉行申出候間、御役座等直し方之儀、御め付より吟味申出候事、

さて、この頃の鹿児島城の概況については『通昭録』巻之七、「監察使答問抄上」に詳細な記述がある。(21) 左にこれを掲げよう。

大守重年公宝暦五年（一七五五）乙亥六月十六日於江府御逝去、嗣君重豪公御幼年之故、依大法国御目付京極兵部高主御使番

青山七右衛門成親御書院番薩州江被差下、依之国中大小事以条書被相尋、於是吉田用右衛門御記録奉行、迫田太次右衛門長崎御付人御答方被仰付、時々御答書被差出、此時通昭国御目付方勤被仰付置、問答書不残令熟覧、記臆之、退出後大略筆記之者也、

国監察使答問抄

一鹿児島御城之事

文治二年頼朝公より御元祖忠久公薩隅日御拝領御代々御伝領、慶長七年、家久公初而当御城御取立御居住以来御居城ニ被遊候、

一本丸二之丸并御城山中間数之事

当御城者山城ニ而絵図面ニ者本丸二丸と被記置候得共、櫓屏堀等無之、南大手口、北岩崎口、西新照院口御門有之、士番被仰付置候、大手口より新照院口迄七町四拾二間、新照院口より岩崎口迄七町三拾三間有之、本丸者大手口之上、二之丸者御下屋敷上松林也、

一御城間数之事付堀之事

御城并御厩御下屋敷迄廻拾七町二十九間、艮方外城長二町七間、横幅十間半、深サ二丈、東裏通一町廿七間、北方入一町廿八間、南方入一町四十七間、西方二之丸山際一町五拾六間、東裏通城一町四拾五間、横幅九間、深サ五尺、北方堀入一町二十間、横幅九間、深サ一丈、南堀入一町五拾七間、横幅九間、深サ五尺也、橋者櫓門前一ツニ而北之方長屋門前者土居通ニ而橋無之、都而一重橋構ニ而外郭無之、

一御城内建坪之事

建坪三千二百三十五坪、御下屋敷建坪千二百五十坪、本丸、二ノ丸建坪無之、
一御城門数之事、付櫓之事、矢挾間、鉄砲挾間事、東櫓門一、長□間横三間半、窓四ヶ所、北方長屋門一、南櫓一ヶ所、長廿七間、横三間半、窓六ヶ所、御下屋敷東門平門一、長屋門二、南長屋門一、御厩平門二、矢挾間、鉄砲挾間無之、
一御城内蔵数之事
土蔵七軒、内一軒、長三拾七間、横三間、一軒、長拾三間、横三間、一軒、長八間、横三間、一軒、長七間、横三間、一軒、長弐間、横二間、一軒、長拾一間、横二間半、一軒、長七間、横三間、
一御城内井戸数之事
御城山内五ヶ所、出水二ヶ所、岩崎二十四ヶ所、出水二ヶ所、
一御下屋敷長屋之事
長屋二流、内一流、長四拾五間、横三間、一流、長七十一間、横二間半、
一厩数之事
惣数十二軒、内一軒、長十六間、横三間、一軒、(長)七十七間、横三間半、二軒、長十九間、横三間、二軒、長九間、横三間、一軒、長七間、横二間、二軒、長五間、横二間半、一軒、長六間、横二間半、一軒、長七十間、横三間、三軒、長十間、横三間半
一御曲輪内士屋敷之事
大手口へ六ヶ所、岩崎へ四十一ヶ所

一御下屋敷前空地之事
中小路より東竪八十一間、横五拾八間、同西竪百三拾六間、横五拾七間半、
一吉野橋堀之事
岩崎口より海際迄四町十六間、内吉野橋より上二町七間修覆、公儀へ及御届候、御堀幅吉野橋十間半、新橋十六間、海際二拾六間、深六尺五寸、
一御役所之事
御家老座、異国方、御勝手方、大御目附座、六與所、御側御用人座、御用人座、御近習役所、御納戸、御兵具所、御使番役所、御記録所、高奉行所、物奉行所、御厩、御右筆所、御目付役所、糺明奉行所、郡方、御書院方、御台所、以上御堀内、○寺社奉行所、御勘定所、町奉行所、山奉行所、宗門改方、代官所、以上御屋敷、内御普請方、御細工所、以上築地、○評定所、御舂屋、中福良、○屋久島蔵、御船手、以上武村之内、
一舛形之事
千石馬場行当り前々より舛形と唱来候得共縄張等無之、
一御城内武器之事
纏二本　　馬印十七本
旗百二十八流　　指物三千三百三十本
具足三千二百二十五領　鑓千六百本
長刀六十振　　弓九百五十張

征矢五万九千八百筋　　陣鐘三十四
陣具七拾四　　楯三百壱枚
靭八百二十腰　　箙八十二腰
幕百八十七頭　　火縄二万四千二百九十曲
石火矢拾六挺、内弐挺六百七十目、五丁三百八十目、壱丁弐百拾匁、八挺弐百目、
異風石火矢拾四挺、内壱丁壱貫九十目、一挺弐百七十目、八挺弐百目、一丁百六十目、一丁百三十目、一丁百四拾目、一丁百五十目、
鉄砲千七百三十三丁、内千四百三十七丁、弐匁より八匁迄、弐百三挺、拾匁より拾九匁迄、九十弐丁、廿目より三十目迄、壱丁、百目、
石火矢鉄砲玉数弐拾九万千九百六十、

天明五年（一七八六）、それまで二丸御門と呼ばれていた門は実状に即して矢来御門と呼ばれるようになり、御下屋敷御門は二丸御門とそれぞれ呼ばれるようになった。これは二丸が御下屋敷を包含するようになり、かつ二丸の中心がより南に移動したことを示すものであろう。左にその布達を掲げよう[22]。

公辺江御嫡子様又者御隠居様御居宅と被仰出置候御屋地之所、御内輪ニ而者二丸と相唱候様被仰付候、
一妙心院様（継豊側室）御存生之内被成御座候地面を、山下御屋鋪と申来候得共、山下之名目被相除、右地面者二丸一円ニ被仰付候、左候而当分山下御鷹部屋被建置候辺境を山下と相唱候様被仰付候、

二丸御門之事

一矢来御門
　南口御門之事
一御台所御門
　御下屋敷御門之事
一二丸御門
　右同裏御門之事
一南御門
　御勘定所門之事
一御役所御門
　随神門脇御中門之事
一花園御門
右之通相唱候様被仰付、尤公辺江御書付等有之節者、前々絵図面之通被仰付候旨被仰出候段申来候、此旨可承
面々江可申渡候、
（朱）「天明五年」
　二月　　　　　　　　　　　　　　　近江

さらに「重豪譜」によれば、重豪は天明七年、家老二階堂主計行且に命じて二丸造営の総宰たらしめた。十一月二十五日に起工し、翌年秋八月二十四日には広間・書院等がほぼ落成した。ところが、同年京都の火災で内裏および二

条城が炎上したため二〇万両の幕府への納金が必要となり、その営作を中断するに至った。しかし、藩主斉宣は寛政二年（一七九〇）正月二日に家老とはかり再起工し、翌年六月十二日に完工、次の年の四月二十七日に移徙の儀を行ったという。[23] ここに、下屋敷を包括した形で新しい二丸が造立成就をみたといえよう。

諸門の中、本丸の門としては「御楼門」と「北之御門」があり、それぞれ堀を前にひかえていた。

本丸正門である御楼門よりの出入は、中山王世子等公式の場合に限られていた。安永二年（一七七三）八月十九日、「中山王尚穆之世子中城王子尚哲来聘于薩府……路次奏楽、尚哲至於楼門際下轎、摂政読谷山王子朝恒於橋涯下橋、上於虎間正面階」とある。[24] 楼門前の橋ははじめ板橋であったが、左記の如く文化七年（一八一〇）朽損の際、石橋に改めたい旨を幕府に届け出て、許可を得て改築架橋している。[25]

　薩摩国鹿児島城橋一ヶ所長八間、横三間三尺、是迄板橋ニ而御座候処、度々朽損候付致修復候節、石橋ニ仕度御座候、絵図相添此段奉伺候、以上、

　　正月九日　　松平豊後守（島津斉興）

（張紙）「勝手次第可被致候」

また、『列朝制度』三六、「年頭、五節句他」に、

　北之御門より女中通融之儀、此跡御代参など之節は、女中通融仕事候へ共、向後は北御門より女中通融被差留候、お加久殿御事、平日北之御門通融ハ無之筈候へ共、南御門道筋差支候時分ハ、北之御門も御通融之儀も可有之候条、左様可相心得候、

元文二巳十二月

とあり、北御門はその位置からしても城内勤番の武士の通用門で、一時または臨時女中の通行を認めていたことを知る。

また、正徳四年の藩主の国許出立に際し、桜之間、御中門、二丸御門（のち矢来門）より城外に出て、諏訪社へ参詣している記事があるところから、藩主等の城館出入はほぼこの経路をとったものといってよいであろう。(26)

**註**

（1）『旧記雑録後編』六―四八号。なお、国分城は舞鶴城といわれ慶長九年義久の居城として築造された。今なお濠石垣、橋等を存す。現在小学校敷地、背後の城山（隼人城・新城）は最近、県文化課の手により発掘調査が行われ、城郭の遺構が発見確認されている。
（2）同六―六五号。
（3）同六―四七七号。
（4）鹿児島城絵図として広島の浅野家、岡山の池田家所蔵絵図があるが、何れも軍学者などの作成した想像図で実際に調査したものではない。
（5）鹿児島県史料『旧記雑録追録』一―一〇五九、一二四〇号。
（6）鹿児島大学附属図書館所蔵、玉里文庫本、『鹿児島市史』Ⅲ、史料編所収。
（7）『薩藩叢書』所収。鹿児島県史料『旧記雑録追録』一―二六一四号。
（8）同二六一六号。
（9）鹿児島大学附属図書館所蔵、玉里文庫本。
（10）鹿児島県史料『旧記雑録追録』二―一六一四号。

(11) 同一六三五号。
(12) 鹿児島大学附属図書館所蔵、玉里文庫本。
(13) 鹿児島県史料『旧記雑録追録』三―二九七号。また、鹿児島県立図書館所蔵の正徳三年城絵図はこの時の本丸、二丸およびその付近の屋敷の模様がえのプランを図示したものである。
(14) 拙稿「鶴丸城二丸御門と御下屋敷御門」（『鹿大史学』二六号、一九七八年）参照。
(15) 鹿児島県史料『旧記雑録追録』三―一二六三号。
(16)『御治世年表』。『古記』にもほぼ同文を収録す。
(17) 鹿児島大学附属図書館所蔵、玉里文庫本。
(18) 鹿児島県史料『旧記雑録附録』四―七八四号
(19) 同六―一一六〇号。
(20) 同七―二五三六号。
(21) 鹿児島県立図書館所蔵写本。今回の県文化課の最終の発掘調査により北御門前の橋の詳細を知りえたが、それによれば当初より土居であったことがわかり、本史料の記載と一致した。
(22) 鹿児島県史料『旧記雑録追録』六―二一九六号。
(23) 同七―二号。
(24) 同六―一〇八一号。
(25) 同七―一〇七五号。東京大学史料編纂所蔵『島津氏世録系図正統』二十七代斉興第五には絵図が掲載されており、御楼門前の橋は木橋の如く記されているが、北御門の橋は土居の如く画かれている。恐らく実状を表現したものであろう。
(26)『列朝制度』三三―二二八五号。

## 四、成尾図その他

文久三年（一八六三）、薩英戦争切迫に際して、藩主忠義の旗本は御楼門橋詰に、国父久光の旗本は二丸本門下に集結することと定めたり、郭内の模様を改めたり、国分新城に居城を移そうとしたり、海辺に近い城だけに慌しい動きがあった。七月十日の英国軍艦の砲弾は、本丸大奥二階・同桜之間御中門脇・御楼門・二丸庭・同浩然亭（二丸内庭）・御台所庭・霊符堂・二丸御納戸等に落下したとある。この時は火を発して焼失することはなかったが、維新後、明治四年（一八七一）の廃藩置県により、藩主忠義は鹿児島城本丸を去り、翌五年明治天皇の行幸があった。そしてその後、本丸は熊本鎮台の分営となり、殿舎は兵士の屯所と変わる。明治六年（一八七三）十二月、不審火により本丸は烏有に帰した。その直前、幕末の藩士で金山奉行等を勤めた成尾常矩は日常馴染んだ鹿児島城の変貌と殿舎の荒廃を慨嘆して、城周辺の見取図と本丸内間取図を作成した。同図は明治十年（一八七七）の西南戦争で焼損したが、翌年複製したものが伝存しており、鹿児島城の調査研究に必須の史料となっている。

城内殿舎配置図（本丸間取図）（A）は、市立美術館所蔵のものの他に磯尚古集成館旧蔵のものがあり、記載の内容に若干の相違があるが、下段余白に図面各所の説明を記載した部分の文章構成、用字および図との内容対比などの諸点からみて前者の方が詳しく、また正確に書写したもののように考えられる。

そして、市立美術館の方には城周辺図（B）も残されており、（A）、（B）併せて本来の成尾図は作成されたという経緯からみても、前者を善本としてここではとりあげておきたいと思う。

成尾図の発見が今回の鹿児島城の発掘調査、とくに本丸のそれにどれほどの恩恵を与えたかはかり知れないが、見取図などから、その精度のよさ、細かい注記、殿舎各の書き入れ等は特筆すべき点であろう。そして、そのことは成尾常矩の履歴、その人柄からみて、さこそと首肯できるのである。[5] 次に（Ａ）、（Ｂ）の説明文を全文掲げ、その作成の経緯と適切な記事の内容を承知しよう。

（Ａ）土地庭……ノ印
　奥向………ノ印
井池………ノ印
板廊下椽頬ノ印
表御坐畳敷ノ印
一奥ノ□ヲ以テ表方任職ハ鳴子ノ□口ニ参入シ得サレハ奥向御坐委ク□能ハス、唯大概ヲ略誌ス、
一慶応明治以来ハ諸局合併又ハ被廃□アリ、□住居等少カラス、此図ハ□麁図ナリ、空ニ覚ヘタル
侭□広狭アルヘシ、観ル者察スヘシ、
一御対面所、虎ノ間、梅ノ間ニハ御床有リ、
一御袖判、竹ノ間外上ニ掛居タリ、
一御対面所御床其外ノ間ニ御襖等ノ絵ハ探元、養伯等ノ畫、
一山吹之間当番頭詰衆ノ詰所、サ□座隅高奉（行）所ノ出来座アリ、且

一六組觸役所、二階高奉行所、
一奏者上板間、上三階御小姓與番頭座、但シ二階ハ進達掛詰所カ
一桃ノ間、御使番座、二階御裁許奉行所、
一御用人座、二階大番頭□
一御勝手方御家老座、二階御趣法掛御用人並調掛、但シ雪隠上マテ掛ル、
一御勝手方御用人坐、廊下上御勝手方御用人坐書役、圍爐裏役上二階御目附役所、
一物奉行所、二階御裁許方書役、同北ノ方偶金山奉行所、
一鷲之間、蔵方目附詰所、大身分觸役所等ノ上一円郡方、
一御側御用人座末、二階御徒目付詰所、
懸治ノ制ニ帰シ、鹿児島御城御本丸西鎮台ニ分営ト成リ、兵卒入営、殿中諸御坐々々間壁ノ毀チ除一面ニ成リ、鎮台屯所トナレリ、後世□ハ知ル者ノナキニ慨歎シ、麁図ヲ模シテ残シ置クモノ也、

明治六年癸酉三月誌　常矩

（B）明治十年丁丑春秋両度ノ県下騒擾ニテ殿中ノ図共ニ痛損シ漸ク之ヲ合セ彼ヲ継テ改写ス、于時十一年三月中旬也、

御殿内御座々図ハ別紙ニ誌シ置ク、

成尾常矩（華押）

一吉野橋堀土居御城築ノ節、士共築シト云ヒ伝フ、
一種子邸方左橋涯ニ数丈枝垂レタル一松樹ハ木村静隠老ノ画ニ学ハレタルト云伝ヘタリ、
一三四十年以前ハ新橋堀末迄大船繋レリ、
一岩崎後ノ山越シ谷ヲ城ノ谷ト云、御城新照院口亦草牟田ヘ通ス、又夏蔭ニモ通ル山道アリ
一草牟田稲富氏ニ往古火立テ番屋ノ跡ト云有リ、
一吉野橋堀面土居両方、大手橋堀土居、御客内枡形等ニ数百歳ヲ経タル松櫨数本アリ、
一御楼門ハ天保十五年甲辰二月御建替始マリ同十月三日成就シテ通初ナリ、
一唐御門中ニ十文字御紋ニシテ脇鶴ヲ彫刻シタリ、細工無類、虎ノ間前ノ御門ナリ、
一加治木屋敷堀面ノ橋ヲ顕娃殿橋ト云、顕娃氏ヵ往古此屋敷ニ居住歟、
一二之丸御厩ハ久光公御住居有テ御建築ナリ、其稽古所ハ斉彬公不時御呼出、諸家武術御覧アランカ為ニ御建築也、以前ハ空地、
一二之丸ヨリ大手口御門迄山麓ニ通路アレトモ是ハ非常ノ御通路ナルヘシ、
一御楼門、新橋、西田橋ノ擬宝珠ハ唐銅ニシテ慶長十七年壬子六月吉日トアリ、又大手山下橋ハ斉興公御代同様ノ擬宝珠ニ成ル、
一御客屋前堀ヲ古昔ヨリ俊寛堀ト云伝フ、僧都流罪ノ時此辺ヨリ乗船アリシ所ニチモアランカ、不詳、
一広馬場通ハ斉彬公御代ニ広メラルカ、
一大雄山南泉院客殿ニ掲ケアル医王宝殿ノ額ハ足利義満公ノ染筆也、

上山城ハ南泉院上ヨリ島津右門邸上辺マテ御本丸ナリシナランカ、平上柿本寺上辺マテ御曲輪ノ内ナラン、岩崎ノ蓑田伝兵衛ノ門前ニ旧枡形跡アリ、

一番所勤番左ノ如シ、

一韃靼冬々口、吉野橋　平口　西田橋ノ番所ハ御兵具方足軽勤番

一新橋　枡形番所ハ大身分家来勤番

一岩崎口　大手口　新照院口番所ハ士勤番御サト通御門モ士勤番

一霊符堂下山ノ手番所ハ御広敷士勤番

一喰違ハ山下橋口　黒木邸小路　金蔵角　広小路柵門涯ニ有シカ斉彬公御代ニ広小路ハ素町口々三町共ニ柵門ヲ建テラレ又洲崎ニハ遠見番所ヲモ建築アッテ非常ノ備ヲ厳ニシ給フ、

慶長七年冬家久公城ヲ鹿児島ノ上山ニ築キ玉フテヨリ御代々御居城ト成レリ、明治五年壬申陸軍少将井田譲城ヲ受取、鎮台兵卒ノ屯営トナル、時ニ慶長七年ヨリ二百七十一年也、然ルニ御本丸ハ明治六年癸酉十月十八日焼失セリ、

時ニ随テ変遷スル珍シカラネト大哉戊辰ノ兵役復古ノ御一新諸侯版図ヲ奉還有テ、国主ヲ藩知事ニ命セラレ、華族ノ称ヲ賜ヒ三歳セヲ経スシテ藩ヲ廃シ県ヲ置カル、ノ御制度ニ遷リ、旧国ニ僅ノ宅地ヲ賜テ闕下ノ常住ト成ル、君トシ事ヘ、臣トシ扶持セル、舟水ノ交義モ疎薄ニ旧来ノ戴恩モ自ラ忘却スルニ垂々タリ、当県ニ於テハ、忠久公文治二年薩隅日三州ノ地頭職御補任アリテヨリ御闕如ナク御代々御伝領、七百年来臣トシテ従事シ、東西離別ノ情争テカ忍フニ堪ヘサラン、今ヤ万国通信交際有テ文明開化ノ御趣意日ニ新ニ月ニ盛ニ行ハレ西洋ノ正朔ヲモ

用ラレ、万ツ洋風ニ模擬セラレ、大和魂ト唱シ年来節モ稍銷鑠ニ至ラントスルノ勢ニ又脱刀ノ命ヲモ下サレ、四民合一ト云ニ殆ト立至リ、国々ノ境関ヲ毀除カレ城郭ヲモ破却セシ多シト、関モ戸サヽム御代トハ古キ歌ニモ見ヘヌレト、毀テレハ猶増リテ実ニ乱ヲ忘ル丶ノ目出度御代ニテ、後世ノ人ハ封建ノ厳備ハ昔語ニ聞クノミニテ往々商家市街ト成ナンモ遺憾ナレハ老ノ眼ノ開タル内ニ旧御屋形御曲輪之図ヲ書シ子孫ニ残シ置、マタ眼ヲ閉テハ此処彼処ト考合、空覚ノ侭遥カ四十年以前ノ図ヲ取リテ明治六癸酉三月二十四日清書シ畢ル、屋敷ノ広狭、小路割ノ違ヒハ見ル者察シテ宥スヘシ、

成尾常矩（花押）

他に関係史料として数葉の城館内の写真が尚古集成館、県立図書館に残されているが、うち三葉は本丸御池周辺より三方向に撮影したもので、藩主居所の状況を知ることができよう（麟麟之間・鷲之間・御小納戸・二之間・御小息所牡丹之間・水草之間・地震之間・御茶屋等）。これについては、『旧薩摩藩主島津公御居城図写真説明書』に

(1)旧御館　イ、奥方の御居間、ロ黒板塀、ハ地震の御座敷　此御座敷の一部は柱など鉄材を以て仕組み屋根も銅張にして地震の際藩主が避難せらるる御座敷なり、ニ、藩主朝夕御住居の御座敷、明治五年先帝陛下の御行在所となれり、屋根は杉の平木葺（小板葺ともいふ）なり、ホ、此奥に御小姓の居間あり、ヘ、此奥に内間の書院あり、(2)御館の一部及び庭園、イ、平素使用されざる御座敷、ロ、大理石の一枚橋にして今も猶は七高校庭内に存す、ハ、平木葺屋根修繕の際人夫の足場、ニ、安政五年十二月二十八日忠義公島津氏の家督を継がるるや久光公は日々二の丸より御登城藩政を此の御座敷にて聴かれたり、(3)旧御城内の林泉にして其一部は今も猶ほ七高校庭内に存す、イ、此築山の奥に「朝日の宮」と称する祠あり、三種の神器に模して鏡劔璽を祭りたり、(4)旧城の外

観、イ、角櫓（隅櫓）、ロ、御楼門、ハ、御兵具所、ニ、城山、往時城山々頂には老松多かりしが丁丑役後或は
枯れ或は伐られ今は一株も存せず、

とあり、これら残存する史料により、わずかに旧城郭、城館の景観の一端を窺い知ることができる。

鹿児島城下絵図の代表的なものとして、天保十三年頃の切絵図（『薩藩沿革地図』所収、解題に文政二、三年頃のものとしているが疑わしい）・安政六年頃の城下絵図（県立図書館所蔵大図）がある。後者には本丸、二丸間の濠の記載がない。しかし、これは城郭内を省略したためで、前掲文政五年の玉里文庫本城下絵図にも明確な濠の記載があり、しかも本丸前の濠との接続部分に仕切の石垣が記載されており、これは今回の発掘調査の結果と完全に一致した。成尾図（B）についてもしかりである。(7) また、著名な天保十四年の註記入りの市立美術館所蔵、屏風仕立の鹿児島城下絵図の石垣、城館の記載、朱註の字句も注目すべきであろう。(8)

すなわち、城壁東北隅の「鬼門隅欠之図」・「北ノ御門」・「御兵具所」・「御楼門」・「ヲスミノクラ」・「虎之間」・「御対面所」・「御書院」・「御本丸大奥」・「御納戸」等の図示がある。殿舎箱棟や堀仕切をはじめ、城内景観の描写も復原の参考となろう。

なお、遺構の発掘中、注目を集めた水道管に関連して『薩摩風土記』の記述を掲げておこう。すなわち、水道高桝などの絵図の説明に「水道の高枡なり、石にて造りはかのやうなり、所々にあり、高サ壱丈弐三尺、此水御城より流る、町中のの（ママ）ミ水とする。水やくミとりあるく」、鶴丸城絵図の説明に「御屋形の内に池あり、名水此有、町方水道へかゝる、松杉すきやくすきと同し、雨天の節ハ雲立のほる」とある。(9) 二丸部分の遺構、関連史料についても触れるべき点は多いが、今回は省略する。二丸には本丸焼失後も久光が居住し、その殿舎は西南戦争最末期の官軍総攻撃の

際に烏有に帰した。これら城内収蔵の文書類が廃藩置県の際に大量に焼却されたこと、西南戦争の際、岩崎文庫蔵にあった島津家重書は家扶東郷重持らの努力により搬出されて現在に伝来するが、築地屋敷所在のものは焼失したこと、二丸屋敷所在の重書も法元氏夫人らの努力で一部搬出されて焼失を免かれたことなど、関連事項は少なくない(10)。また、本丸・二丸焼失後、空地となった郭内にその後建てられた施設、すなわち鹿児島学校・鹿児島県立中学造士館・第七高等学校造士館・鹿児島大学文理学部・同医学部・鹿児島市役所・市立美術館などの変遷についても触れるべきであろうが、ここでは一切省略した(11)。

以上、鹿児島（鶴丸）城の沿革について前史をも含めて管見により関係史料を掲げ、併せて些少の考察を行い、かつ発掘調査の成果の一資料たらしめようとしたものである。

ただし、関連史料は今後とも博捜・精読によってますます増加するものと思われるし、新事実の発見や歴史的意義の把握等はなお引き続き将来の課題としなければならない。

**註**

（1）鹿児島県史料『忠義公史料』二―二四〇・三〇四・三〇七号。
（2）同四四〇・四七六号。
（3）同四二三号。
（4）成尾図の伝来の経緯については必ずしも明らかではないが、成尾ミツ子氏所蔵の「慶応二丙寅十二月記」とある成尾氏の「家譜」の筆跡は、成尾常矩自身のものとみられる。筆体には草書体のものと楷書体のものとがあり、後者はおおむね後筆・補筆の分であり、明治になってから同十二年の死去に至る間の加筆と推定される。家譜には一葉の家紋図と一葉の屋敷図、それに十年の西南の役で壮絶な死を遂げた一子常経の延岡の埋葬地付近の見取図一葉が挿入されているが、その筆跡もおおむね後者のそれと一致する。そして、これらの筆跡はいわゆる成尾図と呼ばれるようになった鹿児島市立美術館現蔵の二葉の鹿児島城図のそれとも合致するように思われるのである。

（5）拙稿「薩藩史料伝存の事情と事例」（『鹿大史学』二七、一九七九年）参照。

（6）拙稿「鹿児島旧薩藩御城下絵図」解説（『日本の市街古図（西日本編）』鹿島出版、一九七二年所収）。

（7）その他、『旧邦秘録』所載の略図にも濠の記載あり、これによると少なくとも西南戦争時までその存在は動かしがたい。

（8）鹿児島市立美術館蔵。拙稿「天保年間鹿児島城下絵図注解」大江出版、一九八〇年参照。

（9）『鹿児島市史』Ⅲ史料編所収。

（10）鹿児島県史料『旧記雑録追録』八―一二五一号、同『西南戦争』三「磯島津家日記」五月三日・九月十日条、『史談会速記録』第三輯合本一、○同家旧記保存の顛末　○藩庁公簿焼棄の顛末。

（11）山田尚二「鹿児島県の中等教育の変遷―中学校造士館を中心に―」（『鹿児島史学』二六、一九七九年）・同「鹿児島県の中等教育の変遷―県議会を中心に―」（『鹿児島史学』二八、一九八一年）参照。

【付記】その他、比較的最近の研究成果をとりあげたものとして、三木靖「鶴丸城」（『日本城郭大系』十八巻〈新人物往来社、一九七九年〉鹿児島県所収）・拙稿「鹿児島城の変遷について」（鹿児島県立図書館公開講演発表要旨、一九八一年）・同「記録所の変遷と伊地知季安」（『旧記雑録月報』一、一九七九年）・原口泉『国立南九州中央病院―その土地の歴史的沿革―』（国立南九州中央病院、一九八一年）を参考資料として掲げておく。

# 第四章　「御厚恩記」をめぐって

## 一、「寛永諸家系図伝」と川上久国

薩藩の年代記「古記」寛永十八年（一六四一）条に、「一、二月廿二日若年寄太田備中守資宗より貞昌を被召、伝台命、御当家御系図可有献上旨、被仰渡、諸大名同前也、依之島津久慶、島津図書久通、川上因幡守久国、喜入摂津守忠政、野村大学助元綱江被仰付、御系図編集方有之」とある。(1) これは、幕府の「寛永諸家系図伝」に結実する全国諸大名等の系譜集作成計画の着手を示すものであり、それを受けて薩藩でも他の諸大名同様、系譜編集の準備に早速とりかかったことを記している。

貞昌は江戸家老伊勢兵部少輔貞昌であり、その力量は内外から高く評価されており、寛永十五年に死没した家久に代って新藩主となった光久の教導役としても貴重な存在であった。しかし、その貞昌も同じ寛永十八年に没した。古記に、「一、四月二日御家老伊勢兵部少輔貞昌、江戸ニ而卒去、上使阿部豊後守忠秋を以御香奠御給、嫡家伊勢兵部貞衡御旗本拝謝之」とある。伊勢貞衡はかつて貞昌らの助力もあって不遇の身から旗本に取り立てられ、以後有職故実の名家の嫡流として栄えた。貞昌はもと有川氏、伊勢家庶流の名跡を継いで伊勢を称し、以後は江戸時代を通じて両家は長く嫡庶関係を維持したのである。(2)

さて、貞昌の死没後、代わって系譜調進について幕府と折衝の役をつとめたのは誰か。それは、たまたま在府中であった家老川上久国であった。既述の如く系譜編集の主命をうけたものには他の家老等もいたが、久国がとくに連絡役として適任だったのであろう(3)。

しかし、久国もはじめはそれほど大事とは思っていなかったのであろう。やや怱卒の間にとりまとめた感がないでもないが、同年八月になって差し出した系譜について早速幕府側からクレームがついたのである。久国がそれをうけて国許の家老に書き送った書状に、その間の事情がよみとれる(4)。

一書申入候、然者御系図今月始、太田備中殿江可差上と存候之処、若君御誕生ニ付而御取籠之由候間、延引申、去廿一日備中殿江持参申候、御系図を被成御請取、古書物者御家之重宝ニ而候之条、書写候而可差上之由、被仰候而、則写申、昨朝持参可申由被仰候之間、能勢喜庵、備中殿御存之人ニ而、致同心伺公申候処、道春之親子被召寄御系図其外古御書物被成御見せ、忠久様以来之儀少茂不審掛不申候、御文書之内北条家之判なと皆々被見知、已ニ時政判之御座候書物ハ広元手跡ニ而候由被仰候、頼朝之御子忠久、大友時直之外にも御座候、是も恐御台所、他家を御名乗候之故、世間不知之由物語ニ而候、静ニ御尋申候而書付相下可申候、諸大名之系図近家ニ而候哉、多分一枚紙ニ而相済候、就夫御当代之儀者細々被書入候、此方之御系図にも近代之儀を書入可申由候而条書被為出候、多分爰許之衆茂為存儀多ク候得共其内不知事共御座候故、道春之条書ニ理書仕差下申候、急度被成御記可被召上候、兎角道春御尋申爰許にて書せ申候而ハ又なをり可申候、道春茂大隅様已来被下御目候、于今少茂無他事存候之間如何様ニも可有助言之由被仰候、筆者平田宇右衛門江少書せ候而見申候、一段能候之間書せ可申欤と右衛門佐殿江談合申候、御系図此中出候諸大名之系図ニ相替、御代も永別細ニ御座候由、備中殿被仰候、何とそ被成御急条書而段々可被仰上事奉待候、先々御系図之一筋ニ御不審共無之候而目出度存候、御系図御調之儀、図書頭殿、川上上野介殿御当之儀ニ而候之間、可申入候得共、御談合可入儀多々御座候故如此候、恐惶謹言、

猶々、諸大名之系図者三部一上り申候、加賀・肥前殿など系図未出之由道春物語ニ而候、又黄門様御昇進口宣之写、此許尋申候得共未見出申候、自其許被成御写早々可被召上候、已上、

川上因幡守

辛巳八月廿七日　　久国

弾正大弼様

下野守様

頴娃左馬頭様

鎌田治部少輔様

山田民部少輔様

人々御中

また、同日付で久国は左の如く具体的に道春に指摘された条項を列挙し、私見を記した上で国許の家老達に対応を求めている。(5)

従道春出候書物之写

覚

一　御当代ニ官位昇進ニ而候之間、其年号月日可被遊事

一　琉球国之事
一　縁辺之事
一　大坂陣之時之事
一　松平氏被進候之事
一　御成之事
一　御遠行之時御弔之上使之事
一　年齢并法名之事
一　光之御字被進候之事
一　御跡目相続之時御礼之事
一　島原之時之事
右従道春之条書ニ川上因幡久国のことハり書之条目
一　御当代ニ官位昇進にて候間、其年号月日可被遊事
黄門様宰相ニ御成、又中納言ニ御成候、従禁中之口宣可被召上候、少将ニ御成之儀ハ高麗之御感状ニ御座候、又権現様、台徳院様、当公方様何之御代御昇進并年月日御記候而可被仰上候、口宣無御座候ハヽ、御覧之通被遊付可被召上事、
一　琉球国之事
琉球江御人数被遣、王位江戸江被召上候年号之事、

一　縁辺之事
龍伯様御息女江黄門様御縁組、何之天下様御意ニ而候哉之事、
一　大阪陣之時之事
従秀頼様御書物御腰物参候而被成御返候、其時御返書之事、付御参陣御仕合之事、
一　松平氏被進候事
黄門様松平氏被成御始候、何之公方様又可被遊候事、
一　御成之事
御成年号并御拝領之御腰物御脇指其外品々、又御進上物品々之事、
一　御遠行之時御弔之上使之事
黄門様御遠行御弔上使之事、能勢小十郎殿之由申上候事、
一　光之字被進候事
薩州様松平と光之字御給并年号之事、
一　御跡目相続之時御礼之事
御跡目御相続年号并御拝領御進上物之事、
一　薩州様御縁組之事
台徳院様欤公方様欤被聞召上為相定申候事、
一　島原之事

島原陣江人数被遣候様子之事、
一　義久之下知行之事
御系図之理書ニ押札仕候、
一　義弘之下知行之事
右同
一　家久之下又奉行之名并知行之事
右同
右者道春条書之分
一　従薩州様御舎弟達を系図ニ載可申之由、備中守殿被仰候、我等申上候者、人之養子ニ被罷成候衆島津一家之衆者其家之流ニつり可申哉、他家之衆ハ此系図之内ニつり所無御座由申候得者、今度之御系図ニ者先御舎弟之座につり候而理書何かし養子と書可申之由、被仰候間名乗并次第被遊付可被召上候事、
一　諸大名之系図上り候、上代先祖已来之儀者可被為書事無之候哉、近来之忠節又権現様・台徳院様・当公方様より之御恩掌之儀、或公家ニ為被召成儀、或所替御加増など之儀いかにも細ニ被為書候間、其心ニ無之候而ハ大形ニ聞得可申候、其上年久敷成候得者覚もうすく候条、縦文章はひらニ御座候共条々書達候而可然候ハん由、道春念比ニ被仰候事、
寛永十八年巳
八月廿七日　　川上因幡守

弾正大弼様
下野守様
頴娃左馬頭様
山田民部少輔様
鎌田治部少輔様

道春とは林羅山のことで、『寛永諸家系図伝』編集の最高責任者の一人であった。道春は古来の歴史よりも近年の徳川家との関係について詳細な記事を求め、家康・秀忠・家光の将軍三代より受けた恩遇について詳述することの意義を説いているのである。久国からの報告に接した鹿児島では、帰国中の藩主光久の命をうけてその年の九月十七日より大龍寺・島津図書頭久通・三原左衛門佐重庸・島津弾正久慶の四名が中心となって協議し、資料の作成に当たることになったのである。

その後の経緯は、四人の中でも最も重要な役割を果たしたと思われる久慶の記録によって具体的に知ることができる。すなわち、「島津久慶自記」所収の「談合之次第之覚」によれば、九月十六日より十月二十四日までどのようなメンバーで仕事に取り組んできたか克明に記されており、その最終日には久慶の所へ藩主光久も来てまとめあげた書類を見分し、箱に入れて阿蘇主殿助・平田盛右衛門（純正）・甲斐右京亮（重政）ら三人の担当者に引き渡している。その目録は、「一家久様官位昇進之帳一冊　一光久様御継目之帳一冊　一御元服之帳一冊　一御成之帳一冊　一大阪陣之帳一冊　一御厚恩之帳一冊　一中納言様御病中之帳一冊　一関か原後之帳一冊　一琉球征伐之帳一冊　一能勢かや野之目録一巻　一隠岐守様ゟ被仰下候條書之返答書一巻　一川上因幡守ゟ之条書返答書一巻　一阿蘇主殿助持下り

候条々返答書一巻　一川上因幡守ゟ遺候御系図之断書一巻　一度々御局御拝領之覚書日々記之写一巻　一隠岐守様江御書一通　一民部卿法印江御書一通　一右御案文弐ツ　一御判紙帋六枚」の如くであった。(6)この中で御厚恩之帳とあるのが前述の徳川将軍家三代の恩遇を書き上げたものとみられ、普通御厚恩記と呼ばれる覚書である。これについては後述する。

さて、このようにして用意された資料は鹿児島から江戸に送られ、さらに整えられて寛永十九年三月五日、川上久国の手で江戸城において総裁太田備中守資宗に納入された。『旧記雑録』同日の記事には、

以大樹将軍之鈞命、使行人大田備中守、上奉日本諸国諸侯之系図、恭承嘉恵、我島津氏歴代之譜系亦自高祖造于薩摩守光久逐一記焉為一巻也、碩儒翰林閣民部卿法印道春、大樹将軍家光尊君之階下有于儒家者道春者、欲与吾臣川上因幡守撰論島津氏歴代之譜系、道春既応諾、件々下筆相互答問是々非々不日成矣、于時諸侯同列遂于大将軍之台覧、是亦吾代之幸而幸也、譜系幾世幾年、歴久遠至万々歳泰平哉、至祝々々、

右者島津氏系図之奥書

又高祖頼朝下書・鎌倉将軍家并北条家権門之書・尊氏公之下書・代々公方家之下文、合二十二之写、且大樹将軍家光公家久渡御之記一巻、　供奉上之、　至祝々々、

とある。(7)

なお、その後も調整は続けられていたようで、六月二十九日付の道春より久国宛の書状は、その間の状況をうかがわせる。

其以来者不能貴面候、拙者病後故其元へ御見廻不申入候、仍此間御系図於評定場令書写、御成之記も一つに書添、

清帳ニ頓而仕立可申候、真仮両通ニ仕候ニ付かな付申候而御一巻之内別紙ニ名字在名書抜は只今進之候、此方ニ而よまれ候も御座候へ共、其元之よミくせ如何存候間皆かなを御付候而可被下候、かな本請取候衆相被尋候間如此候、将又竜伯公之段処々文言なと書改申候、旨趣ハ少も無相違候、可御心安候、猶懸御目可得芳意候、恐々謹言、[8]

さらに同年十二月十六日、道春が光久に宛てた書状には、

十二月廿二日之尊書拝見、忝存候、殊御使者口上之趣承届、奉得其意候、其元弥御無事御座被成候由、目出度存候、仍今度諸家之系図各進覧候ニ付、御家之御系図太田備中殿へ被進候間、内見仕候様ニと蒙仰候、畏入候、川上因幡守方御使者同道にて、拙宅へ御越候、御一巻幷御覚書共一見仕候、任貴意存寄候通草案仕候て、致進上候、尚以御好も御座候者可承之由、因幡守方へ相談仕候、御代〻慥成御相続之御事不及申上候へ共、弥千秋万歳と奉祝候、然者為御音問被入御念、繻子五巻・なし物壱壷・琉球酒壱壺被下候、過分之至候、遠路御懇志之段、別而致賞味候、委細者因幡守方迄申達候間、御使者可有演説候、尚奉期後音之節候、恐惶謹言、

とあり[9]、川上久国の最終的な系図仕上げに至るまでの働きぶりをうかがうことができる。

かくして寛永二十年（一六四三）九月、「寛永諸家系図伝」一八六巻の完成をみたのである。そして幕府のこの挙が薩藩における本格的な系譜集成事業の端緒を開くこととなったのである。すなわち正保二年（一六四五）、平田純正を文書奉行として島津氏家譜の編集がはじまり、明暦三年（一六五七）には島津忠久より家久に至る間の歴代譜（のち「新編島津氏世録正統系図」となる）がひとまず集成をみたのであった[10]。

## 二、「御厚恩記」、島津久慶私案と伊勢貞昌私案

さて、前章でふれた幕府への系譜提出の際、とくに求められて作成された「御厚恩記」とはどのようなものであったか。これについては、当時国許にあって系譜作成の中心人物となっていた島津久慶の述懐と私案の分をかつて発表紹介したことがある[11]。

そこで今回は、寛永十八年（一六四一）十月、弾正大弼（久慶）作成の「家康様以来於島律家御厚恩之条々」のうち本文十七条は省略して、あとがきのみ重ねて掲げることとしたい。

右者寛永十八年従公儀御家之御系図文書可有御覧由被仰出付而、以川上因州御進上候処、太田備中守殿御前ニて道春被為見、御当代ニ御厚恩之儀可書載由被仰出候付而伊勢兵部少家物等見せ合候得共、左様之記録無之、松平隠岐守様へも被聞召上、阿蘇主殿助を以被仰遣、九月廿日ニ爰元江申来候得共、古来之御衆然と御覚も無之、勿論御記録も無之故、我等手前ニ廿六歳ニ而御家老役被仰付候時分、中納言様御物語之儀共、又ハ伊勢兵部少物語、其外渋谷次郎左衛門尉入道、相良日向入道、祖父椛山権左衛門尉入道、或別府信濃守物語、或御代々右筆之八木丹後家ニ有之御案文帳之内よりも書抜、御当家之御厚恩之儀書置候を以ケ様之儀共ニ而も候ハん哉、公儀へ於被仰上者、文体も御直し候而可目出由下野守殿へ、相尋候へ者皆々前々古来之者共物語申候へ共、不書付置候処、念を入たる儀を仕候、早々可懸御目由野州任差図、若輩乍不似合、内證ニ而懸御目候処、近来御重宝成儀を仕候

由、野村大学助を以被仰下、野州民少、其外古来之衆取集り吟味之上ニ而我等文章之内被潤色、江戸へ被遣候、
就其為後年、今度之一巻御記録被留置候、御厚恩之条々ハ弾正手前より書出由被書留候、偏黄門様御近所ニ為被
召仕故也、為後證如件、

右の文章を読むと旧稿においてもふれたが、久慶はほとんど自力で諸資料を集め書き上げたようにみえるが、その内容は引用した諸資料に負うところが多いのであろう。とくに「伊勢兵部少物語」とあるのに注目したい。久慶は「御当代ニ御厚恩之儀可書載由被仰出候付而伊勢兵部少家物等見せ合候得共、左様之記録無之」と述べているが、実際は伊勢家文書中に寛永十六年に貞昌から久慶に書き送った「御厚恩記」の写しが残っているので、久慶はこの貞昌のものを参考にした可能性は大きいのである。今回はそれを全文紹介しよう[12]。

（端裏書）
「貞昌案文写御当家厚恩記」
（ハリ紙）
「此一巻雑書之内ニ不定候得共、享保十六年霜月十九日御用ニ付而御記録所へ被差出候間、記録方帳面ニ書載、雑
改方帳面ハ相除筈ニ候、子細之儀者首尾ニ書留有之候、
（朱）　九十二通ニ入ル筈也、

正《い》月廿八日

家康公・秀忠公到御當家御厚恩之條々

①一　天正十九年高麗入之前、唐人以目安浅野弾正殿江申候者、薩摩へ罷居候醫師唐人三官と申者、高麗入之儀以文唐江注進為申由申上之処、大閤様被聞召付、於聚楽被成御糺明候之処、三官越度ニ相究候ニ付、太閤様、家康様江被仰候者、薩摩へ之醫師唐人三官と云者、高麗入之儀以文唐へ為申越儀実正ニ相究候間、鍋を鋳させ可煎殺由被仰出候処、内府様日本へ居候唐人共皆〻左様ニ可申越候、就其高麗入可難成と思召候様ニ致沙汰候得者、日本之よハミ又ハ手狭御拵と可申候間、死罪被成御免可然候半と被仰上候得者、如其御赦免候、

②一　文禄元年於肥前名護屋、大閤様御意候者、義久茂高麗へ可被渡由被仰出候処、内府様御申候者、早兵庫頭・又八郎致渡海候、義久迄者餘むこき儀、國者明可申与内府様被仰上候故、如其被成御留候、

③一　梅北宮内左衛門と申者、知行八百石執、湯之尾地頭ニ而候、彼人者久保様御前無然々故、高麗江参兼、従平戸加藤主計頭殿領内肥後之内佐敷之城ヲ攻執居申候を、加藤殿衆女ニ酒をもたせ強つふし、則時ニ討取、名護屋へ注進申候故、大閤様被成御立腹候処、内府様此一揆義久者被存間敷候、其故者兵庫頭・又八郎高麗へ罷居候、義久ハ爰許へ罷居候、如何様ニ被仰付儀茂則時ニ罷成候ヲ乍存、ケ程無調法者被申付間敷候与被仰上候故、大閤様被聞召分候、金吾之人数佐敷へ籠候、就其金吾御成敗也、御當家可致滅亡処、内府様御申分之故、于今御相続難有儀ニ候、此恩賞永々無御失念儀可為肝要与奉存候、

④一　内府様其比於名護屋傷寒之御煩火急御座候ニ付、三官義久様へ申上候者、内府様ハ其命之主ニ而御座候間、御見舞申上度由申候ニ付、給黎大炊助御座候而被参候処、内府様御前へ被召出、御脉御とらせ為何御病症にて候哉と被成御尋候処ニ、三官重キ傷寒与申上候、内府様療治可罷成歟与御意候、三官軽儀候由申上候、此時従大閤様道三家、半井、竹田家之典薬衆餘多御付置被成候、従内府様三官薬参度与被仰候得者、典薬衆大閤様へ

被得御意、其上ニ而之儀被遊尤ニ候与被申候故、則被得御意候処、穿鑿させ其上ニ而兎も角もと被仰出候故、内府様御前ニ而相論御座候、三官申候者、各御脉之様子御薬之配剤銘々ニ御書出候得、某茂書出可申とて被書出候、延寿院与三官之配剤大形同前故、内府様三官薬可参与被仰出、御屋形相詰於御前御薬致調合、自身進上申候、一七日之間ニ被遊御快然候、是又内府様義久様へ無御隔心被思召ニ付如斯与沙汰仕候、

⑤一　其後於伏見、龍伯様御屋形へ内府様被成御申請候、御相伴近衛左大臣殿・台長老・山岡道阿弥御咄御座候而終日御着座ニ而候、内府様何方へ茂御光儀不被成候処、寄特成御光儀与沙汰仕候、

⑥一　慶長三年高麗帰陣、武庫様、又八郎様直ニ御上洛、十二月廿七日伏見へ被成御着候処ニ、従内府様伊奈図書殿御使ニ而御樽肴被進候、

⑦一　正月二日、御両殿様被成御登城候、翌日内府様、両屋形へ御見舞候而兵庫頭様へ一字国俊之御腰物、又八郎様へ長光之御腰物被進候、追付御家老衆本田中務殿・榊原式部大夫殿・伊井兵部少輔殿被参候、此者共内府様別而被召仕候間、御用等被仰付候様ニ与被仰、進物小袖十宛、太刀・馬代黄金一枚宛持参候、

⑧一　従内府様伏見之御城へ兵庫様・又八郎様御召候而、高麗打勝為御褒美、義弘江正宗御腰物、忠恒へ當引与申長光之御腰物被成拝領候、忠恒少将、其上出水・高城二郡五萬石被為拝領候、石田治部少輔殿被申候者、秀頼様十五歳之内ニ知行之沙汰不仕様ニ与大閤様被仰置候間、曽而知行進間敷由被申候処ニ、内府様被仰候者、今度大明・朝鮮人百萬之以猛勢執掛候処、以一手討勝、敵三萬八千七百餘被打捕事、前代未聞之軍忠ニ候、殊ニ大将孟老之弟聘賓質ニ取被引越候、日本唐土為相知儀候間、乍少分是非知行可被進候、就被仰知行被成御給、御感状別紙有之、五大老之御判也、

⑨一　此方御借銀三百貫目有之由、内府様被及聞召、借銀者向後御家之煩ニ可罷成候間、何とそ此節返弁被仰付候得、不足之儀ニ候得共、御合力ニ候とて判金五百枚御給候、従御國鎌田加賀守銀子持上候而皆返弁相済候、

⑩一　又八郎様伊集院幸侃就被成御成敗、幸侃屋敷者上、此方屋敷ハ下ニ而候故、皆々致気遣候処、従内府様伊奈兵部殿御越候、彼屋敷程近候、萬一不慮之出合なと人数入事茂可有之候間、御加勢申様ニ与申付候、今程者天下之就御普請人数弐萬程居合申候条、則可申付与候而門番所暫御座候、幸侃子共東福寺江参候而より罷帰候、

⑪一　忠恒様幸侃被成御成敗候処、従五奉行幸侃者大閤様昵近ニ為被召成人ニ而候ヲ、公儀へ無御披露儀不届之由就被仰、高雄山へ御寺領候、其内従内府様伊奈図書殿御使ニ而白鳥樽御給候、其後茂御音信御座候、

⑫一　従高雄御帰館之日、従内府様北野之先迄圖書殿被進候、被成下馬被成御逢候、圖書殿被仰候者、今日御帰館目出度被思召候、路次為御供乗馬衆百騎被遣之由被仰候、忠恒様何共辱儀ニ候、乍去乗馬衆同心之儀御赦免候様ニ与遮而被仰付、従御跡被参候、北野之馬場一行ニ馬之前ニつくはひ被居候故、少将様御礼候而被成御通候、皆々具足櫃被為持候、都ニ而殊外褒美仕候、

⑬一　従内府様寺澤志摩守殿ヲ以被仰候者、幸侃カ子源次郎未罷出候様ニ被及聞召候、少将様早々下國候而龍伯様仁御相談候而被申付候得与御暇出申候、栗毛之御馬被成御給候、追付被成御下向候、此馬内府様栗毛与被仰、庄内陣中被為召候、

⑭一　庄内弓箭初候而恒吉之城御手ニ入、頓而従佐戸原中書御越候而六月廿四日山田之城被成攻落候、内府様被聞召付、山口駿河守殿与力和久甚兵衛被召下、矢根三千色ゝ御給候、戦場之行楚忽ニ無之様ニ被仰候、

⑮一　従龍伯様庄内之繪圖細ニ為御書、給黎大炊助御使ニ而被召出、被聞召上候、伊井兵部殿其外功者共一両人被

召寄、繪圖之上ニ而具ニ被成御尋候者、人数如何様宛何れ之城ニ籠候哉、川之渡浅深なと子細ニ被成御尋、大炊助茂能為存所ニ而候間、細々申上候得者、志和知之間之垣繪圖被成御覧、何れ之城茂来年三四月より内ニ者落間敷与被仰候、御前ニ罷居候衆茂右之通ニ被申上候、御返事被仰候者、義久者功者ニ而候間、少将殿楚忽成働不被仰付候様ニ随分被仰合候得、地之利ヲ得タル敵ニ而候間、委不慢様ニ御覚悟可為肝要候由返々被成御意候、

⑯一　其後従内府様、山口駿河守殿召下源次郎知行二萬石被下候而御老中へ可被召置候哉、又他国へ与被思召候哉、致相談、少将様存分次第捽可被申由被仰付、如其源次郎下城被仕、頴娃ニ移、後ニ阿多ニ被罷居候、其陣中ニ寺澤志摩守殿・大田飛騨守殿・秋月長門守殿・高橋右近殿御見舞被成候、是茂内府様御内證坎与聞得候、

⑰一　慶長五年石田治部少輔到内府様、企叛謀、伏見御城ヲ攻候ニ付、惟新様鳥井彦右衛門殿・内藤弥次右衛門殿曽以入不申候故、無了簡仕合故、関ケ原合戦ニ被成内府様御立、被為勝利得候、惟新様不思儀ニ被遊御下向候、従内府様、龍伯様被成上洛候様ニ与被仰下候之処、冨之隈衆留上申故、就無御上洛候、少将様慶長七年ニ被成上洛候、福嶋左衛門大夫殿ヲ以御取成、於伏見十二月廿八日被成御目見得候、一段御仕合能候而御腰物・御馬・御鷹被成御拝領、翌年之春被成御下向候、

⑱一　関ケ原合戦ニ被成御敵候大名・小名一人茂不残御改易被成候処ニ、此方御家中計被成立置候儀、頼朝之御末孫と乍申、其時可相果ヲ内府様被成御立置候儀、誠難有御恩賞ニ而候、然時者御當家者、内府様被成御立置、于今被成御連續候、此御恩賞迄御忘布(却カ)無之候而可目出度候、

⑲一　度々天下之御普請被成御赦免候事、

⑳一　慶長十一年、忠恒様於伏見松平御名字被成御給候、則松平陸奥守家久与被仰出、大秦長光御腰物・御馬被成
御拝領候事、

㉑一　同十五年、家久公琉球王召列、駿河并江戸江被成御参勤候処、於駿河矢目丸与云行平之御太刀・御馬一足、
於江戸加賀貞宗御拝領候事、

㉒一　元和弐年四月、家久公駿河へ被成御参勤候処、家康公御煩火急ニ成立候、四月八日之晩松平陸奥守・松平肥
前守・家久公・細川三齋、奥座へ被召寄、御暇乞与被成御意、何茂刀脇指被成御拝領候、則御暇出被成、御下
向候、同十七日ニ大御所様被成薨御候、

㉓一　同三年、家久公江戸御参府之処、被任宰相、其上吉光之御腰物・坂本栗毛与申名馬被成御拝領候事、

㉔一　同六年、江戸江家久公御参勤、同七年二月廿四日屋形三十六有失火、従秀忠様銀子五百貫目家久公江拝領、
帰國之刻、貞宗之御脇指・道含与申御馬拝領候事、

㉕一　寛永七年四月　両御所様家久屋形江御成、十八日ニハ家久様御相伴、丹羽五郎左衛門、加藤左馬介殿、同廿
一日秀忠様御相伴、同御拝領物又御進物其外飾道具御拝領、御能之別紙ニ有之候間、不及記候、両上様何方へ
茂御成不被成候処、此方へ御成、御外聞不浅儀候事、

㉖一　同八年、家久公御参勤、従秀忠様國行之御腰物何となく被成御拝領候、後ニ者御形見かと下々推量申候、同
九年正月廿四日被成薨御候畢、御進物銀子千枚也、

　右、権現様・台徳院様御恩賞不浅候、就中関ケ原合戦之時、御家者可致滅布（却カ）候処、被成御赦免儀、永々不
被成御失念儀、肝要奉存候、以上、

伊勢兵部少輔
貞昌

寛永十六年十二月八日
霜臺老

両者を比較すれば久慶の方が要約されており、記述も簡潔であり、主家の者に敬称を付していない。もちろん私案としてまとめたもので、さらに修整すべきものといっているが、幕府へ提出されるものとして意識して記述しているといってよい。貞昌の方は、はるかに詳細で幕府との対応で承知しておくべき知識であるとして、自分の死後、藩政の枢機にあずかる久慶にとくに付与したものであろう。当時における貞昌・久慶の信頼関係からみても、久慶は貞昌の恩恵をうけ、これを有効に活用したとみてよいであろう。以上については既に私見を記しているが[13]、最近もう一つの「御厚恩記」の存在を知ったのでこれについても併せて紹介し、寸見を付記しておきたい。

## 三、川上家本「御厚恩記」

幕府への系譜提出にあたり、江戸にあって太田資宗や道春と直接折衝にあたった川上久国もまた、朝鮮出兵で武功をたてる等の一方で、「久国雑話」・「久国雑記」等を残す文武に通じた家老として評価されていた[14]。川上家は島津氏一族で、鹿児島北部川上を本貫の地として繁衍し、近世に数家に分かれ、いずれも鹿児島城下の上士であった。久国の家は、川上氏嫡流五代の三男家で忠塞を祖とする。『川上忠塞家譜』は同家の家譜である。家譜の他にも文書類を伝存し、現在は鹿児島県立図書館の架蔵である。

筆者は先年（一九七一年）『川上忠塞家譜』の刊行に際して解読を分担したが、引き続き同家文書の未整理分の調査解読を託されていた。久しく未着手のまま打ち過ぎてきたが、最近あらためて調査解読にとりかかったところ、この川上家文書中に「御厚恩記」一本があることに気づき、久国関係の史料と推量したので、ここに全文を解読紹介することとした次第である。[15]

内府様対御當家御恩賞之条々

(1)一　天正十九年、太閤様朝鮮征伐之御催有之刻、唐人以訴状浅野弾正殿江申出候者、薩摩之醫者三官与申唐人大明へ状ヲ遣、太閤秀吉公来年朝鮮國征伐之促有之由ヲ為告越通申出候、折節義久公在京也、三官与訴人及御糺明処、三官越度ニ相究、太閤様三官ヲ釜ニ而可煎殺と被成御意候処、内府様日本居唐人共ハ不限三官一人、皆注進可仕、就其高麗人難成様ニ異國迄風聞候而ハ狭キ事ニ可聞得候、如何程申越候共不苦、兎角高麗可打破与被成御諚可然存与被仰上故、三官蒙御免許、対義久公内府様御懇切之始也、

(2)一　梅北宮内左衛門國兼、田尻荒兵衛与同列ニ而朝鮮國へ渡海せんと平戸へ滞留せしか不渡朝鮮シテ可企謀叛と致評議を、荒兵衛ハ同意也、国兼企事ハ其由来有リ、太閤様天正十八年北条氏政為御追伐、相州小田原御出陣、久保公も供奉被成刻、梅北宮内左衛門尉可召列由被仰付処、色々難渋申相留候、今度於朝鮮渡海者可被討果と存企一揆候、先平戸ニ居薩摩衆通候を呼寄、去子細有て肥後ヲ可切捕間、各同意被成候へと申ス、其時伊集院肥前入道元巣・桂太郎兵衛・川上将監肥後国を切捕者、義久様御遁被成間敷と三人申けるに、國兼金吾様を守護ニ可立と云、三人心得候と云捨、舟ニ乗、於釜田評議し、一大事之儀候間、元巣・桂殿ハ到名護屋、此由被

仰上候へ、某ハ急高麗へ可参と、其夜将監ハ壱岐嶋へ渡海ス、梅北ハ田尻荒兵衛・伊集院三河同意シテ加藤主計頭殿領分佐敷ノ城を六月十四日乗捕テ守之、田尻荒兵衛・伊集院三河ニ祁答院之人数を付向八城、放火松波瀬・小川辺を、松浦筑前始め荒兵衛祁答院を伐果す、三河相遁舟より薩摩行き、佐敷ハ町人庄屋之女房共酒肴を持せ祝言と申て梅北を初被官共迄酒をしいつふし、加藤殿衆を引入、手もなく合截戮、此事名護屋ニ聞得、太閤殿下此一揆之儀、定而義久可被存之間、可被處罪科と被仰候處ニ内府様、此企義久ハ被存間敷候、先其身當地ニ罷在、兵庫頭・又一郎ハ朝鮮ニ罷居候、罪科難遁義を乍存、此一揆被申付間敷と被仰上故、大事之難題被成御遁候、御当家ハ内府様被成御續難有儀候、

(3)一　文禄元年四月末、内府様火急御煩之由、三官承付、某命ノ御主ニ而候間、御見廻申上度与申ニ付、従義久様、喜入大炊助御付被進候処、内府様追付被召出、不忘舊恩為来儀神妙也、脈ヲ可診由御諚ニ付御脈ヲ窺重キ傷寒ト申上ル、内府様三官薬可参与御意也、典薬衆我々ハ従太閤様被成御付候、三官御療治之儀被得御意尤之由被申ニ付、石田木工助を以被仰上処、唐醫者ハ手荒キ様被聞召及候、何も互ニ薬方之配済ヲ書出シ宜ニ付薬可参由被仰出ニ付、左右方薬方被書出処、三官此薬ニ而ハ相当仕かたく候、延寿院玄朔之薬方能候与申上、内府様ハ三官薬可参由御意ニ付、長屋へ移居、薬箱ヲ御前ニ持参仕、江戸ノ醫者之前ニ而御薬致調合、三官煎進上仕、十七日程ニ被成御快気、三官へ銀子過分ニ致拝領、醫道も少御傳受、万病圓も御相傳之由候、畢竟此方へ無御隔心故と家中衆喜申候、

(4)一　文禄元年五月末従殿下様義久江御暇被遣、早々致帰国、梅北か与党可被為誅伐由被仰出、即為上使細川兵部入道幽齋被召下候、田尻荒兵衛父弟加兵衛山之寺ノ門前一之瀬ニ居候ヲ隣外域へ被仰付取巻打果候、同士鉄砲

ニあたり死者数多也、伊集院三河於始良切腹也、兵道者故たゝり有と云也、

(5)一　同六月末従幽齋、比志嶋紀伊守・白濱次郎左衛門を召て嶋津左衛門督歳久先年川内泰平寺へ御着陣之刻、義久兵庫頭被致出仕処、歳久構虚病、僅三里之所不罷出、剰菱刈へ之通路をも支候故、遠所ヲ廻、本城へ至処ニ新納武蔵守出合、明日之道筋迄申上也、殊更今度梅北一揆も義久を捨、歳久ヲ守護ニ可立との儀ニよって祁答院之者共大勢梅北ニ付けるを皆所打果也、歳久対天下謀叛ト云、義久へも有逆心、早速切腹可被申付との殿下様厳命之由被仰渡、老臣評議区々なれ共天下之厳命道理至極成故、此地呼越於瀧水生害也、

(6)一　慶長三年九月伏見義久之屋形へ内府様御光儀、御相伴ハ近衛左大臣殿・東福寺兌《タイ》長老・山岡道阿弥・御亭主五人之御座也、御馳走之体不及申、拍子五番過還御也、内府様何方へも無御成處、奇特成儀と取沙汰有し也、

(7)一　慶長三年兵庫頭義弘公・又八郎忠恒公従高麗帰陣シテ十二月廿五日伏見へ致上着処、従内府様御使伊奈圖書頭を以今度於朝鮮国大軍ニ御打勝、殊無恙御帰朝目出度儀ニ候と御樽□（肴）拝領、御父子同前也、

（貼札）「此日付不知」

(8)一　大明之質人孟老爺之弟茅國科謂濱ヲ宇津宮弥三郎御改易、其明屋形ニ被召置、五奉行替々賄アリ、泗川大合戦之刻、孟老爺、嶋津図書備ニかゝる時、謂濱一ノ魁故、大明之諸将無双と寺澤志摩守物語故、五大老も御対面之由也、此大将ノ弟質ニ御取候儀、朝鮮ノ首尾ト御褒美也、

(9)一　慶長四年正月二日義弘公・忠恒公登城有しニ内府様高麗打勝之儀ニ付、忝御意之由御物語被成候事、

(10)一　同正月五日内府様・兵庫頭屋形へ為御礼御光儀、御太刀右馬代、二字國俊ノ御腰物、御佳例吉とて被下、又八郎へ御太刀右馬代、長光ノ御腰物被下、追付家老衆（朱）「十二万石」本田中務太輔、（朱）「十二万石」榊

原式部太輔、（朱）「侍従」「十五万石」井伊兵部太輔御礼被申、進物小袖十ツ、、御太刀右馬代山岡道阿弥案内者着座有ニ道阿弥此衆ハ内府別而召使候、向後御用等可被仰付由、道阿弥申入罷帰候事、又八郎殿へも御礼アリ、進物同前、

(11)一　義弘父子へ朝鮮軍功為御褒美御知行可被遣由、五大老被仰処、石田治部少輔、秀頼様十五已前知行沙汰有間敷由、太閤様被仰置候間、知行出間敷与被申候を、内府様此度之打勝者異国本朝古今無双軍忠ニ而候間、是非御知行可被遣出被仰ニ付、如其相究、正月九日義弘・忠恒御城へ召御感状被下、

御感状

於今度朝鮮国泗川着、大明朝鮮人催猛勢相働候之処、父子被及一戦、則切崩敵三万八千七百余被討捕之段、忠功無比類候、依之為御褒美薩州之内御蔵入給入分、有次第一圓被宛行訖、目録別紙有之、并息又八郎被任少将、其上御腰物長光、父義弘へ御腰物正宗被為拝領候、於當家御名誉之至候、仍状如件、

慶長四年正月九日

安藝中納言
輝元
會津中納言
景勝
備前中納言
秀家

加賀大納言
利家
江戸内大臣
家康
羽柴薩摩少将殿

御知行ハ出水・高城五万石目録別紙有之、御腰物長光ハあて引とて織田三七殿、被成秘蔵、三七郎と銘ヲ御打候、正宗ハ本城正宗とて名物也、

慶長四年

(12)一　二月末義久様御暇出被遊御下向事、

(貼札)「此月不知」

(13)一　此方御家ニ借銀三百貫目有之由、内府様被聞召上借銀ハ少分とても家ノ煩ニ成事也、何とぞ被返弁可然存、其使ニ者成ましき儀なれ共とて判金五百枚伊奈圖書頭殿へ御持せ被下候、頓而従国元鎌田次右衛門尉銀子持上候ヲ圖書頭殿迄御申候へは内府様より嶋津殿ハ高麗数年之軍労ニ付借銀有、殊今度之軍功、日本ノ名を被為上候間、利足不取様ニと御聢故、如其相済候、内府様御厚恩不浅儀候事、

慶長四年

(14)一　忠恒公三月九日ノ朝、於伏見ノ屋形、幸侃被成誅伐候、彼屋敷ハ上ニ而候故、殊外気遣有刻、門番所へ誰そ御入候と番之者申ニ付、伊勢兵部少輔参候処、井伊兵部太輔殿也、幸侃御成敗之由候、屋敷近候間、人数入事

も候ハ、、御加勢仕候様ニと内府被申付候、今程普請衆三万計居候、為可呼付使衆召列候由被仰候、幸侃妻子共東福寺へ為参由聞得候而兵部殿被成帰宅候、誠不浅御懇切ニ而候事、

(15)一　幸侃昵近之人にて候ヲ被成成敗候間、可有御寺領由仰ニ付、高雄へ被成寺領候処、従内府様節々御使者御音信被遊候事、

同四月三日

(16)一　従高雄伏見へ御帰宅之刻、路次為御共伊奈圖書頭殿乗馬百騎計召列、北野迄御出候、少将殿被成下馬、図書殿へ御対面ニ而忝儀候へ共、共立ハ入申間敷と遮而被仰分御通候事、

同四月廿八日

(17)一　従内府様幸侃か子源次郎定而居城ニ可楯籠、急被成下向可被仰付と御暇被出、栗毛ノ御馬拝領也、同五月三日大坂出船、嶋津中務太輔も早々罷下可有相談由被仰渡下向也、

同六月初

(18)一　源次郎庄内構十二之外城、企矛楯由申来、従内府様鏃三千被下候ヲ山口駿河守殿内和久甚兵衛尉持下候事、

慶長四年秋

(19)一　義久公庄内繪圖喜入大炊助御持せ如此取結申候、但如何様可仕哉と被窺御意候、内府様於大坂大炊助被召出候、井伊兵部在御前、繪図被成上覧、川ノ淺深、路之難所等御尋、従他国兵粮モ自然可入か、又諸城ニ百姓町人籠けるかと御意也、大炊助百姓町人相籠候、従他国兵粮不入由申上げれは、内府様百姓町人は常ハ自力也、於籠城者源次郎兵粮可遣、頓而兵粮切レ来年春中ニ可為落城、地利ヲ拘たる敵地ニ疎忽ニ働あらは不慮之越度

可有之、此由少将殿へ被仰渡可為肝要由御意也、大炊助罷下此旨具ニ申上けれは爰元ニ而さへ敵城いつ比つまるへき儀を不弁ニ不時之御賢慮不浅を奉感けり、

(20)一　慶長五年ノ二月従内府様為庄内曖、山口駿河守被召下、如其事済、三月城を渡、源二郎へ知行二万石被下、阿多へ移ル、対御家内府様御恩賞不軽儀也、

(21)一　同五年之夏上杉景勝・佐竹義信國へ引入楯籠候を為御退治、内府様被遊御下向候、義弘公山科迄送上被申処、内府様御乗物ヲ御すゑ被成、自然逆乱起候ハ、、伏見之城江御籠頼存由御諚也、義弘畏而御請被申上候事、

(22)一　七月石田治部少輔三成謀叛ヲ企、手形を出ニ付、義弘様ヨリ新納旅庵・本田助之丞ヲ以御城へ可被籠由被仰候へ共、鳥井彦右衛門尉・内藤弥次右衛門尉曽入不被申故、不及力京方ニ付、関ヶ原御立候、京方之衆ハ一人モ不残候処、御城可籠と有つる儀を内府様被聞召通候哉、此方家ヲ御残被成候、頼朝以来之家とハ乍申、其時一篇仕たるを大御所様被成御取立候事、誠以難有御厚恩ニ而候、向後無御失念、抛身命可被抽忠節儀可為肝要儀ニ候之事、

(23)一　慶長七年壬寅八月朔日、忠恒公發鹿児嶋赴京師、八月十七日於日州野尻誅伐伊集院源次郎忠直（真）、同日誅母并弟三人、同十二月廿八日、於伏見謁内府様、確執之後御仕合如何々と家中之衆致気遣候処、以之外御仕合能候而大慶之至ニ候、羽柴左衛門太夫正則奏者也、

(24)一　同八年発卯正月、忠恒賜帰国之御暇、同月中旬御下國也、

(25)一　慶長九年甲辰四月、忠恒公上洛有て被任陸奥守八月下國、

(26)一　慶長十一年丙午九日朔日、於京都忠恒給松平御名字并御諱ノ家之字ヲ、号松平薩摩守家久、

(27)一　慶長十五年庚戌て薩摩守家久公三十五歳、初テ駿河・江戸へ御参観、琉球王被召列、何方モ御仕合無残所、御拝領数々也、琉球王東海道被召登、家久公木曽路御上洛、伊勢へ御参宮有テ御下向、其より細川越中守忠興為御礼儀、豊前小倉へ御出有て御下国也、

(28)一　度々御普請御赦免之事、

(29)一　元和二年四月、於駿河大御所様御煩之刻、四月八日松平陸奥守・松平肥前守・松平薩摩守・細川越中守ニ齋御城奥御殿ニ被召寄、御暇乞之由被成御諚、為御形見名物之御刀脇指拝領有、此方へ者いや正宗と申脇指御拝領也、各泪を流し遠侍へ被出所ニ、本多上野介殿を以御暇被出候間、早々可有下向、路次ニ而訃音被為聞せ候共、先下国させられ、来年ハ江戸之見廻御頼之由也、翌日上洛、直ニ下向、肥前松嶋之迫戸ニ舟繋之処、鎌田左京亮より、去十七日御所様薨御之由被申下、江戸へ御使者被召上候也、

(30)一　元和三年薩州様江戸へ御参観之処、従秀忠様薩摩守被任宰相、（貼紙）松平之御名字、又御家之字被下号家久

(31)一　寛永三年被任中納言、御当家初而家久高官也、

(32)一　寛永七年四月十八日、公方様江戸ニ而中納言家久館へ御成、（貼紙）「廿一日か」同廿四日大御所様御成、御相伴両日共丹波五郎左衛門殿・加藤左馬助殿也、名物数々御拝領有、御成之記在別紙、其後何方へ御成無御座也、

(33)一　従家康様・秀忠様名物之御道具、度々被成御拝領、忝儀御座候事、

(34)一　台徳院様御時、於御城御能之刻、家久公供之内伊勢兵部・敷根中務・渋谷四郎左衛門・伊藤二右衛門・川上

式部、御振舞被下、次之間より見物仕候、餘大名衆家中ヨリ一人も不被罷出候、両度者覚申候、

（貼紙）
「一寛永十八年、家光公依台命、献當家之系図、川上因幡守持之候」

（貼札）
「右押札被成候日付此方へ未知候、若知れ申候ハ、其時分可申入候、貴方へしれ候ハ、可被仰聞候」

以上の川上家本を前出の伊勢家本と対比すると、伊勢家本は二十六ヵ条、川上家本は三十四ヵ条からなる。内容はほぼ同じであるが、文章表現・条文の長短等に相違点も少なくない。伊勢家本で川上家本にないのは第二・二十四条のみであるが、川上家本で伊勢家本にないのは第四・五・十二・二十三・二十四、二十五、三十四条であり、川上家本はほぼ伊勢家本を増補修訂した形のものとみてよいようである。伊勢家本で日置家（島津久慶）本にないのは第四・六・九・二十二・二十三・二十四・二十五・二十六条であるから、川上家本は日置家本よりはるかに伊勢家本に近い。しかし、川上家本には貼紙・貼札の記事や前記伊勢家本にない条の記載があること等からみて、単なる伊勢家本の模倣ではなく、それを参考にしながらも川上氏の立場での記述をしたとみられる節がある。[16] そして、川上家本はやはり系譜提出に重要な役割を果たした久国の草案写としてみてよいのではないかと考える。[17]

## 四、家譜作成事業への影響

以上、『寛永諸家系図伝』との関連のもとで作成された「御厚恩記」についてみてきたのであるが、それらは記録所等において写され、多少の相違はあるにせよ次の世代の資料として利用されたと思われる。貞享年間、幕府は再び全国諸大名等に令してその来歴を物語る文書記録等の提出を求めており、その資料が一つのもとになって『寛政重修諸家譜』の編纂に発展していくのである。『譜牒餘録』は、一面ではその経過を物語る重要な成果といえよう。その序文には次のように記されている(18)。

貞享年間大小の諸家より其累世の譜牒文書祖先事切の来歴并に家老家人等に至まて或勤労を賞せられ、或は時により事に随ひ徳音恩問を蒙りたる御書奉書なんと其子孫の家々にあるを悉く写し録して上らしめられし事ありて府庫に蔵め置れたるを、今諸家譜の命うけたまハりし初に申下して選述の助けとす、中に就て考へ合せ采用ひたりし事少なからす、然るに家々有のまゝに写しなしてたてまつりたるものなれハ體様同しからす、書式各異なり、或ハ断て連ならす、左右分背し、首尾隔絶して閲し易からす、且異時散佚のおそれ無にしもあらす、因て輯録して前後二編とし、他日の検閲に便し、後来の亡逸に備ふ、前編八十巻を列侯以上の部とし、列侯より以下庶士庶民に至るまての部四十巻、是を後編とす、合て一百巻、其諸家前後の次第、尊卑の等差を精しくする事ハ此書の要とする所にもあらされハ、唯その大略を以て次て別に総目一巻を造り編の首に置て求索するに易からしむ、都

て名づけて譜牒餘録といふ、
寛政十一年十一月

そして、同書には島津家分として代表的な来歴を物語る古文書掲出の冒頭に「御厚恩記」が併載されているのである。この「御厚恩記」には覚として島津義久が名護屋在陣以来、徳川家康から格別の懇意をうけ、慶長三年（一五九八）伏見の義久宅に家康が訪ねたことをはじめとして、寛永十五年（一六三八）に家久が没した際、将軍家光から弔問使および多額の香典が送られたことに至るまで四十二条に及ぶ厚恩の数々が書き上げられている。そして、これと同種のものが都城島津家蔵書中に「島津家覚書」として伝えられており[19]、さらに内容がほとんどかわらない写本が玉里島津家蔵書中に「御厚恩記」の表題で「権現様、台徳院様、大猷院様、御当家へ御懇意之条々覚書、貞享元甲子年於江戸被差出写」・「覚書」として伝えられている[20]。この「御厚恩記」と前章までに紹介した「御厚恩記」とは、内容・形状の点でかなりの相異が認められる。しかし、家康以来、秀忠・家光と徳川将軍家三代の島津家に対する恩遇を年次を追って列挙している点で本質的には変わりはないと見るべきであり、貞享の「御厚恩記」は寛永の「御厚恩記」を基に、または参考にして取捨選択し、さらに新知見を加え、或いは時代の状勢に則応して増補修正を施してできあがったものと考えられる。そして、担当者は寛永期以来、整備充実のはかられてきた記録所の記録奉行以下の職員ではなかったかと考える。それらを反映して、『寛永諸氏系図伝』から『寛政重修諸家譜』に至る島津家系譜の記載内容の変化がみられるものと思う[21]。

以上、近世前期から後期にかけて幕府が全国諸大名に命じて提出させ、修正を加え、集大成した諸氏系譜の基調には、いかに徳川将軍の恩遇をうけ、幕府と緊密な関係を結んでいるかを証明するに足る史実をことさら多く列挙しようとしているところがあった。島津氏とて例外ではなかった。数種の「御厚恩記」はそのことを物語っている。しかし、島津氏はこれと併行して嫡系の島津氏（もちろん、総州家、奥州家、伊作〈相州〉家への移行はあるが）を中心とした系譜の本格的作成に着手している。その成果が『新編島津氏世録正統系図』・『続編島津氏世録正統系図』等であるが、同時にそれは島津氏一族・家臣家にも波及し、それぞれ嫡家島津氏との関係、一族、家臣家内の本支関係を視点においた支族・有力家臣家の家譜作成の動きに連繫していった。『新編祢寝氏世録系図』・『二階堂氏正統系図』・『新編伴姓肝属氏系譜』等がその成果といえる。

しかし、これらは程度の差はあるものの、いずれも史実の網羅列挙ではなく、主家との関係や嫡家との関係に力点をおいた史実の選択掲出であることに注意しなければならない。系譜・家譜を歴史研究の史料として用いる場合、その作成時の様々な要因・経緯等にも思考をめぐらす必要があろう。

## 註

（1）『鹿児島市史』Ⅲ「近世関係史料」所収。原本は鹿児島大学附属図書館所蔵玉里文庫本。なお、『三州御治世要覧』（『鹿児島県史料集』二五）所収の年代記には、寛永十九年の条に「一御系図御用ニ而、川上因幡殿江戸へ持参、三月五日太田備中守様へ被差出、御受取候」の記事のみを載せている。

（2）伊勢貞昌および伊勢家については、拙稿「伊勢貞昌言上書について」（『鹿児島中世史研究会報』二八、一九七〇年）、同「伊勢貞昌と伊勢家文書」（『鹿大史学』二九・三〇、一九八一・八二年）、同「故実家としての薩摩伊勢家と伊勢貞昌」（『鹿大史学』三四、一九八六年、本書第2部第八章）参照。

（3）伊勢貞昌が川上久国を家老として得がたい人物であるとして、その解任の動きを封じた文書が残っている。拙稿「伊勢貞昌の島津久慶宛書状について」（『鹿児島中世史研究会報』四五、一九八九年）参照。

（4）『川上忠塞一流家譜』（『鹿児島県史料集』Ⅶ）八〇頁、『旧記雑録』後編六―二〇五。文言に若干の相違があるが、本稿では前者に従った。

（5）『同』八一頁、拙稿「日置島津家文書と島津久慶（三）―島津久慶自記その他史料の紹介を中心に―」（『鹿児島大学法文学部紀要　人文学科論集』二五、一九八七年）四頁以下。

（6）拙稿「日置島津家文書と島津久慶（三）―島津久慶自記その他史料の紹介を中心に―」（『鹿児島大学法文学部　人文学科論集』二五、一九八七年）七ページ以下。

（7）『旧記雑録』後編六―二四五。

（8）『川上忠塞一流家譜』八四頁。

（9）『旧記雑録』後編六―二九二。

（10）『旧記雑録』追録一―六八七。当時、島津久通が記録編輯の総裁で、鎌田正信（政昭）が総監の任にあった。

先年大樹家光公諸家系図被収官庫之後、太守光久主編輯高祖以降之論旨感牘、以自正統至枝葉之系譜、可令正其紕謬之由被仰付之処、日夜無怠慢多年励勲労之旨達貴聞、御感不斜、為加増高祖目録在別紙被充行之、弥以彼世録記可遂成功之通、所被仰出也、仍執達如件、

明暦三年正月十五日

鎌田筑後守
政昭　判
島津図書頭
久通　判

平田清右衛門殿

（11）拙稿「日置島津家文書と島津久慶（二）―鹿児島県立図書館本島津家古文書の紹介を中心に―」（『鹿児島大学法文学部紀要　文学

| 日置 | 伊勢 | 川上 |
|---|---|---|
| 1 | 1 | 1 |
| 2 | 3 | 3 |
| 3 | 2 | 2 |
| 4 | 5 | 7 |
| 5 | | 12 |
| 6 | 7　8 | 9　10　11 |
| 7 | 10　11　12 | 13　14　15 |
| 8 | 13 | 16　17　18 |
| 9 | 14　15　16 | 19 |
| 10 | 17　18 | 20　21 |
| 11 | | |
| 12 | 20 | 22　23　24　25 |
| 13 | 21 | 26 |
| 14 | | |
| 15 | 19 | 27 |
| 16 | | |
| 17 | | 33 |

科論集』一一、一九七六年）五六頁以下。

(12) 宮崎県立総合博物館架蔵「伊勢家文書」中にある。『宮崎県史 史料編中世一』（宮崎県、一九九〇年）「伊勢文書」一四五号。

(13) 註11拙稿論文七一頁以下。

(14) 『本藩人物誌』（鹿児島県史料集Ⅷ）七一・七二頁。

(15) 『川上忠塞一流家譜』拙稿解題で述べたように、同文書（川上久良氏寄贈）には冊子本とその原本となったと思われる古文書やその写しを巻子仕立とした『川上忠塞家文書』がある。しかし未整理、腐食本が他にも若干あり、『家譜』刊行作業担当の際その整理を依嘱された。以来、遅々として作業は進まなかったが、今回ほぼ整理を終えたのでそのうちの「御厚恩記」をとりあげ紹介した次第である。その他の文書については、あらためてとりあげ紹介したいと考えている。長期にわたり調査の機会を与えていただいた鹿児島県立図書館の関係各位に謝意を表したい。

(16) 最後の三十四項で秀忠代に家久の供で江戸城内で観能を許された恩遇を記しているが、文中に川上式部とあるのは久国の因幡守以前の呼称である。

(17) 日置島津家文書（島津久慶）、伊勢家文書（伊勢貞昌）、川上家文書（川上久国）の御厚恩記の各条項を対比し、日置島津家文書を基準にして表記すれば右の如くになろう。

(18) 内閣文庫影印叢刊『譜牒余録』上。なお、『寛永諸家系図伝』・『寛政重修諸家譜』については続群書類従完成会本による。

(19) 桑波田興「嶋津家覚書」（『旧記雑録月報』一一、一九八九年）。都城本の前半部分を掲出している。

(20) 前稿において、玉里本とほとんど相違のない旨の指摘がある。玉里本については註11拙稿論文七二頁で関説している。

(21)本稿でとりあげた伊勢・川上・日置島津家文書中の御厚恩記と寛永諸家系図の島津家譜、玉里島津家史料中の御厚恩記(「譜牒餘録」中の同記、都城島津家文書中の「島津家覚書」)、『寛政重修家譜』の中にある島津家譜のそれぞれの関連を示すため、大正十九年より寛永十五年に至る間の年次の明らかな記述のあるものについて、次頁表の該当箇所に○印を付してみた。
「御厚恩記」になお異本のあることは、伊地知季安の『家久公御養子御願一件』(鹿児島県史料集XV)に、「御厚恩記」の記事として「一慶長十七年壬子之秋伊勢貞昌を以権現様・台徳院様に家久様被仰上候は数度之御厚恩ニ而御取立之儀忘却不仕候、右之御憐愍難拝謝ニ付申上候(下略)」とあることや、また「御恩徳院記ニは元和二年六月二日寛陽院様御誕生之御祝儀為被申上御状之様被書置、此事可有如何哉(下略)」とあること、そしてこれらの記事が既述の「御厚恩記」の中にみられないことから確認できる。

【追記】本稿は、平成元年六月三日の鹿大史学会春季例会で発表した「貞昌・久国・久慶―御厚恩記をめぐって―」の史料の一部をもとに作成したものである。その際、教示をいただいた諸氏に謝意を表する。併せて引用史料の閲覧利用の機会を与えられた所蔵者各位にも感謝申し上げたい。

| 年次＼文書 | 伊勢 | 川上 | 日置 | 寛永諸家系図 | 玉里島津 | 寛政重修家譜 |
|---|---|---|---|---|---|---|
| 天正一九 | ○ | ○ | ○ | | | |
| 文禄　一 | ○ | ○ | ○ | ○ | | ○ |
| 二 | | | | | | ○ |
| 三 | | | | | | ○ |
| 四 | | | | | | ○ |
| 慶長　一 | | | | | | ○ |
| 二 | | | | ○ | | ○ |
| 三 | ○ | ○ | ○ | ○ | ○ | ○ |
| 四 | ○ | ○ | ○ | | ○ | ○ |
| 五 | ○ | ○ | ○ | | ○ | ○ |
| 六 | | | | | ○ | |
| 七 | | ○ | ○ | ○ | ○ | ○ |
| 八 | | ○ | | ○ | ○ | ○ |
| 九 | | ○ | | | ○ | ○ |
| 一〇 | | | | | | ○ |
| 一一 | ○ | ○ | | ○ | ○ | ○ |
| 一二 | | | | | | |
| 一三 | | | | | | |
| 一四 | | | ○ | ○ | ○ | ○ |
| 一五 | ○ | ○ | | ○ | ○ | ○ |
| 一六 | | | | | ○ | ○ |
| 一七 | | | | | | |
| 一八 | | | | | | |
| 一九 | | | | | ○ | ○ |
| 元和　一 | | | ○ | | ○ | ○ |
| 二 | ○ | ○ | | | ○ | ○ |
| 三 | ○ | ○ | ○ | ○ | ○ | ○ |
| 四 | | | | | ○ | |
| 五 | | | ○ | ○ | ○ | ○ |
| 六 | ○ | | | | | ○ |
| 七 | ○ | | | | ○ | |
| 八 | | | | | | |
| 九 | | | | | | ○ |
| 寛永　一 | | | | | | ○ |
| 二 | | | | | | |
| 三 | | ○ | | ○ | ○ | ○ |
| 四 | | | | | | |
| 五 | | | | | | |
| 六 | | | | | | |
| 七 | ○ | ○ | | ○ | ○ | ○ |
| 八 | | | | | | ○ |
| 九 | ○ | | | | | |
| 一〇 | | | | | | |
| 一一 | | | | | ○ | ○ |
| 一二 | | | | | | |
| 一三 | | | | ○ | ○ | ○ |
| 一四 | | | | ○ | ○ | ○ |
| 一五 | | | ○ | ○ | ○ | ○ |

# 第2部 島津氏の一族と家臣

# 第一章　矢野主膳と永俊尼

## 一、矢野主膳の自白と切支丹の摘発

切支丹弾圧の嵐は近世初頭の日本全国に吹き荒れたが、ここ南の薩摩藩でも例外ではなかった。矢野主膳も寛永年間にその犠牲となった薩藩著名士中の一人であった。

「本藩人物志」に簡略ながら主膳の履歴が記されている。左に全文を掲げる。(1)

矢野主膳亮兼雲初久次弐拾四歳之時、松齢公より荒木志摩入道安志（元清）へ被召付、大坪流馬術相伝也、安志ハ摂州之人ニ而大坪流中興之名人と申人なり、惟新公へ御奉公、朝鮮御供泗川幷番船破之時軍功○大垣より関ヶ原御退去御供○持高百五十石（元和七年高帳）○馬之上手にて加治木道場原へ致居住、馬之弟子過分ニ有之、其後切支丹宗之風聞有之、牢籠被仰付置候、此時於牢中馬書壱部書記、嫡子渋千代へ送也○其後於帖佐脇元火罪被仰付候、子供兄弟有之、嫡子志賀之介、二男権之助、日州穆佐へ寺領被仰付置候処、脇元へ新類（親）有之、兄弟共に脇元へ来り猪を射取候趣相知れ、兄弟共に圧打（上意打之事也）被仰付候事、

（朱）「兄弟共に別而達者ものにて先陣ニ相定可申筈之者共の由」

正式の名は主膳亮兼雲というのであろう。初久次とあるのは他に休次郎と記されているのに通じるのであろう。火

罪は帖佐脇元とあるが、子の二人は一緒に処刑されたのではなく、同じ脇元で後に他の罪科で上意打ちにあったのである。しかし、この記事による限り主膳親子の死は無関係だったとは思われない。親子三人共に処刑されたとする説のある所以であろう。穆佐へ寺領とあるのは、一旦寺入りの処罰をうけ穆佐の某寺に入って謹慎したのであろう。親の主膳も江戸から下向の上、ひとまず寺領、すなわち寺入り謹慎を命じられている。(2)なお、「本藩人物志」には他に矢野自徳院日説（大右衛門父）をあげて経歴を記している。同人は織田信長が本能寺において明智光秀の叛乱のため滅亡した際、辛くも命拾いした弾琴の名手で、のち慶長末年、家久に仕官した寿徳庵で同時代の人物ではあるが、その関係は明らかでない。(3)

右の如く、矢野主膳の出自その他については不明な点が多い。罪科人であるため、その系譜等も抹消されてしまったのであろう。しかし、その行動と結末は当時の人々に強烈な衝撃を与えたようであり、矢野主膳の言行に関する数々の逸話が後世に書き記し残されている。『旧伝集』にはその絶妙な乗馬の術、荒馬を乗り殺すほどの力量の持主として記され、またその略歴について、朝鮮出兵・関ヵ原合戦に従軍し、当時二十才ばかりであったと記しているから、ほぼ家久と同年配の人物だったのであろう。(4)

しかし、もっとも人間性のあらわれた逸話として『三暁庵主談話』に記された次のようなものがある。(5)

後に長崎へ差越居候処、傾城へ打込金子払底に及び候、切支丹宗門に成候へば金子貰ひ候由に付、無是非右宗門に成候、左候て天下一統法度被仰渡、大膳も切支丹之旨長崎より申来り被召捕、於帖佐脇元に火灸に相成、検使に物頭被差越候、其節大膳大音をあげ、あいたあいたとさけび候へば検使よりさてさて大膳比興千万、兼て大口たたき候者とはぢしめられ候へば、眼を開き、戦場にのぞみ敵打の時、比興を致事哉か様に成果何もいらぬから

はおらび候と申候へば何と云人もなく猶あいたあいたと云て焼き殺され候由、

矢野大膳は矢野主膳、刑場も『旧伝集』に桜島石神（黒）とあるのに相違するが、迫真の描写といえよう。同じく『見聞秘記』には、義弘と主従・師弟の親密な関係にあったとして馬乗稽古の逸話を載せている。その他、主膳の律義な性格を物語る例として家久が築地の辺を舟で通過した際、戸柱橋の上を通行していた乗馬の武士が舟験をみとめて下馬したのをみて舟中の人が誰かと噂したのに対し、家久はあの律義者は主膳に違いないと言ったところ、はたしてその通りであったという話を載せている。[6] 同書には矢野休次郎とあり、「此人関ヶ原へ御供為仕人にて候、後主膳と申候、然に切支丹宗門の聞得有之被召禿候也」と記している。この主膳が家久の勘気を受け、しばらく流浪の身となり、やがて義弘の口添えで復帰している。その年月日は不明だが、義弘の生存中、したがって元和五年（一六一九）以前であることは間違いない。[7]

主膳が勘気を蒙ったことについて、『旧伝集』には「或時又中納言（家久）様御馬に召御指南被申上候時被申上候は、御駕（馬）を召候を見申候へは猿の馬に乗候様に御座候と被申上候を、光久公被聞召上、不届の申様也と御腹立被遊、御殺し可被遊の処に、惟新様矢野を御惜み被遊、御手をかふせられ、肥前長崎へ被召置候」とあるが、また勘気の理由を光久の孝心によるものとしているが、光久は当時まだ幼年でこれは再度の勘気のことと思われ、この時は義弘のはからいで長崎に差し遣わされ、ことなきをえたのであろう。やはりこの時も前回同様何か家久の意にそわぬ所があったのであろう。家久による旧臣、近臣の処罰は他に例もあることである。[8] ただ主膳の復帰赦免には義弘の恩情があり、後掲の史料にも見えるように義弘・家久の信任の厚かった伊勢貞昌のはからいがあったことを注意しなければならない。

ここで、以前に紹介したことのある川上矢吉氏所蔵文書の中、年未詳六月十六日川上四郎兵衛尉、本田源右衛門尉

宛青厳寺法印政遍書状を再度引用しよう。(9)

依幸便啓一封候、仍矢野主膳殿去年已来、少将殿様(家久)之御勘気故、方々流浪痛敷存候、夏中者当山江籠居候間、則青厳寺江令召請、一節相拘申候、俗人之寺棲、果而不似相事候之条、連々少将様江御宥免之御佗言可仕心中候、此趣惟新(義弘)様へ御伝達所仰候、乍憚嶋図入(紹益)幷比志紀(国貞)御両所江申越候、以御次、此旨於被仰者、可為本望候、恐々謹言、

これによれば、最初の勘気は家久が慶長九年（一六〇四）に中将になる前のことで、義弘が慶長七年に惟新と号して以降、それに島津図書入道紹益・比志島国貞が共に藩の宿老として臨んだ時期（慶長初年より同十五年まで）等を併せ考えれば、慶長七・八年のことかと思われ、一旦は高野山中に身を寄せたこともあったらしい。青厳寺は高野山金剛峯寺の前身であった。

やがて勘気もとけ、復帰した主膳が元和初年に今度は長崎に赴くことになる。その理由として、前掲の『旧伝集』はやはり家久の勘気・義弘の庇護によるとしているが、断言はできない。元和六年（一六二〇）閏十二月廿九日、喜入忠政・伊勢貞昌在府家老連署書状（在国家老宛）に「南蛮舟之儀ニ付北条土佐守殿・矢野主膳正殿長崎へ被相越、未被罷帰候哉、無心元候、様子相聞得次第追而可被仰越候」とあるから、(10)主膳の長崎行は動機はともかく南蛮船対策のため藩命により差し遣わされたものであろう。長崎より帰参後、主膳は寛永初年に江戸へ下向しているが、当時、既に惟新（義弘）は没していた。寛永七年（一六三〇）四月、新営の江戸桜田邸に将軍家光と前将軍秀忠を迎えるという盛儀があり、これまで家久以下薩藩首脳部の意図し、推進してきた幕府との親和策はひとまず実を結んだのであるが、この作事の惣奉行は江戸家老伊勢貞昌で、その配下に造営監使として菱刈半右衛門尉と共に矢野主膳の名がみえる。(11)

主膳はそのまま在府していたものと思われるが、次に彼の名が史料の上に見られるのは左記の如く致命的な事件によってであった。すなわち、寛永十年（一六三三）九月十九日の国家老衆宛の江戸家老伊勢貞昌書状に矢野主膳の内者《うちのもの》が切支丹宗徒であり、主膳がそれを放置していたことについて糾問したところ、先年来探索していた大坂の役の残党でかつ切支丹宗徒である明石掃部助（全登）の子が在鹿する旨を陳述し、さらにその庇護者としての立野（竪野）の存在を明らかにした旨を記している。全文をあげよう(12)。

猶以彼者とらへさせられ候ハヽ、又左衛門可致気遣候間、分別尤候、雖不及申候、小三郎打相果共候ハヽ、御家之ためあしかるへく候間、よく〳〵可被入御念候、右ニ如申候少も人の出入候はぬ所へをしこめて被召置、はしめをハリ御問付候て早〻可被仰上候、何たる故かと世上可存候間、右ニ如申候南蛮ひろめ候者にて候由被聞召通候て如此候、ひそかに宗躰之衆を御尋にて候由世上ニハ申渡候やうに可被成可然候由御意にて候、此状夜中ニ老眼にて書申候、無正体候まゝよめかね可申候、くれ〳〵主膳事右之趣ニ候間、人のはなし候はぬやうに可被成候、少も御父子身上当時ニ相易事無之候ハヽ、異儀有ましく候、以上、

急度令啓達候、然者矢野主膳事内之者共皆〻南蛮宗ニて候つる処、多年不致披露召置候、於其元彼宗御あらため出候付、検者を申請宗を替させ候よし被申候、曲事ニ思召候、従其元参候日記ニ主膳父子之儀ハ相はつれ、内之者皆南蛮宗へ名を書載候、主膳事ハ日記ニ無之上ハ先年従長崎帰参候時彼宗ころひ申候由申候、無相違かと思召候間、少も別儀無之候、然共内之者皆彼宗ニて候を終不申出、多年罷居御国之御法度、天下之御法度きひしく候を乍存、をしつけ有在候儀不然候、かやうの儀を無御沙汰候へハ諸人之覚ニ不罷成候間、先〻致帰国寺宗なと仕候而可然候ハんとの御事にて、其段被仰出候而近日此方被罷立候、然者主膳此比我等迄内意ニ被申候者御国へ赤

石掃部助子罷居候由承候、これハ大坂にてはせ廻候て殊外其時分御沙汰候つる人にて候間、御国之御為いかゝ候ハん哉と被申候間、不思儀成事と存、それよりとりつめて問ニ付、いかにもおんミつにて被申候、町ニ罷居候しゆあん又左衛門尉所へ筆者仕候而罷居候小三郎と申者にて候よしニ御座候、彼者ハ我等先年罷上候時分物之本共かゝせ申候、はや書にて候間、頼申候つる、年比も一段わかく候つる間、めしつれ候てこゝもとへ可参候、致奉公候へかしと色〻申候つれ共奉公ハ難成よし申候故、不及是非と申候つる、其者之由候、これハ其元にて其かくれ有ましく候間、早〻御とらへさせ候て人のより付候ハぬ様よく番を被付置尤候、先〻あかし掃部子にて候よしハ少も人の不存様ニ可被成候、御とらへさせ候時ハ南蛮宗をひろめ候者にて候由被聞召及候との御沙汰可然候、左様候て御使衆なとの内よく〳〵せいしなと御させ候て掃部子にて候由相知候間、少も不隠申候やうにと被仰聞、さ候て従大坂いつかたへ参、又御国へ参候様子共此中御国へ罷居候つる儀細〻御問付候て早〻此方へ可被成御申候、主膳被申候ハ有馬より御国へハ参たる由承及候与被申候、主膳ハ長崎にて委承たる様子ニ候へ共いまたうち出して申かねられ候、他より公儀へ被聞召付候ハヽ、御申分いかゝ可成行候哉、一大事之御事候間、先掃部助子と可有之事をよく〳〵御つゝしミ尤候、とかく畢竟ハ可有言上候間、其内世上ニむさと申ちらし候ハぬ様ニ可被成候、今度谷山孫右衛門尉殿被参候而被申候、式部殿御側ニわかき男罷居候て御ぐしなと結申候、いつかたより参たる人にて候哉、たて野の御引付にて御座候よし被申候、何たる人にて候哉、左様不知人を御屋かたの奥なとへ被召仕候儀さりとてハ不聞儀候、左様之者被召仕ましき由先日大かたニ被仰置候、もし〳〵左様にも成立候ハぬ哉、さり共それほとハ立野御ほれ候ハしと存事候、しゆあん又左衛門もたて野の御内者ニて候よし取沙汰候、又彼人も又左衛門かゝへ置申候間、不審ニ候との御事候、此方ニても有川平右衛門尉へふか〳〵ときんちやうさせ、主膳への使仕候外我等よりほか黄門様聞召上候、誰へも御しらせなく候まゝ左様御心得尤候、就其被成御意候此状を三人見被申候ハヽ、則其座より人を遣、縄をかけさせられ候へ、もし〳〵ほとのひ候てはしり候ハヽ、三人へ其科可被仰懸候由堅御意候間、構〻〻大形ニ被成候ハヽ、各御為可悪候、よく〳〵其御心得候へく候、又主膳儀今度先〻罷下致寺領候やうにと候ニ付、気遣ニ被存候哉、自然身上いかやうにも被仰付儀候ハヽ、有様ニきかせ候へ、自長崎帰参仕候時分も従惟新様兵部少を頼申候而身上落着候儀尤候而被仰聞候つる間、今以いかやうに成行候共我等へまかせ候由被申候間、今度南蛮宗之書立ニも内之者共之名皆〻有之時ハ主膳も宗体にて候ハヽ、同前ニ書入へく候処、無其儀候間其段気遣有之ましく候、如何様重而被仰出様可有御座候条先逼塞候て可被罷居候、我等へ被任候やうにと念比ニ申候身上之気遣可有之候まゝ若走候事もあるへきかと存、右之様子いかにも委申候、自然先ニ人なと遣候て子共よひいたし直ニいつかたへも可被参事も可有之候間、用心之ためニ候条、近所之衆へ隠密にて細〻心付候て被見候様ニと可被仰付候、親其元へ被罷着候ハヽ、別儀あるましく候、其内之儀可被入御念候、重而若主膳ももとのことく南蛮宗にて于今も候よし相究候ハヽ、其上ニてハ如御法度可被仰付候、又今度之書立のことく内之者計彼宗にて主膳ハ重而も其沙汰無之候ハヽ、尤父子身上之儀ハ別儀有之ましく候、内之者共之儀終被致披露候ハぬ一筋之御曖にてこそ可有御座候、然処人のそゝなかしなとにて走共候へハ御外聞あしく候まゝ左様候ハぬやう御心得へく候、寺なとハ何方を頼可申かと又子共之事ハ閇門にてしかと屋敷へ可召置候哉と被申候間、尤左様被仕候へと申候、於其儀ハ我等状を付候へと被申候間、心得候由申渡候、内〻其御心得肝要候、猶追〻可申入候、恐慎謹言、

主膳は先年長崎より帰参の節に転宗したので問題はなかったが、内者が皆切支丹であったのを隠匿していたのをと

がめられ、帰国寺入りを命ぜられたのである。その際に主膳が伊勢貞昌に幾分はその知遇に酬いるためか、秘事を明かしたことから、明石掃部の子小三郎が鹿児島の町人じゅあん又左衛門のもとに筆者として在住しているという事実、両人とも立野と関係のあるらしい事などが判明したのである。事の重大さに驚いた貞昌は、早速隠密裡に事件の処理をはかろうとして詳細に経過を記し、小三郎の捕縛等に遺漏のないよう細かい指示を国許に送ったのである。貞昌のおそれた点は、第一に大坂方の残党（しかも著名士の子弟）が鹿児島城下に潜伏していた事実が発覚したことである。そのうえ逃亡ということになれば幕府の心証を著しく害する。第二には、幕府が厳制の方針を打ち出した切支丹宗と深い関係があり、しかも庇護者であった藩主家久の義母である立野の存在が無視できなくなったことで、放置すればせっかく効を奏しつつあった幕府との親和関係にひびの入る可能性が生じてきたことであった。

事態は主膳の予測の範囲をこえて進展し、そして遂に三年後、彼はその子息と共に処刑の憂き目を見ることとなってしまったのである。一方、明石掃部子息小三郎の捕縛、護送は慎重に遂行されたが、右に関する江戸詰家老伊勢貞昌より国許の三家老に宛てた数通の書状にみられる貞昌の配慮は周到そのものである。寛永十年は幕府の巡検使が視察のため入国しており、貞昌ら要路者は全く薄氷を踏む思いであったろう。左に貞昌の書状三通をまとめて掲げておこう(13)。

猶々細川越中殿へ者今日被成御内談候、彼者いきて居申儀幸ニ候、殊外立入て公儀へも御申肝要之由被仰候、掃部事者其涯日本国御尋被成たるものニ而候条、以其御心得御披露尤候由被仰候間、弥無恙様ニ御分別肝要候、将又上使之御衆種子嶋より御帰帆候てくしまのことく御越之由志布志之衆中両人ニ而御注進状昨晩此元へ来着候御三人より之御書中旨具致披露候、委可申候へ共此飛脚一刻も急可申由候ニ付如此候、本田帯刀方者今日七

ツ時分此方へ被罷着候、以上、

急度令啓候、然者彼小三郎事被搦取候而向之嶋へ被遣置候由先書ニ被仰越候へ共様子兎角無御座ニ付、殊外御待かねにて御座候処、本田帯刀方へ御持せ候御状ニ山民少・伊地知杢右ニ而小三郎へ御尋候へハ不紛由申之由候間、則御年寄衆へ可被得御内談之由候、就其彼者無病息災にて罷居候様ニ可被入精由即可申遣旨御意ニ付如此候、いかにも先御たゝし候てはや久敷事ニ而候、其上余深々敷可被仰付事にてもなく候間、命ニ気遣者有之間敷候間、左様ニ心得候て尤候、縦御成敗候とても無了簡候由有様ニ能々被仰聞、此方へ歟、長崎へ歟、可被相渡内、彼者身上無恙様ニ御分別専一候、明朝御年寄衆へ被得御意候間、此方へ被召寄候歟又長崎へ参候歟、追々注進可有之候、たべ物なと余麁相ニ無之様ニ被仰付、時分から寒候間、ひへこゝへいたし、煩なと候ハぬやうに可被仰付候、自然此方へ参候ハん時者定可為乗物候、其段者重而可申越候、先々右之段一刻も早く可申遣由候間、如此ニ候、恐惶謹言、

（寛永十年十一月十二日）

尚以小三郎儀能様ニ被成尤候、右ニ如申もと〱着申たる物共若けんだんことくにをさへをかれ候ハヽ、左様之物をも衣裳之類なとハ可被遣候、其外之物者籠者之躰にて候間不入儀候、くり事なから曲もなきなと、存候ハヽなき事なとをも可申候間、其御用心肝要ニ候、殊此元御年寄衆よりも不致気遣やうにと被仰開候へとの御内意にて候間、可被成其御心得候、以上、

一書令啓候、仍明石掃部子之儀御年寄衆へ被成御披露候処則被達上聞候へハ御感之由候、就其彼者之儀此方へ不及被召寄候間、板倉周防守殿可有御渡由被仰出候、就其御年寄衆被仰候京迄之間かご籠之様と被仰付、余くるしからすやうに候て尤候、其元より上方へ被召上候間、定身上之気遣を可存候条、今更被対彼者何之御遺恨も無之

候由粗御沙汰候様ニ被仰聞心易存候やうに其元まて談合候様ニとの御事候、からめ縄の躰にて御引のほせられ候様ニなと、可被仰歟と存候処、籠にて上り候やうにと被仰候、然時者侍にて候つる間、ケ様ニ被仰候歟と存事候、路次中賄等余麁相ニ無之様と又きる物なとも木綿ぬのこにて候共見くるしからぬやうに余多御きせ候て帯なとも持申間敷候間被遣へく候、自然此中町にても小袖之類着候て罷居候ハヽ、其なりにも可有之候哉、余御馳走候様ニ相見得候ても不入事候、又余窮屈ニもと〳〵よりも見苦敷躰ニ候て者彼者之心中も如何ニ候間、忝と存候様ニ被成尤候、相付候て京都迄無異儀被参候人を両人程御付尤候、勿論分限之衆者入申間敷候、乍去板倉殿へ相渡可申時、余田舎めきたる人者如何敷候条可有其御心得候、木綿にて成共よるの物なと被仰付、路次ひへ候て煩なといたし候へハ咲止ニ候間、先無恙様ニ京都迄罷着候様被仰付尤候、二度之食迄にて者可難成候間、昼も何そたべ候やう可被仰付候、尚委細口上ニ申候間不詳候、恐惶謹言、

（寛永十年十一月十六日）

以上

急度令啓候、然者旧冬霜月十六日之日付にて以早打申入候、其御返書于今兎角無之候、然処ニ仁礼左近殿へ従板倉殿被仰之由候而注進之由被仰越候、明石掃部子之儀細々申下候、若其書状其元へ遅参着候哉、無心元存候、先年台徳院様御煩之由御左右申候早打も此元を右馬頭殿早打同日ニ打立候処、十五日遅其元へ参候、其前ニ右馬頭殿御注進ニ為被聞召由候而此元へ被仰上驚申候而相糺候人者船中あなたこなた仕致延引たる由申候条、為後日之由候而以御沙汰之上御扶持を放、彼道具衆ヲ追出候、定御失念有ましく候、若如其にて遅其元へ相達候儀もやと存候て為可承如此候、就其右ニ申進候書状之案文写候て持せ申候、可有御覧候、掃部子之儀ニ付ろそん又左エ門事も迯走不仕様ニ籠者可被仰付之由度々申入候つる、彼者籠者之儀者はや相究候へとも、掃部子之儀ニ付候而之

御返書于今無之候、委御教可承候、恐惶謹言、

（寛永十一年正月十三日）

かくて小三郎は京都に護送され、藩当局者は一応当面の難題を処理することができたのである。しかし、藩主家および家臣家内部の切支丹宗徒の取り扱いには引き続き苦慮しなければならなかったのである。

## 註

（１）鹿大図書館所蔵、玉里文庫五番仁一一七号本による。
（２）中世から近世に至る寺領の意味の変化については、『朝日新聞』昭和四四年六月二四日研究ノート欄に些少の私見を述べた。
（３）川上久国雑話。『鹿児島県史料 旧記雑録後編』五―五九三号、寛永九年（一六三二）の高帳によれば「三百八拾七石　矢野主膳殿　三百石　矢野大右衛門殿」とある。
（４）『薩藩叢書』第一編「薩藩旧伝集」。なお、矢野主膳の履歴について、「島津国史」（巻之二十五）には、次の如く記している。
寛永十三年、丙子、春正月二十日、家老貽琉球三司官書　使禁耶蘇徒拠慈眼公旧譜三月十二日、焚矢野主膳於桜島、耶蘇宗之徒也、斬其二子、拠十番古調初松齢公学騎於荒木志摩守入道安志、曰大坪流、既得其法、以授矢野主膳拠町田佐次右衛門呈稟主膳坐耶蘇宗下獄於獄中著習騎法、称牢書、拠十番古調、牢書言獄中書、和俗謂獄為牢、其書蔵於町田氏、家伝曰、元禄元年、永井茂左衛門正穀、以大坪流馬術、授松山甚六景時、景時以授大内山乗左衛門兼亮、兼亮以授町田佐平次、佐平次、今佐次右衛門之養祖父也、
（５）同第三編所収。
（６）鹿大図書館所蔵、玉里文庫五番義一二一号本による。
（７）義弘の没年は元和五年七月である。享年八十五。
（８）元和七年（一六二一）の顕娃主水、寛永六年（一六二九）の比志島国隆の自刃がその例としてあげられよう。
（９）拙稿「川上矢吉家文書」（続）一号（『鹿児島中世史研究会報』一二、一九六七年）。
（10）東京大学史料編纂所蔵「島津家文書」巻二〇御文書家久公八九通の中。

（11）『鹿児島県史料 旧記雑録後編』五―三〇三号　中納言家久公江御成之記。

（12）同五―六四六号。なお、「島津国史」（巻二十五）には次の如く記している。

（寛永十年十月二十一日）赤石掃部助子、匿於鹿児島市人之由安牟又左衛門家、称小三郎、矢野主膳識之以告、公使伊勢貞昌命留守家老案験之、果是、因諸向島　詐称耶蘇党人、未顕言掃部助子、以告老中、老中使帰諸京師、十一月十五日、以書命板倉周防守重宗京都所司代使受赤石掃部分子小三郎拠慈眼公旧譜、

（13）『鹿児島県史料 旧記雑録後編』五―六六〇・六六三・六八二号。

## 二、カタリナ永俊尼

さて、切支丹宗徒の庇護者として今や無視しえなくなった立野＝竪野とは、カタリナ永俊で藩主家久の後夫人島津備前守忠清女の母にあたる。家久の子薩摩守光久からいえば外祖母である。島津備前守忠清は和泉＝出水の薩州家島津義虎の子息でその没落後、宇土の小西行長の許に身をよせ、さらにその滅亡後は熊本の加藤清正の許にあり、慶長十四年（一六〇九）にようやく兄弟の斡旋等で帰国するに至ったのである。長く肥後に在る間、小西行長縁故の女性（皆吉続能女）と結婚したが、その女性こそ永俊尼である。永俊尼の出自については疑問は残るが、明らかなことは島津忠清夫人でその女子が島津家久後夫人となり光久が誕生していることである。すなわち家久の義母、光久の外祖母である。参考までに、『薩藩旧記雑録後編』所収の忠清・永俊尼の出自に関する藩史局者の見解を引用しておこう。

「薩州家譜中　備前守忠清譜中

慶長五年九月十四日濃州関原之役関西之軍敗而行長就囚、遂遭誅、繇焉後移住居同州熊本（加藤肥後守清正之領土）太守義久公愍之而徴之、忠清之姪島津下総守常久（三郎二郎忠隣之男）亦欲邀之、遣船促帰国矣、慶長十四年十二月三日忠清牽一女（十一歳）一男（七歳）着船于薩州阿久根、来于麑府胥処焉、忠清之女為太守家久公妾生光久公、遂為国夫人、依焉忠清受恩遇最渥矣[1]」

「光久公御母堂桂安夫人ハ島津備前守忠清ノ女ニテ其御母ハ肥後ノ士皆吉久右衛門続能ノ女ニテ法名永春ト云、始ハ肥後宇都城主小西摂津守行長ノ室ニテ女一人ヲ生ミ、行長滅ヒタル後島津忠清ノ小西ニ御預ニテ居ラレシニ娶ラレ桂安夫人ヲ生ミ、慶長十四年鹿府ニ来リ、忠清死後竪野ノ今郷田氏辺ニ居ラレ、竪野ノ御祖母様トモ、又ハ永俊尼トモ為申由也、行長ト生メル女子は喜入摂津守忠政ノ室トナレリ[2]」

共に傾聴すべき見解といえよう。「種子島家譜」によれば、永俊尼の種子島配流決定を寛永九年十二月のこととしているが如何であろうか。家譜は後年の編纂で、年不詳の文書を必ずしも正しくその年に書けているとは限らないからである[3]。問題の史料は左の伊勢貞昌書状であるが、家譜が寛永九年とするのに対し、『旧記雑録』は寛永十二年としている[4]。

一書申入候、然者今度南蛮宗之御沙汰ニ付立野之儀種子島江可有堪忍由被仰出候、如御存薩州様御祖母之儀御坐候間可被添御心候、人之往来等御法度者公儀ゟ可被仰渡候、定而作事之儀可有御沙汰候間、於其許御老中衆江御熟談尤ニ候、恐惶謹言、

極月七日　伊勢兵部少輔
貞昌

種子島左近大夫様

人々御中

前章でみたように、寛永十年の矢野主膳の申し立てにより、鹿児島在住の明石全登の子息およびその庇護者の動静が明らかとなり、その手入れが行われたのであるから、当然竪野すなわち永俊尼の取り扱いもその後のこととすべきで、前年である寛永九年に種子島配流があったとするのは納得しがたい。もっとも、永俊尼が切支丹宗に帰依していたことはパジェスの「切支丹宗門史」に「薩摩では大名の義母カタリナは、あらゆる懇願に耳をかさなかった。聟は彼女の思うままに任せていた。(5)」とあるのによるまでもなく隠れもない事実であった。家久は寛永十年八月に島津弾正大弼久慶に宛てた手紙の中で、「人にこそよれ、たて《(竪野)》の事又三郎《(光久)》おは《(祖母)》の事にて候、誰か御入候する、申ても申つくしかたく候、乍去御家国之為、ことに江戸之御法度候、申のかれさる事にて候間、きひしく申いたし候事候、十左衛門口から聞せられ候へく候、めいわくかきりなく候事」と述べており、義母の切支丹帰依に深く苦慮している様が髣髴する。(6)同文書にみえる津の守内・新八郎内は、それぞれ永俊尼の女喜入摂津守忠政夫人・忠政夫人の女島津新八郎久茂夫人であることは別稿に記したところである。(7)永俊尼の他、同女・同孫女が共に切支丹信奉者として薩摩藩切支丹宗信徒の庇護者の役割を果たし、その教線の伸長に大きく貢献したことは否定できない。前節の史料からもその点は明らかである。永俊尼の種子島配流は前史料からみて寛永十年末以後であろうから、次の文書は寛永十一年以降となる。(8)

一書令啓候、然者其地へ永春基《(塞カ)》候へく候、如御存知之彼御方之儀きりしたん宗之由候而於麑嶋度ゝ稠御沙汰共候ニ付、本ゝハ其宗旨にて候つれ共御国へ被為参候而よりハ宗旨為被相易候由重ゝ段ゝ被為申、最前従長崎被参候時ハ彼宗之道具共御座候つるを以御検者被焼捨、それより以来浄土宗之守なととらせられ候由にて、弥書物共深重ニ被成候へ共、御国彼宗誇之儀ハ畢竟永春御前近候而被召仕候者共、彼宗躰にて候故、見及聞及不苦事歟と存候而、分もなく成立候条、所詮其地へ被遣候へハ人之通融も有之間敷候其上種子嶋一嶋之儀者従往古男女共ニ法華宗にて曾而不昆他宗間、彼是以其地へ被遣置候ハヽ、不可及御機遣之由御座候而之儀ニ候間、於其嶋宗旨之広成候儀ハ中ゝ有之間敷候へ共、若従長崎表伝商船通融共可有之儀も候ハん間、商船参候ハん時ハ慥成人を被付置、自然不審成子細共候刻者、其船被留置、麑嶋へ可有御注進候、自御手前為御見廻、使共可被進入ハ兼而被定置、猥出入無之様ニ可被仰付候、為其如此候、恐惶謹言、

二月十一日

伊勢兵部少輔
貞昌（花押）
川上左近将監
久国（花押）
下野守
久元（花押）
弾正大弼
久慶（花押）

種子島左近大夫殿
御宿所

連署の家老中島津弾正大弼久慶は前任者喜入摂津守忠政に代わって新しく任命された家老であり、家久はとくに若

年ではあるが適任者として起用した旨を断っているほどである。忠政の退任はその辞職願いに直接ふれてはいないが、永俊尼の女である夫人の立場を顧慮しての事であろう。[9] 忠政夫人に二女あり、一女は忠政の子でなく前夫との間に生まれ、基太村越中守（久茂）夫人となっている。基太村越中守は島津図書頭久通の弟中務久茂で、忠智・信龍・新八郎とも称した。慶長十五年（一六一〇）十月六日生まれである。寛永六年十一月十一日、家久より隅州姶羅郡蒲生の中北村五百石を賜与され、北村或は基太村を以て家号としたとある。しかし、それは一時のことで同十六年再び本姓の島津氏に復している。[10] 他の一女は忠政との間にできた。

忠政夫人ならびに久茂夫人は寛永十六年四月廿八日の在国家老四名連署による種子島左近大夫宛書状によれば、去年離別され、田代に逼塞したが、「其段江戸へ被聞召上、畢竟前にきりしたん宗に而有之故、如此候之間堅野同前ニ種子島へ渡置可申由被仰付下候間、摂州内儀・同息女・越州内儀へ今度中江主水入道相付差渡申候、人之出入共之無様ニ堅被成、御格護尤ニ候」とあり、[11] 先に種子島に配流となった永俊尼同様に処置されることとなった。合わせて四名である。寛永十三年二月廿一日と推定される覚には「立野之事」と並んで「喜入摂津守内儀付新八郎《久茂》内儀之事」とある。[12] 寛永十四年末から十五年初めにかけて天草・島原の乱が起こる。種子島家譜によれば、寛永十五年四月渋谷恕兵衛一行が来島、永俊尼内皆吉長右衛門を天下の囚人として妻子共搦め取り鹿児島に護送したとある。長右衛門の親が島原籠城で捕えられ、自白したのによるという。[13] 皆吉一族の追捕は他に光久の弟北郷式部のもとにあった「皆吉長右衛門方芦塚権右衛門」なるものにも及んでいる。[14] 前述の説にしたがえば、永俊尼はもと皆吉氏の出である。

永俊尼の一家に加えられた迫害は、藩主との間柄が特別の縁故関係にあるだけに表《おもて》立たず控え目で、しかも重苦《おもくる》しい。当時の藩主と藩当局者（その代表が伊勢貞昌他国老）の願いは、幕府との協力体制にひびが入らぬように事態を処理するところにあった。家久の死後、新藩主光久（永俊尼の外孫）に引き続き仕えて藩政の基礎固めに力を用いた江戸家老伊勢貞昌が、在国家老の一人川上久国に送った寛永十六年三月九日の書状は、その面目を如実に示している。(15)

先日預御状立野御事、不断光院檀那之儀候へ共、種子島へハ他宗無之候間、御祈念なとも不罷成、御老年之儀ニ候間、別之御宗旨ニ而者御心特悪敷候条法華宗ニ被為成度由被仰候哉、其段自左近殿貴老迄御内意之旨伺御意候処、法華宗ニ被為成度由候ハヽ、其段可然被思召候由候、如御存きりしたん宗之儀者他宗ニ為成由十分も本心者不相替由皆ゝ申候間、左様之儀者不相知事ニ候得共、先法華宗ニ被為成由候へハ本心者如何様ニも候へ、当時者法華宗にて候間、可然仕合ニ候、尤本心之被相替真宗を法華宗ニ而候へハ無申事候、兎角先法華宗ニ被為出候へハ可然由御意候間、其段左近殿へ御内談候て尤ニ候、尚期後音候、恐惶謹言、

永俊尼は慶安二年（一六四九）九月、その女喜入忠政夫人（妙身）は万治三年（一六六〇）十一月、その女子（於鶴）は元禄十一年（一六九八）十一月、それぞれ種子島に没する。墓は種子島家墓地の中にある。(16)

## 註

（1）『鹿児島県史料 旧記雑録後編』四―六三九号。
（2）同五―八八四号の傍注。
（3）「種子島正統系図」六によれば、「寛永十一年三月八日永俊光久公御外祖母也貶于種子島、猿渡嘉左衛門・湯池嘉兵衛警固来放大長野、警固衆皈鹿児府、是依鬼利支丹之宗旨也、上下男女廿人供奉」とある。なお、年次のことについては註11参照。また、『旧記雑録後編』の各年欠文書の年次比定も疑わしい場合が少なくない。
（4）『旧記雑録後編』五―八八四号。

（5）『日本切支丹宗門史』（岩波文庫本中）三四八頁。注22。
（6）拙稿「島津家久切支丹禁制関係書状一点」（『鹿児島中世史研究会報』一三、一九六七年）。同文書は『鹿児島県史料 旧記雑録後編』五―六三九号に収録されている。
（7）拙稿「喜入外薗氏所蔵文書」（『鹿児島中世史研究会報』二六、一九六九年）。
（8）『鹿児島県史料 旧記雑録拾遺 家わけ四』所収「種子島家譜」八〇号。
（9）『鹿児島県史料 旧記雑録後編』五―六六九号、寛永十年極月六日付、島津家久書状。喜入忠政の生涯については『枕崎市史』に詳しい。
（10）『枕崎市史』所収の喜入氏系図によれば、忠政夫人の前夫は有馬直純でその一女於満津が久茂夫人となる。於満津の母は小西行長女とあるから、忠政夫人の母すなわち永俊は小西行長夫人であったことになり、前掲『旧記雑録』所収の考証と合致する。『鹿児島県史料 旧記雑録後編』五―二六九号、図書頭久通弟中務久茂譜中。
（11）前掲「種子島家譜」九四号。喜入氏系図によれば、二女子津留の条に「寛永十二年乙亥宗門ノ事ニ坐シ母妙身ト共ニ罪ヲ田代ニ竢ツ、時ニ年十五ナリ」・「寛永十三年丙子四月母及ビ姉ニ随ッテ種子島ニ放タレ六月二十六日石之峯ニ抵ル、後井ノ上ニ移ル」とあり、種子島移居を寛永十三年のこととしている。なお、田代は鹿籠の田代で喜入氏旧臣に田代氏があり、この事件に連坐したという。『枕崎市史』二七三～二七五頁に詳しい。
（12）『鹿児島県史料 旧記雑録後編』五―六四六号。また、「種子島家譜」九五号、寛永十六年六月廿二日付の家老山田有栄・三原重庸・伊勢貞昌・川上久国連署種子島忠時宛書状によれば、「一書申候、然者立野・摂州内儀・基太村越中守殿内儀・摂州息女四人相中ニ可被召仕人数女七人・男三人合拾人被召置、其余を早ゝ如此地之被召渡候様ニ可被仰付候、聊御油断有ましく候、恐惶謹言」とあり、摂州息女四人と数え、合せて七名としているようだが、これは摂州息女一人を合わせて計四名で共同に召し仕うべき人数として十名と定めたと読むべきであろう。すなわち、竪野永俊と摂州内儀の前夫の子基太村越中守内儀と摂州息女の計四名というのであろう。なお、『市史』は寛永十六年は十三年の誤記かとする。同二七三頁。
（13）「種子島家譜」五。

(14)『鹿児島県史料 旧記雑録後編』五―一二九六号、寛永十五年四月十三日付、松平信綱・戸田氏鉄連署書状。
(15)同六―一五号。
(16)『鹿児島県史料 旧記雑録追録』一―三〇一号、慶安二年十月廿三日付、在府家老伊勢貞昌・新納久詮・町田久則連署書状（在国家老宛）によれば、左の如く永俊尼死去の処理について報じている。その死について感慨はさまざまであろうが、当局者としての安堵感を覚えたことは十分推察できる。

以児玉作左衛門被仰上候御書面具ニ令披見候、然者種子嶋ニ御座候栄春様先月八日俄ニ御遠行之由絶言語候、則達上聞候、此中種子嶋へ御座候子細前々公儀へも御存之儀ニ候間可被成御披露由御意候之条、一昨朝酒讃岐様其外御三老へ為御使右衛門罷出委細申上置候、為御心得如斯候、恐惶謹言、

なお、一女於満津は宝永三年（一七〇六）三月没、年九十五、正建寺に葬ると前出「喜入氏系図」に記されている。

【付記】本稿の要旨は昭和四十四年度鹿大史学会春季例会において発表した。成稿後『枕崎市史』の刊行をみ、その中で永俊尼及び喜入忠政同息女についての記述のあることを知った。その説くところは本稿とほぼ同じであり、はからずも互いに補強しあうべき史料を提示してあるものと感じた。ただ時間的に十分活用する余裕のないまま、本題と関係する好史料の刊行されたことを紹介して、今回はこれを参考として改稿することはしなかった。

なお成稿に際し、元出水郷土誌編纂主任、元鹿児島県維新史料編纂所課長田島秀隆氏より関係史料の所在について種々教示を得た。記して謝意を表する。

『中世史研究会会報』一一七号編集後記で、私は滅び行く中世山城の一例として建昌城のことをあげた。建昌城は後の名ではじめ瓜生野城とよび豊州家の祖島津季久が帖佐を領して拠地と定めたところであった。季久の子が忠廉、文明十六、七年（一四八四・八五）の伊作久逸の乱の動向を左右した実力者である。忠廉ははじめ久逸と対抗者新納忠続の間の調停をはかって妨げられ、かえって守護忠昌から疑われるや蹶起して鹿児島にせまり、三州騒乱の中心的人物となった。しかし、薩州家島津国久らの説得で忠昌に帰服するや、進んで飫肥に久逸・伊東祐国の連合軍を撃破、大乱を終熄せしめるのに殊功があった。忠昌は文明十八年、左のごとく飫肥・櫛間領主の任を与えてその功に報いた（黒岡家文書）。

日向国飫肥院南北一円同櫛間院一円之事
右両所為領知所宛行之也、早任此旨可有知行之状如件、
文明十八年十月十九日　　　　忠昌（花押）
修理亮殿

彼はまた来薩中の桂庵玄樹と親交があり、その著「島陰漁唱」には彼に対する賛辞がよせられている。さらに、出京の際には宗祇より古今伝授をうけるなど文武に秀でた人物であったらしい。以後、忠朝、忠広、忠親、朝久と相続、

六代朝久夫人が義弘女御屋地である。

鹿児島大学図書館所蔵玉里文庫本中に「御屋地君略伝」という明治十八年（一八八五）十一月の筆写本がある。御屋地に限らずその前後における豊州家の概略を記して資料とするに足るので全文掲載することにした。御屋地の二百五十年忌を記念して豊州家の一流黒岡家が編集したものでもあろうか。

御屋地君島津豊後守朝久夫人略伝

本年十二月御屋形君御屋地君二百五十回忌ニ際スルヲ以テ同君ノ事蹟ヲ古帳古文ニ求索シ且其近親ニ関スル事項ヲ輯集スルニ義弘公ニ関スルコト最モ多ク、従テ綱久公及吉貴公ノ御夫人ニモ関係ヲ生シ、又帯刀始祖創メテ分家ノ緒ヲ開キシモ同君逝去ノ年ト同シキヲ発明セリ、因テ左ニ大要ヲ記ス、

島津宰相義弘公ノ長女ニシテ中納言家久公ノ姉ナリ、母ハ日州飫肥城主豊後守忠親実弟北郷左馬頭忠孝女ナリ、

義弘公平松ノ御屋形ニ居ル故ニ世人之ヲ御屋形様ト呼唱セリ、依テ御屋地君ト言ヒ伝ヘリ、

義弘公御自記及樺山氏記録ニ由レハ永禄三年三月十九日義弘公、貴久公ノ命ニ由リ忠親ノ養子トナリテ飫肥ニ到ル、因テ茲ニ駐在セラル、コト数年ナリト云、又一説曰、同四年辛酉義弘公再ヒ飫肥ニ赴カレタリ、然トモ右馬頭忠将戦死シ、肝付勢鹿児島ニ迫ルノ形情アリ、故ニ忠親強テ義弘公ヲシテ鹿児島ニ帰ラシムト、

按スルニ此時忠親其姪ヲ養テ之ヲ義弘公ニ配シ而シテ御屋地君出生セシカ、都城々主北郷時久ノ夫人モ亦北郷左馬頭忠孝ノ女ナリ、是レ義弘公豊州家ヲ去リ玉フ後時久ニ嫁セシモノナランカ、

北郷忠孝ハ永禄元戊午冬十一月豊州管轄飫肥ノ新山城代タル時防禦ノ為メ戦死セリ、一説御屋地君ハ天文廿三年甲寅出生スト、然レトモ義弘公天文廿三年帖佐平松征討ノ役ニ従軍シ、其後帖佐岩剱城ニ住居シ玉フコ

ト三年ナリト云フ其以前ニ同公飫肥ノ北郷氏女ニ配偶セシカ未タ詳カナラス

永禄七年義弘公加世田ヨリ飫肥ニ移リ玉フ、（天正十八年迄、居住セラル）故ニ長女御屋地君モ父ニ従ヒ飫野ニ移リシナラン、又元亀三年壬申五月三日夜（木崎原戦争前夜）伊東勢義弘公御家族ノ居住セラル、加久藤ヲ襲ヒ放火セシ時モ亦同所ニ居ラレシナラン、

天正六年飯野ノ義弘公御邸側ニ家作ヲナシ、都城篠池ニ住スル豊州家六代島津豊後守朝久（北郷時久ノ弟）ヲ召シ、御屋地君ニ婚姻セシム（伊東肝付内外ヨリ守護家及豊州家ヲ攻撃ス、故ニ豊州五代忠親、義弘公ヲシテ豊州家ヲ去リ守護家ヲ助ケシム、故ニ豊州家飫肥ヲ捨テ都城ニ退ク、且忠親ハ朝久ニ家ヲ譲ル）天正八年義弘公肥後相良征討ノ時、朝久ハ平松ノ兵ヲ率テ従軍ス、然ル時ハ平松ハ天正八年前ニ豊州家ニ賜ハリシモノト見ユ、平松ハ御屋地君ノ卒去シ玉ヒシ処ナリ、

　按スルニ天文廿三年平松征討ノ後、義弘公帖佐ニ在リシコト三ケ年ナリ、故ニ其旧領ヲ朝久ニ譲リシナラン、

天正十年壬午正月四日、御屋地君真幸ノ馬関田ニ於テ男子ヲ生ム、是レ豊州家七代豊後守久賀也（義弘公ハ飯野ニ在ルモ家族ハ他村ニ置レシ）〔以下文中ノ（　）ハ割リ書ヲ示ス〕

同十一年癸未同君馬関田ニ於テ女子ヲ生ム、是則島津図書頭忠長子相模守忠倍夫人ナリ、文禄元年壬辰良人朝久朝鮮ニ出征ス（翌年朝鮮ニ於テ病死ス）（朝久ハ飯野及朝鮮ニ於テ常ニ義弘公ノ惟幄ニ在リ、一日モ軍務ヲ労セサルコトナシト云）

同二年癸巳馬関田ニ於テ女子ヲ生ム（是則征夷大将軍家康卿同母弟松平定勝君ノ長子河内守定行君ノ夫人ナリ）、（此時御屋地君真幸ニ在ルモ久賀及家臣ハ平松ニ居リシコト見ユ、何トナレハ義弘公朝鮮ヨリノ書翰ニ藤次郎殿（久賀幼名）

手習稽古アルヘキコト等ヲ平松役々ニ申付ヘシトアリ、又朝久ノ遺骸平松ニ葬レリ、）
同年九月八日実弟又一郎久保君朝鮮ノ巨済島ニ逝ス、
同月十二日良人朝久同処ニ病死ス、
僅ニ三日ヲ隔テ子ト聟トヲ失ヒタル義弘公ノ愁傷実ニ追思スルニ忍ス、長子久賀此時僅ニ十一年ニシテ豊州家ヲ継クト雖モ以来久賀ノ教育及家政ハ実際上御屋地君ノ掌ル処タリ、文禄四年乙未七月四日飯野ニ於テ実弟又四郎忠清君モ亦逝ス、久保君、忠清君及朝久皆病没セラレシ後ハ家久公及伊集院源次郎（義弘公末女ヲ娶ル）独生存ス、是レ幸侃、家久公除キ源次郎ヲシテ守護職ヲ襲シメントモテシ故ナルベシ、
同年九月末、義弘公朝鮮ヨリ帰朝、直ニ豊州家ノ住所ナル平松ニ移リ玉フ、御屋地君モ此時義弘公御家族ト真幸ヨリ同処ニ移リシコトナルベシ
　按スルニ天正八年ニ於テ朝久ハ巳ニ平松ヲ支配セリ、然ル時ハ豊州ノ邸宅モ同処上水流ニ在リシコト必セリ、故ニ久賀及家臣ハ従前ヨリ此ニ居住セリ、（義弘公ノ御家族ハ慶長五年関ケ原ノ役後大坂ヨリ帰国ノコト分明ナリ、然レトモ上京ノ年月未詳、久賀ハ朝鮮ヨリ帰朝シ義弘公ト上洛シ直ニ帰国セリ、故ニ関ケ原ニ従軍セス）
慶長元丙申同君長子久賀、義弘公ニ従ヒ平松ヨリ朝鮮ニ出征ス、時ニ十三ケ年ナリ、是レ義弘公自ラ教育セントシ玉フ故ナリ、何ントナレハ外祖父義弘公嘗テ朝鮮ヨリ送ラレシ一翰ニ曰ク、藤次郎殿（久賀幼名）事誰モ意見ヲ云フモノナク我儘ニナリテハ其身ハ勿論、我等一段迷惑也ト、
同五年十二月二日久賀ニ長野ヲ加ヘ賜フ、（関ケ原合戦ノ後、義弘公平松ニ居ントス、故ニ久賀ノ家臣ヲ平松ヨリ之ニ移ス為メナラン、此時義弘公尚桜島ニ在ル故ニ豊州家々族而已ハ未タ依然平松ニ在リシナラン）

慶長七年ヨリ久賀長野ニ移ル

按スルニ義弘公慶長五年ヨリ桜島ニ居玉フコト三ケ年ナリ、故ニ七年ニ同公平松ニ移ルヲ以テ久賀長野ニ移リシナラン、

同八年十一月十二日御屋地君従弟於平君（義久公長女）国分上井ノ平ニ於テ卒去セラル、（義虎三男忠栄ニ跡ヲ譲ラル、島津矢柄ノ元祖也、）同十年六月廿日二女（年十三歳）関ケ原合戦ノ後徳川氏島津家ノ質ヲ求ムルヲ以テ其人質ト為リ、平松ヲ発シ伏見ニ赴、是レ義弘公ノ孫ナレハナリ、其後伏見ニ於テ家康卿甥松平定行君ニ嫁ス（年月不詳）

同年嫡孫藤次郎久基生ル、然レトモ御屋地君ニ先ッテ死ス、同十二年冬　義弘公平松ヨリ加治木ニ転セラル、即日久賀帖佐地頭職ニ補セラレ、再ヒ長野ヨリ平松ニ移ル、

同十三年九月十三日松平定行君夫人（御屋地君女）男子ヲ生ム（河内守定頼君）、因テ義弘公御家老五代右京亮友慶、豊州老臣柏原備中帰国ス（定頼君ハ綱久公夫人親父ニシテ吉貴公夫人ノ祖父ナリ、）

同十五年庚戌五月九日孫久守（久賀子）生ル、（豊州家八代豊前）

同十八年癸丑久賀帖佐ヨリ東福寺城ニ移ル、

（家久公嘗テ久賀ニ命シテ曰ク、予事有テ国ヲ出ル時ハ爾チ留テ国ヲ守レト、然レトモ年月詳カナラス、恐クハ本年頃ヨリ大坂兵乱ノ催シアリ、故ニ留主官ヲ命シ、東福寺城ニ留守セシメシナラン、即昔ノ守護代ト云ヒシモノト同一ナルヘシ、後ニ御城代ノ官ヲ設ケリ、是レ其同種類ナリ、義弘公嘗テ小城権現ヲ信シ玉ヒ屢々東福寺城辺ニ行玉フ、故ニ義弘公ノ居住シ玉ヒシ跡ナルヘシ、）

同年久賀女子生ル（渋谷周防介重賢夫人）

同年御屋地君ノ妹於下君ハ（伊集院源次郎忠真夫人）質トナリテ江戸桜田邸ニ居ル、

元和二年丙辰七月廿一日父義弘公逝ス（八十二歳）

（天正六年ヨリ本年迄（三十八ケ年間ハ）豊州家ハ義弘公専ラ之ヲ保護セラル、豊州家ハ飯野及平松ニ於テ義弘公御家族ノ待遇ヲ受ク、寛永十三年御屋地君逝去迄ハ同君尚義弘公ノ平松邸ニ居ラレシト言フ、是義弘公嘗テ豊州家ニ養ハレシ等恩愛ノ契アリシ故ナラン、加治木ノ始祖兵庫忠朗ハ本年十一月七日生ル、即チ義弘公逝去後四ケ月ヲ経テ出生セリ、故ニ義弘公ヨリ直ニ加治木ヲ受クルニアラス、後世之ヲ賜フモノナリ、即チ十六年ノ後寛永八年加治木一万石ヲ同人ヘ賜ハレリ）

同八年壬戌十月廿六日東福寺城ニ於テ孫女生ル、家久公五男島津市正忠広夫人

寛永三年丙寅九月廿一日寅日寅刻孫児久賀二男生ル、虎千代ト名ク（後国老島津帯刀久元即黒岡ノ祖ナリ）、

同八年家久公東福寺城ニ光臨シ虎千代（年五ケ年）ニ首冠ヲ加ヘ玉フ、而シテ主計頭久延ト命名セラル（後綱貴公御元服ノ時ニ延久ト名乗り玉フ、因テ主計頭モ之ヲ避テ改名ス）、

同九年久賀東福寺城ヨリ桝形之邸ニ転居ス、（御屋地君ハ平松ニ居ル）

同十一年豊州家ノ旧館ヲ改テ黒木ヲ賜フ、

　御屋地君逝去付帯刀家創立之事、

寛永十三年丙子六月十四日久賀其子主計頭久延（黒岡祖）ニ平松等ノ知行五百石ヲ譲ル、久延年齢九ヶ年余ナリ（御屋地君逝去ノ五ケ月前ナリ）

按スルニ御屋地君嘗テ家久公ニ予ノ遺物ハ孫ニ譲リ賜ヘト請求シタリト云、是レ義久公ニ乞テ遺物ヲ三男忠栄ニ譲ラシメシ故ナランカ、因テ孫久延モ本年九ケ年ト雖モ御屋地君ヨリ其知行平松ノ高等ヲ分ケラレシナランカ、何トナレハ久賀ハ巳ニ黒木ヲ受クレハナリ、故ニ平松ノ知行ハ依然御屋地君、義弘公ヨリ受ケシモノナラン、然トモ家督久賀ノ名前ヲ以テ之ヲ分ケ、且正保元年久賀死去迄ハ主計頭モ依然同居セリ、其歳光久公久延ニ宅地ヲ賜ヘリ、後年ニ至リ知行高五百石ヲモ加増シ玉ヘリ、又久延ハ右ノ外義弘公ノ用ヒラレシ御甲冑及宝刀（大左文字）等ヲ久賀ヨリ譲リ受ク、久賀ハ勿論家久公ト雖モ義弘公ノ逝去後ハ御屋地君ヲ尊敬シ玉フト云フ、故ニ久賀御屋地君ノ命ニ因リテ之ニ宝物ヲ譲リシナラン、然ラサレハ同君存生中専断ヲ以テ十ケ年未満ノ次男ニ宝物等ヲ分与スルノ理ナシ、是レ帯刀始祖主計頭新ニ家ヲ樹ル所以ナリ、久賀ノ娘（久延之姉）モ御屋地君ノ遺物ヲ受ク其後吉貴公時代右御甲冑ヲ献セリ、（此年又島津兵庫頭忠朗ヱ加治木并給地高七千六百石持留ノ儘附属セラル）

口上覚

私共祖父嶋津豊後久賀与申者江従　惟新様於朝鮮御陣中御鎧一領且又其後一領拝領被仰付候、於朝鮮被下置候御鎧者則久賀着仕御奉公相勤申候付、内膳養祖父豊前江譲置、其後拝領仕候、御鎧者世上静謐ニ罷成候故着仕御奉公相勤候儀茂無御座候付、帯刀亡父江譲置于今帯刀頂戴仕置候、然者右御鎧別而結構成御仕立之故私共着具ニ者不相応御座候、其上惟新様御召料之儀者其紛無御座候間、御蔵江納置申度奉頼候旨先日御内意申上置候、依之右御鎧幷威糸付等別紙相記差上申候、拝領仕候節之威糸等者損申候故、十七八年以前最前之通威改申候、右之趣を

以何分ニ茂宜御取成頼存候、以上、

巳六月廿五日

（朱）「久元長男 黒岡家二代」 嶋津帯刀「（朱）仲休」

（朱）「実久元二男 豊州家十代」 嶋津内膳「（朱）久兵」

（朱）「若年寄」

比志嶋隼人殿

寛永十三年丙子十一月十一日御屋地君平松ニ於テ逝ス、明治十八年十二月十六日ハ同君ノ二百五十回忌トス、墓ハ隅州帖佐郷竜護山総禅寺ニアリ（法号実清正真大姉）

于時主計頭久延姉十四ケ年久延九ケ年同十五年久賀　家久公ヨリ天草賊徒征討薩摩軍ノ惣大将ヲ命セラレ出征ス、下野守久元（御下君ノ良人）モ同ク惣大将タリ久賀已ニ家久公ノ留守官ヲ命セラレタリ、又此役公ニ代テ惣大将ノ重任ヲ受ケ出征セリ、同十六年御屋地君逝去ヨリ三年ノ后　光久公弟忠広ヲ還俗セシメ豊州家ノ二男ト為シ主計頭久延姉ヲ娶ラシム、是レ市正忠広家ヲ樹ル所以ナリ、

同廿年癸未光久公御妹ヲ（于時御年十一歳）主計頭エ賜リ御妹聟ノ約束ヲ結ハル、然トモ慶安元年（結納ヨリ六年ノ後）主計頭母ヨリ之ヲ謝辞シテ受ケス、故ニ入来院重頼ニ嫁セラル、

正保元年甲申七代久賀死ス、因テ光久公ヨリ主計頭エ御家老頴娃左馬頭久政ノ官宅（旧御記録所）ヲ賜ヒ主計頭

ノ私宅トセラル、後年右ノ外　光久公ヨリ所謂知行高五百石ヲ加賜セラル、是ヨリ市正忠広及主計頭久延ハ同ク豊州氏族ニ列シ後世皆光久公及綱久公ノ御家老タリ、主計頭久延ハ帯刀久元ト改名シテ御家老職ニ在ルコト二十三年（評定所御談合役勤務年数ハ除算ス）慶安元年正月晦日又三郎久平公（綱久公）ノ御婚礼アリ、御夫人ノ祖母ハ御屋地君ノ娘ニシテ豊後守久賀ノ妹ナリ、故ニ豊州家ハ御夫人ノ外戚タルヲ以テ久松家ヨリ主計頭エ左ノ贈品アリ

河内守定頼君ヨリ　景秀脇差
隠岐守定行君ヨリ　呉服四襲
久平公御夫人ヨリ　白銀十枚
　　　　　　　　　呉服十領

又綱久公逝去ノ報告江戸ヨリ到ルヤ、光久公直ニ帯刀久元（主計頭久延ノ事時ニ国老タリ）ヲ召シ訓令ヲ与ヘテ曰ク爾チ速ニ江戸ニ赴キ我カ参勤ヲ待ツ可シ、其内幕府問議スルコトアラハ爾チ之ヲ答辨ス可シ、是レ御留守詰家老ヲ置ク初トス、因テ久元昼夜兼行江戸ニ至ル、又佐倉城主堀田上総介（夫人ハ綱久公夫人ノ妹ナリ）藩籍ヲ幕府ニ奉還シ且諫疏ヲ出ス時、光久公久元ヲ江戸ニ遣リ（綱久公ヲ訓戒スル所アリ、又綱貴公令夫人ノ（上杉氏）離縁スルヤ急ニ久元ヲ江戸ニ遣ス、是レ久元ハ綱久公令夫人真修院殿ノ外戚タルヲ以テ平常綱久公御夫人久元ヲ信重セラル、故ナリ、延宝五年市正忠広ハ豊州家ヲ去リ、光久公ノ三弟ニ列シ更ニ家ヲ樹ツ、故ニ帯刀久元独リ豊州家別総領タリ、（官ヨリ宅地及知行ヲ賜ヒ宗家一列ニ家ヲ樹ツルヲ云）来明治元年封建ノ制ヲ改メラル、迄ハ連続特別ノ待遇ヲ辱フセリ、即年頭八朔ニ於テ戸主持参太刀着座之席順左ノ如シ（帯刀久元ハ国老タルヲ以テ

国老ノ席ニ於テ謁ス、依テ長子ヲシテ戸主ニ代リ兼テ定メラレタル家格ノ席ニ就カシム）、後久元ハ光久公退老後ノ国老ニ任スル後ハ綱貴公ヨリ別各ニ独礼スヘキ命アリ、是レ宮城及都城家ト同等ノ待遇ナリ、

忠時公七男大隅常陸介忠経三男　　町田民部家

義弘公長女御屋地君実孫　豊州家氏族　島津帯刀家　即今黒岡

義弘公末女御下君養子　宮城家氏族　島津新八家　同基多村

都城家氏族　　　　北郷作左エ門家

義久公次女新城君二子　垂水家氏族　島津主計家　同末川

義久公長女御平君三男　薩州家氏族　島津矢柄家

右諸家ヲ別総領ト云、

右之順序ニ因テ考レハ正徳年間、吉貴公ヨリ島津氏族ノ席順ヲ定ムルヤ帯刀久元ノ家ヲ以テ殊ニ義久公ノ長女於平君ノ跡ナル島津矢柄家ノ上席ニ置カレタリ、是レ薩州家ハ朝鮮征伐ノ際虚病ヲ構ヘテ従軍セス、豊大閤ノ為メ改易セラレタルヲ以テ特別ノ待遇ヲ享ケサリシモノト見ユ、

天和三年癸亥十一月十三日、光久公ヨリ帯刀久元ニ角十文字ヲ以テ家ノ紋トス可キ命アリ、其後豊州家九代久邦モ命ニ由リ同ク角十文字ヲ以テ家ノ紋トス、因テ豊州家始祖季久（久豊公三男）ノ墓ヲ再建スルヤ、角十文字ヲ彫刻スルコト左ノ如シ、

大隈帖佐郷竜護山総禅寺境内

島津豊後守季久之墓

（図略）

又光久公ヨリ久元ノ二男内膳久兵ヲ以テ久元兄久邦ノ家ヲ嗣キ黒木ヲ襲封セシメラレタリ、帯刀久元家ハ尋常ノ分家ト異ナリ特別ノ総領タルヲ以テ宗家ト同列ニ置キ且二男ニテモ宗家ヲ嗣カシメラル、ナリ、尚鷹司家ハ近衛家ノ末家ナレトモ同ク五摂家中ニ列スルカ如ク右両家分立以来帯刀久元父久賀以前ノ祖先ハ同祖タルヲ以テ共ニ祭祠ヲ掌ルコトナレリ、

我等共先祖嶋津修理亮忠廉、飫肥福島致領知候節、福島ニ太陽寺与申湖南派之寺致建立置、忠廉延徳三年辛亥八月廿日於摂州天王寺辺致死去、法名号雪渓忠好、位牌ハ太陽寺江立置候処ニ忠廉曾孫忠親永禄年間ニ福島ヲ引取候ニ付、飫肥江立置候永源寺与申寺迄を引移、先祖共位牌何れ茂右永源寺一所江致安置、于今隅州平松江致相続有之候、其外之寺ハ其儘ニ而差置候ニ付太陽寺之儀茂漸々衰、終致廃壊候由、然処ニ釈尊之像並初祖聖僧之像各一躰、涅槃之画像一幅、柱杖一本、雪渓之位牌一基、当時志布志町江罷在候新右衛門与申者之先祖其節従太陽寺自身右品々を負来、貴寺江頼入置候由ニ而於于今安置被成置候旨頃日承付、誠以世々御住持之御親切別而難謝存候、依之初祖聖僧之両像令修覆、且又雪渓位牌之厨子花入香炉茶湯器等並祠堂銀別紙目録之通此節致寄進候間、萬古《爾来》無退転様ニ被仰置御回向頼入存候、以上

元録二年巳
　九月廿三日

島津帯刀（朱）「久元」
（花押）

島津豊後（朱）「久守」

（朱）「志布志」

永泰寺

（筆者註―黒岡帯刀氏所蔵文書により補正）

又豊州家ノ旧領ノ内志布志ハ寺院廟所アルヲ以テ久元及子帯刀仲休ニモ其地頭職ニ補セラレタリ（帯刀家ノ口碑ニ曰ク、先祖代志布志ヲ以テ私領トセラレントス、然トモ固辞セリト恐ラクハ守成ノ功臣島津大蔵等ノ如ク之ヲ辞シテ子孫ノ計ヲ為サ、リシナラン、年月不詳）、

仲休自記曰九月三日於磯御仮屋御直ニ志布志地頭職被仰付候由御意候、志布志之儀者先祖共代々之旧領亡父事茂地頭ニ被仰付たる所ニ而候故今度被仰付候との思召之由御側より被申聞候付、所から結構成所被下難有奉存候、志布志之儀者先代共茂数代被下之亡父事茂地頭職被仰付先祖廟所位牌等茂于今安置仕置候所候処、此節被仰付候段外聞実儀難有次第冥加ニ相叶申与心ニ存申程御礼不得申上仕合候旨御受御礼御直ニ申上御座下り候而御近習役島津五郎右衛門殿を以右之趣ニ又々御礼申上候、

宝永二年酉九月三日

右者吉貴公仲休ニ命せられたる主意なり、吉貴公ノ時ニ至リ前記ノ総領家ヲ一所持又一所持格ト命称セラレ久元ノ家ハ一所持格ト為ル、正徳年間同列ノ同族協議シ、吉貴公ニ二男以下ノ姓氏及通字ヲ賜ハランコトヲ請求セシコト左ノ如シ、黒岡ノ姓ハ元来二男以下ニ賜ヒシモノナレトモ明治年間ヨリ嫡子モ之ヲ用ヒルコトトナレリ、

口上覚

私共二男以下迄御名字を名乗来由候、前々より御氏族之者共嶋津之御称号を御免候儀者別而重き御事ニ候間、向

後私共二男以下者別号を為名乗度奉願候、願之通被仰付候ハ、御名字名乗来候面々江申通し二男以下者何れ茂別号を名乗候様可仕候、此旨宜御沙汰頼存候、以上

正徳元年辛卯

十一月十三日

(朱)「豊州家実家久元二男」　嶋津内膳(朱)「久兵」

(朱)「黒岡家久元長男」　嶋津帯刀(朱)「仲休」

(朱)「佐志家光久公十一男」　嶋津将監(朱)「久当」

(朱)「良馬祖光久公十男」　嶋津大蔵(朱)「久明」

口上覚

私共二男以下嶋津之御名字を名乗セ申儀恐多奉存候付、別号を名乗セ申度之旨先頃奉願二男以下之名字被下置難有次第奉存候、然者二男以下名乗之字御家之字を名乗申儀、是又恐多奉存候間、何分ニ茂名乗之字改申筋ニ被仰付被下度奉願候、此旨宜御沙汰頼存候、以上

辰九月九日

(朱)「黒岡家久元長男」　嶋津帯刀(朱)「仲休」

(朱)「佐志家光久公十一男」　嶋津将監(朱)「久当」

(朱)「知覧家光久公五男」　嶋津備前(朱)「久達」

其後御氏族ノ内資格アル者ニ委任セラルヘキ重任アル時ハ常ニ久元子仲休ヲ撰ヒ玉ヒシ是御屋地君ノ血統タルヲ以テ重セラレシナラン、故ニ窓ノスサミニ云ヘル如ク薩摩家老島津帯刀ハ中将光久朝臣ノ庶子ナリト誤認セラル、

久元子仲休ハ如何ナル重任ヲ受ケシヤ、今左ニ其一二ヲ挙ケン、（如此事件ハ北郷氏及宮城家ノ如キ一万石以上ノ重臣ヨリ勤メシコト多シ、其他大藩ニ於テモ亦然カリ）

元禄年間諸国絵図改正之時幕府ヨリ先規ニ違ヒ日向国ハ島津伊東両家協議シテ製図ス可シト命セリ、然トモ在江戸国老祢寝丹波之ヲ論破スルコト能ハス、依テ綱貴公三州絵図総裁仲休（時ニ三十四五歳主計久年ト云）ヲ遣シテ幕府閣老ニ訴ヘシム、依テ仲休島津家ハ三州ノ守護ニシテ伊東氏ハ一部ノ地頭タレハ宜ク守護ノ命ヲ受ク可キコトヲ立論ス、故ニ幕府前命ヲ消シテ日向国ハ旧制ノ如ク島津家ヨリ専ラ製図ヲ掌ルヘシト令セリ、（此時閣老ヨリ如此重件ハ太守自ラ請求セラル時ハ受理スルコトモアルヘシト、故ニ薩摩留守居ヨリ仲休ハ無拠一家ノ者ニテ太守ノ名代トモ申ヘキ資格ノモノナルヲ辨明セリ、此時ヨリ幕府ニ仲休ノ名声高シ）

此時仲休幕府ニ島津家ノ守護職沿革ヲ説明ス、其内ニ近衛家ニ関係スルコトアリ、依テ元禄十三年綱貴公密ニ仲休ヲ京師寄遊セシメ、私ニ右之始末ヲ近衛家ニ説明セシム、依テ近衛家始テ島津家ヘ関係ノ顛末ヲ詳細聞知シ、関白公父子御感アリテ近来断絶シタル親睦ヲ再ヒ修メントヲ望マル、（近衛摂政ハ時トシテハ平松中納言時方君ノ名ヲ以テ仲休ニ通信セラル、コトト見ヘタリ）此後近衛左大将家久卿ヘ島津家ヨリ亀姫（亀姫ノ婚ハ元禄十三年ニ約セラレシト云）満姫両君入輿、婚姻セラルニ到ル、加之近衛家ニ謀リ頼朝卿（五百年忌ノ時）ノ廟ヲ麑府ニ再建シ坂元養伯之画テ朝廷ニ献進シ、又ハ禁裏炎上ノ際器物ヲ献上セラレ、尊王ノ基ヲ開ク等機密且重大ノ事ハ皆外方御用掛家老仲休ニ命シテ辨理セシメラルト云フ、仲休ハ外事掛ヲ兼務スル故ニ三千五百石ノ役料高ヲ領ス、其他旅行中ハ吉貴公御夫婦密ニ仲休ニ金円ヲ下賜シ、又之ヲ貸与シ、充分ノ助力ヲ与ヘラル、是レ万石以上ノ重臣（宮城都城ノ如キ）此職ニ堪ル人ナク止コトヲ得ス仲休ニ命セラレシ故ナラン、按スルニ水戸家大日本史ヲ編シテ島津家ヲ謗ル、故ニ幕府モ亦島津家ヲ前田、伊達両家ヲリ賤セシナラン、是帯刀仲休ノ幕府及近衛関白ニ辨白シ声誉ヲ復セシ故ナラン、

継豊公ノ加冠セラルヤ、畠山重忠ノ例ニ倣ヒ吉貴公ヨリ仲休ニ理髪ヲ命シ、且鍋三郎君（継豊公幼名）ニ仲休ノ休ノ字ヲ取リ忠休ト名付玉フ、初仲休如此重任ニ当ル資格ナキヲ以テ再三之ヲ辞スト雖モ許サレス、終ニ命ヲ奉セリ、

按スルニ吉貴公ノ夫人ハ松平定頼君（同君ノ母ハ豊後久賀ノ妹）于越中守定重（勢州桑名侯ノ養子トナル）女ナリ、故ニ豊州家ハ真修院殿（吉貴公夫人ノ伯母）ニ於ル如ク同ク外戚タリ、故ニ吉貴公其世子及令女ノ冠婚大礼ヲ行ハルルヤ、予シメ仲休ニ委任セラレシナラン、（桑名侯ヨリ仲休エハ音信贈答絶ス、是レ君夫人ノ豊州家ニ関係アル故ナラン）

将軍家宣卿ノ薨去セラル、ヤ、吉貴公直ニ仲休ヲ密ニ同卿ノ未亡人天英院殿（近衛関白公ノ女）ニ遣シ徳川氏ニ困難アル時ハ島津氏ハ兵力ヲ以テ助ク可キ事ヲ通セラル、故ニ天英院殿ヨリ縮緬十巻及檜重壱組ヲ仲休ニ賜フテ感謝セラル、是レ徳川氏今般再ヒ島津家ハ三州ノ守護タルコトヲ証明セラレ、且未亡人ハ近衛家之女タルヲ以テ殊ニ親睦ノ交リヲ修メラレシナラン（嗣子家継卿此時四ケ年ナルヲ以テ権臣ノ専横ヲ予防スル為ナランカ）、

又仲休ヲシテ琉使ヲ護セシメラル時、仲休閣老ニ訴テ曰ク、島津氏ハ琉球藩王ヲ制御スルノ任ヲ帯フル上ハ官位自然高カラサルヘカラスト依テ吉貴公中将ニ昇進シ玉ヒタリ、此後琉使ヲ従ヘラル、時ハ位階昇進ノ事トナレリ、是レ仲休常ニ幕府近来島津家ヲ待遇スルコト前田・伊達両家ニ劣ルコトヲ患ル故ナルヘシ、以来幕府再ヒ島津氏ヲ重シ、継豊公ヘ婚姻ヲ求メラル、ニ至ル、依テ吉貴公以来、待遇ノ異ナル一例ヲ左ニ挙ク、

吉貴公襲封ノ日仲休　吉貴公ニ従テ登城ス、吉貴公太刀ヲ持参セラル時将軍ヨリ「是エ々ト」言辞ヲ掛ケ玉フ、其時公副刀ヲ脱シ行ントスルニ問老傍ヨリ「其儘ト」申サル退出ノ際仲休ノ知人某老中ヨリ如比大礼ニ将軍ヨリ言辞ヲ出セシ例ナシト仲休ニ告ケリト、又当夜公祝宴ヲ開クニ当テ（六ツ半時）仲休ヲ家考ニ命シ（仲休ハ家老勤務ニシテ本職ニアラス）而シテ同日ヨリ国政ニ関スル書ニ調印セシムト仲休ノ日記ニ載ス、公初メ国ニ帰ルノ時帯刀仲休モ従ヒ帰ル、比時国政ノ改良ヲ行ハル、即毎朝ノ御条例モ此時発布セラレタルモノニシテ世人之ヲ帯刀ノ起草セシモノト確信セリ、

仲休、吉貴公ト同日ヨリ国政ニ関スル公文ニ調印シタリ、以来在職十二ケ年ナリ、其間ハ外方ノ公務ヲ兼勤スルヲ以テ同公ノ参勤交代ニ従ハサルコトナシ、尤モ三千五百石ノ役料ヲ受ルトモ一家重臣ノ資格ヲ以テ京都ノ交際ヲ開キ、殊ニ幕府ハ勿論天英院殿エモ別段ノ関係アリ、且佐土原城主島津惟久ノ夫人ハ仲休夫人（御下君ノ孫ナル島津図書久竹女）ノ姪ナリ、故ニ吉貴公ノ命ニ由リ佐土原及宮城家政ヲモ監督ス、依テ御屋地君等ヨリ受ル所ノ知行等モ同久過半公用及交際用ノ為メ消耗シタリ、仲休ハ五十五年ニシテ病死ス、其重病ニ因リ職ヲ辞スルヤ、吉貴公殊ニ之ヲ惜ミ直ニ仲休ノ実弟内膳久兵ヲ以テ家老職ヲ襲シム、

豊州家四代豊後守忠広ノ発議及北郷忠相ノ賛成ヲ以テ貴久公ヲ中興ノ太守ト仰キシヨリ以来、光久公ヨリ吉貴公ニ至リ守成ノ業成就ト其間豊州家ノ氏族中島津市正忠広及島津帯刀久元、其長子仲休、其二子内膳久兵ヲシテ間断ナク国政ニ与ラシメラレタリ、是レ豊後守忠広ノ陰ニ因ルトモ仰亦異国本朝ニ有名ナル義弘公ノ長女御屋地君ノ恩ナリト云フヘシ、

明治十八年十一月

# 第三章　島津忠治と調所氏・本田氏・入来院氏

## 一、調所家蔵「年欠十一月二日付島津忠治書状」

栗野の旧家調所家に一通の中世文書が伝えられていることを、栗野町郷土誌編纂室の井上晴香氏から教えられた。その後、機会を得て同家を訪問、写真で承知していた原文書を直接手にとり調査することができ、あわせて調所氏の系譜に関する史料若干を調査しえた。はじめに問題の文書について左に全文を掲げよう。

網津・京泊之事、自忠興祁答院貴重(重貴)へ被遣候、於于今彼地知行之由候、然者国家可破不日候歟、就其此間談合入魂共候、於弥憑入候、自然之儀出来之時者、一さ右次第可被抽忠節候、恐々謹言、

十一月二日　　　忠治（花押）

本田治部少輔殿

この文書は島津家本旧記雑録附録九に数通の忠治書状とともに載録されている（『鹿児島県史料 旧記雑録附録』一―七〇二号）。そして、編者の伊地知季通の筆で傍に「正文在栗野院調所助右衛門」と記されている。正にこの文書の原本に他ならない。忠治は島津忠昌の長子で三州の守護、永正五年（一五〇八）二月、父忠昌自殺のあとをうけて若冠二十歳で襲職、わずか数年の在職の後、永正十二年（一五一五）八月、まだ二十七歳の若さで病死した。蘭窓公と

よび、墓は吉田津友寺にいとなまれた。その数年の在職期間は一族諸豪族の反抗の動きにおびやかされ、静安の日を送るゆとりはなかったようである。年欠文書で何年のものか明らかにできないが、内容からみて大概の見当はつけられよう。まず大体の意味を示せば次のごとくであろう。

　網津・京泊の地は薩州家の忠興から祁答院重貴へ与えられ、現在重貴がその地を支配しているということである。
　このような薩州家の祁答院家との関係からみて、我が領国内で近い中に動乱のおこることが十分予想される。それにつけてもあなたとはこの間心を打ちあけて話し合ってきた仲であるから、いよいよたのみとしている。今後予想通り反乱がおこったときには、報せのあり次第馳参されて忠節を尽し武功をあげていただきたい。

大略右のごとくであろう。忠興は久豊の二男用久（好久・持久）にはじまる薩州家島津氏の嫡統四代目で、用久―国久―重久の子にあたり、その女子は忠治の弟で後に三州守護となる勝久の夫人である。また、久しく忠良・貴久らと覇を競った実久の父にあたる（なお重久の一女は伊作島津家忠良夫人で貴久の母である）。当時、薩州家の本拠地は出水に移っていたが、南薩の加世田が本領であり、依然として同地方にも勢力を有していた。祁答院重貴は東郷・入来院・高城氏と同じ渋谷氏一族で祁答院の領主である。忠昌の代に叛乱をおこした重慶の子であり、のちに島津氏にしたがわなかったところから「本藩人物誌」国賊伝に記載された。重武はその子であり抵抗の姿勢を崩さず、不幸にして室島津氏のために殺害された良重はその孫にあたる。北薩の雄族祁答院重貴と有力な島津家一門薩州家の忠興の提携が具体化したことは、一族・諸豪族の反抗の動きに神経のやすまる間とてない忠治に容易ならざる事態としてうけとられたのであろう。問題の網津・京泊は高城郡の沿海部、とくに京泊は久見崎と相対する川内川口の港で政治・経済上の要地であった。本田氏は本宗島津氏の代官として鎌倉時代以来の伝統をもち、当時は大隅国分地方を中心に領地をもち一族繁衍して強盛を誇っていた。非力の守護忠治がもっとも頼りにした豪族であったといってよい。当時の諸般の国内状勢からみておそらく永正八年（一五一一）頃の書かと推定される。名宛の本田治部少輔と調所氏の関係はまだ明らかにしていないが、調所氏については調所氏家譜所収文書、（永正九年）正月二十七日の忠治家老本田兼親・桑波田景元・伊地知重貞連署状（『鹿児島県史料　旧記雑録拾遺　家わけ六』所収「調所氏家譜」三三号）により、当主恒房が、南方阿多の番として差支えのため赴任できなくなった敷祢・上井氏の代わりに翌月、出立すべしとの忠治の命をうけたことを知る。また、慶長十九年七月二十三日の知行目録によると、調所主水正なるものが栗野内木場村有村屋敷を与えられていることがわかる（『旧記雑録後編』四―一一三四号）。調所氏系図によれば、この主水正とは別図に示したごとく、広正かと考えられる。この調所氏がさきの中世文書を伝えている調所氏と根本を同じくしていることはいうまでもない。ただ、その栗野在住以前の履歴を今直ちに明らかにしえぬのを遺憾とする。しかし、『旧記雑録前編』年月未詳、覚書によると「調所殿も同弓矢にこう（国府カ）の御神のふんをうちすてて、ミや内のことく被逃候て、のちハかこしま（鹿児島）に被参、伊作にうつり打死候」とある（『旧記雑録前編』二―二一一二号）。これは大永七年（一五二七）本田董親が正八幡宮を攻め、社殿を炎上せしめた時のことで、系図に調所氏十九世恒房の子式部少補恒□について「年月無伝戦死于伊作」とあるのがこれにあたろう。また同、調所氏兵部恒房伝によると、天文十七年（一五四八）、本田董親が正八幡宮を侵して神官らを追放したが、彼らの訴えにより、島津貴久は兵を出して董親を追い、清水城、正八幡宮の地を回復し、それぞれ旧領主を安堵し、同年十月弟忠将を清水に封じた（『旧記雑録前編』二―二五九四・二五九六号）。その家老が伊集院久実であり、系図に恒房の二子調所氏二十世兵部少輔恒□、法名良盛の女は久実に嫁しているから、良盛が加治木に戦死した後、久実は女婿として調所氏相伝の家務に関与し、「所世掌神職及自昔宝

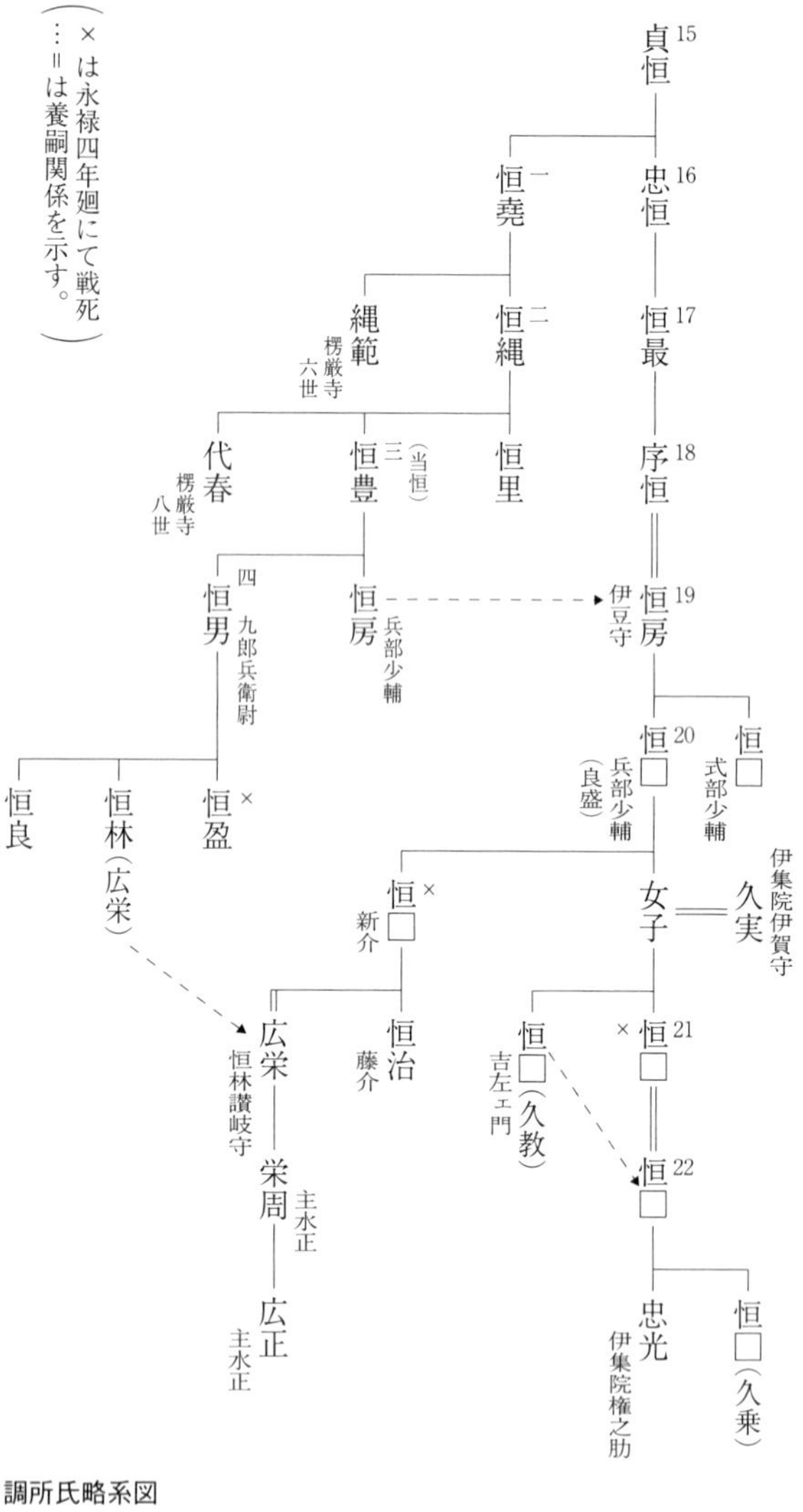


調所氏略系図

伝調所氏系図二巻諸古文書等」を譲られ、久実は国衙領にあって守公神を先例にしたがって奉祀したとある。のち忠将は垂水島津氏の祖となったので伊集院家も同じく垂水に住し、また佐土原にも移ったのであろう。久実と良盛女の間に生まれた一子は調所氏を嗣ぎ幼名神祇、新左衛門恒□を称したが、良盛の子調所新介恒□とともに、忠将に従っ

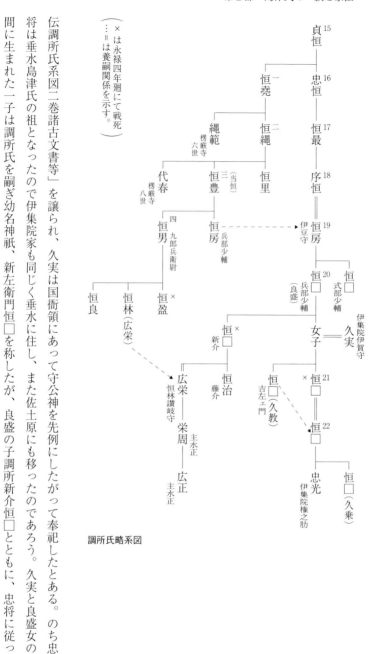

て永禄四年（一五六一）七月十二日廻坂の戦で討死し、その弟吉左衛門恒□が嗣いで調所氏を称したが、のち本姓伊集院氏に復して久教を称し、垂水島津氏が佐土原を領するようになると慶長九年、同地に移り、寛永二年（一六二五）五月没している。その一子も調所八兵衛、また丹後守恒□を称したが、のちまた伊集院氏に復し、久乗と改名している。これとは別に調所氏十五世貞恒の二子で庶家の祖となった恒堯の孫伊豆守恒豊（或いは当恒）の子伊豆守恒房は出て宗家十九世となったが、その弟九郎兵衛尉恒男（平山氏）は後隠岐守と改称したが、その一子恒盈はやはり永禄四年七月十二日廻城の戦で討死し、二子恒林は同じく廻で戦死した嫡家新介の後嗣となり、広栄と改名、讃岐守と称した。広栄は永正五年（一五〇八）の生まれで、天正六年（一五七八）六月七十一歳で没している。その子が栄周で幼名は藤十郎、主水正を称し、その子広正も同じく主水正を称した。前述した慶長十九年の知行目録にみえる調所主水正とは同人ではあるまいか。同文書の傍書に「調所氏家譜抄」と記していることは、栗野の調所氏になお多くの古文書が伝存している可能性を示唆しているように思われる。

## 二、本田治部少輔の比定

本田治部少輔を称する人物を「諸家系図」三所収の本田氏系図にもとめると、「本田家四代貞親他腹之長男」久兼から忠恒―兼久―親宗と相伝し、親宗の子宗親に至る。宗親は「三郎　治部少輔　法名全勝、立久公家老」とある（『鹿児島県史料　旧記雑録拾遺　伊地知季安著作史料集三』九頁）。宗親の子が親尚で「又二郎二郎左衛門尉　法名昌永　忠

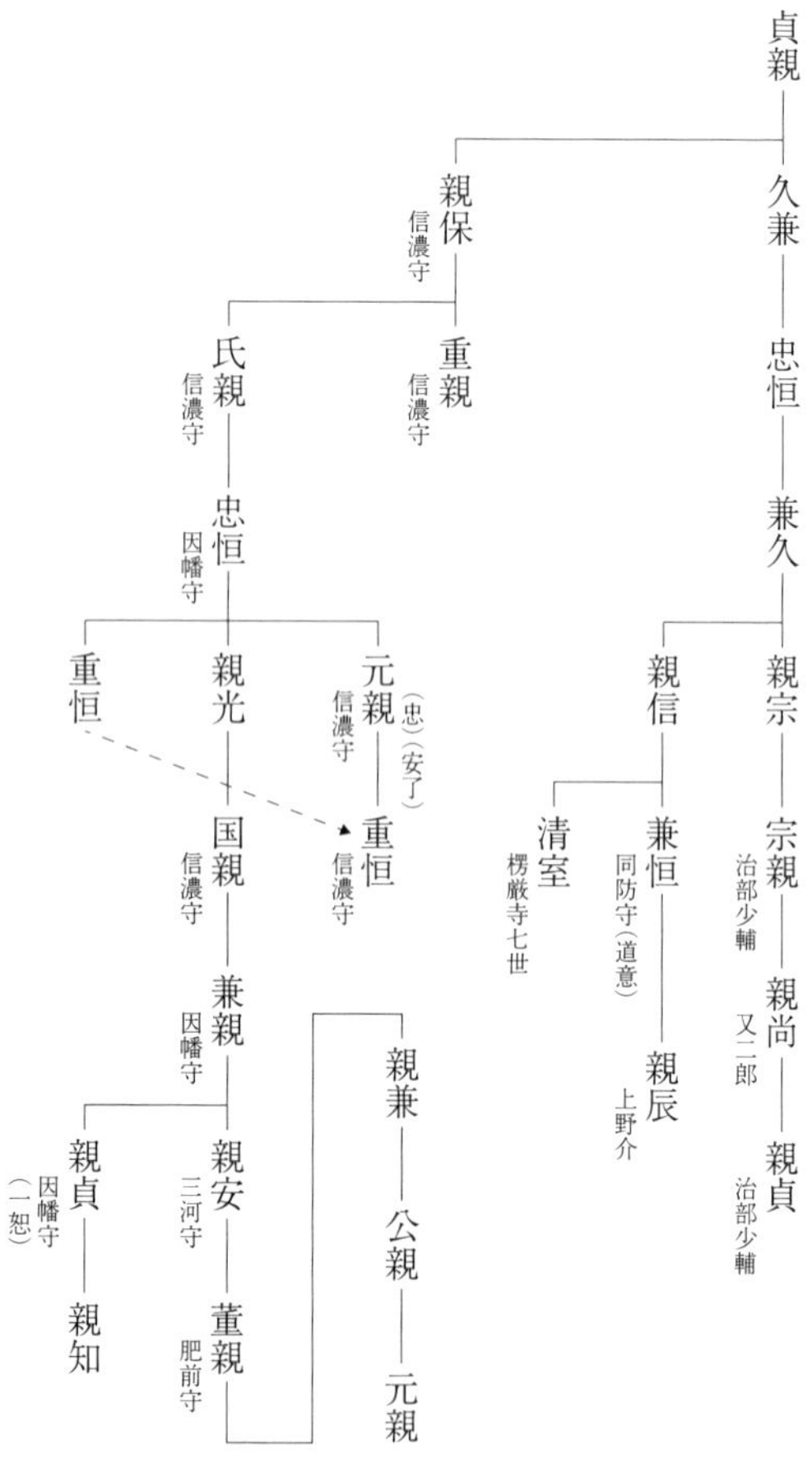

本田氏略系図

昌公至勝久公四代補家老職　勝久公没落已後為薩摩守実久家臣」とある。親尚の子が親貞で「三郎四郎　治部少輔　淡路守　美作守　親貞迄断絶」とある。親尚は「樺山玄佐自記」などに勝久側近の悪臣として記されており、惣家本田氏の周防守兼親、三河守親安らと対置して記述している。本田氏惣庶の対立もこの時点で極度の緊張関係にあったといえよう。惣家本田氏は親安の後、董親—親兼—公親—元親と相伝する。本領は清水である。さて忠治が永正七年、伊東大和守尹祐の女を夫人とした時、忠治の使をつとめたのは本田又次郎である。又次郎は親尚で前述の系図に又二郎とあるのと同人であろう。系図では同人は治部少輔を称しておらず、親の宗親と子の親貞が治部少輔とあり、又二郎はのち二郎左衛門尉を称したとあるが、大永五年頃の文書（「種子島正統系図」二、四月二十九日島津家年寄連署書状）に年寄土持政綱・梶原景豊・肝付兼演・桑波田景元・本田兼親らと並んで本田二郎左衛門尉幸親の名があらわれるから親尚は幸親とも称した

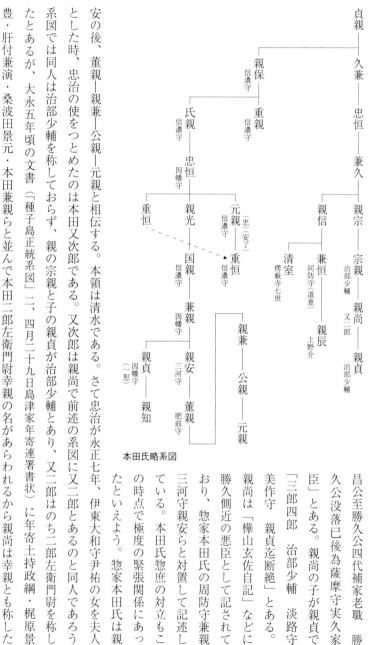

のであろう。このようにみてくると、十一月二日の忠治書状の名宛治部少輔はやや年代が距るけれども前記宗親とみてほぼ誤りあるまい。宗親のあとをうけた幸親（親尚）は本家本田氏の兼親とならんで島津家宿老として重要な役割を演じたものと考えられる。「君家累世御城代御家老記」では立久代の家老に本田国親の他本田治部少輔宗親をおき、勝久代の家老に本田因幡守兼親と並んで本田二郎左衛門尉千親をおいているが、後者は幸親の誤写で同人は親尚であろう。

前述の調所氏略系をみれば本宗調所氏の統は良盛以後、伊集院を称するに至る女子の系統と、永禄四年の廻合戦で討死した新介のあとを庶流より入ってつぐに至った広栄の系統にわかれたといえる。相伝の文書も前者に主として両分されたものを考えられる。問題の本田治部少輔宛の忠治書状はなんらかの理由で調所氏の手中に帰し、その中、後者に相伝されたものであろう。系図に本田治部少輔親貞で断絶とあることも文書相伝の上で何かを暗示しているようにもうかがえる。

## 三、入来院重聡と島津忠治

十一月二日付の忠治の書状は「入来院文書」（旧記雑録附録八）の中にもある。その内容は本田氏宛のものと密接な関係がある。おそらく忠治は同日に一通を譜代有力家臣の入来院氏に宛てて認めたのであろう。しかし、その表現には微妙な差異がうかがわれる。入来院氏宛のものを左にあげよう（『鹿児島県史料 旧記雑録附録』一―六二三号）。

就祁答院重貴、網津・京泊知行其堺之時宜如何候哉、雖無差事、令啓候、世間如可様、猶以可物忩候歟、於弥三ケ國立柄憑存候之外、無他候、委細年寄共可申入候、恐〻謹言、

霜月二日　　　　忠治（花押）

渋谷少弼入道殿

渋谷少弼入道は入来院氏十一代重聡、弾正少弼、外様ながら忠昌以来守護島津氏に協力し、その憑むところはあつかった。重聡の子は十二代重朝、石見守でこの父子の代に入来院氏の勢力は川内川沿岸の薩摩郡・高城郡その他の地域にまで拡大した。重聡の女子はそれぞれ、祁答院重貴・東郷重朗・東郷重弼・島津貴久の室となっている。とくに末女の貴久室は義久・義弘・歳久の母で天文十三年八月十五日死去した法名雪窓妙安である。また、重聡と祁答院重貴の岳父・婿の関係からみて重貴の行動を牽制する力を重聡が有していたことを推測できよう。忠治が北薩地方の政治情勢の安定について重聡に多大の期待をよせていたことが十分にうかがえる。文面からみても本田宗親に天下破るべしとしたためておきながら入来院重聡には差したる事なしと雖も云々と記している。忠治がいかに外様の有力武将に気を遣っているか察しえよう。忠治が情勢をきわめて憂慮していたことは、他の史料によってうかがうことができる。すなわち、この年のものと思われる二月二十六日付の忠治の肝付越前守宛の書状には、

至山北南方之間、此節相催軍勢可出張之由、年寄共へ申出候、然者各人衆被馳走候者、此刻一途可達本意候事案中候、一段被抽忠節候者、可為喜悦候、恐々謹言、

とあり（『旧記雑録前編』二―一八二九号）、同年六月、忠治は出陣を決意し、丁度飢饉の年で人民も苦しんでいたが、非常の際であるからとして人夫の徴発を行ったことが福昌寺文書にみえているし、十一月二十四日の重聡宛の書状に

は、その働きによって争乱が未然に回避されたことについて左のごとく卒直に喜びと謝意を申し送っていることからもうかがえる（『旧記雑録附録』一―六二一号）。

さてもさつまこほり、すてにやふれ候つるところに、それのはからひによりしつまり候事、くれくれかしこまり入候、なをもってここもとゆミやになり候ハぬやうにくにをしつめたく候、しかれハなにことも申置候、たのミ申へきよりほかへちにも候ハす候、恐々謹言、

そして翌年正月二十日、忠治は新春の祝詞を申し送るとともに、重聡の忠節に報ずべく、隈之城を与えているのである（『旧記雑録附録』一―六二六号）。しかし、現実は薩州島津家の勢力がなおこの方面を覆っていたから、実際の支配権は容易に及ばず、子の重朝の代になってようやく隈之城を完全に掌握するに至ったのである。今、ＪＲ隈之城駅のすぐ北西の竹山になっている大源寺跡は天文年間、重朝の手により父重聡の霊を祀るため、その法名を冠した定祐寺として修造興立されたものの跡である。竹藪の中に重聡の墓を中心に数基の古墓がある。宝篋印塔の塔身部の正面に「定祐寺殿陽仲定祐居士　永正九壬申天三月吉」とあり、左右両面に次の刻銘がある。

為故弾正少弼陽仲定祐居士追薦、今渋谷石州大守平朝臣重朝公孝子雖忌斋名、修造廃寺扁定祐之諱、命于越渓超公首座看寺、乃称開基之禅師、欲今暉佛日、於普天扇門風、於末運誰敢言誣哉、謹銘、天文十一年癸卯十二月十日前剳差南禅特賜佛日普光禅師慈航記之、

これによって天文十一年（一五四二）、重朝の孝心から重聡の墓がつくられ、また寺が修造された経緯が判明する。しかし、重聡は永正九年（一五一二）に死んではいない。彼はその後も健在で活躍し、天文年間まで生存していた。それなら忌日を永正九年三月としたのはいかなる根拠に基づくものであろうか。それは、入来院氏系図に「陽仲自為

逆修建石塔、今以逆修之日、為落命之日」とあることから判明する。重聡の逆修塔は入来院の固心院の跡にもあるが、永正九年という年は重聡にとって隈之城を与えられた記念すべき年でもあった。当時、重聡がおのれの忌日を定めて逆修を営んでいることは単なる偶然の一致として見過ごすべきではなかろう。以後、入来院氏は忠治・忠隆・忠兼の本宗島津家と結んで勢力を伸ばし、忠兼が伊作島津家忠良の子貴久を養子とするに及んで貴久と結び全盛時代を迎えるのである。

一方、祁答院氏、薩州島津家はこれと対抗する立場にあった。すなわち忠興の子実久は忠兼夫人の兄として本宗島津家と密接な関係をもつに至り、のち一度は関係を断ったが、貴久が伊作家から入って忠兼の後嗣となるや、再び勝久（忠兼）に接近、これを擁してたち、以後久しく忠良・貴久と争うに至るのである。勿論、戦国期の一門、諸豪族の動向は単純に整理できるものではない。代々一貫した行動をとるものはまれにしかなく、多くは互いに敵となり味方になり、大勢に順応していくのである。貴久に執拗に抵抗した島津実久にしても本田董親にしても、最終的にはその家臣としての場に安住している。ただ、個々のその辿った歩みをかえりみれば複雑を極めた履歴となるのである。

忠治は永正十二年（一五一五）八月二十五日、二十七歳の若年で病死、死後弟の忠隆が相続、忠隆も永正十六年四月四日、二十三歳の若年で病死、その弟忠兼が相続、忠兼がのちの勝久で、本宗島津家はこの代で一応断絶するのである。

# 第四章　「山田家文書」と「山田聖栄自記」補考

鹿児島大学が昭和三十九年度文部省科学研究費の配分をうけて蒐集した鹿児島県中世文書については、主として『鹿大史学』に断続的に紹介してきた。このうち郡山花尾神社宮司貴島慶吉氏保管山田兼義氏旧蔵文書については、鹿児島県立図書館史料刊行会から鹿児島県史料集五として「山田文書」「同補遺」を、同七として「山田聖栄自記」を刊行した際、その大半を飜刻し、かつその解題を記しておいた。また、『鹿大史学』一八号にも鹿児島大学附属図書館所蔵の「山田家文書」としてその仮目録を掲載した（著名な谷山郡司と山田村地頭との相論文書を含む「山田家文書」五巻は元禄九年鹿児島城の罹災で焼失、その後藩史局の手により原本通り復元したもの。原文書はその際紹介した永享六年六月二十四日の肝付兼政等連署契状一点のみである）。

しかし、その後十余年を経過して再度整理点検を加えているうちに、考察に不十分かつ誤解していた部分が少なからずあることを知った。今回は急に執筆の機会をあたえられたので、未熟ながら表記の題名で若干旧稿の補正と新知見の紹介をこころみることにした。なお、本稿に収載した「酒匂安国寺申状」は別稿「南北朝、室町期における島津家被官酒匂氏について―酒匂安国寺申状を中心に―」（『鹿児島大学法文学部紀要　人文学科論集』一九、一九八三年）でふれながら紙数の関係で割愛せざるをえなかった山田家旧蔵（鹿児島県歴史資料センター黎明館現蔵）冊子本「聖栄自記」（B本）付載の「安国寺申状」（イ本と呼ぶ）を全文掲載したものであり、これによって別稿掲載の「安国寺申状」（ロ本と呼ぶ）とともに大別二種類ある同書をあわせて紹介したことになる。イ本がもとでロ本が増補のものと考えているが、文章・用語などに相違箇所が多いので比較対照の上、その作成の経過・意義などについてはなお検討の余地を多く残していると思っている。本論でふれる「山田聖栄自記」の二系統の本の存在とあわせて考察の要があろう。

## 一、「山田聖栄自記」の伝本

山田聖栄について、本田親孚の『祢名墓誌』の説明を引用しよう。(1)

山田出羽守忠尚　幼字三郎四郎と称す、入道して花翁聖栄と云、隅の小河院市成の邑主として本城に居れり、大覚寺義昭、大僧正尊有を日の福島院にて誅せられし時、忠尚其首を斬たり、凡そ此事に与れる人々皆幕府の賞賜に遇ふ、忠尚ひとり其事なきはいかなる故にや詳にしがたし、著す所聖栄自記あり、或は是を六巻書又は七巻双紙と云、内一冊は系図目安と題し、文明二年三月、七十三歳にて書き、余多くは文明十四年八十五歳にして書ける所なり、大に世に功あり、没世年月詳ならす、

その系譜と履歴、「自記」作成の由来などについては、既にふれたことがあるので重言しない。(2)ただ、「自記」作成の年代が文明十四年（一四八二）であり、元久・久豊・忠国・立久・忠昌の島津家五代に仕えたあと隠退して名も忠尚から法名聖栄とあらため、八十五歳の高齢であったこと、大覚寺義昭の憤死にかかわり自虐の念の強かったこと、

同事件にかかわった樺山・野辺氏らが恩賞をうけながらただ一人その沙汰からもれたこと、忠国（貴久）・用久（好久）兄弟の対立抗争の渦中にあったこと、子の忠広が忠昌の不興をかい、しかも早世したと思われること、等々は「自記」作成の動機に微妙な影響を与えたものと推測される。[3] 聖栄が武人ながら島津家の故事に明るく、かつ有職故実に通じた博学の士であったことは「自記」の他に書き残した多数の弓矢・鷹・陣法・儀式作法などの巻物の存在によってもうかがわれるが、その智識、とくに島津家の歴史については応永二十八年（一四二一）、力尽きて隈之城をあけ渡し、久豊に降服、余生を鹿児島和泉崎（柿本寺付近）に閑居して送った総州家の忠朝（法名道聖、山城守、伊久の子、守久の弟）のもとに若年のころ通って教をうけたと自ら記しているから、島津物領家より得たものと考えてよいであろう。[4] このことは「自記」が、島津家の中世の歴史を物語る基本史料の一つとして「酒匂安国寺申状」、そして「応永記」などとともに重視されねばならぬ所以でもある。[5]

「山田聖栄自記」の伝本の大概については、同書刊行の際、すでに解題に記したところであるが、今回若干補足を加えるに際して、あらためて要約しておこう。早く「鹿児島史林」に紹介され、「鹿児島県史料集」Ⅶに鹿児島県庁旧蔵、鹿児島県立図書館現蔵本として紹介したものが、もっともよく知られ流布しているもので大別①系図（目安）②島津忠久記③島津貞久代④同氏久代⑤同元久代⑥補足として和泉忠氏のことなど⑦久豊代からなる。鹿児島大学附属図書館所蔵、玉里文庫本もその系統である。[6] 県庁本は延宝年間松崎貞悦写本（喜入摂津守・伊集院遠江守所蔵本を書写校合）を文政九年児玉利器が書写、それを伊地知季安が書写校訂、朱註をいれたものの写本で、その伊地知氏自筆本は伊地知氏蔵印、磯島津邸蔵書印のある島津家編輯所蔵本（現東京大学史料編纂所蔵）となっている。季安は松崎・児玉写本の他に①系図（目安）については聖栄自筆伝本の写本（大山定清本）を文政五年書写しており、また伊集院兼誼所蔵（島津清太夫所蔵写本）写本により修補を加えている。それは県庁本⑦に追加した氏久代の二項（文明十四年三月日付）の末に「右島津彦大夫久富古写本ニアル由洩タルヲ補入ス、本ハ伊集院兼誼ヨリ借テ文政戊子（十一年）九月季安如此ナリ、朱カキモ愚按也」とあることから判明する。それにつづいてまた「聖栄自記正本ハ山田氏志布志居住之時、都城家臣馬乗ノ弟子借用候而于今不返、当分ニハ領主所蔵ニ成候ヨシ」とあるのは「自記」の原本が都城に移って山田家には残っていないことを示しているようであるが、それは一部なのか全部なのか必ずしも明らかではない。現在鹿児島大学附属図書館所蔵本となっている山田家旧蔵「自記」三巻は聖栄自筆本の可能性もあると愚考する。それは県庁本の③・④・⑦に該当する部分のものでそれぞれ末尾の日付は「文明十四年三月廿二日」、「文明十四年三月日」、「文明十四年三月廿四日」となっている。これに対し県庁本の③は「文明十四年八月吉日」、④は「文明十四年六月日」で、⑦のみ「文明十四年三月日」となっている。（なお⑤・⑥はともに「文明十四年八月日」となっている）。このうち⑦が内容的に一番相違点が少いところからみて、山田家本は県庁本より早い形のもので、その後補正が加えられ県庁本の形に変わったが、修正が一部にとどまり、製作月日もそのままとなったのが久豊代の一巻ではなかったかと推考する。

なお、県庁本の②も①と同じく山田家より早く出て別途伝来したものと思われ、③以下と記述の用式を異にし、「文明十四年四月十八日」、「文明六年八月十九日」、「文明七年八月吉日」、「文明六年五月十九日」のそれぞれの覚書の集成の形となっている。①は奥書に「文明二年三月五日」七十三歳の聖栄が子の忠広に「大隅国小河院内一成村於岡本城」で日安として書き与えた旨記されている。

「山田家文書」が鹿児島大学に譲渡された後で、再調査の際、新たに所在の確認された前述黎明館現蔵の山田家冊子本「聖栄記」B本の内容は①「夫島津殿御先祖上代者御系図アリ」にはじまる忠久以降貞久に至るまでの記述、②は「一氏久之御代ニ畠山礼部下向ニ依テ三ヶ国地頭御家人島津方守護ヲ背ク」にはじまる氏久代の記述、③は「一氏久之御時者東福寺之御城屋地セハキニ依テ先脇ニ御座在リテツキ山ニ築ツキ主殿作有へク候之処、御他界ニヨテ其儘被閣候」にはじまる元久代の記述で、これは同「聖栄記」A本の配列とほとんど変わらない。しかし、内容の細部についてはかなりの相違があり、大略それはA本が県庁本（鹿児島県立図書館本、鹿児島大学附属図書館玉里文庫本）「山田聖栄自記」の系統であるのに対し、B本は鹿児島大学附属図書館現蔵山田家旧蔵三巻本「山田聖栄自記」の系統のものであることを示している。そして、そのB本と同内容の巻子本が都城島津家蔵書内に見出されるのである。これは前出の伊地知季安の考按のように「自記」原本が都城島津家の手に移ったとする傍証にはならないまでも今後の推考の緒口の一つになろう。何れにしても「自記」は山田家文書の中でとくに珍重され原本の流出する機会は少なくなかったであろうし、それがさらに細分されて伝来することにもなり、また転写の内に改変が加えられ異本を数多く生むことにもなったのであろう。

## 註

（1）『薩藩叢書』四所収。

（2）前出「山田文書」、「同補遺」、「山田聖栄日記」解題、『夏休の友』一九六五年中学三年、拙稿『山田聖栄』。

（3）系図に忠広の事蹟は見えず明らかでないが、「自記」文明十四年四月十八日の聖栄覚書により推定される。なお「文明七年八月」の覚書には加賀守忠広の名がみえる。

（4）「自記」久豊代の記事に「当家の一道をこまかに御存知の事候程、たしなミの方ハつねニまいられ候し、聖栄かわかく候し時は、かこ島参上御奉公のひまニハいつミ崎にまいリ、山しろ殿御意請、御恩蒙候」とある。なお、『鹿児島県史料 旧記雑録前編』二―一三五〇「藤野氏文書」宝徳四年十月七日の島津氏重書目録に「一通三ヶ国其外諸国諸庄之文書、山城守道世（忠朝）より三郎殿への譲状」が見出せる。この文書は忠国公譜中にあるもので、実質上、総州島津家の総領であった忠朝から相伝文書が忠国（久豊の子）に譲渡された経路を推測することができる。総州家から奥州家へ系図、文書、道具類のほか口伝なども伝えられたのではあるまいか。

（５）「酒匂安国寺申状」については前述別稿「南北朝、室町期における島津家被官酒匂氏について」参照。「自記」にみえる島津忠久の源頼朝庶子説ははじめ同書に記載された。「応永記」は別名往言集、島津家に関する応永年間の年代記。

（６）玉里文庫本は川上久盤蔵六巻本を書写した得能通昭本をもとに県庁本と混合、増補したもので明治二十一年の成本。

## 二、「山田聖栄自記」諸本の異同

「旧典類聚」（東京大学史料編纂所蔵）十一所収の「山田聖栄自記」の内容は次の如くである。１．系図目安、２．島津忠久御記、３．島津氏久御軍記、４．島津家五代目従道鑑様氏久法名齢岳元久法名恕翁久豊法名義天忠国法名大岡五代迄之記上、５．越後守修理亮又三郎氏久云々、６．島津陸奥守元久御代始之事、７．和泉下野守忠氏之事、８．御屋形島津修理亮殿久豊御代始之事、９．島津修理亮氏久法名齢岳之御代。

１・２は県庁本①・②と同じ。３は鹿児島大学附属図書館蔵、山田家旧蔵文書「自記」三巻の内、①・②と併せたものに近く、４・５・６は県庁本の③・④・⑤・⑥にあたり、８は県庁本の⑦及び山田家旧蔵本三巻中の③にあたり、

9は同本②にあたる。山田家旧蔵「聖栄記」A本の①・②・③・④は類聚本の4・5・6に該当、B本の①は3・4、②は9・5の中間形態、③・④は6・7に該当するが細部の相異は少なくない。すなわち、類聚本はその名にふさわしく二系統の「自記」を併せて集録しているものといえよう。

二系統のうちそれぞれ年月日の付してあるものを比較すれば、文明十四年六月乃至八月となっている県庁本系統の方が、同年三月日付となっている山田家旧蔵本より新しく、旧のものに多少変改を加えたものとみなしてよいであろう。ただ⑦久豊代についていえば年月日は三月とあるのと、三月二十四日とあるのとの違いにすぎないが、文言字句などにはかなりの異同があり、やはり後者、山田家旧蔵本（鹿児島大学附属図書館現蔵本）の方が本来の形ではないかと考える。そこでその相違点の一部を紹介して説明を加えたい。前者の記事をaで示し、後者の記事をbで示す。引用する記事の内容は、応永二十年十二月、久豊が鹿児島を留守にした間に、対抗していた伊集院頼久が伊集院より鹿児島に侵入、清水城を奪取、久豊の家臣らは東福寺城に立籠もった。急を聞いて馳せ戻った久豊は松尾坂を降り、それをみて東福寺城にあった家臣らも合流、勢いを得た久豊は諏方社に参拝、ついで清水城に向かい、精木川を隔てて城内を望見したところ城衆は大勢とはいうものの城内（焼跡）のあちこちに散っていて麓に下って迎え戦う態勢もとっていなかった。福昌寺の辺にも（は）出入はなかった（があったのかも知れない）。そこで清水城には手を付けず、伊集院頼久の陣を構えている小野・原良方面に進撃した、というもので、文中括孤で示したのはb本によった場合の解釈、他はa本によったことを示す。また、ここで応永年間の基本史料「応永記」（一名「往言集」立久代成立と考えられる。東京大学史料編纂所現蔵）の関係記事、及びこれらによって近世編述された藩撰の史書「新編島津氏世録正統系図」（「譜」と略称）「島津国史」の関係部分も併せて掲げておこう。

「山田聖栄自記」

ａ「[1]北原か内者城戸を持せ候者伊集院勢を東福寺之城に引入、依而北原舎弟弥二郎・同太郎三郎御重書小十文字之御太刀之御番ニ居而両人共打死ス」

ｂ「[1]北原方内者城戸ヲモタセ人カ伊集院ヲ城に引入、依テ北原舎弟弥次郎・同太郎三郎御重所（書）、小十文字御太刀ノ御番ニ居而両人打死ス」

ａ「[2]鹿児島近くなれ共通路に敵も不見得候、松尾坂之ことく打のそけとも無差事馳下候而御覧候得ハ、麓衆東福寺之古城野中やふに取上、俄之事なれは垣なんとも結障もなし」

ｂ「[2]鹿児島近クナレ共通路ニ敵も無シ、松尾坂之コトク打ノソケ共、無差事、馳下候而御覧候ヘハ、麓之衆、東福寺ノ古城、野中、ヤクニ取上テ、俄ノ事ナレハ垣ナント結隙モナシ」

ａ「諏方御参詣御申候而直如清水御打廻、あへの木前川隔、惣城戸ノ口に野臥を遣共、城衆大勢なれ共城内あなた此方ニ行渡、麓に下リ可有合戦躰もなし、寺之辺迄も無出入」

ｂ「諏方御参拝御申候て、直ニ清水之コトク御打廻、アヘノ木前川隔惣城戸口野臥遣共、[3]城衆大勢ナレ共、焼跡アナタ此方ニ行渡、フモト落合戦候スル躰ナシ、寺ノ辺ニハ出入アリケルヤ」

「応永記」

「[1]伊集院ヨリ鹿児島ノ本城ヲ忍落シテ被踏之由告来、匠作打案シ玉ヒ、弓箭ノ儀理雖不珍、今者当家之重城也、三ヶ国之益也、[3]伊集院ノ郎等ハ定テ屋形ニ取入、福昌寺ヲ焼払、恵燈院ヲ打破、本尊も抵落《カナグリ》散々式ニテ有ン（略）城者敵之大勢ニテ取乗、御方ハ佂弱五十騎ノ内也、宮腋ト云所ニテ旗之手ヲ解、壇成所ニ打上テ見給得者、

（略）[2]鹿児島之生殺ト云所ヨリハ、引懸々被打下ケル程ニ、河上金吾ハ幌ヲ幅而御馬ノ七寸ヲ不離、手縄ニ々々ヲ為取違様見得ニケル、久豊ハ東福寺ノ城ヲ懸御心ニ給、長谷場者山之嵐ニ御旗之足ヲ、敵方ニ吹掛サセテ見セタリケリ、其時ニ御方ハ力付キテゾ見得為リケル、御屋形ハ東福寺城ニ打入給ヘハ」

「義天公御譜中」

「[1]且通北原某家臣之守鹿児島本城之門戸者、同七日夜暗密入精兵於城中、于時北原之弟弥二郎・同太郎三郎在城裏、当家重器小十文字之太刀以下為衽衛、故早対敵兵、雖致防戦、忽兄弟共不免討死、（略）[3]漸城裏放火之余光（略）久豊公欣々然[2]向松尾坂、而未見敵兵、既馳走坂下、則自佐多伯耆守・川上一族・大寺美作守・長野・北原以下一族家臣等至市人庶卒入東福寺古塁、此藪裏彼林間率従類以群聚、見之則載欣載奔、渠等歓迎各候路頭、先詣諏方大明神、而経清水入本城、往区々地留心密察日、[3]城裏雖多焦土行歩人跡、無防禦闘戦之地、只隔精木前川与総門前之口有一戦之体耳、爰窺福昌寺之門戸、則有出入人歟」

「国史」

[1]夜襲清水城、北原氏家臣某守門、陰為内応開門納之、[3]頼久縦火焼城、（略）佐多伯耆親久、大寺美作守、北原三郎太郎等、保東福寺城故塁、（略）

清正・清寛等騎能属者七十余人行至宮腋（吉田郷宮之浦村有地名宮脇）（略）[2]公進升生殺坂（生殺坂府城北、読曰奈麻巳呂之、浄国公時改塩見坂、）降松尾坂（松尾坂在諏方社左、距府城半里）至清水城下、佐多親久、大寺美作守等迎入東福寺城、

「自記」a下線1が伊集院勢を城に引入れたとあるのを東福寺城としたのは誤りで、「応永記」には本城と記す。清水城は以後近世に至り鹿児島本城と呼ばれた。下線2はa・bとも同じく松尾坂を降るとあるが、「応永記」では生

殺坂とある。「譜」は松尾坂をとるが、「国史」は以上の史料により、二つの坂を生かし、まず生殺坂を登り松尾坂を降ったとする。これは誤りで坂は一つであり、名称の相違を混同したのであろう。[2] 下線３はａでは城門、ｂでは焼跡とある。「応永記」の記述からも城は焼かれたと思われ、「譜」も「国史」も城は焼けたと解している。[3] ａの方がｂより直截な表現といえよう。福昌寺辺の状況についてａは出入なしとし、ｂは出入あるかとしている。「譜」は後者をとっている。以上「自記」ａ・ｂの具体的な相違箇所について一例を示したわけであるが、[4] 全体についていえることはａはｂよりも字句が整い、説明も詳細となっている。ｂはａよりも古拙な趣が字句なり説明なりにあらわれている。大略二系統の「自記」の異本の存在は「自記」そのものの成立とその後の修訂本作成の経過を示しているといってよいのではあるまいか。

## 註

（１）旧典類聚本はその奥書からみて幕末、伊集院兼誼が島津清大夫家（彦太夫久富は同家三代目）蔵本を書写したもので、それに文政五年伊地知季安が大山定清本をもって書写した系図目安を首部に加えている。

（２）「生殺坂」は「なまころし坂」と呼ぶ。鹿児島県立図書館所蔵、寛文年間ごろの城下絵図に吉野側から東福寺山城側に下る坂道にその名称が記載されている。

（３）ａでも下線１につづいて闇夜遠矢某は敵に竹箒を大太刀のように見あやまらせていたが城内の火の手により見やぶられ討取られたとある。

（４）ここでとりあげた記事は清水城の位置の判定にも重要な役割を果たしている。すなわち、清水城を諏方神社後方の丘とする異説があるが（林吉彦『考古学上ヨリ見タル清水城址』）、この関連史料を精読する時その説の成立しがたいことが判明する（鹿児島市

埋蔵文化財発掘調査報告書3『大乗院跡』。

## 三、山田家文書中の有職故実書

鹿児島大学附属図書館所蔵「山田家文書」の中で「山田聖栄自記」以外で聖栄の自筆本（全部または一部）と推定されるものは奥に自署花押のある次の四点[1]（番号は目録番号を示す）である。

いま便宜上それぞれ巻首及び巻末部分、(9)のみはその大略を掲げる。同巻は山田家文書中、「山田聖栄自記」の箱の中に「自記」三巻と一緒に納入されていたもので、その関係からか東京大学史料編纂所現蔵の島津家編輯所蔵印のある「聖栄自記」六冊本の（六）として採録されている。おそらく筆跡などが同じで形状が酷似していたがために「自記」三巻と並ぶ一巻とみなされたのであろう。

右六冊本の（二）・（四）・（五）が「自記」三巻のそれぞれにあたる（（二）の最初の「系図目安」を除く）のであり、それが原本とみてよいのではあるまいか。なお同本のうち（一）は黎明館現蔵山田家文書Bと（三）は同Aと同じ内容である。すなわち、この六冊本「聖栄自記」は山田家旧蔵の鹿児島大学附属図書館本（自記三巻と他に聖栄自筆の有識故実書一巻）四巻と黎明館本「聖栄記」A・B二冊を書写したものであることが判明した。

(9)一三峯饍之事（略）

一琵琶ヲ請取テ一ノ絃ヲ少シ爪ヲカケテナラスヘシ（略）

一刀ノ名所一ノ手ト云ハ鞆ノ目貫ノ本也（略）
一太刀ノ名所ツナ□（マ）キノ本ヨリ二寸程有リテ鱗形ト云（略）
一太刀ノヲコリハ周ノ幽王ノ時周ノ新拾金ト云人竜宮ニ至テ龍ヲ一疋取来（略）
一幕ト云ハ天竺ニ万寿城ト云都ニ伯幕ト云者ノ着シウハキ入也（略）
一幕ヲ本家（ママ）ニシテ走ラセス、時ニハ南ノカタニ向テ行也、努々北ニ行マシキ事也（略）
一幕ノ圀尾ノ数禁忌ノ時ハ卅三付事ハマクマク死テノチ十五骨ト云テ（略）
一幕ノチヲ四十八付ル事ハ帝釈ト修羅ト戦玉フ事一年四十八度ト云リ（略）
一幕ノチハ同シ布ヲ以テククルナリ（略）
一幕ノチノ名ハ四十八トモニ有リ（略）
一幕ノチト云字ヲ圀尾トカク事ハ天ニ二獣アリ（略）
一日大将ヲ給ハリ幕ヲハシラスニハ幕ノ初ヨリ三メアタルメクリアイノチト云テ（略）
一タタカイノ場ニヲイテ幕ヲカケヘキヤウ陣ヲハイカニアル図ニ取タリト云共（略）
一甲ノ辻ノ穴ヲ電反ト云事ハ彼伯幕カ頭ニカツキシ時余リニ頭アツクアリケレハウシロニ穴一ツアケテ有リ
（略）
一肴ノ注文ヲカク様先精進ノ物ヲ書テ後魚類次鳥ノシメ、ヲハリニ獣ノ様ヲツクル也、サレ共精進ノ物ハ大ナル
ヲ後ニ注ス言ナリ、注文口ニ書ク、
一銚子ト云天ニ一周龍ト云（略）

一キキヤウ藤ノ弓或引物祝ノ時ニ用ルユヘハ祝フルトカキタレハ也（略）
一弓ハ天ニクミヤウ龍ヲ括リタル縄ヲマネタリト申侍ル也、彼ノ龍八頭ニ方ニアル故、両双蛇トアリ、
一藤ハクチナハノ腹鍣鉫形マネタリト云、此事瀧口ノツサミノツカサニ有シ時ニ好クキキ侍ル也、サレハ疑モ在マシキ也、
一征矢ハ神代ヨリト云ヘ共其数九アレハカス徒《スクナキ》ニヨリテ十六ニタスコトハ武者所ノ前用兼任カ仕ハシメタリ、天智ノ天王ノ御時ノ人ナリ（略）
一当国ノ堂矢ソサノヲミコト天照オム神イクサセントアルニアメノ上ヨリイサナキノミコトノツカイアリ（略）
一地射ノ矢トハスミノ矢ノ一ツナリ、是ハ目無ノ矢共云（略）
一征矢ノウハヲヒハ一丈二尺ニ武者所ヨリ定メタリト云ヘ共大将軍ノハ一丈三尺也、是ハ生タル時ノホソノヲハ一丈三尺アリト云ヘハ大将軍ノ上帯ハ一丈三尺ナリ、
一上帯ノ名所フタカタノメクリフサマチフサトハシロキカタヲ云、色ハ一方ハシロク、ヒト方ハ紅ニソムル也、
一廿四サシタル征矢モアリ、是ハ降抹ノ矢ヲ添テ廿五スル今世ニ中サシト云ナリ、三ニオルナカヲハエヒラト云、
一カウマノ矢ハ鷲ノ羽ヲモツテ山鳥風切ヲコハニスル此族《ヤ》ニテハ敵ヲ咒咀スルナリ、サマ〳〵ノ頌文オホシ、ヨク〳〵習ヘシ、
一降抹ノ矢ハヤマトタケノ御子ト東ノヱヒスヲセメニ陸奥ニ下玉フニ武蔵ノ国カウマノ郡ニ留リ又夜ル夢ニテハナタル矢ナレハカウマノ矢ト所ニヨセテ云伝タリト云々、此時廿五ノ征矢ト云ヘリ、

一鷲ノ羽ヲモツテ矧タル征矢ハ武者所一労カ負也（略）
一タカノ羽ノ征矢ハ武者所ノ二労ノカクル弓ハ勝徳藤ヲモツ（略）
一武者所ノ兵部ノ少輔ノ征矢ハコカレ羽ノ征矢ナリ（略）
一武者所式部少輔カカクル征矢ハワシノ羽ノ征矢白箆ナリ、スミノ矢ハ山鳥ノ尾ノ羽露ウチノ羽ヲモツテ矧ヘシ（略）
一武者ノ判官ノモツ征矢ハコカレ羽ヲモツテハク、箆ハ白也（略）
一武者所治部丞カモツ征矢ハフクロウノカサ切ナリ（略）
一武者所ノ兵衛佐カヲヘキ征矢ハ三鳥アハセ也（略）
一キシノ羽ノ征矢ハ武者ノ兵庫助カカクル也（略）
一武者所ノ判事ノ征矢ハカラスノ羽征矢也（略）
一箙ハ面ヲ蜻蛉形トモ蛚蚄形共云ヘリ（略）
一敵ノ頚ヲ対面スルトキ頚ノマクト云（略）
一頚ニ対面ノ時酒ヲ呑ニ肴ノ事、主人ノ方ハカツヲ鮈キリメ三ヲ一度ニスユル也（略）
一頚ノ方ノ肴ハ昆布也（略）
一頚見ル時酒ハウケテ飲マネニテスツルナリ（略）
一頚ヲコシラユル者ハ二人ナリ（略）
一頚ヲアツカウ者ニ引物ヲスル事也（略）

一アツカイノ人ニ引出物ヲマイラスルニハ刀ハサケヲヲトラエスシテツノ方ヲ右ノ方ニナシテカタ手ヲ以テ出ス
ヘシ（略）
一見ラルヘキ頚ニアラサル頚ヲハ四目ノ供饗ノ盤ニスエテ幕ノヲハリヲウチアケテモツテマウツヘシ（略）
一上タル人ノ前ニシテ式ノ肴ヲ食ニハ初ノ昆布ヲ一ツ食事也（略）
一戦ノ場ニテ赤飯ヲ食マシキ事ト申伝ル故ハ（略）
一戦ノ庭ニ出ルト時主人ニ鎧ヲキスル様左ノ方ヨリシテヨロイヲ取テ左ノ手ヲ入サセ申也（略）
一甲ノ辻ノ穴ヲ電反《テフヘン》ト云事ハ（略）
一カチクリヲ主人ヨリ玉テクウ様（略）
一太刀ノ靏牧ノモトト云ハ帯取ノトヲリノサヤノ中ホトニツク革ノモト也（略）
一靏牧革ノ廣サ五分ホトニシテカメ入ニシテツケヘシ（略）
一絨袴ヲキテ武士ノ人目ニカ、リノヨキヤウ袖ノ絵文ヲヨク〳〵取ヘシ（略）
一スハウハカマト名付テキル事ハ橘ノ清生カ祖父橘ノ奈良丸ト云者常陸ノ介ニマカリタリシ時国ノツカサノコト
スミハテ、キタリケルヲ其ヨリ此方武士トモキヨキマ、キケリト云、
一ウフ屋ノ口ニ立テ弓ヲイハシメシコトハ（略）
一其後三日ニナル時御子生レ玉ヘハモロタククミスレハ矢イタチ侍ヌルニ夢ノコトク（略）
一アル人ノ云矢射ノ役トハコトニウヘカウヘト申故ハ（略）
一其後ヨリシテハ彼ノ霞ヲマネテ布ヲ五尺ニキリ五ノヌイツ、ケテ射侍ル也（略）

一女ノモトニツカハス式ノ引出物ト云ハ注文皆カナニカクヘシ（略）
一大太刀ヲ人ニ出スニハモチカ、ハリナカラモノ云テ其マヽミネノ方ヲ渡ス、人ニ向テ出スハツハ本チヤクトヌヌキノ下トヲ取テウチ肩置テ帰ヘルヘシ、左ヲ上ニシウケレ帰ニモ左ニカタニカタクルヘシ、
一式ノ引出物ノ初ハ昔シ筑紫ニ伝リケル源蔵人大夫種世ト云シ者ノ大蔵ノ頭源ノ繁ト云者ヲムコニ取侍リケルトキサマ〳〵ノ引出物ヲシケルハ其ヨリシテ大ヤケニモ祝フ時引出物トテ数ノモノ共スル事也ト云々、此種世ト云モノハ天智天王ノ御代時筑紫筑前守ニナリテ下、其マヽ田舎ニスミケルト云々、此筑前守種世カムスメ種子ト云シハヌレキヌヲ継母ヨリイ、ツケラレテノカレヱスシテムナシク成ケレハ其ヨリシテソラコトヲヌレキヌト申侍也、彼時ホシカネタル赤キイロノキヌナレハ祝ノ時引出物ヲ衣ニ赤色ノ物ヲハセヌ事ナリト申侍ル也、引出物ノカス余多仕侍ル事ハ種子ヨリハシマリタル也、又ヌレキヌトナキ名ヲ云モ彼人ノムスメヨリヲコリタレハ旁々以テ赤色アル衣ヲ祝ノ時ノ引出物ニハスマシキ事ト申伝タルナリ、ヌレキヌノ事ハ世継ノ大鏡ニモ見ヘタリ、
一猿楽ニ従八位上造酒頭秦ノ兼方ト云シ者仕始タレハ位モ下リ侍ル也、小寝衣ヲトラセラル、趣ハ男ノ方ヨリ出ル、右ノ肩ニカケテ行テ猿楽カ出テ請取トキ右ノ肩ニスソヲナシ左ノ方ニヲウヒヲ成テ猿楽カ肩ニナケカクルヘシト云々、女ノ本ヨリ出ル衣トモニ左ニカクルト申侍ル也、ヱリノハヲイツレモ外ニナスヘシ、
一沓ハツシト云事ハモロコシニ漢ノ代ニ長良トテ臣下アリ、カンノソム王ニツカヘル臣也、名ヲハ黄石公ト云テ或時大君ノモノヘ御幸ノ時石公大キミノ御サキヲ行ヘキニ跡ニサカリ御崎ニ通ニ沓ヲケハツシタルヲチヤウリカ彼ノ御幸ノ時石公ノ供ヲシテ沓ヲ取テハカセタリヲ其ヲマネテクツハシトテスルナリト申セハ御判共ニ云々、

其時石公ハカチハシリニ礼ヲスルニクツハモロカタヲトシタリト云、日本ニハカチ走ノ礼ニ鐙ヲハツスト云□（々）
能聞尋へシ、

一沓ヲハカセ奉ルニハ左ヲスル、先ハ上リタリ、左ヲハカセ奉りテ袴ノスソヲ押籠テノ後ニ右ヲハカセスルナリ、右ノハカマノスソヲオシコムマテ左ノ人ハ待テ居ルへシ、左ノ人ハ左ニ直ル、右ノ人ハ右ニ直ルへシ、努々主人ニ向テフマシキ也、

一式ノ三献ノヲコリハ日本岳ノ尊トヒカシノヱヒスヲセメシタカヱツ、都へ上リ玉フ時越国ヨリ国ノアルシ内クラノ鮎河ノ庄ヨリマウケ侍ルトテ鮭ノ魚ト云ス、メ侍リケルヲ都へモツテ上リケリ、又真守ノ大臣常陸ノ国ノアルシヨリエタリトテマナカツヲト云魚ヲモチテ上ル、何モ景行天皇ニ奉ル、此魚トモヲ賞翫ノタメニシテ鯛ヲソへテ式三コント名付、クラヒトニ仰テシタテラル也、此時ニシテハシマリサマ〳〵仕付者侍ル也、能々習へシ、

一車ト輿ト乗合イタル時ハタカイニ牛ノ頚木ヲハツス也、急シキ時ハス、ミノ前ヲ互ニウツ也、ス、ミ前トハ長柄ノサキ也、是ハソイノ男ノ役ナリ、

一コシノ方ヨリハ前ノ長柄ヲタツル也、車ニス、ミノ前ヲウタレハ端蔀子ノモトヲ打也、コシノハシトミト輿ノ前ノナカエノサキナリ、是モ供ニソイノヲトコノヨツテ打也、車ヨリシテ急シテ時ス、ミノ前ヲウタル、ニコシノナカエヲ立タリ、又ヲリタリスルマシキ也、サレハ心得マシク侍ルナリ、

一女車ト男車ト乗合タル時ハイカニモ急シク共男ハヲクへシ、女ハ車ノ下スタレノ本ニ絹ノツマヲサシ出スナリ、

一人ノツマト思ル女ノ乗タル車ニハ冬絹トテ白キ絹ヲ出スナリ、是ハ家持カツマウタヨミナリケレハツネニ大裏

エマイリケルニ、奈良ノ帝ヨリユルサレマイラセテ車ニテマイニ其ノヲリ乗歎敷ニトテ冬絹ヲシテ礼ヲセサレ
ハソレヨリ女ノ車ニハスル也、サレトモ家持ハタシキヌトハ云ス、見セ衣ト申タリトアリ、
于時文明十二年六月十七日任本是ヲ写畢、雖為眼老以後ニ不顧悪筆書置後難タルヘシ、
沙弥聖栄（花押）

（10）「聖栄自書之
帝王年代記」

（略）

文明十四年二月三日
本任写畢、
筆者八十五歳
沙弥聖栄（花押）

（11）（端書）「山田四郎九郎殿　聖栄」
一征矢之図廿五羽之様名所箆節之次第相伝口伝アリ、

（略）

弓に藤巻目録三十六張ナリ、先是以可被意得候、征矢ニモ同別紙ニ註置所也、

（略）

何も将軍家より御評定日記之内なり、

聖栄
八十五歳

羽形

（略）

将軍家御羽形様也、以上三十六羽也、胡簶之家相伝之秘書也、
能々意得候而征矢其外羽之三式仁之位ヲ知而弓ニ取合括へキ次第也、
文明十四年八月日　沙弥聖栄（花押）
歳八十五
雖為老眼悪筆為以後ニ書置所ナリ、努々不有他見物也、
山田四郎九郎殿

(13)

雑書抜書　城取日并ニ
陣張へキ次第
一如意宝珠布灑星合夜半時合戦行ニ大吉、

（略）

右雑書抜書秘事ナリ、他見不可有者也、雖為悪筆秘事ニよて写《書》訖、
山田出羽入道年六九　沙弥聖栄（花押）

于時寛正六年二月廿九日

他に写としては⑷の文安五年八月吉日の弓箭大事書、⑹の文明八年二月日の弓箭要集一巻的場秘曲、⑺の文明八年二月の弓藤巻事などがある。この他にも原本又は古写本は現存しないが、なお数点の有職故実に関わる聖栄書写の巻物が存していたであろうことは東京大学史料編纂所現蔵、島津家編輯所旧蔵の十二冊本「山田家文書」（前記聖栄自記六冊本と同じく江戸時代後期写本、山田家所蔵文書を網羅的に書写したと思われる。現存するのは半分以下）の中に載録されていることから明らかである。[2]

**註**

（1）聖栄の花押には大別二種あり。長禄、寛正、文明前期のものと、文明後期のものとでは形状を異にする。左にそれを示そう。「雑

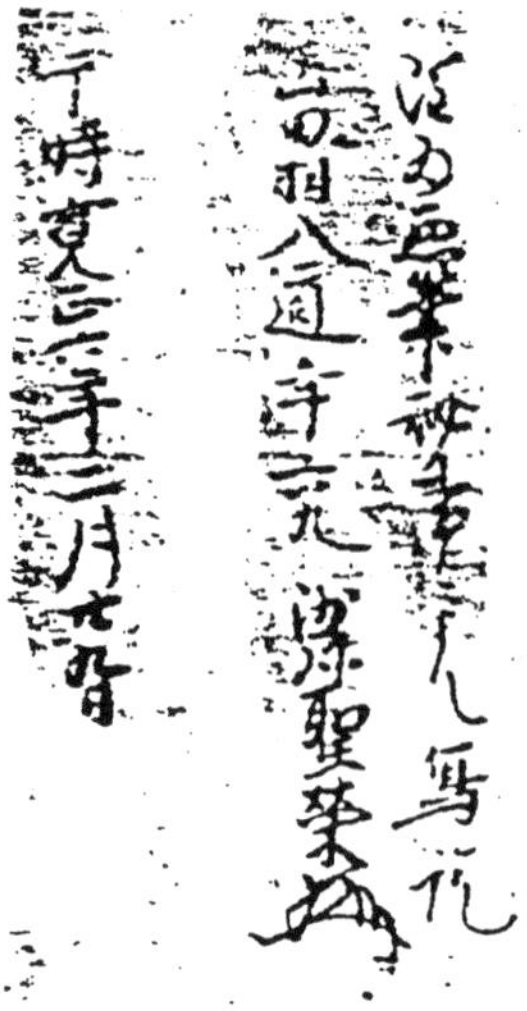

書抜書」と「帝王年代記」の奥書部分である。ただし（9）の花押は前者の方に近い。

（2）たとえば文明十五年十一月の弓法之日記、同年同月の弓之藤巻之事、自筆本の写と思われる長禄四年十二月十五日の藤原忠尚署判の的絵之次第などがある。

## 四、山田家文書中の「酒匂安国寺申状」

前述したように「自記」とならんで島津家創業期の説話を早く記載してある史料として著名な「酒匂安国寺申状」には二系統の伝本があり、一（ロ本）は島津家文書中に古写本として存し、また「旧典類聚」九の中にも収録されているもので、酒匂安国寺より好久（用久）宛の意見状の体裁となっている。二（イ本）は同じく島津家文書に「酒匂一巻書」と表題のあるもの、島津家編輯所旧蔵写本、それに山田家文書、「聖栄記」B本付載のもの（六冊本「聖栄自記」（一）にも採録）、都城島津家文書中の「山田聖栄自記」一巻中付載のものでロ本より短く、宛書などもない。おそらくイ本がもとで修訂されてロ本となったのであろう。ロ本との比較の便宜上、ロ本の項目別に合わせて記載し、ロ本のａにあたる条には(a)の如く符号を付しておいた。両者の相違点問題点などの指摘については後考を竢ちたい。

(a)　御一家中之様、又者殿中外方之人々、遠近高低昔より被召仕候様存知之分書付進候へと先年鹿児島にて承候しかとも斟酌申候、又於当所蒙仰候事四五度及候間、さのミ背御意候もいかゝと存候間、童之時分うけ給候し程にさたかならす候へとも存知之分令申候、抑当家御先祖忠久と申ハ右大将頼朝之御子三男にて御渡候、御母ハ丹後之御局比企藤四郎かあねにて御渡候、懐妊之時頼朝之御台二位殿と申ハ北条四郎時政か娘、仍此二位殿御はからひに謀叛をも企、天下を押取て何事も二位殿のおほしめさる侭にて候ところに、丹後の御つほねの御腹に御子有へきよし其聞あるによて、殊外御そねミにて彼女房海にしつむへきよし頻に被仰ける間、日向国になかし可被申にて鎌倉を出させ給けるに、若男子にてあらは道より御左右を申へしと頼朝被仰下けるニ摂津国住吉ニテ御腹気つかせたまふ間、御宿をかりけれとも、住吉の習にて不浄の人久敷いむ所にて候間、更宿をかさす候程ニ、折節大雨にて候けるに、路の辺に平き大石の候に御輿をかきすへ御産候に男子にて御渡候間、鎌倉へ飛脚をたし此よしを申、住吉の神主このよし承、いそき御宿所をとそ申入候、御産候間大雨にて候にミやうふ殿其あたりにそひ申し居候けるあひた、当家にはミやうふとのと大雨を吉事にせられ候よし承候、彼石ヲ御産之石とて此辺よりのほられ候年来之人ハ拝し申けるよし老者とも被申候し、然間男子之由頼朝きこしめされ候てめしかへされ、八文字の民部大夫惟宗廣言あつかり申て養育申候、同日たんこの御局をは被給候てさい愛候、忠季と申ハ民部大夫か子にて候、忠久一腹之御兄弟にて御入候、随而初者惟宗氏、承久三年改姓有て藤原と号ス、民部大夫も比企判官も承久兵乱の謀叛の人数にて失候ぬ、其子孫ハ土佐之はたの庄にひき・なかむら・さかい・ひらをかとて候、坂東の結城も頼朝之御子にて候へ共、女房達腹にて候間、意趣同前、忠季と申ハ今の若狭のみかたにて候、忠季の子ハ忠経と申候、承久之比天下以外物言候之間、京都之御用心のために武芸之達者を関東より撰出し三人召し候随一に忠経のほられ候間、父忠季ハ関東方にて宇治（河）ヲ渡すに討死ス、其時忠季は青黒ノ馬ニ乗、かちんの直衣に桜のはなをぬいもの候ける間、当家にもいましめと申候へとも、是ハ他家の事にて候間、子息忠経ハ京かたにて宇治にて討死せられ候、

（b）

忠久の孫忠義之七男と申ハあそ谷殿之先祖薩摩之守護代にて在国候ける時、餘ニ雅意にまかせて国人に御当り候間、市来之政家と申人被申けるは、あまりに恩顧之人の様ニ被思食候、島津方も我等か先祖より御出候て惟宗にて御入候物をと被申けるほとに、久時かたよりハ同これむねなから、へつかくの由被仰候ける間、両方より系図を奉行所へ出され候けるに、大隅之修理亮久時の方よりハ元祖蘇我大臣已来民部大夫廣言、忠久と出され候、市来政家之方よりハ宗大納言已来忠康、忠久と出されて候、吾等かたにも書付置て候、執印方にも少もたかはす書をかれて候を見申て候、先年京都にのほりて候時、みかた殿之様ヲ尋申て候へハいまた惟宗氏にて候由被仰候間、系図を所望仕候てうつして候、久時之奉行所へ御出し候系図にかはらす候、又久時謀叛をおこし薩摩国ヲ押領候之間、久経御下候て国を被取返候て、其より御一家に守護代を持せ申へからさるよしをき文をおかれ候由承候、しなの島津殿者近来より源氏にて御入候、

（c）

又西城戸太郎追罰之時、畠山重忠大将として奥州へさし向られ候とき、重忠申されけるは、昔貞任、宗任追罰之時、源平両家大将にて候、重忠か先祖義家之御供仕候、いつれも同白幡にて候間、我等か先祖くろかハ一文一たけに切て付て候先例を可被追もや候覧と申ける間、忠久十三歳にて越前国を給、奥之大将に御向候、重忠聟に取て餘之賞翫に大勢うちこみにて候之間、自然忠久之御手之人に無礼をいたし候はん事憚入候之由被申けるあひた、直衣のミぬいをとき烏帽子の右ふさなと定られけるよし老名とも申候し、か様之事とも書付進上申候、憚不少候へとも重々得御意候之間、後難ヲかへり見す不残心底申入候、

（d）

玄久、久哲之御時まてハ御隙の時者夜毎に在京候し人々めしあつめ、京都之様当家之様とも物かたりをさせられ候し、今ハ思々ノ儀共承ほとにかやうに申入候も斟酌至極ニ候、

（e）御一家御内之人々遠近高低昔よりめしつかハれ候様申候得共承候、是又殊外斟酌に候へとも、乍去元久毎々御物語候しハ御一家中の御事ハ佐多殿、和泉殿・新納殿・椛山殿・北郷殿此面々の御事ハ御教書ヲ被帯候之間、果報によて国を持れぬにて社候へ、吾等ニ高下有へからす候、心得候へと玄久仰含られ候由常に御物語候し、

（f）随而愚僧出家之事ハか様之儀により候、其故ハ牛屎花北之合戦に御打勝候て大隅へ御帰之時御内之老名ヲ定候て一味同心ニ不残心底意見を申候へとて人数をさため神さいにて正八幡之御前ニ而連判をさせられしに、我々も其比年廿一ニテ候し間、老名之一分ニ参候て判を仕候、本田殿・伊地知・阿多・平田・肥後・石井・某七人にて最初有ハ本田をあそはし候て、末には某か名をかゝれて候間、其侭判を仕候、後々御前にめされ候て何事もうらてほつ手を賞翫する事にて候間、前には本田か名乗をかゝせ、奥には某か名をかゝせて候と被仰候、古より両人之事者かやうにめしつかひ付て候、設（縦）武田、小笠原か御内に参りて候とも両人のうへをさせましく候よし定置て候由御懇御物語候し、三宝諸天八幡天神も御照覧候へ、虚言を不申候、いまた意見をも申さす、事を計事ハ候ねとも随分嗜候時分、南殿（六ヶ国）に御上之時老名分にて御供申候、仍大綱の御供（使）者度々仕候て公方よりハ思召もよからす候し、日向の守護領なとまて当座にて沙汰仕かなへ候てまいらせて候、ヶ様ニ親疎なくことを嗜候処ニ御供申罷下候て、日向より伊東殿被参候時、元久ハことのほかはなはたしき人にて御入候間、博多より下て候はんする面々を何もめしつかひ候はんすると被仰候て、佐多弥三郎殿、樺山六郎殿初献三こんその（某）二こんの御篇つとめ申候て候、今より定置候、この後者違篇有へからす候まて御定候て御仕候之間、若輩なから老名一分事を承候間、我なから事をたしなミ候しに畏入候と申候時者ものしらすに成候ハんすると存候之間、御返事申候様ハかやうに佐多殿・椛山殿様之事者国を無御持にて社候得、吾等に上下有へからす候と常に元久之御意候しを承候、

(g)

其上此両人ハ奥州之御養子にて御入候、既たのミ申て候人之御子にて御渡候に、御内之者之分として御あひ手にまいり候ハんする事憚入候、思食り候て上意之通ハ畏入て候へとも、吾等かやうに申入候ハてハ誰々も思よらしと存候て只御内之者ハ御内の者のことくめしつかひ、御一家ハ御一家とあひて召仕候得かしと申て候へハ、其分にて候ハハ此後はつかひ申ましく候と承候間、御鼻にて候と存候而一両日出仕不申候之処ニ軈而御使をもてつかハれましき由申候間、つかふましく候由を社被仰て候へハ出仕申さす候事不心得候、早く参候へと被仰候之間、やかて参候、二三日して遁世仕候、是ハ上意もさして可恨申事なく候、たゝようせうより遁世之望にて仏神にも祈請を申候之間、次かなと存候て待居候時分にて候、是ハ公方へハ御恨も有ましき事にて候とハ存候しか共思立たる望にて候程に遁世仕候、其時ハ是程こまかに申さす候し間、無御存知方ハ結局役ヲ嫌申て候なとゝ、後々のひつかけにも成候ハんすると存候て為指事にてハなく候へとも細々申入候、又ハ御内之人々御一家中之事も委申候へと承候程にか様の儀ヲもて可被聞召分候哉、

当御代の始尊氏の時、天龍寺御供養之一番之随兵ハきら殿にて御渡候、御合手にはかう越後殿にて執事師直とて威勢もいかめしく肩をならふる人もなく候しかとも、きらとのゝ御嫌候之間、御所よりいかに人をゑらひ進し候とも御合手には成ましく候之間、只師直を御供に被召具候へと御書候ける間、無子細領掌候けるに、随兵ハ左右に対候へとも是ハ一段計さかりて打て候ける由承候、近来者義満御所之御時相国寺供養之時、恒例にて候とてきら殿かうとさとの御合手にさゝれけるに、きら殿又御嫌候し程に、自御所天龍寺供養之時御合手にて候物をと被仰下候之間、きら殿より尊氏之御書を御出し候てか様之儀により候てこそ被召具て候へと被仰ける間、又如本御供に被召具候へと御書御遣候ける由うけたまハリ候、きら殿の御事にて候共、平家之時代先代之代にて候ハんす

る時、さのミ是程迄ハ賞翫有ましく候、当御代之御事にて候之間大名もはゝかり而近習も恐をなし申候、吾らか主と頼て候御一家中を蔑如に申なし候はんハ私の家も散々之式に可成行候之程にかやうに存候て申て候し、これは次之事にて候、只幼少より望たくみたる事にて候間、時節到来したるにて社候へ、今か様に申候も御一家中御内之人々のたゝすまゐ申候へと承候之間、凡の御かたハ別段に御心得有へく候間人々にしらせ申候はんために如此申入候、

（h）又年来の人々事ハ皆人存知之事ニ而候、道鑒之御時日向大隅ハ先代より被召て候、同道鑒之御代ニ先代者滅亡候、滅亡之後先代被官之人も奉公被申て候、坂よりうへの御内の人々ハ多分玄久之坂より上に御上之時分奉公被申て候、其中ニ少々薩摩大隅より御供申されたる方も候、忠久・忠義之御時より御内之者にて候ハ本田・酒匂にて候、大隅国之守護代ハ久酒匂貞阿持候て守護代を置候て吾身ハ御代官に在京仕候、尊氏中之将軍之御時まて日向・大隅御返しなく候之間、様々訴訟被申候て先大隅計御返し候、雖然畠山礼部支て不被渡候之間、氏久御向候て度々の合戦に打勝、国を被召候時分より本田守護を被承候、京都之事者酒匂ニ被仰付候、国之事ハ本田ニ被仰付候、近来及（迄）者（御年来の内ニも）此両人者一角被召仕候事無隠候、今者本田も一城を持ふまへて候計にて一人の名字者残候へとも、古之威勢程ハ不見得候、本田か親類酒匂か部類之様共ヲ見候に、たま〳〵召つかはれ候も山取之作事奉行、風呂焼奉行抔と承候をいかめしき事と存けに候、我等の奉公申候し時及（迄）者、宿辺ニ候をめされ候も童にて候し程ハ中間、力者をも給候し、おとなしく成候てより殿原をこそ御使侍にて被召候しか、

（i）当家に若子御儲之時者、必酒匂かちゝにまいり候し、玄久之御時酒匂之貞阿参て候、元久之御時者酒匂か部類不有合候之間不参候、元久総州之御縁に候し時御産有へきに定り候し時、吾等か兄弟に被仰付候しかとも不思儀に

相違候、道貞之御子孫ハ今及（迄）ハ他家之者御ちゝかいしやくには参らす候、かやうに細々申入候へハ家々の訴訟を申様に候へとも、古より被召仕候人々くハしく申候へと五六度まて承候間、さのミ背御意かたく候て憚をかへりみす、ありのまゝに申入候、定難非多かるへく候、

(j)　伊地知方之事ハ先代滅亡之後、道鑒之御時被参候、奉行ニて渡候程に、御内之人なから殊外之御賞翫にて候、仍子を一人御養子にめされし間、我家を随分と被存候も其謂候歟、

(k)　御所上様之奉行頭人ハ人々望をなし候へとも不及子細、当御代之とう人ハ山名殿、上杉殿にて候、其外之大名様之内には奉行ハさしもなき事とこそ存候へ、今の様見申候に、当家には奉行をしやうくハんの様ニみへて候、無御心得候哉、とてもか様に委敷申候へと承候間、不残心底申入候、御内ニ家もたゝしく分限も候らんする方をこそ頭人抔と用、執事侍所をも可被仰付候へ、本田・酒匂も今及（迄）者名字をも次て候者は奉行不仰付候、たま〳〵被仰付候ときもかたく辞退申候し、末々の一族共の中は被仰付たる事も候はす候、とても御尋之御事にて候程に、是及（迄）も申入候、大友殿之内にハ私ニ申付て社候へとも、たハらのふるさハか間ニ執事を申付候、少弐殿之内にはあいはら・そうまか部類を侍所と申て事を計付て候、返々如此申入候事憚入存候へとも難背御意候て申上候、大友・少式か家九州之御下向又ハ国々より拝領候不存知候へとも、證文を見出し候之間、うつし進之候、又判官渡時、藤原にて被渡ましく候、仍宗家之系図所望候て御渡けるよし人々申あはれ候程ニ、不知事ニて候間まてハ藤原之判官ハあるましく候と存候処、師久判官ニ御成之時、藤原師久と宣旨明鏡候を見出し候之間、写進之候、忠久ハ承久三年及（迄）者惟宗にて御入候之間、惟宗判官ニ而御渡候ける哉、か様に思々に申あひ候之間、行する何とか申なし候はんすると存候、

【付記】本稿執筆に際し、史料閲覧校訂などに関し種々配慮いただいた東京大学史料編纂所・鹿児島県歴史資料センター黎明館（前維新史料編さん所）・鹿児島大学附属図書館の各位に謝意を表します。

# 第五章　菱刈本城城主考

中世、大隅国の御家人領主菱刈氏の本拠地である太良院本城の支配の変遷について、従来の説に疑問をおぼえたのでここに関係史料を掲示して愚考を記し、あわせて戦国期、近世初頭における菱刈氏一族の島津氏はじめ相良、北原、渋谷氏ら他氏との関係について些少の整理紹介をしてみたい。

## 一、菱刈氏の天正二年伊集院神殿移領説

菱刈本城については菱刈則博氏所蔵文書（鹿児島県歴史資料センター黎明館寄託）の寛政六年（一七九四）十二月、菱刈隆邑の「伊集院氏神其外諸郷由緒旧跡考」の中に「本城郷麓太良院平良院トモ平城、菱刈家代々之居城也、一ノ丸・二丸・三丸・外輪等并立、四方平地ニ而高城也、本丸于今礎跡残り、荒神之楠木有、城之其方水之手口有」とあり、昭和六十二年三月県教委刊行の「中世城館跡調査報告書」には太良城として所在地は菱刈町大字南浦字西川。立地は丘陵、現況は山林・宅地・会社敷地・規模は三〇〇×三五〇複、残存度はやや良、存続期間は建久五年〜慶長十九年、築城者は菱刈氏、在城者は島津氏・菱刈氏、遺構は郭・腰部・空堀・水堀・たて堀・大手・からめ手・堀底道、

備考に別称として平城・本城ともありとの説明があり、略測図が掲げられている。事実項地を訪れれば明らかに中世山城とみられる景観を目の当たりにすることができる。また昭和五十四年（一九七九）三月刊行の『日本城郭大系』18にも太良城として「現在・太良城趾は城山と呼ばれる台地で、斜面は孟宗竹と雑木に覆われ、上部は公園になっている。本丸の跡は平地より約五〇ｍも高い、本丸・二の丸とあり、周囲は絶壁になっている。本丸・二の丸の地点からは、北東の馬越・前目・下手方面が眼下に見下ろせる。二の丸の下に物見台があったが、斜防工事のため取り除かれてしまった」とある。

本城・太良とも旧菱刈郡内の地域名としても用いられているが、本来本城とは菱刈氏の領有する地域内の本拠の城を指して呼称したものであろう。もちろん建久五年（一一九四）菱刈氏の初祖重妙が入部して以来、院司の治所として同城に拠ったとする伝承の確証はないが、中世末戦国期には本城とよばれ、近世初頭まで菱刈本宗家の拠城となっていたことは間違いない。

本城の近辺には南は瓜の峯に永禄七年（一五六四）九月十八日没した天岩道祐大禅伯（重州）、同九年（一五六六）十一月十八日没した舜山道尭大居士（重猛）の墓塔があり、北は荒田原西川の曹源寺跡に慶長四年（一五九九）十二月八日庄内の乱で戦死した月松道皎庵主（重広）の墓塔があり、現存しないが大林寺に智岳道永大居士（重副）とその室大林妙心大姉（薩州島津家成久女）の位牌が祀られていたという。すなわち中世末より近世初頭にかけての本宗菱刈家歴代重副・同室・重州・重猛・重広が本城の周辺に葬られていたわけで、そのことは本城が同家の本拠地であることを物語っているものといえよう。また瓜の峯に重州・重猛の石塔とならんで西華蓮船公大禅定門（相良為続）の石塔のあることも、その時期、菱刈氏が人吉の相良氏と緊密な関係をもち、提携して島津氏などの勢力と対抗していた事実を反映しているものとみてよいであろう。『相良家文書』、「相良氏山門知行以下由緒書」（『大日本古文書 家わけ第五 相良家文書』一三一号）、「沙弥洞然長状写」（同三一九号）などによれば、為続は菱刈氏重（道秀）の聟として自身菱刈に出行して菱刈氏を助け一時期牛山を知行、明応九年（一五〇〇）に没している。為続の子が長毎であり、その子が長祇、義滋（長唯）であり、また菱刈氏重の子が忠氏、その子が重時、その子が重副である。為続の墓は人吉願成寺、多良木黒肥地青蓮寺にもあるが、とくに菱刈氏の本拠地にも造立されていることは両氏の絆の強さを示しているといってよいであろう。

　菱刈氏の支配する領域は時代によって変わるが、盛時には薩摩国牛屎院と大隅国菱刈院の両院の大半をあわせ、居城も本城（太良城）、曽木城・湯の尾城・馬越城・入山城・青木城・花北城・羽月城・平和泉城・山野城の他牛山城（大口）をも占拠していたこともあった。

　『上井覚兼日記』天正二年（一五七四）十月五日条には永禄年間菱刈氏が島津氏に対抗、人吉相良氏や真幸北原氏、さらに日向伊東氏などと通じて叛服を繰り返してきた経過をのべ、なお異図の疑のあることについて詰問し、その善処を求めていることを記しているが、そのおわりで「如此度々菱刈之事憚多候条、可被絶家を処、国衆を御崩候てハ如何之由、御一言迄にて、今之孫三郎（重広）殿祁答院へ御座候つるを尋被出候而、如当時菱刈家本城へ御残候、然ニ頃野心之由世間風聞候、実不実ハ無御存知、如此世間申候ハハ、一定菱刈為家之ニ成ましく候間、いつかたへも似合之所ニ、可被成御繰（替）返之由候也、彼両使者被申事に、蒙仰条々、尤之子細候、罷帰、一々ニ可申聞せ由候也」とのべている。ここでは恩遇で菱刈家に本城の領有を認めたにもかかわらず近頃野心のうわさがある。実否は別として世間の風評が立った以上、家の為にもよろしからず、どこか適当な別所に移ったらいかがかと申渡し、これに対し両使者も合意、菱刈に帰った上で十分に理解を得るようにつとめるといっているのである。すなわち本城の他に替地も求める方向は定まったわけであるが、どこと具体的に定まったわけではない。ところが、次の十一月二十一日条では当時伊集院の様子が心もとないので使者を派遣する旨左の記述がある。

此日、御老中へ被仰出候、明後日加世田へ御越可有候、御かへるさに伊集院へ御着被成候する、其故者伊集院当時無正鉢様ニ被聞召候、一ケ条可被仰出御覚悟候、村田・平田之間ニ一人、伊集院へ被参候へと上意候也、即御老中へ申候、両人之間一人可致祗候由候、

そして、古記録同書の編者は「伊集院当時正鉢無き様ニ」とあるところに「菱刈重広、伊集院神殿ニ在リ」と註をつけ、さらに頭註に「義久加世田ヨリノ帰途伊集院ニ立寄リ菱刈重広ヲ戒飭セント言フ」と説明している。それによれば菱刈重広は天正二年十月領地替えの干渉を受けるや、直に伊集院神殿に移り翌月にはその統治にとりくんだごとくに理解されていることがわかる。そしてこれは菱刈重広が天正二年本城・曽木の領地を返上、かわりに伊集院（上）神殿に新領地を与えられたとする通（定）説の影響をうけていることを知るのである。

そのことは菱刈氏自身認めているところであり、黎明館寄託菱刈文書、「菱刈氏ニ係ル旧徴書類抄」の中に「天正二年九月云々、初公賜菱刈孫三郎鶴千代改称孫三郎重広本城・曽木永禄十二年、重広稍失臣節、会遣使詣鹿児島、冬十月五日、召使者於護麻所使上原長門守・上井覚兼数菱刈氏之罪者教条、使者惶恐受罪而去、於是与重広伊集院神殿村、以易曽木・本城」とあり（これは『島津国史』と同文である）、また菱刈氏系図、重広の条には「永禄十三年（一五七〇）庚午二月七日、義久公滞坐千手台、故鶴千代詣千台、忝義久公加冠鶴千代、而号孫三郎重広、同二月二十八日、入部于本城、其後一族動挟野心者多、故重広請転旧領賜他所、是故天正二年転本城・曽木、賜伊集院之内神殿、因重広移居於神殿、

乃伝子孫也、自先祖重妙至重広、伝領菱刈両院、四百年于茲也」と記している。そして「島津国史」は伊集院神殿村を曽木・本城にかえて与えたとする記事の典拠は菱刈孫太郎系図としているのである。

そして同じく『上井覚兼日記』天正三年（一五七五）正月十一日条に「此日、御談合初にて候、条数余多にて候、伊地知勘解由殿、拙者御使申候、先々吉日之間、五ケ条被仰出候、其条々　一、神社、仏閣修造興行之事、一、御弓箭之事、一、下大隅移衆之事、一、下大隅《菱刈》繰替之事、一、諸法度之事付銭撰事、此等之儀被仰出候、各地頭衆承、中宿へ被罷帰候」とある。すなわち、上井覚兼が伊地知重秀とともに使役を勤めた天正三年正月の談合はじめでまずとりあげて地頭衆に評定させた義久の条目五条のうち四条目に菱刈繰替の事がある。これは前年菱刈氏に本城からしかるべき別の地に移るよう命じたことと関連しており、その替地についてはかったものであろう。菱刈氏も移動を承知したものの移り先が判然としなければいかんともなしがたい。当面は曽木の返納ということだけにとどまったのであろうが、菱刈氏としては本城の見返り地をもとめ、それが難航したのであろう。これをみても菱刈氏が直に本城を明け渡して他所（伊集院上神殿など）に移ったとはいえないのである。かくして天正二年、菱刈氏が本城を去って伊集院神殿に移ったというのは確実な史料に基づく記述ではないことが明らかとなった。何故そのようなことになったのかの推察は後に廻し、実際の経緯を示す史料を以下に掲げて史実を明確にしたい。

## 二、菱刈氏の移領時期と菱刈隆秋

島津義久の養育掛で漢学史学に造詣の深かった上原尚賢が著した『三州割拠図』は、戦国期から近世初頭に至る島津氏が三州統一を果たすまでの間の諸勢力交替の状況を図で説明した比較的精度の高い史料であるが、その中、大永六年（一五二六）図では菱刈重副分として本城・曽木・湯尾・馬越・市山・羽月をあげ、天文四年（一五三五）図では菱刈重州として本城・曽木・湯尾・馬越・市山・花北・羽月・平泉・大口・青木・山野・小河内をあげ、天文十二年（一五四三）図では菱刈として同地域曽木・羽月・大口の名をあげ、天文十九年（一五五〇）図では同じく菱刈氏として同版図を本城・曽木・湯尾・馬越・市山・羽月・平泉・大口・青木・山野であらわし、永禄十年（一五六七）図では同じく菱刈として同版図に花北の名を副えている。そして天正元年（一五七三）図になると本城にのみ菱刈重広とあり、曽木・湯尾・市山・羽月・大口・青木・山野は貫明公（島津義久）領に、馬越は松齢公（島津義弘）領に、平泉は新納武久と記されている。なお説明文中には「本城、右菱刈重広采邑」とある。天正十四年（一五八六）図でも本城に菱刈重弘と記され、説明文中には「本城邑穀禄凡一千九百二十三石」とある。そして終わりに文禄四年（一五九五）図をあげるが、それには伊集院神殿に菱刈重広とあり、本城・曽木・湯尾・馬越には入来院重時の名があげられているのである。

右によれば曽木は天正初年に菱刈家から離れているが、本城は天正十四年までは菱刈家が格護し続け、文禄四年には上神殿に領地替えとなっていることが示されているのである。さらに注目すべき史料として次の菱刈大膳亮口上書草案（『鹿児島県史料 旧記雑録拾遺 家わけ七』菱刈文書九ノ1）がある。

（前欠）

被成御願之由承候、連〻も御奉公方不奉存別儀候之条、向後存別心間敷之由、御請之起請文差上申候、其砌先之為御手付、本城・曽木両所被下候間、本城へ罷移候、然共近所ニ両城致格護候事憚多奉存候間、曽木之事ハ其後差上被申候、其返地于今不被下候事、

一右之旨弥不存別心、堺目之御奉公種〻被入精候之条、鎌田尾張守殿・宮原筑前守殿ヲ以渋谷家調儀可申之由蒙仰候、悴者牛屎監物丞へ申付致才覚、無程申調、鹿児島へ御左右申上候間、龍伯様隈城ニ被成御光儀、即おふぢ・大膳亮致案内者、入木院又五郎殿・東郷弥次郎殿御目見得被申候、勿論川内無残所御手ニ参候事、

一大閤様御下向已後、伊集院上神殿一名被下罷移候処、半右衛門尉（重広）事高麗へ罷渡、三年相詰候而帰朝申候へ共、又奥陣入之由被仰聞、罷渡被成御帰朝之時分致御供、直ニ京都へ相詰候而三年ニ罷帰候事、

一高麗・京都・庄内まで数年与頭被仰付致御奉公、既於庄内戦死仕候、其後善次郎（重秀）御侘被申上ニ付知行百斛被下候へ共、半右衛門尉已来方〻御奉公方ニ付、借銀仕置候返弁ニうり被申候間、于今高五百石役ニ罷成候事、

一菱刈跡として永々可致御奉公候之処、数代召仕候悴者へ少扶持をも可遣躰無之、殊

一去〻年御支配之時分一所ヲモ不被下、〔茂不被下悪敷候へ者、〕悪敷知行四ケ所ニ被成御配分候、〔知行方悪地にて候、殊に遠方へ被下候〕今分にてハ向後御軍役相勤申事迷惑ニ存候、若輩として難申上候へ共、以前より数代御奉公申来候筋目被思召合、此節被成御手付候様御披露奉頼候、

菱刈大勝亮

元和二年八月廿日（一六一六）

別符信濃守様

鎌田左京亮殿

市来八左衛門殿

要約すれば、「菱刈家は永禄十二年（一五六九）本城・曽木をあらためて与えられ（同文書一―一七　島津義久宛行状写）本城に移ったが近接して曽木城を格護することは憚られ、曽木は返上した。しかし、その替地はまだいただいていない。島津家に服属後、その指示をうけて大膳亮（隆秋）は親縁の入来院又五郎（重嗣）、東郷弥次郎（重尚、菱刈重猛、隆秋の兄弟）にはたらきかけ、義久のもとに伺候、服属させた。豊臣秀吉の九州入りの後、本城から新領の伊集院上神殿に移ったが、重広は朝鮮に渡海、帰朝後も京都詰めの役を果たした。その上、慶長四年（一五九九）の庄内合戦に与頭として奉公、戦死を遂げた。その後嗣重秀（隆秋の実子、慶長十六年義久に殉死）は愁訴して知行を与えられたが、借銀が嵩み家来達の扶持にも事欠く状況である。慶長十九年（一六一四）の領地替えでも悪所ばかり与えられ、今後の軍役も覚束ない。そこで従来よりの奉公の次第を申し上げあらためて所領の給付をお願いしたい」ということになろう。ここに藩要路に訴状案をしたためている菱刈大膳とはおふじ→おうじ→祖父大膳亮とあり、若輩ともあるから、その孫にあたる重栄が隆秋の代弁をしているとも思われるが、やはり実質的には隆秋に他ならず、当時彼はなお菱刈家を代表する立場にあったものと思われる。

さて、ここでしばらく大膳亮隆秋について注目してみよう。『本藩人物誌』には国賊伝として菱刈相模守重州入道天岩斎、菱刈左馬頭重豊、菱刈大和守重猛、菱刈大膳亮隆秋の四名をあげている。重州は菱刈家十四世、大和守重副の子で母は島津薩摩守成久の女、代々菱刈太良両院、すなわち湯尾・馬越・曽木・本城と大口・入山・羽月・平泉・山野などを領有、重州代に至り肥後国の柊野・八代辺を押領したとある。永禄七年（一五六四）九月十八日没、重豊はその嫡子と推定され（系図に見えず）、弘治二年（一五五六）島津貴久の蒲生攻めの際、北村陣で翌年四月十五日戦没、重猛は重州の後嗣、母は東郷隠岐守重朗の女、屡々渋谷・蒲生氏らと結んで島津氏に抵抗、帰服して永禄四年（一五六一）十一月、貴久より栗野院百二十町を給され、翌五年（一五六二）六月には北原氏から奪った横川を与えられている。永禄九年（一五六六）十一月八日、三十五歳で死去、隆秋は重州の三男、重猛の子鶴千代丸（後、半右衛門尉重広）がまだ五歳であったため、家督代となる。永禄十年（一五六七）相良氏と結んで島津氏に叛く。十一月、貴久の軍は井手籠氏の守る馬越城を攻め隆秋軍の救援を退け占領、菱刈側は横川・本城・湯尾・曽木・市山・青木・山野・羽月・平泉の諸城より悉く撤兵、大口城を相良氏の兵とともに守る。その後、隆秋はしばしば兵を出して市山城・堂崎・飛田瀬・小苗代・曽木城・永福寺などで戦を繰返したが、同十二年（一五六九）一月いったん和議成立、しかし三月には和やぶれて羽月城の戦があり、五月には平泉城をめぐる戸神尾の戦があって隆秋・相良氏側が敗北、八月大口城攻囲の末、九月十日降伏、十四日隆秋らは大口城を出て球磨に去るとある。しかし、隆秋の活躍は上記のごとくその後も続いていたのである。

ここに隆秋の存在が明らかになった。大膳亮を名乗る者はこの時代島津義虎の第四子忠栄がいるが、菱刈氏の場合においては彼に限られている。子の重秀は重広が慶長四年（一五九九）庄内で戦死したあとをつぎ、重秀が慶長十六年（一六一一）義久に殉死したあと、今度は女の子、すなわち孫の重栄があとをついだのである。元和二年（一六一六）には年齢を七十をこえていたと思われるが、陰でその政治を助けていたように考えられる。隆秋は永禄十二年以降、表舞台から姿を消したようにみえるが、その後も菱刈家の存続、勢威の保持につとめていたと思われる。重猛の妻、重広の母、大二の書状にもしばしばその名が見えかくれする。

## 三、菱刈氏の縁戚関係

さて、菱刈文書中に「菱刈本城ヨリノ書状等」一巻十一点がある（同一〇ノ1～11）。原本または古写本と思われ、元文二年（一七三七）の「菱刈家古文書万留帳」には「菱刈より神殿丸田へ文　十四枚」とあるものに該当する。すべて仮名文書でその発出者の多くに「ひしかりの本城より」、或いは「ひしかり本城内城より　大に」、或いは「大いに」、或いは「大ニ　ひしかり御内より」とあり、大にとは重猛（永禄九年没）の未亡人でまだ弱年の孫三郎重広の母と思われ、出水領主薩州家島津義虎の姉に当たる人物とみられる。宛名の多くは円田三河、平兵衛、式部等円田氏であるが、同氏は菱刈氏一の直臣と思われる（近世、神殿菱刈家氏神の祠官職を世襲した）。一通に菱刈大もしとあり、他の文中にもその名がみられるのは大勝亮隆秋で、重広の叔父、大にの義弟で幼少の重広に代って家政を牛耳った人物であろう。年代は天正初年から十年ごろまでのものと推定され、内容は重広の養育、成長への懸念、領地（替）の要求、その候補地、交渉の首尾、肥後八代、隈本在番（天正八年以降）のこと、それらについての兄義虎（天正十三年歿）の助力への期待等で、当時おかれていた菱刈家内外の立場の不安定さを微妙に物語っているように思われる。しかし右による限り、天正二年（一五七四）に菱刈氏が本城を失なったとする通説は誤りで、少なくとも天正十年（一

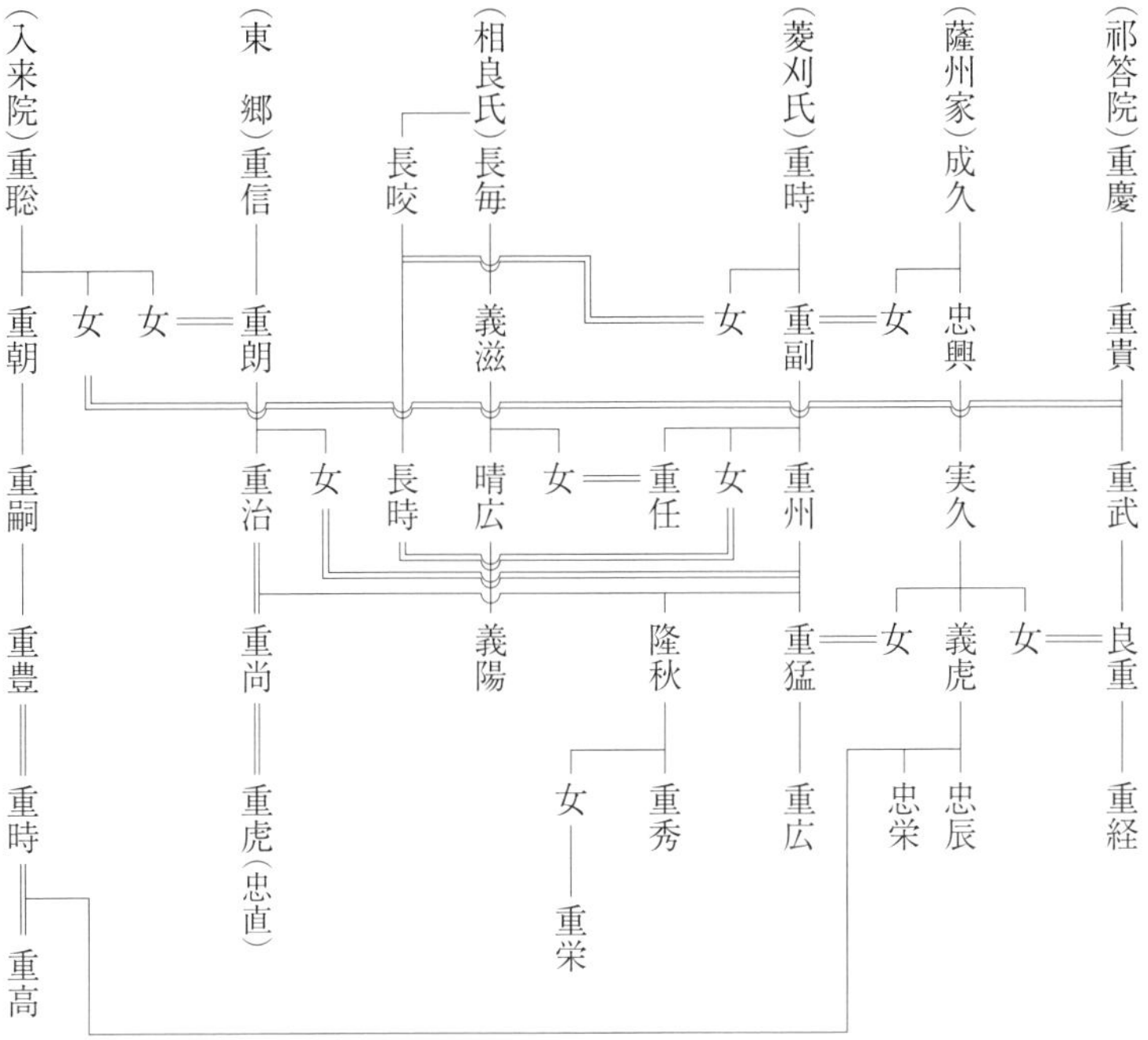

菱刈氏関連系図

五八二）代まで同地を格護し、返地を求めて隆秋や円田氏が種々工作を続けていたことが判明する。大には本城の内城に居住し、重猛後家としての権威を保持していたのであろう。

大にの没年などは不明であるが、重広の成長に伴い、隆秋との関係、一族及び他家との関係の変化がどのようにあらわれてくるか、史料によって辿ってみよう。

相良家との関係は享禄三年（一五三〇）重州がその合力を得て島津出羽守忠明の大口城を攻略してから一層緊密となる。忠明は重州の義叔父であるが、重州の弟重任は相良義滋の女を室としており、また妹は義滋の子晴広の室であった。重任の子孫は後人吉に移り相良家々臣の菱刈氏となった。

次に、祁答院良重の室は薩州家の義虎の姉で菱刈重猛の室も同じく義虎のもう一人の姉である。そして、良重も重猛も同じ永禄九年（一五六六）

に歿している。東郷重尚は重猛の弟で先に東郷重治の養子となって東郷家を嗣いだのである（菱刈重州室は東郷重朗女）。入来院家もまた祁答院・東郷家と同族で縁戚関係にある（祁答院重貴室、東郷重朗室はともに入来院重聡の女）。かくして菱刈氏は相良氏（菱刈重州の弟重任室は相良義滋女、相良晴広室は菱刈重副の女）の他、薩州島津家、北薩渋谷氏一族（祁答院・東郷・入来院）と親縁関係にあったといってよい。この関係こそが菱刈氏が本宗島津家の進出に抵抗できた大きな支えであったといえよう。そして前述の通り隆秋が義久に服従した後、隆秋はその親縁関係によって入来院・東郷家を説得して義久に服せしめたのだという。当時祁答院家は良重の不慮の死後、入来院家の勢力下に入っていたと思われる。重広が一時祁答院湯田に居住したこともかかる事情によるものであろう。右に諸氏間の縁戚養子関係を示す略系図を掲げておこう。

## 四、文禄四年の伊集院神殿移領

豊臣秀吉の九州入り以前、島津氏は北九州にまで勢力圏を拡大していくが、菱刈氏もまたその軍に加わって主として肥後方面に出向していたことは、前述の「大に」書状からもうかがえるが、『旧記雑録後編一』所収の「義久譜」、「勝部兵衛門聞書」、「長谷場越前自記」などの天正八年（一五八〇）十一月の合子合戦軍労輩氏名中に菱刈大膳亮隆商（秋）の名がみえ、同年八月の「義久譜」、「肥後水俣陣立日記」に一番先陣の脇将（大将は佐土原の島津家久と清水の島津以久）の一人として「菱刈伴右衛門本城内物頭一人」の記載がある。そして諸外城地頭付衆中として「羽月猿

渡掃部介信光　平和泉　伊地知民部少輔重康　湯尾　梅北宮内左衛門国兼」そして「曽木　新納治部少輔忠誠」とある。これに従えば本城城主は菱刈重広であり、曽木には地頭がおかれていたことがわかる。菱刈氏は曽木を手放したものの、本城は依然格護していたのである。なお、曽木については年未詳であるが『旧記雑録後編一』に貴久公御譜中、正文在大口衆菱刈九左衛門として次の注目すべき文書が収録されている。菱刈九左衛門は重種、菱刈宗家の二男家である。

菱刈四郎との曽木就被差上、当時在所等無落着候、就夫即達上聞候、然者従最前抽被成御奉公候、為其忠、花北一所、先々可被差遣立由被仰出候、早々可被仰達候、追而御加扶持之段上意候、聊疎儀有間敷候、恐々謹言、

十二月廿日　（伊集院）忠金（花押）
（川上）意釣（花押）
（三原）重秋（花押）

新納刑部太輔（忠元）殿
御宿所

菱刈四郎とは重昌、重州の弟重政の子重根の子である。曽木を返上する代わりに花北一所を与えるというのである。ところが、黎明館寄託菱刈文書中の菱刈二男家の文書に次の三通の写がある。

①
奉寄進
一反畠地　中馬
元亀三天壬申潤正月八日

菱刈越後守
藤原重昌判
永福寺
使坂本豊前守
坪付

②

小苗代御薬師如来為仏供奉寄進
大口之内太田名郡山先
三反　　　　　　　　平田
已上
　　　　　　　　　藤原隆豊判
天正八年庚辰潤三月六日
　　　　　　　　　菱刈孫三郎
　　　　　　　　　　本城
永福寺

③

奉寄進
小苗代
一反　畠地　中島之内

天正八年《庚辰》三月十二日　　菱刈越後守
藤原重昌判
永福寺
使丹波守

小苗代永福寺への土地寄進状であるが、①は元亀三年（一五七二）で重昌とある。おそらく重昌は花北領主として畠地を寄進したのであろう。③は天正八年（一五八〇）で重ねて同地を再寄進したものと思われる。②は同年重昌の後嗣隆豊が別に田地三反を寄進しているが、連名している孫三郎とは重広であり、本家の本城領主として承認したことを示しているのであろう。これにより前の新納忠元宛の伊集院忠金（幸侃）ら島津家三宿老発出の文書は元亀二年（一五七一）のものと推定でき、このことは曽木が永禄十二年（一五六九）本城とともに菱刈（重広）氏に与えられたものの、重昌が分領、その後まもなく島津家に返還したことを示しているものではあるまいか。なお①・③に永福寺への使者としてみえる両名は前述菱刈二男家文書中に「先祖代々家来之者位牌之写にて御座候」として書上げている氏名中に「松崎丹波」「坂本豊前」とあるのにあたり、同家の家人であることがわかる。

さらに「菱刈文書」六―7（天正八年）五月六日の梅北国兼書状写によれば、「本城・湯尾之事入乱候之条」とあって湯尾地頭の梅北国兼から本城領主の菱刈民部（重広）に対し、領内の苅麥の件につき談合を申し入れており、天正八年五月の時点で本城城主、領主はまさしく菱刈重広であることが明らかになった。次に天正十二年（一五八四）正月の坪付に「肥後之内、熊荘所　三百五十町　御重恩　菱刈民部大夫殿」とある。（菱刈文書四―8）しかし、これは実効を伴ったものか疑問もある。

天正十五年（一五八七）秀吉の島津家攻めの際、本城はどのような立場におかれていたのであろうか。「新納忠元勲功記」によれば秀吉は山崎から難行軍の末、鶴田に移り、曽木に入り天堂が尾に着陣する。その間伊集院忠棟が石田三成を案内して菱刈に向かい、本城より大口に推参したところ忠元は鉄砲を打ちかけたという。忠元は容易に説得に応じず、忠棟らも一旦引きあげる。しかし、新納久饒らの説得で忠元も和議に応じ、五月二十六日には洪水のため大口より馬越を迂回して天堂か尾の陣屋に出頭、秀吉と対面している。この段階では本城は大口の新納氏に備える役割を負わされていたのであろう。

本城に近く麓に鎮座する諏方神社（西川南方神社）は菱刈氏開創の神社と考えられ、事実、文明六年（一四七四）十二月六日の藤原氏重（菱刈氏十一代）の棟札があったという。ところが、同社に現存する天正十九年（一五九一）七月二十一日付の棟札には「大施主藤原朝臣忠豊」とあり、同人は佐土原領主忠豊（豊久）に間違いないと思われる。文禄四年（一五九五）以後の本城領主は東郷源七郎忠直であり（永吉島津家文書、文禄四年九月二十八日知行目録）、忠直は忠豊の弟であるから、それ以前既に本城領主が佐土原島津氏であったとも考えられるが、或いは後に忠直が兄の名の棟札を奉納したとも考えられ明らかでない。天正十五年から文禄四年までの本城領主は誰なのか確証を欠くが、後掲史料からみて菱刈重広が維持していたものと考えられる。もっとも菱刈重広も島津忠豊も東郷忠直も文禄元年（一五九二）の朝鮮出兵に参加しており、いずれにしても留守中の国もとでの所領の移動は信頼できる家人達に一任されていたであろう。朝鮮出兵で領主不在の本城にも秀吉付の鷹匠落合新八郎が鷹の猟場視察に訪れている。「菱刈文書」六―１～４などによれば、文禄二年八月二十九日大口より菱刈に来た落合新八郎が領主に鷹之巣山の境域を設定、九月二日出入禁制札を立て三日粟野へ移動している。秀吉へ献上の鷹の生産地として点定、領主に管理を命じたのであろう。命をうけた菱刈半右衛門尉は重広、折から朝鮮出軍中でそのため留守中として菱刈尾張守・井手籠越前守・山田丹波守・竹下玄蕃允・竹内飛騨守、円田三河介の菱刈家一族家人の名があげられている。

文禄四年、朝鮮からの帰国のことと、菱刈本城より伊集院神殿への領地替、移動が重なった。次の史料は、その間の事情を物語っている。まず、「菱刈文書」六―5を挙げる。

追而令申上候、たいのやより申せにて候、われ〳〵前ヨリ御き念無油断申候、早〻御帰朝之事、望敷こそ申上候へ、御長文被下候、則城内ふもと寺社各〻へ披露申候、御座下之拍手まで迷惑千万とこそ被申上候へ、いかさま昼御目候て、彼是御祝言可申上候、恐〻、以上

今春之御慶賀、重畳目出度申上候、仍御文被下候、忝令拝見候、御前御辛労之儀難筆紙尽候、御帰朝之義相聞申候、一段目出度奉待申候、将又御内之上下共ニ無何事候、可御心安候、今程之御栖ふりょにて候へ者、我〻心懸申候事無是非候、御馬飼御たる之事、御火番衆、はきさうち等ニ至まて、少茂無油断申候、題目御祈念之儀、禿衆油断不申候、子細之旨、立重之人衆可被申上候、賀事、恐惶謹言、

貳月吉日

山田丹波守
重年（花押）

円田三河介
重経（花押）

菱刈両御納所中

年未詳であるが、内容から文禄四年（一五九五）のものと思われ、本城留守の重臣円田重経らから朝鮮従軍中の重広らに国元の状況を伝えているのである。次の菱刈二男家文書はさらに具体的な内容である。

本城之内ニ石役之事

一高佰六拾四石九斗壱合六夕八才

一右之内三捨石者無公役可致用捨之事

一相残テ百三拾四石九斗一合六夕八才者□後日迄出物可被成付□候之事者、如本城之御公役可被成候、

一屋敷数公役者、公儀にかかり候する事□なから幾度も御閉目□本城ニ公役者、拙子忰屋敷分三度出一度被下候、

一桑之事者半納所へつけ可申候、

一右之此等之儀、今日御談合如申替候、後日迄茂御心中無異儀候者者、拙子縦何方に被召移候とも、今之我等知行分さへ被下僕へハ、別儀有間敷候、自然御分別相ちかひ、又々右之公役ニ村入組共被行候者、其許にてハ我等も公儀へ可申出候、又貴老様も公儀へ御披露可有候、已上、

文禄四年弐月廿日　　右之役雲臺軒

竹内飛騨守

同伴右衛門尉（花押）

菱刈大膳亮殿

この段階では本城の替地がどこかまだ判然としておらず、公役などの配分について定めたもので、伴右衛門尉重広は従来の知行分さえ確保できれば別儀なしといい、相違した場合あるいは公役について入組みを生じた場合双方で公儀へ申出るべきことを約しているのである。宛先の菱刈大膳亮は隆秋、重広の叔父で、その幼少時には代理をつとめ

たが、なおも実質的に後見役としての立場にあったとみられる。そして、次の菱刈文書七―4の人数賦覚書からは、

文禄四年十二月五日
上神殿之人数
本城荷運ニ付
かく井　孫二郎一人
帖佐へ指之口　助兵衛一人
中その　□兵衛馬二人
平　四郎右衛門尉馬人
（略）
以上　人　廿五人
馬　七疋

のように、いよいよ神殿への移住がきまり、荷運の人馬が割り当てられていることがわかる。

かくして天正二年（一五七四）菱刈氏は一旦移領を言い渡されながら、その後も格護し続けてきた菱刈本城から文禄四年（一五九五）末には伊集院神殿へ移領を実行したことになる。

## 五、菱刈二男家

天明四年（一七八四）、菱刈大炊実祐の「当家之二男家菱刈正次郎笥蔵之文書諸書付留」には前出の「龍伯様より菱刈四郎（重昌）江花北一所之地被下候間、御家老三原遠江守重秋・川上上野入道意釣・伊集院右衛門太夫忠金連判之御下知状壱通」をはじめとして同家所蔵の文書系図数十点の目録が書きとめられており、中にはその内容まで写してとられているものもあり、また別に「龍伯様御状壱通」の如く原文書の伝えられているものもあるのである。

急度申候、出水御材木始者軽々と被仰下候処ニ、大木故以之外手間入、于今遅々仕候、併引済木奉行へ至合點、今月十一日ニ墨付取かわし候、此等之趣為可申入、早使指上候、巨細之入組者、近々可致上京之条、其節可申談候、将亦拙者上洛之儀被仰付候、雖然連々御材木ニ付、今迄令延引候、乍去木共事済候間、近日此元可打立覚悟候、恐々謹言、

九月十五日　龍伯（花押）

兵庫頭（義弘）殿

本文書は関連文書が島津家文書中に数点あることから、同じく慶長元年（一五九六）の材木調進関係文書の原本の一つとみてよいであろう。おそらく本文書は島津義弘が側近の士として重用した菱刈隆豊らに恩給したものの相伝文書と考えられる。

菱刈二男家とは重副の弟重政から出る。重政の子が重根、その子が重昌である。重昌は義久から曽木を与えられ、のち転じて花北を与えられている。重昌の子は女子が北原氏妻で、後嗣が隆豊である。隆豊は孫三郎、越後守、源兵衛、休兵衛と称した。朝鮮出兵に長期滞留、義弘の側近にあって活躍した。そして嫡家の重広が慶長四年（一五七七）庄内の乱で戦没した後、叔父隆秋の子重秀が跡をついだが、重秀は慶長十六年（一六一四）島津義久の死後、殉死したため、隆豊が家督代となって伊集院神殿に移居している。しかし、家嫡には隆秋の女が嫁した留守藤景の子半右衛門重栄がつぐことになり、隆豊は二男家の当主として嫡家ならびに島津義弘の恩遇をうけた。次に掲げる年末詳文書二点は具体的にその間の事情を物語る（「菱刈文書」七ノ5）。

覚

家嫡善次郎重秀之御事ハ、義久公江殉死被成候処ニ、跡目相続被成候男子無之候ニ付、私祖父越後隆豊江家督代被仰付、善次郎殿領地伊集院之内神殿江被移、家督代相勉申候、其以後家督代を辞シ申候ニ付、善次郎殿妹聟留守式部殿次男之儀ハ、血筋之甥ニ而、善次郎殿江身近倖なく養子ニ被相定、半右衛門尉重栄与被為名乗候、依之隆豊事ハ重栄江家嫡を継渡、旧領大口之内花北江立帰申候、右通ニ御座候故、隆豊事家嫡之儀ニ召載旧記も御座候、此度諸家之系図再撰被仰付事ニ御座候間、隆豊事家嫡之儀被召載被下度候、左様御法様次第ニ被成可被下候、以上、

十月十一日　　　　菱刈次兵衛印

菱刈孫太郎殿

「菱刈二男家文書」

覚

御方家之儀者、我等家之次男家ニて相別候而も曽木壱所之地有之、御方祖父越後守（隆豊）殿ハ家督代之相勤、我等祖父半右衛門（重広）江相続ニて本家江被立帰候、依之庶流之内ニても御方家之儀ハ格別之儀ニ候、此節訴之儀被申上由ニ付有筋如斯御座候、以上、

五月廿一日　　菱刈孫兵衛

重之判

菱刈次郎兵衛殿

なお、大膳亮隆秋の家は子や孫が本宗家に入ったから、跡を継ぐものを欠き、久しく絶えていたが後に重栄の子重時の家督の代に藩主家久に訴え、相良駿河入道の二男が入って後嗣となった（寛永十年頃か）。縫殿助重治で、その後が縫殿、戸右衛門重州、その後が仲蔵重宣、その後が犬市重次で菱刈右衛門家と呼ばれたのである。右の外前節でふれた重州の弟重任の系統が相良家に仕えて人吉にあり、以上の四家が近世菱刈一族の主たる嫡庶家となるのである。

## 六、北原氏と菱刈氏家人のその後

神殿に菱刈氏が移った時点で前領主の北原氏はどうなったのであろうか。北原兼親が島津貴久により本領の真幸から神殿三十町の領主として移住を命じられたのは永禄七年（一五六四）のこととされる。以来天正二年、四年には北

原氏の軍役を勤めた記録があるものの（『本藩人物志』）、その後の動静についてはあまり明らかではない。「桑原郡地誌備考」所収北原氏系図では天正中肥後二見郡に所領を与えられたとされるが、裏付けとなる史料を管見では知らない。事実としても秀吉の九州入りまでの一時的、名目的なものであろう。都城市立図書館蔵の「類聚採拾録」に慶長十六年（一六一一）正月二十一日付の勝目八右衛門入道月岑の「濃州関ヶ原立人衆之内富之隈衆」として山田民部少輔以下二十五名（うち戦死五名）の大方覚の分の交名をあげているが、その中に北原治部左衛門尉の名がある。これによれば慶長五年（一六〇〇）の段階で北原氏は富隈衆として参加していることがわかる。島津義久の富隈への移住は文禄四年（一五九五）のこととされるから、あるいは北原氏は文禄四年、義久の直臣となって富隈へ移住したのではあるまいか。とすれば北原氏の移動に伴って菱刈氏が神殿に入ったことになる。神殿の中心は上神殿であるが、現在同地段に北原・菱刈両氏の居城跡といわれる山丘がある。「鹿児島県の中世城館跡」には「上神殿城　上神殿村字向江　丘陵　山林宅地　一五〇×二五〇　不良　橋口氏・島津氏・菱刈氏　堀・空堀・たて堀　別称城山」とあり、『日本城郭大系』には「神殿城」として「伊集院町上神殿　上神殿城ともいう、橋口氏の居城、のち菱刈氏が居城」とあり、『伊集院郷土史』には「上神殿上之段の城は地形空濠等まだその旧形を察することができます。その後日向真幸の北原氏がその封を移されてこの城に住むこと約十年、そのあとには菱刈の菱刈重広が移された」とある。現在入口に平成七年町教委の立てた「上神殿城跡」の説明入標柱があり、民家奥に山上に達する道があり、山中に空濠、土塁などよく旧状を残している。

北原兼親については『本藩人物志』によれば、兼親の後嗣として比志島義興の弟兼茂がそのあとに入ったとある。また、前出北原氏系図によれば兼親は天正六年（一五七八）神殿に死去とある。比志島氏系図によれば義基の子義興は慶長四年二月、弟北原兼茂、氏族源左衛門国家と伏見に至りて義弘公に勤仕、同六月伏見に病去とあり、次子兼茂は彦次郎、治部左衛門尉、北原又太郎兼親養子とある。とすれば北原氏は隣郷の比志島氏によって継承されたことになる。『国分郷土誌資料編』所収の「服部日記」の国分新城の屋敷配置図には、山上の御仮屋（現在公園展望塔付近の位置）に隣接して諸屋敷中でもっとも広い屋敷の主が北原治部左衛門尉とある。また、同図の説明文には「高三百六十石弐斗壱升　北原治部左衛門、住士肝付家末胤、持高之内百石ハ北原伊十院幸侃江不致随身、忽チ逆心之由ヲ達貴聞候処、知行被行候」とある。「隅州国府金剛寺龍護院五峰山由来之事」によれば「夫当時者慶長九年甲辰龍伯尊老義久公従浜之市所移居城於国府新城也」とあって、義久の富隈城から国府新城への移居を慶長九年（一六〇四）のこととしている。義久の国分居館への移住に先立って新城が修築され、富隈衆らから選抜された諸士が山上に屋敷を構えたが、その中で北原氏が筆頭格であったといえよう。さらに「国分諸古記」の「慶長十年国府衆中」（〇印のみ五百四十四名）の半ば頃に「北原治部左衛門尉　子雅楽助」の名をみる。また、元和五年（一六一九）二月七日の「於上様御代国府諸士起請文写」に喜入吉兵衛尉以下二百十八人の連名中として「北原右衛門尉兼有」と「北原雅楽助兼康」の名をみる。もちろん北原氏は菱刈氏の家人中にもおり、大口衆中にも名がみえ、国分士に限ったわけではないが、既述のごとき経緯からその嫡系は真幸（飯野）→神殿→富隈→国分と居を移したといって間違いあるまい。はじめの二か所では領主として、後の二か所では衆中の一人として。

さて、現在上神殿城跡の対岸に小祠があって天神像を祀ってある。すでに棟札などは失われているが、『伊集院郷土史』の記述によればこれこそ文禄四年（一五九五）菱刈重広が上神殿に移居して以来、本城から諸神諸仏を奉持して直臣円田三河守重経をして永く祭祠せしめた菱刈氏の氏神の跡に間違いない（「伊集院由緒記」）。近世城下士としてかつ一所持の上士として各地の地頭職を歴任、家老職などについた同氏は早く上神殿の領地を失ったが氏神の地のみは久しく格護し続けたのである。また、「菱刈家文書」によれば同氏は幕末期の文久三年（一八六三）正月、家計の立直しを期待して日向小林に新開地を求めたりしているが、明治三十三年には同十二年官有地となった本貫の地本城（東太良村大字南浦に下西太良村大字小床ニ至ル山林六百九十九町歩余）を回復しようとして上訴までしている。

以上迂遠な史料解釈を重ねてきたが、結論としていえることは、今に旧態をとどめる菱刈本城の城主、領主の座は天正二年、菱刈氏の手から離れ、同氏は伊集院神殿の城主・領主に移ったとする通説は誤りで、その方針は示されたものの、現実的には施行は無理で、本城には菱刈重猛室の薩州家出身の大にが居住し、他所にあった重広や叔父の隆秋（商）と連繋をとりながら新領を求めて運動を執拗に継続していたように思われる。そして、結果的に神殿への重広の移住は文禄四年のこととしてよいであろう。新しい本城の城主・領主には佐土原島津氏の豊久の弟で一時東郷家を嗣いだ忠直（室は上井覚兼女）が任じられたが、同人は朝鮮出軍中病を得て帰国の後、佐土原に身を寄せていた。慶長五年（一六〇〇）関ヶ原の戦いで豊久が討死、そのため佐土原を退去せざるをえなくなり、一時高岡田尻村の小城に居住、慶長十五、六年に至り領地菱刈本城に移ったという。次子重経は慶長十七年、三子忠頼は同十九年いずれも本城で生まれており、忠頼の子孫は本城を氏名とした。忠直自身は同年隠居し、桑原郡三代堂村に移り、元和七年に（一六二一）に没している。以後本城は直轄領となり、地頭が任命されている。「諸郷地頭系図」によれば元和より寛永初比として新納刑部大輔忠清の名があげられ、以後代々の地頭名が記されている。

本城にあった菱刈家の家人らはどうなったのであろうか。その中にあって神殿に移り菱刈家の氏神を勧請し、その祭司となった円田三河守重経及びその子孫は近世を通じて菱刈家のため尽力を惜しまなかったのである。

終わりになお残る疑問の点をあげ、今後の検討に委ねたい。一は何故、菱刈家の系図で自ら天正二年に本領の本城を曽木とともに返上し、伊集院神殿に移ったと記したのであろうか。或いは神殿が予定地とされたものの、先住の北原氏の処遇が定まらなかったためその異動次第移住の内約があったことによるのかもしれない。二に、重広に代わって菱刈氏を代表し、島津氏と全面対決した隆秋のその後について『本藩人物志』は球磨に退去したとのみで何も記さないのであろうか。本城が文禄四年まで菱刈氏の格護するところであり、隆秋も重広を助けて所領の確保に尽力していたことは数々の史料によって明らかなのにである。これまた一時演じた華々しい島津氏への敵対行動に関する配慮によるものであろうか。

## 七、補遺―「末吉根元帳」にみる菱刈氏家人―

一・四・六節において一箇所宛、三点につき補正をお許しいただきたい。

第一は一七二頁に「すなわち中世末より近世初頭にかけての本宗菱刈家歴代重副・同室・重州・重猛・重広が本城の周辺に葬られていたわけで、そのことは本城の同家の本拠地であることを物語っているものといえよう」とあるくだりである。成稿後、重州・重猛墓のある瓜の峰の隣接地から多量の墓石（約百七十個の五輪塔・宝塔残欠）が発見され、同町出身の立正大学史学科在学生（現在伊佐市役所職員）の原田義壽氏によって調査が行われたことを知った（同氏、一九九九年七月一日「鹿児島県伊佐郡菱刈町瓜ノ峰、治山事業における出土資料等についての報告」）。それによれば、従来知られていたものより遙かに古い「縦慧禅尼　文和四年（一三五五）乙未四月初六日」の銘文のある地輪もあり（他に文明三年七月塔身銘など）、本城周辺の一帯が南北朝期すでに菱刈氏の本拠地であったことを裏付ける有力な資料となった。今後の調査結果に期待したい。

第二は一八六頁の西川南方神社に現存する天正十九年（一五九一）七月二十一日付の棟札に「大施主藤原朝臣忠豊」とあるのは佐土原領主忠豊（豊久）に間違いないとする資料として宮崎市佐土原町巨田神社の文禄五年（一五九六）霜月十六日付の棟札（大檀那藤原忠豊朝臣）の存在することである。（『社寺の国宝・重文建造物等　棟札銘文集成―中国・四国・九州編―』国立歴史民俗博物館、一九九三年）大工はともに井上土佐守とあり、井上氏はこのころ旧伊東氏支配下の日向佐土原方面での活動が知られている（『宮崎県史』通史編中世所収、若山浩章「棟札に記入された職人」）。私は南方神社の棟札を関ヶ原で戦死した忠豊（豊久）の弟忠直（はじめ東郷氏、のち復姓、子孫本城氏）による移転奉納かもしれないとしたが、これは依然推測の域を脱していない。忠直の本城領有は文禄五年以降慶長十七年（一六一二）に至るが、実際に居住したのは慶長十五年以降短期間であったらしい（南方神社の棟札の調査考察については菱刈町在住の高牟礼行真氏の協力を得た。記して謝意を表す）。

第三は一九四頁にふれている本城にあった菱刈家の家人らはどうなったのであろうか、という問題である。円田氏のことのみ紹介したが、もちろん神殿に移住したものは他にもいたはずである。しかし本城にとどまったものも少なくなかったであろう。このことについて「末吉根元帳」など（曽於市指定文化財、『末吉郷土史』所収）はよい手がかりを与えてくれる。

庄内の乱で伊集院忠真の弟伊集院小伝次の軍の立籠る末吉城を包囲する軍に動員され、終息後新たに設けられた末吉外城の衆中として各地より召集された人々の名簿、履歴を後から書き上げたものが慶安三年（一六五〇）二月の末吉根元帳であり、それよりやや遡りその時点の申告書の形でまとめられたものが末吉衆中引付写であるといえよう。前者に合弐百四拾八部とあり、それはほぼ近世初期の末吉衆中の数といってよいであろう。この両史料を用いた研究として桑波田興氏の「薩摩藩の外城制に関する一考察―居地頭制下の地頭と衆中―」（宮本又次編『藩社会の研究』ミネルヴァ書房、一九六〇年所収）がある。近世初期の衆中召移しの実例として慶長四年から七年に至る間の末吉衆中の例を紹介している。それによれば中でも肝付高山からの六十四、菱刈本城からの七十三、曽木からの四十四と群を抜いて多い。次に前身分別にみれば前代以来の衆中（島津家家臣）が七十四、肝付家中が四十七、祁答院家中二十二、菱刈家中三十二、北原家中三十五が特に多い。菱刈家中の内訳は本城が二十三、湯之尾が三、曽木が五、馬越が一となり、北原家中の内訳は曽木が十九、高山が一、恒吉が一、本城が一となっている。すなわち末吉へ召移しの本城住の者の前身は菱刈家中が二十三、北原家中が三十、祁答院家中が一、前代以来の衆中ら（島津家家臣）が十九ということになる。北原家中は永禄七年（一五六四）、北原家が真幸から伊集院神殿へ所替えになってから後の移住であろう。これに前代以来の衆中などを加えれば三分の二は菱刈家中以外ということになるが、この傾向は文禄四年（一五九五）、菱刈氏に代わった東郷（本城）氏が入部した時にもすでにみられた状況ではなかった。すなわち、本城には菱刈家中とその他の衆中とが併存していたのであり、そのことは天正年間菱刈氏領域時代にもすでにみられた状況だったのではあるまいか。ともあれ慶長五年（一六〇〇）の段階で本城に本城衆中がおり、その一部は元菱刈家家臣であり、また北原家家臣であったが、彼らの中相当数が末吉に歴々衆に率いられて移住、その後末吉郷郷士としての道を辿ったことは紛れもない事実である。今その一、二例を末吉根元帳、末吉衆中引付写で紹介しよう。

「末吉根元帳」の森志摩之介の項には、「右先祖事、本来菱刈家之人ニ而本城ヲ飯野より被成御下知之刻、被召出暦々ニ罷成、慶長五年末吉江罷移、御地頭村田雅楽助江相付御奉公相勤申候」とあり、「末吉衆中引付写」の方には、

引付

都城衆中

黒木彦左衛門

右菱刈本城ニ而衆中ニ罷成候、本来ハ菱刈殿家来ニ而候、

（十三名分略）

右者庄内御弓箭ニ付末吉江罷移候様御引付を　以被仰渡候ニ付右人数承届召列罷移申候、以上、

慶長五年子十一月廿五日

森志摩助

末吉御地頭

村田雅楽助殿

とある。すなわち森志摩之介は先祖が旧菱刈家家臣であったが、本城が飯野（義弘）の支配下に入った際に召し出されて島津家家臣（衆中）となり、慶長五年本城住の他の衆中黒木彦左衛門ら十四名を引率して末吉に移住したといっている。そして黒木彦左衛門の養子郷左衛門尉が根元帳にその履歴を記しているというわけである。

黒木郷左衛門尉

右養子親彦左衛門尉事本来菱刈殿衆ニ而候、本城より衆中ニ罷成、末吉慶長五年ニ罷移、御地頭村田雅楽助殿ニ相付御奉公申候、其養子ニ而候、直親本来ハ幸田主馬首次男ニ而候、本来肝付家ニ而候、村田雅楽助殿代より御奉公申候、直子無之段末吉岩川在々之居付之人孫兵衛申を養子ニ仕候、彼孫兵衛本来ハ祁答院為罷出由候、

同じく末吉根元帳の久木元吉右衛門尉の項には、「右者親伊賀守事菱刈家之衆ニ而候処ニ梅北宮内左衛門尉殿湯之尾地頭之時衆中ニ罷成、彼方より本城江罷移、夫より慶長六年ニ末吉江罷移、地頭村田雅楽助殿ニ付御奉公申候」とあり、末吉衆中引付写には、

引付

本城衆中

田原源右衛門尉

右北原家中ニ而菱刈本城之衆中ニ罷成候、

（五名分略）

園田主計助

右菱刈家来ニ而候処、湯之尾ニ而衆中ニ罷成、夫より本城江罷移候、

（四名分略）

合人数　拾壱人

右者此節庄内御弓箭ニ付末吉被召置候ニ而諸所より衆中被召移候段被仰渡、右人数家筋承届召列罷移申候、以上、

慶長六年丑三月廿七日

久木元藤右衛門尉

御地頭

村田雅楽助殿

とあり、久木元吉右衛門尉も親伊賀守はもと菱刈家家臣であったが、梅北国兼が湯之尾地頭の時に島津家家臣（衆中）となって本城に移り、慶長六年には本城衆中となっていた旧北原家々臣田原源右衛門尉、同じく旧菱刈家家臣で湯之尾で衆中となり、本城に移ってきていた園田主計助ら十一名を引率して末吉郷に移住、地頭村田雅楽助に従って衆中としての役目を果たしていることがわかる。末吉根元帳には園田主計助として、「右園田者菱刈家ニ而候処ニ湯之尾ニ而衆中罷成候、菱刈本城江罷移候、慶長六年ニ末吉江参候而地頭村田雅楽助殿相付御奉公申候」とあり、田原源之丞として、「右田原北原家之衆ニ而候処、菱刈本城ニ而衆中罷成候而慶長六年ニ末吉江被罷移、村田雅楽助殿地頭之時生養子ニ罷成候、源之丞事ハ福山衆中篠原伝内左衛門弟ニ而候」とある。引率者は旧菱刈家家臣中の実力者が起用されたのであろう。かくして本城にあった菱刈家の家人らの動静が一部明らかとなった。あわせて本城に落ち着くまでの旧菱刈領（湯之尾・馬越・曽木など）にとどまっていた菱刈家の家人らの動静についても一部知ることができた。この時期、末吉の他にも同じく庄内の乱で伊集院忠真の一族伊集院惣右衛門の立籠った恒吉城（日輪城）の攻撃に参加、乱後恒吉外城の地頭となった寺山久兼の下に衆中として活躍した菱刈本城よりの移衆十一名の存在が知られている（『大隅町誌』所収、寛永十七年「恒吉衆申出所帖写」）。史料に記載されている七十三人中、大川内与兵衛以下十名について「右十人庄内御弓箭之砌地頭寺山四部左衛門殿代菱刈本城より移番、于今如斯候、」とあり、後から加わった本村市左衛門については「右者地頭同人代菱刈本城より罷出、于今如斯候」とある。彼らの履歴は届かではないが、旧菱刈家家臣であった可能性もあろう。

【補記】本稿は鹿児島県史料（旧記雑録拾遺家わけ七）「菱刈文書」の解題執筆にあたり、史料調査中関連して気付いた点を基にまとめたものである。史料閲覧に便宜を与えられた関係者各位に謝意を表する。なお成稿後、二節の三州割拠図についての指摘は既に紙屋敦之氏の「島津領の太閤検地と所替」（早大教育学部『日本史攷究』一六、一九七〇年）表に示されていることを知った。

# 第六章　『日向記』と『旧記雑録』、真幸院領主北原氏のその後



『日向記』の史料的性格については既に『宮崎県史　通史編　中世』に説明があり、数次に及ぶ編纂の経緯から幾多の異本を生じ、項目の立て方、記述内容にも相異点があり、とくに前半については引用に際して史料批判を必要とするなどの指摘もなされている。しかし、日向の中世史を解明する上での基本史料であることに異論はない。ただ、記述の主眼はあくまでも領主伊東氏の統治の推移であり、他氏については伊東氏との関わりの上で述べられている場合が多い。その中で覇を争った島津氏についての記述がとくに多い。一方、伊地知季安・季通編の『旧記雑録』にも『日向記』は採録されているが、こちらは島津家中心の薩藩史料集であることから当然のことに島津氏に関係する部分の抄録となっている（『旧記雑録』の採録した『日向記』は普及本の卜翁本ではなく、山之城本系の玉里文庫本によっている）。

ここで南北朝期以降、大隅国串良院から移って真幸院領主となったとされる北原氏に注目してみよう。『日向記』はどの程度北原氏についてふれているであろうか。すると、項目の上で目にとまるのは卜翁本巻六「北原三河守殺害事」だけである。もちろん、本文中に伊東氏に与力したり敵対したりした場合に北原氏の名は出てくるものの、まとまった記述は右項及び同「島津代々家伝事」の項で北原氏の略譜と伊東義祐が永禄三年（一五六〇）女婿北原兼守の死の前後、内政に干渉して北原氏一族の対立を激化させ、逆に島津氏の真幸院進攻を誘発してしまうくだりくらいに

過ぎない。そして、『旧記雑録』は『日向記』のこの項を採録せず、「箕輪伊賀自記」・「長谷場越前自記」・「樺山玄佐自記」などの記事をのせ、しかもその内容は『日向記』のそれと一致しないのである。また、北原氏の通史にとりあげられている応永二年（一三七五）の相良・北原氏の徳満城での互殺事件や、永享二年（一四三〇）同じく徳満城での総州島津家久林の窮死事件などの記述もない。このように、『日向記』は北原氏の歴史を明らかにするための一部の重要史料を提供してはくれるものの、全体からみて乏少であるといわざるを得ない。しかし、これは前述した史料の性格上、むしろ当然というべきかもしれない。

さて、相良・島津氏の合意によって真幸院領主に迎立され、結果的に領地を追われ、薩摩国伊集院上神殿に移されてからの北原兼親の動静については詳細を知りえない。ただ、『本藩人物誌』には「天正二年（一五七四）十月廿五日伊作八幡御参詣御供ノ内北原殿アリ、同四年（一五七六）高原ニ従軍ス」とあり、これは『上井覚兼日記』にも記されているから、そのとき、兼親は義久に従軍して旧領の真幸院小林（三ツ山）・飯野にも再び足を踏み入れたことになる。『桑原郡地誌備考』（鹿児島県立図書館蔵）所収の「真幸院主北原氏系図」（抄出後掲）によれば、兼親は「天文六年（一五三七）生、天正六年（一五七八）死、家老馬関田右衛門尉野心ニ依リ、兼親并母同前、求摩ニ落行、其後鹿児島荒田庄被召移、吉松并伊集院神殿ヲ賜ヒ、神殿へ居テ死ス」とあるから、三十七歳で移住先の伊集院で没したことになる。その跡は比志島義基の二男兼茂が婿養子として相続している。比志島氏は伊集院の隣郷満家院（郡山）の領主で早くから守護島津氏に服属、その信任も篤かった。兼茂は系図に「永禄九年（一五六六）生、寛永十七年（一六四〇）死」とあるから、十三歳で相続、また「神殿ニ居位候処、肥後御手ニ入リ、肥州ニ見郡ニ召移サルノ処、京衆下向ノ節下城、久々牢人ス」とあり、これに従えば島津氏の肥後入りで天正十年以降天正十五年（一五八七）まで二見に移り、帰国後一時所領を失っていたことになろう。同系図によれば兼茂の一子兼次は「天正十三年（一五八五）於伊集院生、慶長十九年（一六一四）死」とあり、二子兼時は「天正十五年於肥州二見郡生」とある。現在鹿児島県日置市伊集院町上神殿に古城跡があり、「上神殿城跡」の標注が立ち、北原氏ついで天正二年（一五七四）以降菱刈氏の治所跡との説明が記されている。しかし、菱刈氏については菱刈郡本城の地からこの地に移ったのは同年ではなく、最終的には文禄四年（一五九五）のことであったとする（『鹿児島県史料 旧記雑録拾遺 家わけ七』解題、菱刈文書の項）。とすれば、北原氏はそのころまでは伊集院上神殿になお関わりを持ち続けえたのかも知れない。

その後の経緯について詳述するのは『庄内陣記』（鹿児島大学附属図書館架蔵玉里文庫本）であり、それには伊集院系図を掲げ、忠棟（幸侃）の弟に義智をあげ、「河内守義弘養子、左馬介、比志島家相続、式部太輔、号清庵、高城城主、嫡子比志島左馬介義興、父離仕忠恒公、鹿児島ニテ有功」と記している。義智は『比志島氏系図』（『鹿児島県史料 旧記雑録拾遺 諸氏系図三』）で義基とあるのと同人となる。右系図では伊集院氏との関係にはふれていないが、義基が天正十五年までは日向曽井地頭として活躍したことは『上井覚兼日記』にみえ、伊集院幸侃が文禄四年北郷氏に代って都城に移り庄内を領有するに至って再び日向三俣院高城に入り、一族として幸侃を補佐したことは近衛信輔の『三藐院記』の記述からも明らかである。幸侃謀殺の報をうけて子の忠真が都城に一族家臣を集め協議した際、義基が恭順を主張、抗戦を決した後は高城に籠もって同調したことや、その子義興は父とは別行動で家久に従ったこと、そして弟にあたる兼茂も忠真から協力を求められながら応ぜず、いち早く義久に情勢を報じて恩賞を与えられたこと等、おおむね事実とみてよいであろう。さらに、物語風に記述したと思われる『庄内軍記』の記事もほぼ同様である。

『服部日記』（『国分郷土誌資料編』所収）には国分新城の屋敷割図をのせているが、山頂部の御仮屋に近接して北原

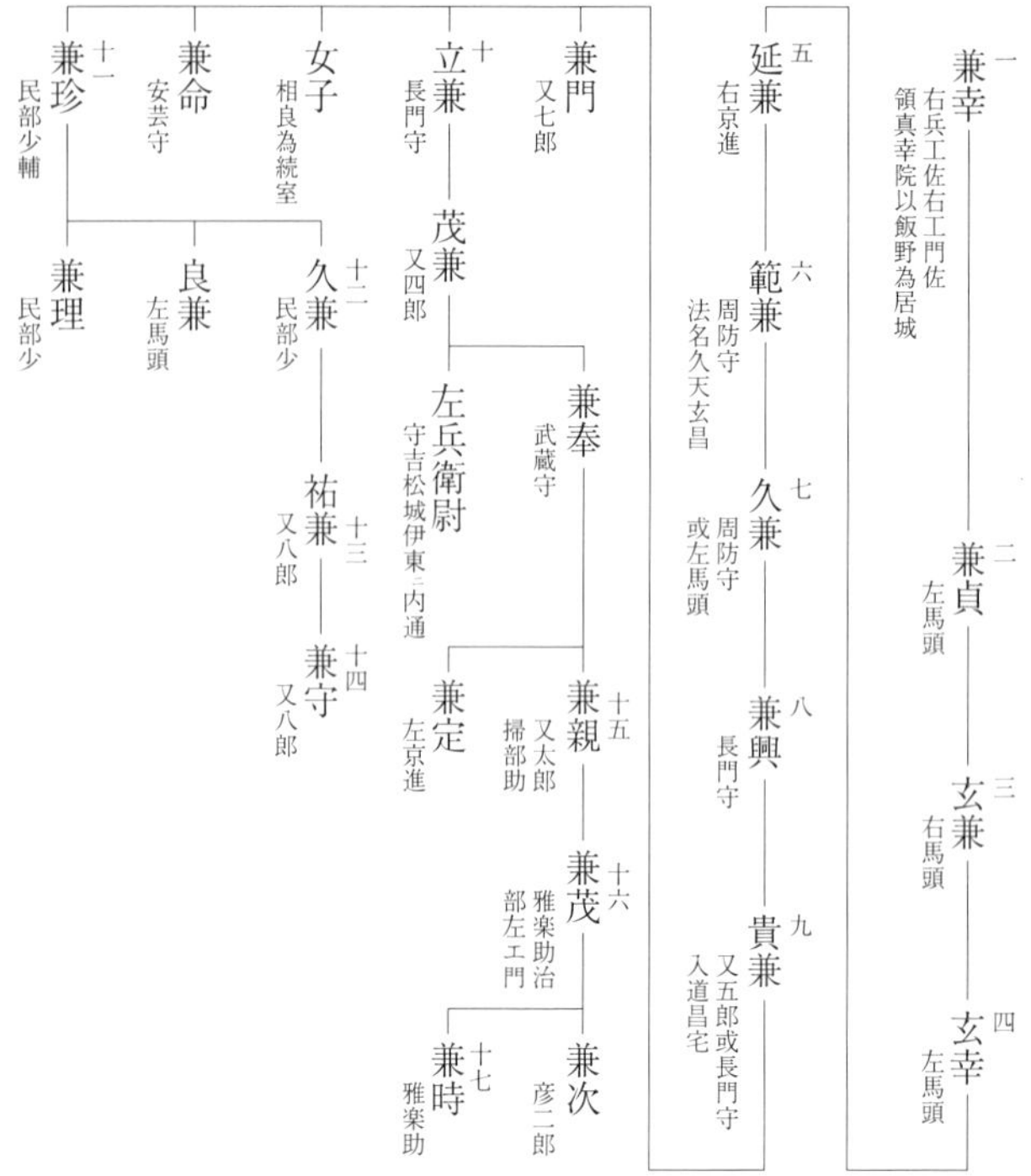


（本系図は伊地知季通自筆分、内容は『日向記』の記述とも相違する。また『日向纂記』等は茂兼を兼門の子としており、なお検討を要する。）

真幸院主北原氏系図

治部左衛門（兼茂）の屋敷を描き「高三百六十石弐斗弐升伊十院住士、肝付家家胤、持高之内百石ハ北原伊十院幸侃江不致随身、忽チ逆心之趣ヲ達貴聞候処、知行被行候、北原幸侃之流」と付記してある。登載者二十四名は各郷から富隈衆として選抜されて慶長九年（一六〇四）頃新城に居住を命じられた武士達と思われるが、その中で特に北原兼茂が重用されているようにうかがえる。それは、伊集院幸侃の縁族でありながらいち早く義久に忠誠を誓い行動したことに対する処遇とみてよいであろう。庄内の乱に続いて起こった慶長五年（一六〇〇）の関ヶ原の戦いには直前に伏見で病死した兄比志島義興に代わって叔父の国家とともに参戦、捕虜となったが、特技の「天吹《てんぷく》」を披露してゆるされたという（鹿児島大学附属図書館所蔵「川田家文書」所収「比志島氏系図」）。兼茂はその後、義久旗下の国分衆中として、その子孫も長く国分に居住したようである。しかし、鹿児島城下士となったものもあり、他に菱刈氏の家人になったものや、大口衆中となったもの等、北原氏一族は各地に分散しており、目下前出のもの以外これといったまとまった史料は伝えられていないのである。

以上、真幸院を去った後の北原氏の動静について一、二知りえた史料に基づき紹介してみた。それにしても、一時期真幸院を広く領有支配してきた北原氏の衰退没落はあまりにも唐突の観がある。分出した一族の各城域の占有割拠、周辺の伊東・北郷・相良・島津氏などの進出、干渉謀略などによって勢力の結集に失敗・瓦解してしまうが、代わってその領域をほぼ丸ごと手中に入れた島津氏の統治のあり様と重ね合わせて、中世の北原氏のそれについても今後検討の要があろう。史料の不足は否めないが、『日向記』・『旧記雑録』、他の史誌類や近年活溌な歴史考古学の成果、豊富な史跡、石塔の精査等の総合的研究によって、なお実相にせまる余地は残されているものと考える。たとえば、早くから真幸院の中心と目されていた飯野の、山城の東麓に位置し、享禄三年（一五三〇）ごろ北原氏の援助の下で「碧厳録」や「聚分韻略」などの出版を行った長善寺住僧の居所跡を訪れるとか、あるいは永禄五年（一五六二）六月二十一日に島津氏（伊集院忠朗・北郷忠徳・肝付兼盛）・北原氏（兼親）・相良氏（深水頼金・東長兄）三者間で取りかわした起請文に神名として日本、九州の鎮守社名、薩摩・大隅・球磨の惣社名などについで真幸院の鎮守として白鳥・狗留孫・一二三之宮の名が記されているが、これら真幸院内に散在する信仰の拠点に立って歴史地理学的・景観的考察を加えることも有効なのではあるまいか。

# 第七章　「島津久章一件」史料並びに覚書

『鹿児島県史料 旧記雑録後編六』所収の巻九十七に、島津大和守久章出奔《ぽん》事件の関連文書数点が採録されている。久章は垂水島津家の祖忠将（島津家十五代貴久の弟、永禄四年七月十二日隅州廻、馬立にて戦死）五代の子孫で、兄久敏と分かれて新城島津家を興した人物である。すなわち、忠将―以久―彰久―信久―久章とつながる。彰久夫人は島津義久二女、信久はその生子として男子のない義久の相続者の一人としてみられていた。しかし、結果的には義久の弟義弘の子家久が義久の第三女（持明夫人）を娶って家督をつぎ、さらに家久の子光久が家統を継承した。久章は信久の子として重んじられ、家久の女婿でもあった。事件は家久の死後、代わって藩主となった光久の名代として久章が出府、幕府への使節を勤めた際（寛永十七年〈一六四〇〉）に起きたのである。

久章は江戸を立って帰国の途中、五月二日京都三条に宿をとったが、十七日昼頃に宿を出たまま帰らず、家人の伊地知大蔵丞が五月廿二日になってその旨を京都木之下に詰めていた伊地知杢右衛門尉（伊地知季安・季通の家祖重政）に届け出たことにより明るみに出たのであった。以後、江戸や国許家老の指示をうけて捜索にあたり、遺留品を調べて手がかりを求めるなどしたが、なかなか行方がわからなかった（遺留品中に系図箱はあったが、その中身の系図が行方不明というのは久章が常時携帯していたと思われ、相続問題やおのれの出自に強い関心のあったことを示しており興味深い）。ところが、ちょうど家久の法事を営むべく準備中の高野山蓮金院（島津氏の仏事を掌る関係の深い寺坊）から七月十日、京都蔵奉行の伊地知重政らに久章が来院したことを知らせてきたのである。

以後、藩当局は事件の発展・波及を警戒し、出家遁世を望む久章を説得し強制的に帰国させ、川辺の宝福寺（通称山の寺、谷山境にあり、薩摩藩の高野山に相当する政治犯幽閉の場所に目されていた）に幽閉、のち正保二年（一六四五）、遠島のため岡寺より谷山清泉寺に移送したところ、護送役人と久章の家人との間で斬り合いとなり、久章も刀を振って戦い、同寺内において憤死を遂げた。

右のいわゆる「島津久章一件」は、近世初頭における一連の島津本宗家家督相続争いの最終段階に位置づけられる重要事件として著名である。その関係史料も、『旧記雑録』収載のものをはじめとして少なくない。久章が新城島津家の祖であるところから、当然「新城島津家々譜」に詳述されているが、その本家にあたる垂水島津家の「垂水島津家々譜」や「垂水島津御家伝記」にも若干の異同はあるものの関連の記載が少なくない（両書とも『垂水市史史料集6　垂水領主島津家家譜』垂水市教育委員会、一九八五年所収、今回は町田満男氏の御厚意によりその底本となる故山口栄之氏書写本を利用させていただいた）。

現在、東京大学史料編纂所所蔵の旧島津家編輯所蔵本の中に「島津又四郎久敏同大和守久章相続争ニ関スル記録」と題する写本一冊がある。これは、大正十三年（一九二四）に山口九十郎氏所蔵写本を書写した旨の奥書がある。ところが、その内容は本文中のはじめの一節に「以上新城末川家ノ古文書抜大正十三年八月十九日於鹿児島写」とあるように、現在都城市におられる新城家の子孫末川久若氏所蔵の「新城家譜」の記載とほとんど変わらない。ただ、前者にはまま誤写誤読・脱落があり、後者には腐損による難読箇所が少なくない。そこで両者を対校し、修補を加えつつ左に掲げよう。

### 久敏大和守久章相続争相模守毒殺ノ事

相模守嫡子又四郎久敏（母ハ島津中務太輔家久之末女也）耳聾ノ病有テ容貌愚ナル様ニ相見得父相模守ノ気ニ入ラス、二男大和守（母ハ家臣池田六郎左エ門秋宗女也）家督サセ度為存知由候、依之家中二葉立チ、又四郎方、大和守方ト相分リ睦敷無之候、其節如何ナル事カアリケン、相模守鹿屋ヨリ垂水ニ差越、家老町田勘左衛門・川上出羽・川上内匠三人ヲ垂水城ニ於テ手打致候、サ候テ大和守へハ祖母新城様御仮粧田三千七百斛ヲ譲ラセラレ、其上大和守奥方（太守家久公御姫）御仮粧田千斛取合高領四千七百斛ヲ以垂水二男家ト別立候、領地ハ鹿屋新城ニテ候、扨又相模守ハ勇猛相勝レ国中之人茂相恐タル事ノ由候、然処家久公被思召候ハ竜伯公守護職御譲ノ儀双方ヲ御兼為被成候（事候）、然者守護職ノ事（之為相迦事）ヲ万一相模守無念ニ存候テ別心共ハ有間鋪哉ト被思召候処ニ談（讒）者有之、弥御疑為被遊由候、右ノ風聞相模守承候テ相驚キ御納殿役人東郷肥前守・四本伊豆守・児玉筑後守三人ヲ頼ミ一毫モ別心ノ儀無之、忠貞ヲ以テ奉事心底候、御疑被遊候ハヽ、霊社ノ神文相調可差上由ニテ御内証ヨリ神文差上候へハ此上無（所脱）残ト御返答為有之由候、然処相模守感冒ノ病有之、御典薬松井玄性ト申医師ノ薬ヲ用候時分、毒薬ヲ被盛候ヲ用毒味ヲ察シ、則砂金ヲ煎シ候テ玄性ヲ招入、対其方何モ意趣遺恨モ無之候、誰人ノ謀計ニテ毒薬ヲ盛候哉ト相守（尋）候へハ絶テ毒薬ヲ進不申候、今朝ハ本方ニ加味仕候間御味可違由申候、然共不審ニ存候、右薬ヲ煎置候間為試可被飲挨拶ニテ玄性無是非飲マレ候ヲ則退出之処ニ、我宿ノ門越ニ顚倒シテ被相果候、依之相模守事ハ漸々身弱罷成、終ニハ相果候、此段大和守兄弟別テ残情（惜）ニ存候テ御披露申上候ハ親相模守為何罪科モ無之処ニ不思儀ノ毒害ニ逢候、イカサマ張本ノ人可有之候、御穿鑿被仰付被下度御訴申上候処ニ玄性ヲ科人ニ成シ、知行三百斛被召揚、妻子ハ御内被召放候、然共大和守心底不相晴、内々遁世ノ志為有之由候、

（朱）「忠堯嫡子町田勘左衛門ハ相模守手打、川上出羽ハ桑波田市右衛門、川上内匠ハ安田孫左衛門打取、依之太守家久公ヨリ相模守ヘ被仰渡候ハ町田・川上ノ儀ハ先祖代々由緒有之、被召附置候者ノ子孫ヲ披露モナク誅伐ノ儀不届候、何ノ訳ヲ以誅伐シ（被）致候哉ト御崇（マヽ）御座候、然者中立（差）無之ニ依テ始良ノ含粒寺ヘ相模守一年ノ寺領ニテ御断申候テ事漸相済候、此根元ハ嫡子又四郎ヲ隠居サセ、二男大和守ニ家督仕ラセ申企ニ候処ニ右三人之役人帰服不仕事ノ故誅伐之由候、」

以上新城末川家ノ古文書抜、大正十三年八月十九日於鹿児島写、

久章

初名菊千代　大和守

元和九乙卯年四月五日於垂水誕生、母家臣池田六郎左衛門秋宗女室　太守家久公御女　正保三乙酉年五月十日卒、法号桃岳英仙大姉、歳二十六　玉牌安置桃仙院玉屋在南林寺、

寛永十七庚辰年　光久公ヨリ公方家光公ヘ年頭之為御礼使大和守ニ被仰付、前年癸卯十一月鹿児島ヲ致発足、江戸ヘ閏十一月二十三日着仕、就テハ登城之節訳有之、大和守病気之由ニテ新納右衛門殿為名代登城御座候テ公方ヘ御礼使之御目見相済、其後大和守ハ病気快為被成由ニテ島津下野守殿同心ニテ阿部豊後守殿・土井大炊助殿・松平伊豆守殿・三浦志摩守殿・朽木民部少輔殿・阿部対馬守殿・堀田加賀守殿此御七人ヘ参上仕、大和守年頭之御礼使ニ国本ヨリ年内罷下候処、病気到来仕御城勤モ不相叶、別人相勤申候、頃日得快気候ニテ下野守召列レ御見上申上候（ル）由也、御進物ハ巻樽壱荷ツ、ニ赤貝なしもの一桶ツ、也、然ハ正月二十八日阿部豊後守殿ヨリ伊勢兵

部少輔殿方へ被仰遣候ハ大和守同道ニテ登城可仕旨被仰下登城仕候処、家（光公）老間ヨリ御取次ヲ以御時服二拝領仕、御奉書ハ松平伊豆守殿ヨリ御渡被成候テ御城退去仕候、御家老中へ御時服拝領之御礼申上候テ江戸へ滞在仕候処、巳四月四（十）日新納右衛門殿御取次ニテ江戸御暇被下候テ同二十日ニ罷立、同五月二日ニ京着致、洛中洛外為見物滞在候処ニ、同十七日大和守外方へ近習役井上伊慶左衛門壱人召列罷出行衛不相知、依之方々手分ヲ仕家来共相尋候得共不相知、同二十日役人伊地知大蔵、京木之下御屋敷御蔵奉行伊地知杢右衛門へ右之趣披露候へハ随分相尋可申由承候、然処ニ七月十日此高野山蓮金院へ道心ヲ起サレ居候段相聞得、同十三日役人高野山ニ参、対面仕候テ出走ノ旨趣ヲ相尋候へハ兼々遁世之志有之、甚（其）上今度於江戸子細有之、公方様へ御目見不仕儀ヲ残情ニ存、鬱胸之余リ道心ヲ為起由候、然共蓮金院委細ヲ御届、剃髪法衣ハ未被差免候、依之役人申候ハ先此御寺へ滞留被成可然由申置、京都へ帰リ、右之趣杢右衛門へ申遣候処、右前方琴月様御骨高野山ニ御徒ニ付御家老川上因幡守殿御用人平田狩野之介御供ニテ高野御仏事御作法御取仕廻ニテ上方ニ被為有命ニ付、杢右衛門ヨリ因幡守殿へ被申談候テ狩野之介、杢右衛門両人ヲ以大和守ノ歴々ノ御□（一門）トシテ光久公へ無御披露御遁世ニ付、イカサマ御分別モ可有ク候へ共、他国へノ聞得取沙汰モイカヽハ敷候テ笑止千万ニ奉存候間、御下リ可然御教訓候へ共落着無之候、依テ因幡守殿ヨリ以飛脚江戸へ光久公へ御申上候へハ出家之志候ハヽ国本ニテモ相済候旨、先可被下之御差図御座候テ高野山相迦レ大坂ニ七月廿四日相下リ、夫ヨリ帰国ニテ寛永十八年辛巳九月六日直ニ川辺ニ候山之寺ニ寺領被仰付候、其内井上伊慶左衛門事大和守出走之時節壱人供仕諫言モ不申、同敷欠落仕科ニ依テ公儀ヨリ遠流被仰付候、其代役安楽休兵衛へ被申付相勤申候、就テハ大和守へ光久公ヨリ遠流ノ儀市来備後守（大和守後見役）ヲ以テ被仰渡候処ニ大和守御返答申候テ未島津家ニ流罪ノ例無之候間此儀ハ御断ニ奉存候、切腹被仰付候ハヽ可奉畏由申上候、依テ備後守モ笑止ト存三日滞在諌言申上候候得共納得無之故、無是非光久公へ為被申上由候、就（然）ハ其後御内意（候）ハ山之寺ハ深山ニテ住居不思議（如意）ニ可有ク候間、門前一之瀬村ニ可罷居ニ付一之瀬村ニ移候、（其上）鹿屋新城ヨリ家来共五六十人ツ、替合ニテ相詰申候、又谷山衆中モ三四人ツ、為番人被召附置候、左候テ正保二乙酉年十二月初ニ大和守ヨリ家来共ニ申渡候ハ（我等寺領□有事之時必相知候間）皆々帰リ歳ヲ家ニテ迎可申由、相残候者財部権左衛門、安楽休兵衛二人、小者ニ山下才七・同才次兄弟、其外人足四五人相詰居候（一之瀬之者家来減少之時ヲ見合可申出之御内通為有之由候）然者因幡守殿御取次ニテ光久公ヨリ大和守方へ某国光之刀被致所持候御所望被遊候間可被差上候、代銀之儀ハ後日可被下由奉承知候ニ付、右刀一腰安楽休兵衛宰領仕、因幡守殿御宅へ参、與力衆ヲ以差上、其外大和守用事之儀有之、屋敷へ滞在仕候、然処へ御内意候ハ、一之瀬人口遠ク万事不如意ニ可有之候間、山之寺末寺清泉寺罷移可然由被仰出候故、同十二月十日清泉寺被移候処ニ、翌十一日ニ光久公ヨリ大和守遠流可仕由ニテ清泉寺下ニ関船壱艘相廻リ御上使并乗船差引諸道具役之検者トシテ御道具奉行三原伝左衛門・新納仁右衛門被差遣、万一不慮ノ儀モ為可有之鹿児島ヨリ足軽モ多人数被遣、谷山衆中モ追立走向清泉寺ヲ取囲テ先上意之趣番人ヲ以案内申入候処ニ、不随貴命、番人ヲ悉ク切散シ寄手之人数へ寄ヤ懸と呼リ清泉寺板縁ニ踊出候処ニ、本結さつと切、毛髪逆ニ立登リ、眼拆テ血ヲ瀉ミ其勢宛モ如樊噲ニ依而雖十重廿重囲、其威ニ懼レ曽テ一人モ近付人ナク候、三原伝左衛門弓之名人山ニ登リ岩上ヨリ弓ヲ以被射候処ニ、相対ニ太刀之勝負ナキ事ヲ恨ミ、庭石ニ腰ヲ掛致切腹候、然ハ大勢差懸鑓数本ヲ以突詰タル由候、尤財部権之丞・山下才七・同才次モ、戦死仕候、此時新納仁右衛門被致戦死由候、

正保二乙酉年十二月十一日生害、歳卅一、法号松日庭柏庵主玉牌墓所谷山清泉寺、

相模守信久忠仍
慶長十五庚辰年四月九日祖父以久於伏見病死之後自公方家康公以久使遺領、賜嫡孫相模守忠仍歳二十六、然外祖父龍伯公在病床故移千遠方依難成孝養而堅奉辞之際、以久之三男忠興拝領佐土原、
奉辞ノ理由
相模守佐土原ヲ奉辞之子細ハ龍伯公御宗領孫ニテ内々御意御座候ハ我ハ女子三人ニテ男子ナキニ依リ薩隅日三州之守護職ヲ相譲ヲシナシサ候ハヽ、御隠居領之高六万斛、是ヲ後年可被下之旨兼テ相模守へ被仰聞置候、依之佐土原ノ儀頻ニ御断為申上候、其以前相模守へ守護職御譲ノ儀御家老中ニ被仰出候処、島津下野守殿ヨリ御申上被成候ハ御血脉ニ付テハ御世譲ノ儀ハ御尤奉存候得共、惟新様自国他国ノ御弓箭ニ御軍代被成候テ彼御勲功ヲ以御家御安全ノ儀諸人目前ニ為存事共忠賞ニハ惟新様ヲ御養子ト申上度候得共、御年齢左迄相違者無之候得ハ惟新様御息又八郎忠恒殿ヲ聟養子ニ被成、第三ノ御女国分様ヲ奉取合度事ノ由御申上ニテ候、然者両条ノ間龍伯公御心依難御決、正八幡宮へ被遊御参詣、御孫相模守、御甥又八郎両人ノ間、守護職御譲ノ御鬮御申上被成候処、又八郎殿へ御鬮下候テ又八郎殿御養子ニ御成被成候、其後慶長十六辛亥年正月廿一日龍伯公御逝去ノ後御隠居領御譲ノ儀モ内々之御約束ニテ何モ御証文等モ無之故、相模守申分モ不罷成候事（歳廿七歳相模守）

一読して生々しく事件の概要（経過および近因、遠因）を知ることができる。現在、鹿児島市谷山の清泉寺跡には久章の大型五輪墓塔一基と背後左右に殉死した従士の小形の墓石が残されている。

なお、右の史料中に登場する藩主光久の意をうけ使節として遠流の命を久章に伝えて説得にあたった市来備後守とは、名を家尚といい、前藩主家久代には納殿役を勤め、信任の厚かった人物で宿老伊勢貞昌とも親交があった。同家

はのち記録奉行も勤め〈家年代、宝永年間〉、子孫は鹿児島郡吉田町に居住し、同家所蔵の文書中に一点、久章一件に関わる伊勢貞昌の書状がある。左に掲げよう。

其已来以書状も不申通無音非本意候、仍大和守殿不慮之御分別ニ而高野へ被為入笑止千万可申様無之候、上様御心中之程奉察候、御子様達も思召儘ニ御座候、大事之御身上をむさと被召成何としたる魔之所為ニ候哉、御一身之儀者無御了簡候、たゞたゞ御子様達御上様之御為不可然候、乍去縦大和守殿御跡者絶候共無余儀御事ニ候間、御子様達之儀者如何様も御談合可有之候、次第ニ様子可申上候、将又今度使御進上候、御返書候間即御使へ相渡候、大和守殿被成置候御神文ニも何ニ而も子細無之候、弥御分別之浅キ儀ニ而今度如此御成行候、誰もおどし申候哉与皆々被申事ニ候、去とてハ〱御無分別不及是非候、尚期後音候、恐々謹言、

伊勢兵部少輔

貞昌（花押）

七月廿四日

市来備後様

御宿所

もって家久―光久の家督相続、その継承による主家の安泰を念ずる貞昌の、本事件に対する苦慮とその配意をうかがうことができよう（吉田市来家文書については、『鹿児島中世史研究会報』二九〈一九七一年〉収載の拙稿で紹介したことがある。同文書は近年県歴史資料センター黎明館に寄託された。また新城島津家については、拙稿「新城島津家と越前島津家―末川家文書の紹介―」〈『鹿児島中世史研究会報』三一、一九七二年〉、同「新城島津家々譜所収文書」〈『鹿児島中世史研究会報』三二、一九七四年〉の紹介がある）。

終わりに佐土原家・垂水家について付言すれば、秀吉の九州入りの際に秀長の軍に抗戦し、和議の直後に急死した義久・義弘の弟である中書家久、関ヶ原の戦いで義弘の退去を助けて戦死した豊久父子の前佐土原家に代わって入部した後佐土原家は、初代を以久、二代を忠興とする。忠興は以久の死後、佐土原入りを命じられて辞退した彰久（以久の子、朝鮮で戦死、室は義久二女）の子信久（忠仍・久信）に代わって佐土原家を継いだもので、その家臣として従ったものに垂水出身の者が多かった。佐土原家は本家の垂水家から分出した家であるが、幕府からは独立の大名として処遇され、佐土原家にもはじめのうちは鹿児島の本宗家の支配から離れて独自の藩政を進めようとする傾向があった。それはやがて本藩の政治関与を強くうける支藩の立場に変わっていくのであるが、少なくとも当初の姿勢には本家の垂水家と共通した血統の上では鹿児島の本宗家に遜色はないとする自負の意識がうかがえよう。佐土原の封地を捨てて垂水の本領に固執した信久やその子久敏・久章にしてみれば、義久の跡をつぐ資格は義弘―家久―光久の統以外に自分らにも存在すると考えたであろうし、とって代わる野望はないまでも、代償としての殊遇を期待する気持は強かったであろう。家久以来の硬軟両様の本宗家の攻勢や統制強化の前にそれぞれが自滅の道を歩み、自業自得と思わせるような数々の奇矯過激な行動の説話を残している一方で、敗者を悼む民衆の気持ちがなお受け継がれていることも興味深い（清泉寺跡の久章墓に対する供養ほか）。

垂水家は島津一門家の中でも、別格の四家の一つとして、重富（越前）・加治木・今和泉とともに高位にある。しかし、その起源は別として越前家は吉貴の二男忠紀によって元文二年（一七三七）に再興されたものであり、今和泉家も吉貴の六男忠郷によって延享元年（一七四四）に再興されたもので家の歴史は比較的新しい。ただ、加治木家は近世初期の創立で家久の二男忠朗を初代とし、しかも長子光久と同年の生まれであり、両者間に継嗣をめぐる争いがあったといわれる。当然、同家に対する以後の処遇は本宗島津家の苦慮するところであった。そのため、それまで一門家の別格と目されていた垂水家の上に加治木家を据えることになったのである。当時、垂水家もすでに久敏の跡には家久の六男久重が入り、その後も歴代本宗家から養子が入り性格を異にしていたが、なおその間にあって垂水家の特殊性を固守しようとする動きがあった。

前述の「垂水島津御家伝記」に元文二年二月十二日付の覚書を掲げているが、その中で垂水家の由緒を述べ、加治木家より上位にあるべき旨を数条にわたり弁じている。その一条を左に記そう。

一伊作家・友久家貴久公御兼帯ニ而忠幸・忠良・忠将ト御つり被成候儀不能成由、右者御家に差窒訳有之御免無之筈之儀ニ御座候、殿様御意の御事ニて可有御座候得者何様ニも御差図次第ニ可有之候、然共御代々為抽御家之御由緒ハ御取揚、只貴久公之御舎弟と計り申唱、御当代ニ御家之格相下りなけかしき仕合ニ奉存候、せめて御取揚之代りにハ御奉公之一筋を以て如古来ニて可被召置候処ニ、尚玄蕃（忠紀）様御代去る寅年ニ至て加治木壱番ニ被仰出候儀は御元祖以来数代之為抽御奉公も此節迄ニ而相消、誠ニ以て残念之御儀奉存候、

また、垂水家から分かれた新城家についても、同家が義久二女、彰久夫人が新城を領邑としたところから発し、久章の跡もその子忠清（母は家久女）が継ぎ、血統の上からも本家と並ぶ家柄としている。義久は三女（国分様）の婿家久の統を本宗家とする代わりに、二女彰久夫人（新城様）の統に経済上の優遇措置を用意しようとしていたらしい。新城家に義久から越前島津家の系図・古文書が伝えられたのもそのためであった。播磨の本領から越前島津家の遺孫がはるばる大隅に下向し、島津家を頼って家の再興を企図したものの成功せず、系図・文書のみが島津本宗家の手中に入っていたのである。新城家が越前島津家の名跡を継ぐことにより、併せて相当の所領が与えられる約束ができて

いたのであろう。しかし、これまた実現をみぬうちに、同系図・文書は再び本宗家に召し返され、越前島津家は後年新城家とは無関係に再興されたのである。その間の事情を示す史料一点を、同じく「御家伝記」の中からあげておこう。

口上覚

私家ニ前々より越前島津周防守忠綱以来之系図并文書数十通格護仕来リ養父又助《(忠清)》儀故玄蕃殿《(忠紀)》第ニ被仰付置候、然者又助存生之内より越前島津一流之ニ被仰付被下度旨奉願と内々存居候処ニ終ニ願不得申上、追付相果申候、右之段古来之者共申候、尤故玄蕃殿庶子ニ而居候へハ願之通被仰付候ても継来候家断絶仕儀かねて無御座候条、被遊御免被下候様奉願候、為御見合越前島津系図并文書懸御目候、嫡家は若差合申儀も於有之ハ御見合を以て庶流ニ被仰付候様御申上被下度奉存候間、被聞召万端宜敷頼存申候、以上、

卯《(元禄十二年カ)》正月十八日　島津壱岐《(久侶)》

島津玄蕃《(久治)》殿

表面上は新城・垂水島津両家当主間の交渉になっているが、文中、それぞれの家臣団を含めた島津本宗家に対する両家全体としての家格や経済的特権を維持発展させようとする要求や思惑がうかがわれれる。両家とも当主はすでに本宗家から入っており、以久―信久―久敏・久章の統ではなくなっているにもかかわらずにである。以上、近世初期、藩政確立期にかけておこった本宗家の家督争いとそれに繋がる一連の事件として「島津久章一件」をとりあげ、その関係史料を二、三紹介してみた。

なお、ここでは重複を避けてとりあげなかったが、早く伊地知季安に「家久公御養子御願一件」（鹿児島県史料集XV）のあることを付言しておく（同書拙稿解題参照）。

# 第八章　故実家としての薩摩伊勢家と伊勢貞昌

## ―関係史料の紹介―

鹿児島大学附属図書館所蔵の伊勢家文書の中には、薩藩の故実家としての一面を物語る若干の関係史料が残されている。筆者はさきに近世初期の名宰相として評価の高い薩藩江戸家老伊勢貞昌について些少の管見を発表したことがある(1)が、その視点は藩政確立期における同人の政治上の識見や手腕におかれ、藩故実家の始祖としての役割についてふれることはしなかった。

ところが近年、二木謙一氏の『中世武家儀礼の研究』(吉川弘文館、一九八五年)が公刊され、第二章の「伊勢流故実の形成と展開」の中で故実家伊勢氏の庶流として薩摩伊勢家および伊勢貞昌について関説されていることを知った(2)。右論考によって新知見を得るとともに、伊勢家文書の整理を長年継続してきたところから触発され、ここに機会を得て故実家としての薩摩伊勢家ならびに始祖貞昌について若干の関係史料を紹介し、併せて一、二の私見を申し述べたいと思う。

## 一、伊勢家文書

伊勢家文書は、現在宮崎県総合博物館所蔵となっている鶴田圭朔氏旧蔵文書と、現在鹿児島大学附属図書館所蔵となっている伊勢マル氏旧蔵文書からなる。前者に伊勢貞昌関係の往復文書等が成巻されて保存度の良質な文書が移り、後者には量は多いが保存度の悪い未成巻の簿札や一紙文書が残されたこともあって整理修補の手数を要し、目録も未だ完成に至っていない。ただ、仮目録にしたがってまとめた文書の中に関係文書が数点見出される。その中の一つに「享保九年辰八月、伊勢兵庫貞益より古兵部以来之由緒家流書物等之儀被尋遣候一巻帳」と表題のある冊子があり、他にもこれと接続すると思われる無題の冊子があるのでまとめて復元し、その中の主要部分を抄記することにした(3)。

まず、「伊勢兵部貞昌代家流之書籍目録」をあげよう(4)。

(1)１一婚迎之記　一巻

卸こしうけとる人を

這一軸大形記進之候、他見之儀堅可有停止者也、

因幡入道

慶長三年八月五日　如芸《判直》

兵部少輔殿

(2)
3　一人の唐名よふ事、路次ニテ主人と〳〵行合時之事　一巻

人の唐名をよひ候事

依懇望令写之訖、漫不可有他見者也、

因幡入道

天正十七年十月九日　如芸（判直）

弥九郎殿

(3)
4　一弓之にきり巻様其外色々之事　一巻

にきりの巻様のこと

此一巻雖秘説之儀候、依懇望深写取せ之候、漫不可有沙汰者也、

加賀守実子一節因州成養子
因幡入道

天正六年九月廿日　如芸（判直）

弥九郎殿

(4)
5　一上﨟名之事其外色々　一巻

大上﨟御名之事

依懇望令相伝之者也、

加賀守実子一節因州成養子
因幡入道

天正十七年三月十三日　如芸（判直）

兵部少輔殿

(5)６一鷹鳥台積様并披露之事　一巻

鷹の鳥可懸御目事

右雖秘説之儀任深々執心令相伝候、堅不可有他見候也、

加賀守 貞助

加賀守実子一節因州之養子成 因幡入道

天正六年八月九日　如芸直判

兵部少輔殿

(6)７一太刀弓鞭鞍鐙付切付刀皮轡行騰馬箙箆笆琴等之名　一巻

ゆひかけ

依懇望深重令相伝者也、

加賀守実子一節因幡成養子 因幡入道

天正十七年三月十三日如芸直判

兵部少輔殿

(7)８一狩詞之雑色之事

かりといふ事

寛正五年十一月　豊後守高忠

右一巻者自親加賀守所譲得之書也、別雖秘説、因懇望深令相伝候、他言外見之両篇堅可有停止者也、
因幡入道
天正十七年十月五日　如芸判直
兵部少輔殿

(8)
10一魚板持参或御膳すへ様等色々事　一巻
魚板持参の事
右因懇望写進の候、聊尓不可有沙汰候也、
加賀守実子一節因州成養子
因幡入道
天正十六年八月五日　如芸判直
弥九郎殿

(9)
11一馬引次第并懸之乗様之事　一巻
馬を貴人之前にて可引事
右代々相伝書雖軽不取拵候、依深重懇望令相伝者也、
加賀守実子一節因州養子成
因幡入道
天正十七年十月七日　如芸判直
兵部少輔殿

(10)
12一供立之記　一巻

御供之時御劔の御役人は
依懇望深重令相伝者也、
加賀守実子一節因州成養子
因幡入道
天正十七年三月十三日　如芸判直
弥九郎殿

（11）
13
一婿入之記　一巻
いしやうハうハきにさいハひひし
此一軸大形記進之候、他見等之義堅可有停止者也、
因幡入道
慶長三年八月五日　如芸判直
兵部少輔殿

（12）
15
一女房方故実之條〻　一巻
主人御入候ちかき所ニて
依懇望深重令相伝之者也、
加賀守実子一節因幡成養子
因幡入道
天正十六年八月九日　如芸判直
兵部少輔殿

(13)* 16 一大内義興朝臣問條　一巻
公家門跡衆御参会之事
此一巻依懇望写之進候、可有秘蔵候也、
慶長三年六月廿三日　如芸直判
兵部少輔殿

(14) 17 一三好筑前守亭江御成記　一巻
永禄四年辛酉三月三日出仕之刻
老父所記置之御成之記依御懇望写進之者也、
因幡入道
慶長三年六月廿三日　如芸直判
兵部少輔殿

(15) 20 一神馬ニシテ射る事持弓寄進等色〻之事
貴人風呂にて一巻
依懇望深重令相伝者也、
因幡入道
天正十六年八月九日　如芸直判
兵部少輔殿

(16)*
21 一太刀刀鎧腹巻等取拵并食物之事　一巻
北上座之盃之事
右自往古伝書雖不可慢取扱、因懇望進之候、不可有他見候也、
天正十六年十月五日　如芸判直
加賀守実子一節因州養子成
因幡入道
兵部少輔殿

(17)
22 一御座敷飾之記　二巻
小川御所之飾共後東山殿
此一巻、東山殿御同朋相阿弥被相記候、本勢州之内衆古市加賀右衛門尉所持候間令懇望写置者也、
天正十六年九月十三日　貞昌判

(18)
一武雑書札　一冊
いかにも眞字少文字に
右書札次第大概鳩這式冊令相伝者也、
因幡入道
慶長三年六月廿三日　如芸判直
兵部少輔殿

(19)
23 一武雑記第三　一冊

それ人に賢愚あり、
右條々任懇望深重令相伝之者也、
因幡入道
慶長三年六月廿三日　如芸
兵部少輔殿

(20)
24
一公方様御内書之御案文　一冊
爲当年祝儀太刀一腰
右御内書之符案貞遠以調進之本被写置候之間尤可爲秘本者也、
因幡入道
慶長三年六月廿二日　如芸
兵部少輔殿

(21)*
26
一式三献以下大草流
二重一対瓶子
慶長十一年六月廿四日　大草三郎左衛門尉直判
伊勢兵部少輔殿

(22)*
一伊勢守家老古市加賀右衛門致所持飾之記床棚之飾　一巻
座敷飾の事

此一巻雖不披露、俊花蔵主被懇望之間記進之候也、

大永二年十一月六日　　真相 判在

右座敷飾之一巻勢州御内衆古市加賀右衛門尉所持候間令所望者也、

慶長六年　　貞昌 判直

(23) 27 一殿中申次之記　　一冊

歓楽によって

右殿中申次之記色〻説雖有之、此一冊可為秘本趣真助加奥書訖、敢以莫聊尓矣、

因幡入道

慶長三年六月廿三日　　如芸 判直

兵部少輔殿

(24) 28 一弓矢鞭ゆかけ行騰色〻事　　一巻

此一軸依懇望令伝之訖、漫不可他見者也、

因幡入道

天正十七年十月九日　　如芸 判直

弥九郎殿

(25) 29 一正月五ケ日云様其外色〻事　　一巻

此一軸依懇望伝之訖、漫不可有他見者也、

加賀守実子一節成因幡養子
因幡入道
天正十七年十月九日　如芸判直
弥九郎殿

(26)
30一色〻請取渡之次第　一巻
右條々依懇望令相伝候、猥不可有他言者也
因幡入道
天正十九年十一月三日　如芸判直
兵部少輔殿

(27)
31一御成之記　一巻
右御成之次第大内左京兆義興朝臣依テ相尋勢州貞陸被記進之、此一巻筆者貞久法名道照調進之也、然彼中書老父貞助写置之与予、多年雖令所持、終不及他見候処、懇望之際写進之者也、
因幡入道
天正十八年九月三日　如芸判直
弥九郎殿

(28)
33一武雑書札之篇上　一巻
右一冊者愚父牧雲齋数年撰旧記、紦公家武家并寺社家等之高卑書札之礼説等往〻次第恐慢滅而記、此書与予者

也、然間不免他見、雖所持之種〻任懇望今始而令相伝之訖、尤可後代之證本者也、

因幡入道

慶長三年六月廿三日　如芸判直

兵部少輔殿

(29)*
34
一書札礼節之證本　一冊

右一冊者牧雲齋数年撰旧記与予者也、然間不免他見、雖所持之、種〻任懇望今始令相伝之訖、尤可爲秘本者也、

因幡入道

慶長三年六月廿三日　如芸判直

兵部少輔殿

(30)
一鞍寸法　二巻

此一巻任請紙之旨書進候、口伝之儀面之時可申者也、

因幡入道

元和二年
八月十八日　常安

兵部少輔殿参

(31)*
一元服次第事　一巻

右元服之次第雖流之多、当家ニ同趣令相伝訖、他言外覧之両篇堅可被停止者畢、

因幡入道

天正十六年九月朔日　　如芸（直判）

弥九郎殿

(32)*　一射礼記　　一冊

右一冊者天文八乙亥年貞孝御本申出之、予廿六歳時令書写之訖、然ニ数年以後貞泰以自筆本重〻加交行、高忠奥書書添之者也、尤可爲證本者也、

(33)　一式三献之事　　一巻

永禄三庚申歳八月二日　　貞助（直判）

此一巻流〻雖有之記置通加筆進之候、聊尓不可有他見者也、

元亀参年七月四日伊勢三郎貞興（直判）

(34)35　一御内書之御案文　　一冊

永正五年爲入洛祝儀太刀一腰

因幡入道

慶長三年六月廿三日　　如芸（在判）

兵部少輔殿

(35)*2　一元服之記　　一巻

加冠とは元服のことなり

(36)9　一軍中之記　　一巻

出陣のさかなくミやうおなしくくひやうの事

(37) 14 一女房衆筆法
おとこのかたより女房衆へ

(38) 18 一御成并於殿中御一献之記　一巻
永正十五年三月十七日

(39) 19 一公方様正月御事始之記　一巻

(40) 25 一殿中年中之日〻記上下　二冊
蜷川新右衛門尉親元記之

(41)* 一中納言家久公江御成之記　一巻
右御成之次第爲後代所記置之也、
寛永七年五月廿三日　伊勢兵部少輔貞昌判

(42)* 一中納言家久公江御成之記地取　一巻
伊勢兵部少輔貞昌

(43)* 一諸家御成記　一冊
寛永七年五月廿三日
永禄辛酉四月十一日書写畢、行年五十八 貞助判

(44)* 一諸大名御成記　一冊
右一冊大館兵部少輔本写之、聊以不可有他見者也、加校合畢、
天文三乙亥九月日

(45)* 一畠山式部少輔江御成記　一冊
天正十五年三月十七日

(46)* 32 一御座敷飾之記　一巻

(47) 一伊勢六郎左衛門尉記之　一冊
右一帖依御懇望進之候、不可有外見也、
伊勢六郎左衛門尉 貞順判
天文十五年六月廿九日
宗像民部少輔殿

(48)* 一寛正七年二月廿五日未刻於飯尾肥前守之種宅御成、上様同前　一巻

(49)* 一諸大名衆江御成被申入記之事　一巻

(50) 一駿州作鞍見様一巻

(51)* 一弓矢蟇目箙うつほ鞍鐙轡
行縢馬等其外色〻之名一巻
宝徳元年十二月十八日

沙弥浄元在判

(52)
一伊勢六郎左衛門尉貞順記置土器之物式膳すへ様色〻　一巻
右一巻、或者見及候分或者人之物語ヲ注置候間定而可為相違候、御用捨肝要候、同不可有他見候也、
天文十五年八月日　貞順在判
伊勢六郎左衛門尉
木村左近太夫殿

(53)*
一すハうぬきの事一巻
此一巻大内左京兆義興・大友匠作義鑑対貞陸被為尋之条数返答之跡書少〻書加之進之候、正文被見上者被秘置之聊尓不可有外見者也、
伊勢三郎
元亀参年七月四日　貞興在判
箕田左近允殿

(54)*
一主人御光儀の時罷出畏可申所柄之事　一巻
(55)*
一筆法礼義集　一冊
(56)
一幕仕立様之聞書　一冊
(57)*
一樵談治要　一冊
(58)*
一鷹之聞書凡二百十ケ条　一冊

むかし政頼

(59)　一鷹当流之次第　　一冊

鷹つなきやうのこと

(60)　一伊勢加賀守貞助返答　　一冊

(61)*36　一産所之記　　一冊

そのとき〳〵の御所さま

右一冊光照院殿御本申請令書写訖、

(62)　一鐙寸法之事　　一巻

于時文禄二年五月十四日友枕斎

右弐拾八行相伝之訳奥書者無之候得共、貞昌以来持伝候書ニ而御座候、

右之通貞昌以来持伝候書ニ而御座候、

末尾の記述によれば、この目録は後半の(35)以下(62)までの二十八項と、(1)から(34)までの三十四項とに大別され、前者は奥書の記載があって相伝の経緯（大部分が友枕斎＝因幡入道如芸＝伊勢貞知から弥九郎・兵部少輔＝伊勢貞昌へ伝授）が明示され、後者はそれを欠くが同じく伊勢貞昌以来の伊勢家相伝の書物であるとする。とくに、(30)と重複する「鐙寸法之事」については「文禄二年五月十四日　友枕齋」とあれば、如芸の書写本が、後年別に貞昌の手に入ったものであろうか。(41)・(42)は貞昌の作で、彼の故実家としての面目を発揮したものといえる。

次に、「伊勢兵部家ニ持伝候有職之書御記録所江相納有之候御書物相糺候目録書留」によれば、前記六十二点の書

物のうち約半分の三十六点が、貞昌から家久・光久代に相伝され記録所にとどめおかれていたことがわかる。すなわち、末尾に次の記載がある。

右者、中納言様、寛陽院様御間ニ兵部少輔貞昌より御相伝爲被申上御書物ニ而可有之与申伝候由御記録奉行申出候分右之通候、以上、享保十年巳四月

この三十六点については、前掲目録の上に掲載順に同じく算用数字で番号を付しておく。

次に、「兵庫頭貞衡様より被遣置候書物目録并兵部家来有川甚内記置候覚書」として、寛文・延宝・天和年間に本家にあたる江戸の伊勢兵庫貞衡から庶流にあたる薩摩の伊勢兵部貞顕に宛て伝授された「一下馬書様　一巻」からはじめて、二十六項の書籍目録があげられている[5]。そして、これと前掲の書籍目録と併せたものが江戸の伊勢家に送付され、さらに故実書校訂調査の名目でその中から二十八点が選ばれ、写本が作成・送付されたのである（前掲目録中に該当するものについては＊印を付しておいた）。

## 二、伊勢因幡入道如芸と島津家家臣・伊勢貞昌

『寛永諸家系図伝』によれば、伊勢氏は伊勢守貞親のあと、貞宗―貞陸―貞忠―貞孝―貞良―貞為―貞輝とし、貞輝は幼年にして秀頼に仕え、その没落後、寛永十四年（一六三七）家光に仕えたとある。また、貞陸の弟貞遠のあとを、貞助（加賀守）―貞知とする。また、貞為の弟貞興は、明智光秀に属し、山崎で戦死したとある。そして、別に

貞眞（雅楽助）をおき、貞眞は有川氏、貞為に求めて伊勢氏を称し、その子を貞昌としている。

しかし、『寛政重修諸家譜』では記述がさらに詳細となり、各人の履歴もあげられている。貞輝については、後名貞衡（兵庫）とし、そのあとを貞守―貞永―貞益（兵庫）―貞丈（兵庫、平蔵）―貞春（万助）とする。そして、貞益代に家伝の故実書五十三部六十二巻を将軍吉宗の上覧に供し、そのうち二十七巻を自ら書写して献じたとある。また、貞眞・貞昌については別の項とせず、貞興の項にて「寛永系図」の記述を掲げ、そのあとに「今の呈譜には、貞眞を貞興の子の系にかけて、其伝にいふ、大納言時忠が末葉にして、もとは有川氏たり。先祖兄弟の因みあるをもって、貞為に伊勢を称せむ事をこふのところ、貞興が跡たゆるよりその名跡を継しむ。これより有川をあらためて伊勢を称し、島津修理大夫義久が家臣となり、子孫代々彼家につかふといふ」と述べてある。

『寛永諸家系図伝』と『寛政重修諸家譜』の記載の相違は事実に基づいて修訂したともいえようが、一面からみれば幕藩体制成立期と確立期の相違、直臣と陪臣との区別の明確化によるともいえよう。右の推移を別の史料でみよう。

まず、第一節で掲げた一件書類の中に記録奉行の届書がある。左にこれを示そう。

覚写

一伊勢兵部貞昌事、伊勢流之有職被受相伝候書物目録当兵部より書記被差出候、依之右書物相伝候人由緒相糺可申出旨被仰渡、太抵左之通ニ御座候、

一右書物奥書之内因幡入道如芸家号ハ伊勢実名貞知或友枕斎与有之候ハ伊勢兵庫殿祖伊勢伊勢守貞宗弟伊勢右京少進貞遠孫ニ而御座候、初ハ足利将軍義澄公、義輝公ニ奉仕、義輝公薨逝之後近衛前久公ニ致随身居、御当国江茂為罷下人ニ而御座候、兵部貞昌右如芸ニ伊勢流之有職被致相伝候趣数多之書物ニ相見得申候、

一右同加賀守貞助家号伊勢与有之候ハ右右京少進貞遠子ニ而御座候、貞助事永禄四年辛酉五拾八歳与被記置候、貞昌ハ元亀元年之生ニ而貞助ゟ別而後輩ニ而御座候付、直伝ハ有之間敷与存申候、

一右同伊勢六郎左エ門貞順与有之候者伊勢六郎左エ門貞久子ニ而兵庫家之庶流ニ而御座候、貞順事貞昌以前之人ニ而候ニ付是又直伝ハ無之筈ニ御座候、

一右同伊勢三郎貞興与有之候ハ兵庫殿祖伊勢伊勢守貞為弟ニ而御座候、貞興事、天正十年明智日向守光秀江致一味、於山崎遂戦死候ニ付、是又貞昌江直伝ハ無之筈ニ御座候、

右相糺候趣如此御座候、以上、

（享保十年）巳二月廿三日

御記録奉行

本城朝之丞

町田仲右衛門

すなわち、ここに伊勢氏庶流の因幡入道如芸（貞知、友枕齋）の演じた役割の大きさがうかがい知られる。如芸は近衛前久の家司となり、その薩摩下向（天正四年から五年にかけて）に随従、島津義久らと親交を結び、その後も政治、文化の両面で島津氏と深い関わりをもったのである。(6) 天正十年（一五八二）の山崎合戦、慶長末年の大坂の陣等で衰退の運命にあった伊勢家の本家に代わって故実家としての立場を支え得た人物は、当時如芸を措いて他にあるまい。島津義久・義弘らの信任の厚かった宿老有川貞眞が伊勢氏と改称し、その子貞昌が貞興の名跡を襲ぐことになったのも、如芸の斡旋によるところが大であったろう。(7) そして後年、貞衡が幕府の旗本として挙用され、嫡流伊勢家が復興するに際しては逆に庶流伊勢家の薩藩江戸家老貞昌の支援もあったと考えられ、両家の相互依存の関係はしばらく継

続したと思われる(8)。同じく一件書類の中から薩摩の兵部貞起より江戸の貞益に送った書状をあげ、その緊密な関係を見よう。

一筆啓上仕候、益御勇健可被成御座珍重奉存候、然者御家分レ之儀先頃公儀より御内々ニ而御尋之儀共御座候由、就夫兵部少輔貞昌、公儀江被為召候訳其節上様之御□且又貞昌以来上様江継目之御礼ニ申上候節之上々様御代并手前之代、又貞昌ゟ私迄代々之名乗自然□御尋も御座候ハヽ此方ゟ申上候趣を以御答被仰上候方可宜候、未御沙汰者無御座候得共、大形御尋可有御座与被思召候、其外御当代古実段々御尋共御座候付、兼而御改被置度候条、此方家流之書物何々所持仕候哉、御曽祖父兵庫様ゟ私家ニ被遣置候御書物も御座候ハヽ写可差上候、又家来有川甚内覚書共相残有之候ハヽ是又可差上旨委細之御紙上得其意申候、依之貞昌以来之儀旧記相糺、其外貞昌代家流之書物、兵庫様ゟ被遣置候御書物并有川甚内記置候書物之題号并奥書等別冊相糺差上申候、兵庫様ゟ被遣置候御書物、甚内記置候書都而冊数多御座候得ハ中々急ニ写差上候儀ハ難調御座候、此節差上候書物品立之内兵庫様ゟ被遣候御書物并甚内記置候書ハ皆共写可差上哉、若又甚内何々与御差図御座候ハヽ其通写可差上候、右御書物之内兵庫様御直判有之候ハ二通壱冊迄ニ而其外ハ御判無御座候ニ付写ニ而も可有御座哉与折角相糺候得共御直判之御書物者見得不申候、御判なしニ被下置候哉、今更難相糺御座候、貞昌代□(之)書物ハ延宝八申之年右宅類焼之節紛失為仕茂御座候由申伝候、兵庫様ゟ被下候御書物者祖父兵部貞顕代之事ニ而御座候間其御方江御本書可有御座哉与奉存候、何連之筋ニも追而被仰下候ハヽ応其趣漸々写差上候様ニ可仕候、先御答為可申上如此御座候、恐惶、

四月五日　伊勢兵部
　　　　　　貞起

伊兵庫様

## 三、如芸から貞昌への故実書伝授

鹿児島大学附属図書館現蔵、玉里文庫架蔵本の中に、「百八番、色塗金具附の温故、知新」と記された木箱二箱がある。(9) 蔵書目録によれば「伊勢氏書類」とあり、箱蓋の裏には島津久光自筆の書名目録が貼付してある。現在、内容にやや異同はあるものの、おおむね幕末から明治初年にかけて薩藩の故実家たる伊勢氏の高弟有馬氏の所蔵本を久光が入手して整理したものと思われる。今、「玉里文庫目録」によってその伝来の経緯から分類すると、一七八九号から一九四二号まで一五三点のうち（一）は江戸の伊勢家から薩摩の伊勢家を経てそれを有馬氏が伝授され、或いは書写したものが三十二点。直接薩摩伊勢家から有馬氏が伝授され、或いは書写したものが十九点。直接江戸伊勢家から有馬氏が伝授され、書写したものが四十二点。伊勢貞丈の書物を有馬純応が書写または入手したもの（純員のものが一点）が二十六点、入手先の明示はないが（両伊勢家の可能性あり）純応が書写し、手もとに置いていたものが十六点、書写または入手先の明らかなものが十四点（仁礼氏三点、二宮氏三点、種子島氏二点、いずれも有馬純応、有川・相良・久保氏各一点、木脇氏三点、いずれも有馬純員）となる。

有馬氏の系譜は必ずしも明らかでないが、鹿児島城下士で小番級の武士であろう。有馬早次、伴左衛門純応は故実書の蒐集に熱心であり、寛政の頃に江戸へ出府、公暇に伊勢万助貞春のもとを訪れ、貞丈らの著書をしきりに書写し、国許にあっては伊勢亘貞喜（貞矩の子）・兵部貞章（貞矩の曽孫）のもとに通って書写している。もちろん、正式の手順で多くの故実書を伊勢家から伝授されてもいる。純応は天保十年（一八四〇）に七十五歳と老齢であり、幕末にはその子と思われる藤五郎純員が伊勢家の故実書以外にも木脇氏蔵書等から書写している。純員は慶応元年（一八六五）には伴左衛門を称しており、同年四月二十四日、藩主茂久・久光父子臨席のもと鹿児島城二の丸で古式にのっとり挙行された軍礼之式では惣差引を勤めている（鎧着用方惣差引は木脇啓四郎祐尚）。伊勢流の軍陣作法は、幕末の薩摩藩において近代兵器を採用した調練と併行してなお存続し、珍重されていたのである。

次頁に、右の百五十三点のうち、とくに伊勢貞昌に関わるものを年代順にあげて説明しよう[10]。

（一）は第一節に既掲の(8)に該当し、弥九郎は伊勢貞昌の初名である。この史料は二木氏の論稿にも説明がある。如芸（貞知）―貞昌―貞昭―貞顕―貞栄―貞起―貞矩と相伝していたものを有馬純応が伝写し、同家所蔵本となっていたのであろう。（二）は(12)に該当し、「代々所伝之書、依懇望深重令相伝之者也」とあり、如芸が相伝していたものを兵部少輔となった貞昌に伝えたものであろう。それが薩摩伊勢家に伝わり、さらに後年に有馬純員が臨写したのである。（三）は(16)に該当し、北上記とは北上座之盃之事を略したのであろう。如芸―貞昌から江戸伊勢家に伝えられ、それがまた薩摩伊勢家の要請で伝写され、さらに純応が貞章（貞矩の跡）蔵本を借写したとある。貞昌以後、薩摩伊勢家の写本は延宝八年の火災等で一時失われていたのでもあろうか。（四）は(27)に該当し、如芸―貞昌―貞矩と相伝したものを純応が伝写した。以上の四点が天正年間のものである。貞昌は元亀元年（一五七〇）の誕生で、当時は既に二十歳に近く、数度の合戦で戦功もあげている。天正十五年（一五八七）には久保に供奉して上京し、十七年に帰国、さらに十八年七月の豊臣秀吉による小田原攻めに久保に従って参加している。或いはこれら上京の際に如芸（近衛家家司）から故実書の伝授をうけたのであろうか。

表　伊勢貞昌に関する故実書伝授

| | 玉里文庫番号 | 年月日 | 伝授者又は作成者 | 受取人又は写者 | 題名 |
|---|---|---|---|---|---|
| (一) | 一八八三 | 天正一六・八・五<br>（天明五・二・二五） | 因幡入道如芸<br>（伊勢兵部貞矩） | 弥九郎<br>（有馬早次） | 魚板持参或御膳すへ様色々之事 |
| (二) | 一八〇七 | 天正一六・八・九<br>（天保一四・四） | 因幡入道如芸 | 兵部少輔<br>（有馬純員） | 女房方故実 |
| (三) | 一八二九 | 天正一六・一一・五<br>（天明五・八・五）<br>（天保一一・九・二八） | 因幡入道如芸<br>（伊勢万助貞春）<br>（伊勢貞章） | 兵部少輔<br>（伊勢　亘）<br>（有馬純応） | 北上記 |
| (四) | 一九一九 | 天正一八・九・三<br>（天明五・二・一五） | 因幡入道如芸<br>（伊勢伊豆貞矩） | 弥九郎<br>（有馬早次） | 御成之記 |
| (五) | 一九一七 | 慶長三・六・二三<br>（天明五・二・一五） | 因幡入道如芸<br>（伊勢伊豆貞矩） | 兵部少輔<br>（有馬早次） | 武雑記 |
| (六) | 一八五〇 | 慶長三・八・五<br>（延宝七・五・二七）<br>（天保一四・四・一七） | 因幡入道如芸<br>（伊勢兵部貞顕） | 兵部少輔<br>（藤原純応） | 嫁入之記 |
| (七) | 一八八六 | 寛永三・四・七 | 伊勢兵部少輔貞昌 | 仁礼蔵人 | よめむかへの次第 |
| (八) | 一八〇三 | 寛永四・八・一〇<br>（天保一一・八・一九） | 〃 | 〃<br>有馬純応 | 書札礼節証本 |
| (九) | 一八八五 | 大永三・一〇<br>（寛永四・八・一〇） | 松雪斎鑑岳直相<br>（伊勢兵部少輔） | （仁礼蔵人） | 御かさりの次第 |
| (十) | 一八七四 | 天正四・三・四 | 伊勢因幡守貞知 | 市来助太郎 | 武雑記 |

（五）は(19)に該当し、前号同様、後に薩摩伊勢家相伝本から純応が書写したものである。（六）は(11)に該当し、如芸―貞昌―と薩摩伊勢家に伝えられたものを、さらに延宝七年（一六七九）五月に貞顕が加判、それをさらに天保十四年（一八四三）に純応が書写したものである。純応は当時七十九歳。（七）は(1)に該当する。これまた前号同様、慶長三年（一五九八）八月五日の如芸―貞昌と伝えられたものを、寛永三年（一六二六）四月に至って貞昌は仁礼蔵人頭（頼景）に「此一冊雖為秘説之儀、依御懇望、令相伝

之訖、他言外覧之両条堅可有停止者也」として伝授している。或いは貞昌の自筆本か。仁礼氏の相伝本がなぜ有馬氏の蔵本となったかは不明である。[11]（八）は(29)に該当する。前号同様、慶長三年六月廿三日、如芸―貞昌と伝えられたものを、貞昌はあらためて寛永四年八月十日仁礼蔵人頭に「右書札證本之儀竟雖不傳他候、依其篤之御懇望、写進之候、堅御他見可有停止者也」として授与し、その自筆案文が薩摩伊勢家に残存していたのを天保十一年純応が模写したものである。（九）は(12)に該当し、「小川御所御かさり共以後東山殿御かさりの次第」とあるもので、貞昌は慶長六年に署判をしているところから、当時すでに同本を入手していたと思われ、それを書写して寛永四年八月十日仁礼蔵人頭に授与したのであろう。「右御座敷飾之文相阿弥所被記置之一巻、任御懇望令写進之者也」とある。

終わりに、（十）は貞昌関係のものではないが、（五）と同種の本であろう。ただ、奥書には「右一冊雖秘説、任大望学家法令相伝者也、他言外覧之両篇堅可被停止矣」とあり、天正四年（一五七六）三月四日付となっている。当時、貞知（如芸）は近衛前久と共に薩摩に下向しており、宛名の市来助太郎は薩摩の有力武士の一人であろう。おそらく珍重されたであろう同書がなぜ、どのようにして伊勢家―有馬家の手に移ったか明らかではない。[12]前述の如く、貞昌はこれとは別に慶長三年に如芸から同書を相伝しているのである。

さて、前述の「書籍目録」にはこのほか、(2)・(3)・(4)・(5)・(6)・(7)・(9)・(13)・(14)・(17)・(18)・(20)・(23)・(24)・(25)・(26)・(28)・(30)・(31)・(34)が如芸から貞昌に伝えられたものとしてあげられているが、伝授の年月をみると、天正六年八月ならびに九月とするものが二点ある。しかし、そのうち兵部少輔宛とするものは貞昌の年齢が九歳となれば不当とすべきで、十六年の誤りではなかろうか。弥九郎宛のものも同様に十六年ではあるまいか。[13]とすれば、天正十六年〜十九年と慶長三年に伝授の時期が集まっており、やや遅れて元和三年（一六一七）のものが一点ということになろう。[14]

如芸と貞昌の親密な関係を如実に物語る文書は、慶長元年三月十日の如芸の貞昌宛書状等であろう[15]。貞昌は時あたかも朝鮮在陣中であったが、その厚情の程はよくうかがえよう。貞昌が家久と共に帰朝するのは、慶長三年の十二月も末になってからのことであった。そして翌慶長四年三月には、伏見での伊集院幸侃誅殺事件がおこり、貞昌は抜群の働きを示し、以後家久の重臣としてその地歩を築いていくのである。そして、このころから文書にも弥九郎の名は消え、兵部少輔の官名が専ら用いられるようになる。

以上の経過と併せて前記の如芸より貞昌への故実書伝授の年月日をみると、慶長のそれは貞昌が朝鮮在陣中の時期であったことがわかる。如芸は近衛前久の家司として、天正十五年に秀吉に屈して上洛した島津義久・義弘・久保・家久や有川貞清・貞眞・貞昌らの近臣と接触し、彼らも近衛家や公家との交渉を如芸を通じて行うようになり、以来急速に親交を深めていく[16]。中でも貞昌は、伊勢家の名跡を正式に継承した関係からその緊密度は格別で、その進展と併せて天正十六年から慶長三年に至る間に多数の故実書が如芸から貞昌に伝授されていったのであろう[17]。

貞昌は寛永元年（一六二四）の上府以来、同十八年に死去するまでほとんど江戸にあって幕府や諸大名等との交渉にあたると共に、藩主家久・光久らを助けて薩摩藩政の確立に尽力したが、寛永七年には前将軍秀忠・将軍家光を桜田藩邸に迎えて旧儀にのっとってその応接を担当し、高評を博している。それは、友枕齋如芸から伝授をうけ、自らも努力して体得した故実家としての力量を発揮した成果であったといえよう[18]。

## 註

（1）拙稿「伊勢貞昌書状」（『鹿大史学』二〇、一九七二年）・「伊勢貞昌言上書について」（『鹿児島中世史研究会会報』二八、一九七〇年）・「伊勢貞昌と伊勢家文書」（『鹿大史学』二九、一九八一年）、「伊勢貞昌と伊勢家文書（続）」（『鹿大史学』三〇、一九八二年）等。

（2）二木氏は、伊勢氏が故実を家職とするに至る時代の背景とその過程を具体的に説明され、島津氏との関係について詳述されている。ただ、貞昌を貞知の養子とし、島津家に仕官したと受け取れる説明には疑問がある。貞昌は本来、島津家家臣有川貞眞の子で、のちに近衛前久・貞知らのはからいで伊勢氏を称し、伊勢貞興の養子の形をとったのではあるまいか。

（3）鹿児島大学附属図書館所蔵「伊勢家文書」仮目録Ⅳ47・98・129号。同文書は表題の如く、幕命を背景とした江戸伊勢家よりの照会に応じて、薩摩伊勢家が藩の了解のもとに作成したものと思われる。

（4）原文のまま掲載し、頭に（1）等の整理番号を付した。また後述の目録との関係から1などの対比番号や＊印等を付した。題名は、『群書類従』武家部等に掲載されているものと異なっているものも少なくない。

（5）摘記すると次のようになっている。

一下馬書様　一巻

此一巻爲末世子孫子細具調処、他言他見堅可令停止、仍如件

伊勢兵庫頭
貞衡直判

寛文十二年子二月廿六日

伊勢兵部貞顕殿

一式三献七五三并万膳部之記第一　一巻

式三献こしらへやうの事

右今度就江戸下向令相伝候、他見有間敷候也、

平朝臣伊勢兵庫頭
貞衡

延宝七年正月十一日

　　　　伊勢兵部貞顕殿

以下同文のものとして、「一婿入道具之記第三」・「一婚迎之記第一」・「一嫁入并女房童子之記第一」・「一年中恒例之記」の四点をあげる。ついで、

＊一伊勢兵部貞顕家臣有川甚内衡寮相尋候〻　　一冊

　　祝儀祝言とはいかかの事

　右今度江戸就下向記録之内以有川仁内被相尋趣則返答書若失念於有之者仁内ニ爲可被相尋令伝受処仍而如件、

　　　　　　平朝臣伊勢兵庫頭貞衡印在判

　　　延宝七年未二月廿二日

　　　　伊勢兵部貞顕殿

＊一依御尋衡寮返答申上六拾弐ケ条

　　盃をふると

　右之条〻就御尋伊勢兵庫頭貞衡公江得御意候趣返答申上候畢、

　　延宝七年八月十九日　　有川仁内
　　　　　　　　　　　　　　　衡寮

＊一貞衡江衡寮問中返答之条々弐百四拾三ケ条一冊

　　一之巻祝儀　　祝言とはいかかの事

　右貞衡公江相伝之内依御尋不顧愚意書記之畢、

　延宝八年七月十七日　　有川仁内
　　　　　　　　　　　　　衡寮在判

一むねの守拵根元之事

　　天和元年酉十一月十日　　伊勢兵庫頭貞衡印直判

　　　伊勢兵部貞顕殿

一延宝九年より天和元年十一月之比迄伊勢兵部貞顕家臣有川仁内衡寮相尋返答之条々　　一冊

頭枝之事さん足と有之、さん足とハいか〱と有之、

天和元年十一月廿八日　平朝臣伊勢兵庫頭貞衡

伊勢兵部貞顕殿

とあり、次に、

一弓根元并法式之記　一冊

其表去年大火事ニ自古来之記録之内少〻被成焼失之故、今度江戸下向ニ付御懇望之日記不残相伝申候、尤以他見外覧有間敷者也

十一月廿日　平朝臣伊勢兵庫頭貞衡

伊勢兵部貞顕殿

とあり、以下同文のものとして、「一元服之事」・「一大的之事」・「一婿入之記第二」・「一小的之図并的場之次第」・「一義満御判之書御自筆之写」・「一草鹿之図」・「一武雑書札礼節抜書」・「一鬮的并射手覚悟之条々」・「一正月中御祝之記」・「一十月亥ノ日御祝之事」・「一矢開之記」・「一矢代雑記」・「一大草殿より相伝聞書」・「一歩射之記」の一四点をあげている。

（6）『旧記雑録後編』・『上井覚兼日記』等参照。島津氏と伊勢家との関係は、近衛家と島津氏との特殊関係が前提にあって成立しているところに特色があろう。

（7）「伊勢家文書」Ⅳ12「享保十年二月、伊勢兵庫貞益より古兵部以来之由緒家流書物等之儀被尋遣候付首尾帳」の中に伊勢（有川）氏略系図があり、「正文在伊勢六郎左衛門」として年未詳文書三点が付載されている。四月二十六日付の文書二点は、一つは貞景（為）から因幡入道（如芸）宛のもの、もう一つは貞景から長門入道（貞清）宛のものである。また、他の一点は九月二日付で如芸から長門入道宛のもので、いずれも有川貞清・貞眞らの伊勢氏を称することの承認に関するもので、後のものは承認があった以上、系図は自分の家からつないでもよいとしている。

（8）宮崎県総合博物館現蔵「伊勢文書」（二）諸御大名衆御状の中に貞昌宛春日局書状があり、その間の事情を推測させる。
（9）「玉里文庫目録」天之部一〇八番、二箱。なお、七六番、二箱も安斎随筆乾坤の箱書があり、同じく箱蓋裏に久光の書名目録が貼付してある。内容は伊勢貞丈の著述が大部分で、久光の朱筆も入っている。しかし、これらは一括（旧目録で三〇四冊）して久光が入手したもので、有馬家から入手したものとは別系統と思われる。
（10）表の括弧内は二次・三次の伝授者等の氏名・年月日を示している。
（11）仁礼頼景は貞昌と共に寛永元年以降、江戸に出府勤役しており、関係は密であったと思われる。有馬氏が仁礼氏から直接入手したものか、或いは伊勢家を経由したものか明らかではない。
（12）市来助太郎の人名比定は難しいが、貞昌夫人は市来美作守家守の女で貞豊を産んでいる。或いはこの市来氏との関係で伊勢家に伝わったものを有馬氏が入手したものかもしれない。
（13）前掲拙稿「伊勢貞昌と伊勢家文書」所収宮崎県総合博物館現蔵の「伊勢氏貞昌一流系図」によれば、貞昌は天正九年十二歳で元服し、「蒙厳命称名弥九郎」したとあり、それ以前のこととするのは不自然である。
（14）このようにして年月日順に一括表記すると次頁の如くになり、慶長以降は兵部少輔の名称で一定していることがわかる。
（15）『旧記雑録後編三』三六号ほか。貞昌（弥九郎）の兄貞成（弥八郎）宛の書状もある。
（16）註7で紹介した貞景や如芸の書状によれば、天正十五年から文禄初年に至る間、有川貞清・貞眞らは在京しており、近衛家等のはからいもあって如芸の奔走で貞景の了解をとりつけ、伊勢氏と改称したらしい。とくに、如芸は貞眞の子貞昌に目をかけ、貞興の名跡を継がせるという案を構出したのであろう。有川氏が伊勢氏に改称した経緯については、「旧伝集」や「本藩人物志」等に数説あるが、定かではない。
（17）目録にみえる貞昌相伝の故実書で現存するものは必ずしも多くはない。しかし、他系統に伝わってその内容を知りうるものは相当数にのぼる。『群書類従』武家部等で刊本としておさめられているものもある。上記目録にはないが、『続群書類従』巻六百九十所収の「道照愚草」は末尾に伊勢兵部少輔貞昌とあり、その伝本であることがわかる。また、宮崎県立博物館現蔵「伊勢文書」九に十月三日付の伊勢守宛大内義隆書状、十一月二十九日付の伊勢右京亮宛足利義澄御内書、永禄十二年十月十五日付の伊勢因幡入道宛織田信長領中方目録の三点の古文書を伝えるが、これも如芸のはからいでこの頃に伊勢家から貞昌に譲渡されたものであろう。

（18）伊勢家を中心としたこの故実尊重の風は、薩摩藩の一つの伝統として江戸時代を通じて受け継がれ、前述の幕末の軍礼作法の実演や、その後の犬追物の復興にもつながっているように思われる。本稿では、伊勢家および伊勢貞昌の故実家としての側面に注目し、史料の紹介を行ったが、政治史上で果たした役割についても今後併せて検討すべきであろう。また、貞昌の養子として島津家久の子が入り（二代貞昭）、貞昌の子貞豊の女が光久の室、綱久の母であるといった藩主家との近い縁戚関係も、伊勢家および伊勢貞昌の藩故実家としての性格を特色づけているといってよいであろう。

| | |
|---|---|
| 天正16・8・5 | (8)弥九郎 |
| 〃 8・9 | (5)、(12)、(15)兵部少輔 |
| 〃 9・1 | (31)弥九郎 |
| 〃 9・13 | (17)貞昌 |
| 〃 9・20 | (3)弥九郎 |
| 〃 10・5 | (16)兵部少輔 |
| 〃 17・3・13 | (4)、(6)兵部少輔　(10)弥九郎 |
| 〃 10・5 | (7)兵部少輔 |
| 〃 10・7 | (9)兵部少輔 |
| 〃 10・9 | (2)、(24)、(25)弥九郎 |
| 〃 18・9・3 | (27)弥九郎 |
| 〃 19・11・3 | (26)兵部少輔 |
| 慶長3・6・23 | (13)、(14)、(18)、(19)、(20)、(23)、(28)、(29)、(34)兵部少輔 |
| 〃 8・5 | (1)、(11)兵部少輔 |
| 元和3・8・18 | (30)兵部少輔 |

貞昌が故実書を伝授された時期一覧

【付記】成稿後、屏山文庫「新納家文書」中に伊勢貞昌より新納刑部大輔（忠清）宛に伝授した故実書二冊のあることに気づいたので付記しておく。一つは「魚板持参の事」で、寛永十八年三月二十一日付で「依御懇望令相伝之、猥不可有御沙汰候也」とあり、もう一つは書札之篇で、寛永元年十一月十四日付で「右書札大概篇依御懇望令写之進入候、不可有御他見候也」とあり、いずれも伊勢兵部少輔貞昌（花押）の自筆署名がある。貞昌は新納忠元の外孫であり、忠清は忠元の孫にあたる。

擱筆にあたり、史料閲覧の便宜を与えられた宮崎県総合博物館・鹿児島大学附属図書館等所蔵者各位に謝意を表しておきたい。

# 第九章　日置島津家と垂水島津家
## ―系譜と家格をめぐって―

かつて、私は数次にわたり日置島津家文書と島津久慶について執筆し、別にまた垂水島津家から分出した新城島津家文書と島津久章について執筆したことがある(1)。ところが、今回また両者に関係する史料を若干知りえたので、その紹介を兼ね、義久の三弟歳（年）久を元祖とする日置島津家と、義久の叔父忠将―以久に発する垂水島津家との間に系譜と家格の上下に関わる共通の課題が伏在していたことが判明したので、併せてその実情と意味について再考してみることとした。

近世初期、幕府の大名統制、封建支配体制の確立の過程の中で諸大名の系譜の提出が求められ（『寛永諸家系図伝』として結実）、各大名もまた支配下に入った諸家士の系譜・文書の調査を行って領内統治に役立てようとしたのであった。諸家士もまた一族の系譜を収集し、惣庶の関係等を明らかにし、族内・家内の秩序の保持につとめようとしたのである。島津氏の場合もまた同様で、家督・嫡流の確定をはかり、併せて支族も含めて惣領・庶子の順位を画定し、一族間の家格をめぐる紛争に結着をつけようとしたのである（系譜の集成、家格等の調査は藩記録所の職掌、「新編島津氏世録正統系図」・「新編島津氏世録支流系図」として結実(2)）。

もっとも、薩摩藩では元文四年（一七三九）、延享元年（一七四四）、越前島津家・今和泉島津家を創設した段階で一門四家の家格を画定、併せて準一門家として日置島津家・花岡島津家・都城島津家・宮之城島津家も定めたのであった。その順位は必ずしも固定したものではなかったが、幕末には『薩陽武鑑』等の記載順の如く、おおむね一、越前島津家、二、加治木島津家、三、垂水島津家、四、今和泉島津家、五、日置島津家のように取り扱われていた。しかし、そこに至るまでに紆余曲折のあったことはもちろんである。本稿では、垂水島津家を中心に加治木島津家・日置島津家の関係についてとくに注目したい(3)。

## 一、垂水島津家の家格等への意見書

新納旅庵の子孫である加治木新納家の文書の中に、江戸時代初期の藩老島津久通の垂水島津家の家格等についての意見を要約した一巻書の写が残されていた。久通は図書頭、父下野守久元の跡を継いで正保二年（一六四五）から寛文十二年（一六七二）まで家老職、宮之城島津家の当主として産業の育成等に治績をあげた人物として知られているが、歴史に対する造詣も深く、漢文の島津家史「島津世禄記（大寛実録）」八巻等を編述している。

寛永十八年（一六四一）、幕府より島津家系図の提出を命じられた際は、江戸家老伊勢貞昌の指示をうけ、島津弾正久慶・川上因幡守久国・野村大学助元綱らと共に実務を担当し、編成にあたっている。このように島津家の系譜に詳しい久通であれば、その見解は特に重視されたものと考えられる(4)。左に全文を掲げ、内容を簡単に説明しよう。表題は「垂水御家ニ付図書様御申分一巻写」とあり、まず（A）寛文七年（一六六七）十月十六日付の五条からなる久通の考え方が示され、これをうけた垂水島津家が自らの立場を釈明したのに対し、重ねて久通が所見を述べたのが、次の（B）寛文八年正月二十五日付の覚書である。

（A）

覚

① 一御家之儀、貴久様御次之御舎弟ニて御座候、無其紛候、以久之御子彰久・重時・忠興御兄弟三人御座候、以久於伏見御死去之時分、忠興ハ同前ニ被成御座候、爲何首尾ニ而候哉、右之忠興爲彼御跡、家康様・秀忠様江御目見被成、彼御跡御相続候、御方御家之儀夫より両家ニ分リ候、雖然御当家ニてハ無余儀御事ニ御座候、其上又四郎《信久》殿御跡玄蕃頭《忠紀》殿御相続被遊候、太守様《光久》御一腹之御兄弟之儀ニ候得ハ御取持候事、

② 一兵庫頭《忠朗》殿御事黄門様《家久》御堅固之時分、又八郎殿ニて被成御座候刻、江戸御證人ニ御上洛候、其節者御名代之御取持ニても候哉、島津下野《久元》・町田図書《久幸》其外無余儀衆過分ニ被相付候、其以後加治木を被進、惟新様《義弘》御隠居御跡之様ニ被仰出、三原備中・市来備前なとも被相付置候、ケ様ニ御取持爲有之儀眼前ニ候間、当時も別ニ上座可被成人御座有間敷様ニ存候事、

③ 一右之仕合ニ候故、正月御対面所ニ而御太刀御進上も初般之御賦ニ而有之候、以来共御手前御家より御越被成儀ハ成間敷様ニ存候、其故者川上殿事御家六代之太守氏久御舎兄ニ而御座候へとも、他腹ニ而候ニ付、御相続不被成、至于今脇之御物領之御取持ニ而御座候、雖然近年者御身近キ脇之御物領之上座者不成候、若又八郎殿よりハ御方上座可被成と御申出候ハヽ、其例を以川上殿申分可有之様ニ存候事、

④ 一先年於国分、御景図御再撰之刻、義久様上意候者、上統之御筋、勝久より貴久様へ御相続ニ御景図者御座候

へとも、一遍御違変之御事ニ候間、友久より忠幸、忠良と続候て貴久様を上統ニ被遊候へハ能候、殊ニ友久者十一代之太守立久御舎兄之御事ニ候間、是以可然との御僉議ニて其分ニ被相直候、其節右馬頭以久御申候者、此中ハ友久御筋目より我等家ニ続系図ニも有之候へとも、上統之御筋ニ御続候時者如何仕可然哉と御申候、其節義久様被仰候者、如前々続候ても何レ太守之上座ハ不成事ニ候、脇之惣領ニて社候間、貴久様之御次ニ忠將御座候へハ脇之惣領ハ不違候間、其分ニ可被相心得由被仰、落着爲被成由候、然処、上代之御続之様ニ思召候而者御心得違ニ而可有御座と存候事、

⑤ 一如此之段々ニて御座候処、兵庫殿御家と仰合も候ハヽ、右馬頭（忠将）殿一筋之御相続者当飛騨守（忠高）殿家ニて候なと丶の中分ニおゐてハ、結句御家之仰立六ヶ敷可有御座候、尤御利運候へハ、御外聞ニも候、若被仰分於不立ハ御手持能も御座有間敷かと奉存候、御家之儀ニ存候衆へも大方申合見候へハ、先此中之分ニ至又八郎殿も上座ニ御越不被成、当分之様ニ被成御座可然と出合候間覚書ニて如斯候、此上者御心次才ニ御座候、以上、

（寛文七年）丁未十月十六日

（B）

覚

① 一我等家之儀ニ付思召寄御覚書を以被仰聞候、別而御念比之御文案中忝存候、然者島津兵庫（忠朗）殿儀御当代之脇之御物領ニ而殊ニ黄門（家久）様御存生之時分、御取持爲有之儀候、我等家之儀者上代之脇之惣領一筋ニて候、然時者至又八郎殿も上座ニ越申儀者罷成間鋪候通令承達候、親玄蕃儀も官位迄爲被仰付儀眼前ニ候へ共、御当代と上代之別尤ニ存候、乍然向後又八郎殿次ニ相極候儀ハ難成存候間、尋常御目見なと之砌致辞儀、互ニ首尾能

様ニ覚悟可申候事、

①’ 右条之御心得尤ニ奉存候、就其玄蕃殿御官位諸太夫ニ従将軍家仰出共候、其仰達も致至極候、雖然兵庫殿御家之事者、惟新様御跡目と為被仰出儀と聞得候、さ様ニ候得者、惟新様御事者守護代被遊、宰相迄之御官位ニ為被仰出事眼前ニ而候間、彼一儀者仰達も如何と存候、如此中御座ニ而可然存候、常式之御座配ニ茂互ニ御殷懃ニ御礼ニ而御座配之御時宜肝要ニ存候、少茂又八郎殿末座御家之御難ニ者成間鋪事ニ御座候、

② 一以久於伏見死去之時分、忠興為彼跡目将軍様江御目見得有之候、自其両家ニ相分候、因茲忠将之嫡流当飛騨守殿相続被成候様ニ罷成儀も可有御座由可承候、誠諸人も此疑可有之と尤ニ存候、雖然忠興嫡家相続無之首尾者慥ニ相知候条有増書付申候、以久儀嫡子之彰久へ家督附属ニ而国分之上井ニ隠居候、彰久事方々御奉公相勤、高麗迄罷渡、於彼地死去候、其時相模忠仍(信久)者十二三歳之由候、則彰久跡目被仰付、清水より鹿屋へ被移候、忠興之誕生者相模家督相続ニ而五六年以後之儀候、以久事ハ従上井、種子島江移、其後垂水江居住候、左候而佐土原へ可罷移候、其時分も相模儀ハ不相替垂水致領知、御当家江御奉公仕候、儻又以久死去之刻も佐土原万事之差引者相模より為被申付之由候、其節相模家来川上出羽を駿河へ差上、山口駿河守殿へ相付、佐土原跡目之儀可申上無口能被仰付之由候処、重而家久様へ言上候ハ、佐土原致拝領、昵近仕儀幸ニ奉存候へ共、忠将以来相伝之地得附属罷有候間、今分ニ而御当家御奉公可仕旨被申上、佐土原致辞退、其通ニ相済申候、因茲忠興者脇腹ニ而殊更幼年ニ而候へ共、将軍様江御目見有之、佐土原安堵候、彼方へ相分候諸士も過半拙者家来之二男・三男之筋ニ而候、于今無其隠候、

②’ 右之表ニ以久於伏見死去被成候時分、将軍家へ御目見之次第、得其意候、彼御断も飛騨守殿家ニ付兎角之

分有間敷様ニ存候、以久先年太閤御下向之刻、御朱印之御知行被為給候、彰久家督被成候砌御朱印も不相直、以久御死去以後忠興江佐土原御拝領之御跡従将軍家御給ニ而直ニ天下昵近ニ御奉公之時者、内々可被仰分者此方御家中迄之儀ニ候、乍勿論当御家中ニ而ハ忠將御一筋之御取持ニ御座候、

③
一佐土原之儀者、以久隠居之後新ニ為被給事ニ候、相模儀者彰久様跡目古来より之領知持伝、只今迄無相違候間、於御当家者忠將之嫡流我等相続暦然ニ候、勿論於將軍家ハ各別之儀候、然時ハ于今当飛騨守殿嫡家ニ可被為成儀罷成間敷と存候事、

③'
右佐土原之儀者、以久隠居之後、新ニ被為給候との仰達之段幷忠將御嫡流之被仰分之事ハ右二ヶ条目ニ巨細相見得候、能々御思慮被成、御心持専一ニ候、何レ飛騨守久英迄三代、従將軍家諸太夫ニ被仰付、昵近之御奉公ニ候間、御参会之刻、御利運ニ上座可被成事ハ御遠慮可入候、対御家者無別儀存候間如此候、御他見ハ御無用ニ候、御心持迄ニ御覧被成可被置候、

④'
一乍序書付申候、島津弾正久慶より御手前様之御家可被為越との思慮にて近代年頭之御太刀御進上之次第、兵庫殿一番座、御手前様御家二番座ニ賦相定候、然処ニ息大膳久憲迄も断候て太刀不上候、其被仰分者、先年将軍家御成之刻、弾正久慶事、相模忠仍前ニ御目見有之候事、家之冥加之様ニ被思候、是ハ各別之儀候、式部大夫忠直并玄蕃頭忠紀御目見之後、社領之衆者御目見候、其節最早忠直儀又四郎殿御跡ニ被為成候而以後之儀ニ有之候時者、隠居之忠仍前ニ御目見為有之儀少も久慶方名目ニ不成事ニ候、当三郎右衛門忠心も右之趣ニ付御家之次ニ者太刀被上間敷ニ而于今其分ニ無御構候、何として右体ニ被仰候と可被思召候間申候、

⑤'
一太守義久公御次兵庫頭義弘、三男左衛門尉歳久、四男中務大夫家久御兄弟四人にて候、義久様御男子無御座

候故、義弘守護代被成候、其故者義久様御息女にて候、又市郎久保様を御養子ニ被成候へとも於高麗御死去、其後黄門(家久)様、右之御息女ニて御聟養子ニ被遊候ニ付、義弘ハ太守之位ニ不被爲立證拠露顕ニ候、関ヶ原一乱之後、黄門様御上洛前ニ家康様御書物之表ニ、少将事其方跡被相譲事ニ候間、不可有別儀候、兵庫頭儀者龍伯ニ無等閑候間、異儀有間敷と御座候、弥以守護代之儀無相違候、殊更元和八年壬戌尚光久様七歳、虎寿丸様と申候時、国分様御養子ニ御成被成候、

⑥’右者義久様御一筋無別義候間、別而黄門様御満足之由ニて下野(久元)、江戸へ相詰被罷居候刻被下候御書面ニ相見得候、弥義久様御筋目題目ニ被思召上、如此之仕合ニ候、いかやうニ今忠心被仰分有之候ても彼家之下手可被成儀ニ無御座候間、左様ニ御心得可被置候、且又歳久者、従太閤以御朱印生害爲被仰付家之儀候間、天下之恐彼是ニ諸人存様子も可有之候、縦御家同位ニ候ても被仰分可有御座事かと存候、ケ様成儀も御心得ニ書出候也、

寛文八年申正月廿五日　印

その要旨を（A）・（B）順に示せば、次の如くである。

（A）

①垂水島津家は貴久の次弟忠将にはじまる。以久の三子忠興は以久が伏見で死去した時、同所にいて徳川家康・秀忠にも目通りし、以久の跡をついだ（佐土原島津家）。そのため垂水島津家は二分したが、以久―彰久―信久の統が正統であり、しかも信久の跡は光久の弟玄蕃頭忠紀が相続していることでもあり、なおさらのことである。

②加治木島津家は忠朗にはじまる。忠朗は家久の三子だが、義弘の跡をつぎ、重臣を副えられている。このように格

別の扱いをうけており、他に上席につく人がいるようには思われない。

③だから正月対面所での太刀進上も今後加治木島津家を先にし、垂水島津家がそれを越すことはよろしくない。川上家は島津家六代の氏久の兄頼久から出ている家だが他腹ということで相続しなかった。そして今まで脇の惣領という取扱いをうけてきた。しかし最近はさらに近い脇の惣領が出てきた関係で上座となることはない。もし垂水島津家が加治木島津家より上座を主張されるなら、川上家の場合はどう扱えばよいというのか。

④先年国分で系図再撰の際、義久の意向は、勝久から貴久への相続の形の系図が一般であるが、勝久は後でそれを否定しているのであるから、むしろ友久から忠幸（運久・一瓢）、忠良、貴久と相州島津家の相続の系図の方をとるべきではないかということでそのようになった。その時以久が垂水島津家の系図の取扱いについて尋ねたところ、義久の意向は別に変わることなく脇の惣領として認めている[5]。

⑤垂水島津家が加治木島津家と家格について話合いをもった場合、加治木島津家の方から一体垂水島津家と佐土原島津家とではどちらが正統かという話になり、思わぬ混乱に陥らぬとも限らない。だから今まで通り加治木島津家を上座としておくにしくはない。これは垂水島津家の事情に通じている人の意向でもある。

（次の①―③は垂水島津家の対応、①'―⑥'は久通の意見）

（B）

①加治木島津家が当代の脇の惣領で垂水島津家は上代の脇の惣領であるから、前者を超えてはならぬことは了承した。しかし今後のことは不明であり、何れにしても不都合のないよう礼を尽す所存である。

①'得心されて満足。加治木島津家は義弘の跡目相続者。義弘は守護代で宰相までの官位であった。常式の座席につい

ても配慮してほしい。垂水島津家が加治木島津家の末座になったからといってそれは決して垂水家の恥ではない。

②忠将の嫡流は垂水島津家か佐土原島津家かについては諸人の論義もあるが、彰久―忠仍（信久）の方が嫡流で忠興の方が傍流であることは明らか。佐土原島津家の家臣も垂水島津家家臣の二、三男家の筋目のものである。

②'それはわかっているが、忠興は以久の跡をつぎ佐土原領主として将軍から大名の扱いをうけている。幕府相手の際は佐土原島津家をたてなければならない。

③佐土原島津家と垂水島津家の関係について再言する。嫡流は垂水島津家である。もちろん対幕府の際は各別とする。

③'よく配慮され、公式（武家全体）の会合の場合、垂水島津家は決して佐土原島津家の上座についてはならない[6]。

④ついでに書付けておく。島津久慶（日置島津家）は垂水島津家の上座につく考えで、近代の年頭の太刀進上次第を加治木島津家を一番座、垂水島津家を二番座としていたのに、久慶の養子久憲までも異議をとなえて太刀進上を断っている。その理由として将軍家御成の節、久慶は忠仍（信久）より前に拝謁し家の面目をたてた。だから垂水島津家より次に

④'太刀進上は致しがたいとしている。しかしこれは特例であり、一般的に許容すべきではない。

⑤義久、義弘、歳久、家久四兄弟について、義久は男子のないため、義弘が守護代になった。そして義久の女とめあわせ、義弘の男久保を養子とした。しかし久保は朝鮮で病死、代って家久を婿養子とした。義弘が太守の座につかなかったのは明らかである。家久の上洛以前に家康よりの書物に、家久は義久の跡、義弘は義久の代官として認めており、元和八年、幼年の光久は国分（家久夫人）の養子となっている。

⑤'義久の一筋はこのように家久・光久と伝えられたのである。義久の系統が相続して行くことが大切なのである。いかに日置島津家の方で云うとも垂水島津家はその下につくべきではない。日置島津家の祖歳久は豊臣秀吉の朱印状に

より粛清されたのであって、はばかるところが少なくない。たとえ垂水島津家と同格であるとしてもその道理から従うべきではないのである。

ここでわかることは久通は義弘が義久の家督を相続せず、守護代にとどまったことを述べ、義久の正統は義久、その女、養子光久の筋だと主張する。その上で義弘の名跡を相続した加治木島津家を近代の脇の惣領としてこれまで脇の惣領として第一位で扱われていた垂水島津家に先代の脇の惣領として上座を譲るよう説得しているのであり、垂水島津家自身の問題としては以久の跡をつぎ佐土原を領有したとする佐土原島津家に対して垂水島津家を嫡家として承認するが、大名として扱われている佐土原島津家の方が対外的には上座にあるべきことの因果をいいふくめている。そして、日置島津家に対しては久慶が家久の信任を得て勢威をふるい、その養子久憲もまた垂水島津家より上位を主張するのには服すべからずという。そして、日置島津家が上座になることはその祖歳久の履歴からみて許されないことであると主張している。すなわち、「歳久は太閤より御朱印を以て生害仰せ付けられたる家の儀に候間、天下の恐れ彼れ是れに諸人存ずる様子もこれ有るべく候、縦（たとえ）御家同位に候ても仰せ分けられ御座有るべき事かと存じ候、ケ様成儀も御心得に書出し候也」（前出書下し文）とあり、歳久は一時であっても天下の反逆者のレッテルをはられたのであり、その系統が上座であってよい筈はないというのである。これは当時、日置島津家に対する藩宿老の一つの視方としても注目すべきであろう。

## 二、川上十郎左衛門家文書の「藤原朝臣年久自筆起請文」

昭和五十七年（一九八二）三月刊行の『弘文荘敬愛書図録』中に、「島津家歴代古文書集河上十郎左衛門家宛　寛正―天正十八年二十五通一巻」として二十五通の目録とそのうち六通の写真が掲載されている（山口隼正氏よりの教示による）。同目録を整理して表記すれば次頁の如くになる。

二十五点中、『鹿児島県史料　旧記雑録』（前編・後編・附録）並びに『鹿児島県史料　旧記雑録拾遺　諸氏系譜』二に採録されているものが十六点あるが、前者の各文書には傍注に「川上武蔵守経久初十郎左衛門尉譜中、正文当家有之」と記載されている。これがすなわち、後者の川上氏系譜に収録されていることを示しているのである。川上経久は島津氏支族川上家四代兼久の子義久の孫で、文禄元年（一五九二）八十四歳で没する。島津義久・義弘・久保の弓馬の師範で、文書の(19)・(22)・(23)・(25)は彼らが経久に宛てた自筆起請文である。それらはいずれも『旧記雑録』に採録されているが、(24)は(1)・(2)・(6)・(8)・(9)・(14)・(15)・(21)と共に同書に未採録の文書である。幸い、(5)・(12)・(16)・(19)・(20)と併せて図録に写真が掲載されている。それは藤原朝臣年久と署名のある永禄十二年（一五六九）の島津歳久の起請文なのである。写真から左に引用紹介しよう。(7)

敬白　起請文之事

於馬上之儀一言他言有間敷事

| 参考 | 文　書　題 | 年月日 | 宛名 | 『旧記雑録』編・番号 | 「諸氏系譜」川上系譜番号 |
|---|---|---|---|---|---|
| (1) | 島津忠国犬追物相伝状案 | 寛正6．3．5 | 島津十郎左衛門 | | |
| (2) | 島津立久自筆起請文(牛王宝印) | 文明5．3．吉 | 河上十郎左衛門 | | |
| (3) | 島津立久自筆書状(仮名まじり) | 8．6(文明頃) | | 附2−1336 | 16 |
| (4) | 島津立久自筆書状(仮名文) | 9．20(文明頃) | 又十郎 | 附2−1335 | 15 |
| (5) | 島津立久自筆書状(仮名文) | 7．18(文明頃) | | 附2−1334 | 14 |
| (6) | 島津久俊(久逸)自筆書状(仮名まじり) | 4．16(文明頃) | 十郎左衛門尉 | | |
| (7) | 島津久逸自筆書状(仮名文) | 菊．19(文明頃) | 河上十郎左衛門尉 | 附2−1340 | 20 |
| (8) | 島津国久自筆書状(仮名まじり) | (文明頃) | 同上 | | |
| (9) | 島津国久自筆書状(仮名長文) | 6．7 | 同上 | | |
| (10) | 同上自筆書状(仮名文) | 3．5 | 同上 | 附2−1342 | 22 |
| (11) | 某(島津国久カ)自筆書状(仮名まじり) | 7．3 | 同上 | 附2−1343 | 23 |
| (12) | 島津忠昌自筆書状(仮名まじり) | 2．29(文亀永正頃) | 同上 | 附2−1345 | 26 |
| (13) | 同上自筆書状(仮名まじり) | (文亀永正頃) | 同上 | 附2−1344 | 25 |
| (14) | 同上自筆書状(仮名文) | (文亀永正頃) | 同上 | | |
| (15) | 同上自筆書状(仮名まじり) | | 同上 | | |
| (16) | 島津忠兼(勝久)自筆書状(仮名まじり) | 11．25(永禄元亀頃) | 曽於郡衆中 | 前2−2071<br>2286<br>附2−1348 | 29 |
| (17) | 島津貴久自筆起請文(牛王宝印) | 天文9．11．26 | 河上武蔵守 | 前2−2399 | 30 |
| (18) | 島津貴久自筆書状 | 9．7(永禄頃) | 河上十郎左衛門 | 附2−1355 | 32 |
| (19) | 島津義久自筆起請文(牛王誓紙) | 永禄9．8．6 | 同上 | 後1−339 | 34 |
| (20) | 島津義久書状 | (天正15)10．22 | 川上武蔵入道 | 後2−395 | 38 |
| (21) | 島津義虎自筆起請文(牛王誓紙) | 8．吉 | 河上武蔵守 | | |
| (22) | 島津忠平(義弘)自筆起請文(牛王誓紙) | 永禄5．5．吉 | 河上十郎左衛門尉 | 後1−207 | 33 |
| (23) | 島津忠平(義弘)自筆起請文 | 元亀2．9．吉 | 同上 | 後1−599 | 35 |
| (24) | 島津歳久自筆起請文 | 永禄12．10．吉 | 同上 | | |
| (25) | 島津久保自筆起請文(牛王誓紙) | 天正19．2．14 | 川上武蔵入道 | 後2−733 | 41 |

右背此旨者、上梵天帝釈四大天王、下堅牢地神五道冥官等、惣而者日本六十余州大小祇冥道至迄、別而者当国鎮守霧島六所権現、正八幡大菩薩、殊者当所鎮守稲荷五社・正一位正八幡・天満天神・薩陲王子権現、軍神摩利支天部類眷属等可蒙御罰者也、

仍起請文如件、

永禄十二年十月吉日　　藤原朝臣年久（花押）

河上十郎左衛門尉殿

御宿所

一見して年久が永禄十二年、川上経久に乗馬の秘伝を伝授されるにあたって提出した起請文であることがわかる。そして、誓約した神社名中、当所鎮守として大隅国吉田郷の神社が記されていることに注目しよう。殊に薩陲王子権現については、『三国名勝図会』に次の如く説明がある。

王子権現地頭館より子丑の方、八町許り、佐多之浦村、王子原にあり、祭神薩陲彦根命、例祭二月初申の日、永正十二年丁丑二月、興岳公（忠隆）、天文廿三年甲寅六月三日、大中公（貴久）御再興の棟札ありしが、今は見えずといふ、当邑の総廟なり、

『歳久公正統系図』によれば、島津歳久は永禄五年（一五六二）に吉田郷のうち、佐多浦・本名・本城・宮ノ浦四か村を与えられ、松尾城に居るとあり、天正八年（一五八〇）吉田から祁答院に転じ、宮之城に居住したとある。永禄十二年はまさに吉田領主の時期である。このことから年久＝歳久なることは明らかである。かくして、本文書は歳久自筆文書として希有のものであることが判明した。花押の存在も貴重といえよう。しかし、この文書は前述の如く

『旧記雑録』にも諸氏系譜「川上氏一流系図」中にも採録されていないのである。ということは藩史局の見落しか、偶然または意図的な不採用ということになるのか、なお検討の余地が残されている。

一体、島津歳久の関係文書は多く義久や義弘らから歳久に宛てられたものであって、歳久から義久や義弘らに宛てたもの、すなわち歳久の発出文書が全く残されていないことはきわめて不自然なことであり、政治的な処理が行われたと考える方が自然であろう。その歳久が年久の字を用いることもあって、たまたまその文書が川上氏のもとに残されていたということになろう。年久の字が用いられている例としては第一節でふれた義久系図とされるものにみえ、『鹿児島県史料　旧記雑録後編』一―五八九号「貴久公譜中、清水岡寺文書」に「其三男藤原年久」、同二―二四五号・二五一号「長谷場越前自記」に「左衛門督年久」とあり、同三九八号、歳久譜中「正文在顋娃菩提山大通寺」に天正十五年十月四日顋娃久虎の霊前に供えた藤原年久と署名のある追悼文和歌が記載されている。このように、年久の用例は決して少なくはないが、ただ自ら用いた例としては前の起請文と追悼文和歌の署名しか判明しておらず、その理由等についてはなお今後の検討をまたねばならない(8)。

## 三、日置島津家関係文書の投ずる波紋

平成四年度に鹿児島県歴史資料センター黎明館で収蔵した資料中に、日置島津家関係文書一巻がある。福岡市の古書店から購入したものであるが、内容からみて、これまで史料紹介を重ねてきた日置島津家旧蔵文書の中の一巻とみ

て間違いないと思われる。日置島津家文書散佚の経緯・状況・収拾・全体像等についてはこれまで折々ふれてきたので再言しないが、日置島津家の創立・再興の歴史と関連して内容の濃い文書が多いことがその特色としてあげられよう。日置島津家の始祖が悲運の死をとげた歳久であり、二代目が根白坂で闘死した忠隣、三代目が上山城々主常久、四代目が系図削除の処分をうけた久慶で、久慶は家老として実権をもち、かつ島津氏系図編成の責任者として多くの史料を収集・閲見しているし、異国方・宗門方の奉行として秘書を取り扱ったふしがあるので、自らその関係史料は多彩である。その全容を把握するのはまだまだ先のことであろうが、たまたまその調査に関与したので中間報告の形で左に解読文をあげ、些少の私見を付記しておく。

表題はなく、七点の文書写が貼りつがれて一巻となる。相互に直接関係はないが、おおむね歳久―忠隣―常久―久慶のつながりを示し、とくに忠隣・常久の履歴を物語る史料であり、日置島津家の面目を示す史料といってよい。

（一）一御支配之時分・若輩之故知行之侘不申、如御賦預置候、侘被申上候衆者望之地爲被持せ之由承候、
一本領可給之由御約束之御書物雖有之、不致首尾候事、
一一所衆何茂本領爲被持せ由承及候、又一所ニ知行被持衆も有之由候、我等幼少ニ而御支配之時侘不申、遠方迄へ被下候事、
一当時持留之知行
高弐千七百八拾石　祁答院名之内　木村
高千八拾石　黒木
高六百七拾石　外九百石被召上　久冨貴

高弐千五拾石　外六百石被召上候　日置
高六百五拾石　高原名之内　江平
高弐百七拾石　同所　蒲牟田
都合七千五百石外二千五百石者被召上候、右之ことくニ而七里より内ニ知行所無之候、鹿児島□(衆)者何も近所ニ
被持せ候間同前可被仰付候事、
一江平村指上候、何方江或共くり替可被下事、
一知行所遠方迄ニて鹿児島御奉公難調候、此節不被召替候ハヽ、已来弥御奉公可難調候事、
一上地之内を其儀預かり格護之仁茂有之様ニ伝承候、御支配之砌幼少ニて衆双之理をも不申達候条、衆なミニ可
被仰付儀遮而御侘申上候事、
右之条々可然様ニ被仰上候而可被下事頼申候、
寛永四年正月廿七日　又五郎(久慶)
山田民部少輔殿
三原左衛門佐殿

(二)

一蓮秀様(歳久女、忠隣室、常久母)湯之尾へ御移候ハいつ之自分にて候哉、年号ハ知ましく候へ共、六位少進なと年いくつ之比と申候ハヽ、
今之年知れ候へハ考候事安ク候、
一又六様(入来院重時)江御縁与ハいつより之事ニ而候哉、又吉様(常久)御いくつ比にて候哉、
一塔之原よりうつりハ又吉様御いくつ比にて候哉、

い　一塔之原より日置へ御うつりハ又吉様御いくつの比にて候哉、

「（貼紙）清敷より日置へ御移候者、又吉様九ツノ御年と覚申候」

い　一伯耆様（北郷三久）へ御妹様御縁与ハ御妹様御幾ツ之比にて候哉、

ろ　一吉田之ひさけづるニ御妹様、伯耆様御座候ハいつよりいつの比迄にて候哉、

「（貼紙）吉田之ひさけづるニ御移候ハ御妹様廿之御年にて候、蓮秀様ハ五十五之御年と覚申候」

ろ　一湯之尾ニ御座被成候もいつよりいつの比までにて候哉、湯之尾は何と申所にて候哉、

一湯之尾より久木のうとニ蓮秀様御うつりハいつの比にて候哉、

は　一蓮秀様御生れハ吉田之王子御うぶ神と御定候へ共、吉田之何之城と申所にて御生れ候と連々御意候つる哉、御弓ハ本田四郎左エ門仕候哉、又四郎左エ門ハ御もりにて候、御弓者別人と承被申候哉、

は　「（貼紙）吉田之下モ之城と申所ニて蓮秀様者御誕生之由連々御意候つるを承候、御うぶ神ハ王子と承候、御弓ハ何かしとも承不申候、御もりハ本田四郎左エ門にて候由、つねづね御意にて候、御誕生日も忘申候由両人被申候、

一忠隣様御誕生日ハいつれにて候而御誕生御祝事共候つる哉、覚ハ無之候哉之事、

に　一つるだの御子様ハ蓮秀様御妹にて候哉、又御ひとつ年なとにて候つる哉之事、

ほ　一伯耆様御おくさま御わらへ御名ハ何と申候哉、其御妹様御名ハ何と申候哉、御屋地様之御わらへ御名ハ何と申候哉、

ほ　「（貼紙）伯耆様おくの御名者はつ鶴様と申候、

一はつ鶴様之御妹様御座候、御名徳ミつ様と申候、是ハ日置つうほ屋之もの御名上申候、

一蓮秀様御名者鶴ミつ様と申候由承候、
一伯耆様御子左馬殿おくさま之御誕生日者十二月七日ニて候」
慶安三年壬十月十九日

（三）

覚

一惟新様御在洛何度ニ而候哉、我等承及候ハ高麗より直ニ御上り之様ニ承候、但爰元へ御帰国候而より御上洛候而関ヶ原ニ御登被成候哉承度候、御在京之時之御状御座候、年号不知候、兵庫頭様と申候時之御書ニ而候、
一細川殿之内安田三郎兵衛允死去ハいつとも不相知候哉、死去之年龍伯様より被下御書有之、年号見付申度候、
一晴蓑（歳久）切腹之時、脇本より瀧水之様ニ被引籠候由被聞召、白濱次郎左衛門殿へ御持せ被遣候へ共、はや事済跡ニ被参候、御書御文書之内ニ相知候哉之事、
一晴蓑追膳之龍伯様御詠歌之事、

（四）

覚

一天正十四年筑紫入之時、義久様者肥後之八代へ被御座、忠隣様爲御大将被成御立候ニ付遠矢信濃守殿并拙者木脇伊賀入道正徹年共罷寄候由候而従義久様以上意御側へ御供被仕候、其外物頭衆多勢にて候、拙者十八歳ニて御供申候而様子見申候条々、
一忠隣様筑紫之城たれの口にて御鑓被遊候者七月六日ニ而候かと存候事、
一此城御責被成候時ハ夜中より未時分迄ニ召取申候、大手之口より御かゝり被成、たれの口にて御鑓被遊候、其内ニ脇元城之助度々御鑓遅く御座候などゝ申上候、正徹申候ハ若く候て不知事を申候と度々被申候、夫よりハ

正徹鑓にとっくりを付水を被持せ候を、城之助水にてハなく候哉と申候而持参り、御顔御洗被成候、焼山を御通り被成候故、御よごれ被成候間如斯候、軈而被遊御鑓候事、
一城之助御先にたれのかうしにとらへ付、吾等かけより御鑓遊し候へなと、申候、城之助散〱ニ罷成候後に死がい見ニ参候へ共知かね候処ニ、城介罷立時分、歳久様御前様よりかのこの御ひとへ被下候、夫を着申、腰ニ巻、大はた抜にて居申候つるが、其御きる物にて見知申候事、
一御かほ御洗被成候所よりたれの口との間、三十間計可有御座哉と覚申候事、
一御鑓被遊候処ニ頓而野久尾より責入候、夫より忠隣様御城乗被遊候事、
一右御陣筑後之内かわらさんと申所之町城より間二里大川越ニ而候事、
一此御陣にて所之町人にて候、七月五日之夜幕を明、内を見申候処を城之助見合切捨申候事、
一晴蓑様ハ御立不被成候、其年之十月霜月か之比、豊後へ御立被成候哉、筑紫ニハ無御立候事、
一我事筑紫ニ御立被成候時ハ十八歳ニ而候事、
一右城之名鷹取か尾と申候事、
一日わり山と申城右之城一時ニ被責崩候事、
一鷹取か尾と日わり山の間、半道も可有之哉、
一岩屋へ御かゝり被成間ハ鷹取か尾之麓ニ家陣被遊候事、
一岩屋之城へ御陣取之日、七月十四日、
一岩屋之城責七月廿七日ニ落城、忠隣様ハ取添之口より御かゝり被成候、我々ハ大手之口よりかゝり申候、取添

の口にてハ良鑓合御座候間忠隣様御鑓なと爲被遊儀も可有御座候、別方ニ而候故いか様之事も不存候、左候而忠隣様御城乗被遊ぼし屏之上ニ御上り被成候、我々ハ城内家之上ニ登り罷居見上申候、兄民部少手まねき仕候、互ニ手まねき仕候最中、城内にて敵被討候時分之儀ニ而候事、
一ほうまんと申城、岩屋より間一里御座候、城主宗虎岩屋之仕合ヲ見て城を捨、橘之様のかれ候事、
一鷹取か尾と岩屋との間五里、橋殿城之御陣御直し可被成との御事ニ而候へ共、八代より先軍衆もつかれ申候ハん間、御引せ被成候へとの儀にて御引被成候事、
一晴蓑様御大將其外物頭多勢にて豊後御のき被成候時、坂無シ城を一日跡ニ御戻し御つめ落し被成候、日本国之人衆褒美申候由ハ承候事、
一根白へ御かゝり被成候時分、我儀ハ日向高城へ籠城申罷居候間不存申候事、
右之御陣立時分之儀、宇多斎宮殿を以御尋ニ而候、其時分若輩と申、殊ニ久々之儀ニ罷成候条相違之儀可有御座候へ共、任御意覚之儘書付御使迄申上候、以上、

木脇喜兵衛入道

慶安三年三月廿四日　　永喜（花押）

（五）

三郎次郎忠隣ハ出水薩摩守義虎ノ二男、母ハ義久ノ嫡女タリ、左衛門歳久依無男子、彼忠隣歳久ムスメヲ嫁于爲養子、于時天正十五年丁亥三月、大閤入当国、太守・歳久発向日向国、彼表ハ羽柴美濃守ヲ爲副將軍、入日州根白坂、伯耆国主南条中書、因幡国主宮部法印先手ニ根白坂ニ張陣、義久ノ勢三万有余也、四月十七日欲破彼陣、

敵陣ノ東ハ島津中務大輔家久、同西ノ方野沢、忠隣彼沢ノ臨岸攻上、暁天陣ヲ破、忠隣カ兵加勢、家老小早川高景、備前中納言ヨリ家老長船越中走リツヽキ防戦スルニヨッテ諸手労、巳ノ下刻引取候、忠隣モ野沢ノ小川ノ辺ニテ引取候処ニ、敵切出候トイックヨリカ喚ニヨッテカヘシ、再赴彼陣方、攻入討死ス、郎等貴島勘解由、村松弥太郎、島原勘助、貴島源四郎、木通壱岐モ亦討死ス、法印カ兵忠隣カ首ヲ目カケ取ラントセシカトモ郎等等取巻、楯ニカキノセ引退、義久ノ御前ニ参、夫ヨリ義久御力ナク其時ノ御詞・・・ト御諚アリテ御帰鞍シ玉フ、然而忠隣死骸ハ祁答院宮之城大窓寺ニ葬ス、法名号桂山浄久、袈裟菊丸ハ同年正月十八日マウク、此子五歳ノ時賜此御感状、袈裟菊ハ常久カ事也、斯龍伯公ノ御判形当家希代ノ誉ト可謂者欤、寛永十五年太守黄門家久公御逝去、御継目ノ時分、江戸江詰居、土井大炊頭殿内篠川庄次郎為御使節仁被来咄候内ニ、庄次郎親ハ宮部法印ニツカヘ候、先年太閤薩摩江御下向ノ時、日向ノ国根白坂、是成坊カ陣江龍伯公御取カケ候ハ四月十七日ノ由候、十四日ノ午ノ刻時分ニ向ノ岡ニ山伏来札ヲ立置帰候、陣中ヨリ出テ見候ヘハ来十七日ノ朝陣ヲ可破トノ評義ニテ候、可有其心得トノ札ニテ候、夫ヨリ陣中ノ用意ニハ謀慮ニテカ有ラン、今ヤ〳〵ト被待候処ニ無其儀、十七日ノ朝取カケラレ候、無比類正直ナル約束ト被致褒美候ツル由被咄候、是ハ伊集院幸侃カ野心ニテ告知せタルカト其時ヨリ申伝候、大事ノコトニテ候間書付置者也、

（六）

一本ニ有

此ニ歳久之続子島津三郎二郎忠隣二十歳ニタラン若大將ナルカ、慈ノ勢臆シタル氣ヲ見テ中務大輔ニ合テ仰ケルハ、我等ハ勿論若輩タレハイマタ誉ノ名ヲ不得、家久ハ聞ル覚御座ナレハ、今日ノ師ニヲヒテハ不劣ト存候

ト云アヘスカケラレケル、慈ノ軍勢是ヲ見テ一音ニ時ヲ挙テ曳ヤ声ニテ攻入、屏ニ重攻破リ陣内ニ切テ入、北郷一運ノ手ノ者トモ屏ニ三十間引破リ、陣中ニ切テ入、三百計無下ニ打死シタリケリ、去レトモ不為事ト攻入々々戦ハ陣モ危見ユル処ニ、忠隣鉄炮ニ当ラセ玉ヘハ、大將手負給ソトテ慈乱是ニ成ニケル、敵ハ数千挺ノ鉄炮ヲ揃、雨霰ノ降如、此ヲ専ト打ケレハ慈ハ皆堀底ニ射伏ラレ、過半手負ニナリ、若干打死スル者アレト、薩摩ノ勢ハ無力野白ニ成テソ引ニケル、

（七）

落合長作殿御身体之儀御尋ニ而候、もはや今年四拾三年ニ罷成候条、然々覚無御座候、若輩之時分ニ候へハ日々記なとも不存寄候、乍去慶長十三年戊申常久様廿二之御年駿川・江戸へ爲御使者御下被成候、御上洛前ニ常陸守殿と御名を御給被成、京都下り駿川海道迄者常州様ニ而候ツ、然処ニ家康様御公達ニ常陸様と申御座候通被聞召、扨者先此節者前之又吉殿ニ而可然由被仰候而駿河・江戸其通ニ候、御下向以後ニ下総守殿ニ御成被成候、三月上旬ニ鹿府御打立被成、国分ニ御着被成、龍伯様ニ御申入被成候、石劦様御暇乞とて御所へ御出合候、御会尺ニ部当四郎左エ門所ニ而道二と申舞々父子弟子合三人被召寄、景清を半日御いわせ被成、申ノ時分ヨリ御打立、小久保迄御通ニ而候、石劦様者清水之上ニ宮之御座候所迄御送り御酒なと御持せ候、かこ島より日数五日ニ美々津へ御着被成候、四五日御逗留候て拾端八端弐艘ニ而ミ、津御出舟候、其日大濤ニテ御舟難儀仕候、雖然種々御立願并雑事船之舟頭半里ほと先ニ而御舟を見及、橋舟を急々ニおろし、加子三人舟頭乗御舟ニこき付、いかりを受取、其いかりかかり候て御舟つなき留申候、日数十二日ニ大坂へ御着被成候、松本宗甫所へ御宿被成候、御蔵衆川東善左衛門尉殿、平田大炊助殿、筆者折田勘解由次官殿、田辺屋又左エ門尉坎道甫道々御振舞被上候、天王寺住吉な

と御見物被成、御蔵衆へ御進物之儀共被仰置、伏見之様に御上り被成、森殿橋吹田屋之与左エ門所へ御宿ニ而候、御城主松平隠岐守様へ御差出被成候、彼所より京へ一両度御上り被成、御支度彼是両所へ御逗留候、御宿道正屋休甫、其内ニ心岳様御寺ニ御参被成候、其時分賀茂之御祭ニ而候、御参詣候而種々芸を御見物、ミたらしニ御参被成、御帰宅ニ蒔絵屋之彦七と申人彼宮ノほとりニ小家之御座候ヲこしらへ被申受、御振舞被上候、下々迄も其通ニ候、友寿法印様よりも御振舞にて候、是者内裏西之御門脇ニ御座候伊勢友枕老へも御礼被成候、茶道之宗被申受候、一日者清水寺大佛御見物候、又建仁寺藤御覧被成候、夫より四月十七日ニ伏見を御打立と覚申候、川なとふとく候て御逗留候所も御座候、於書川松平川内守様へ御差出御寄相と承候、下々迄も町にて御振舞にて候、其夜妙春様御宿へ御下被成候而御見立ニ而候ツ、駿河へ日数十日ニ御着被成候、御進物調、川東殿魚屋之善蔵御同心之伊勢屋之彦兵へニ御宿被成候、追付山口駿河守殿へ被仰通候、御家老本田上野守殿へ御指出被成、家康様へ御目見得被遊候、彼所へ日数廿五日御逗留候、何事も山口殿より和久伝五殿とて十八九年之若役人にて被仰理候、彼伝五殿も肴折一ツ持参ニ而候、御逗留中ニ浅間へ御参詣被成候、紀之森なとよそなから御覧候、彼所ニ而天下之御小姓衆落合長作殿御堪氣ニ付、薩摩かた焇爐か島へ流人と被仰出、御使者へ御渡可有由候、喜入殿へ御談合と候へ共、彼方者龍伯様御使者ニ而候条無御存知通ニ被仰候哉、此方御一人ニ而御受取可被成と候、併江戸之様ニ罷下候間、彼方仕廻候而罷上り候する時分、於伏見ニ請取可申由御申被成たると存候、左候て駿川を五月下旬ニ御打立、其日清見寺へ御礼被成候、御持せりんすの巻物一ツニ而候、彼住持者大願寺前住瑞岳之弟子之由候而御馳走下々迄被通候、彼住持之舎弟も僧にて鎌倉之建当（長カ）寺ニ而候、舎兄より注進候哉、清見寺へ被出合候而御見参にて候、其僧かん原之御宿迄被送候、仲次焼之御ちゃわん被進候、夫よりかまくらへ御着被成、古御所池すきする墨之御馬屋又鶴か岡八幡宮、五山なと御見物にて候、翌日江戸へ御着被成候、御宿者御国之御屋形ニ而候、本田佐刕老、土井殿へ御指出御登城ニ而候、やかて佐刕老御上使にて糟毛之御馬御拝領被成候、日数五日御逗留ニ而六月一日ニ御打立被成、木曽路を御上り被成候、近江へ御出被成、御多賀へ御参詣候、御座主瓶子一双ニ而町御立宿へ御礼に而候、又三井寺御見物被成候、日数十二日ニ伏見へ御着ニ而候、亭主与左エ門尉大津迄御迎ニ参候、其夜御振舞上たると存候、下々迄も其通ニ候、夫より同十四日祇薗之祭宮之かざり物京三条町ニ借屋被成御見物にて候、軈而長作殿伏見へ御着ニ而候、御宿之門外ニ御指出候而御見参候、定宿送ニ而候ハん、山口殿より小篠小兵衛尉とやら申人被相付候、御宿より四五間下に宿被仰付候而御供衆之内四五人ツヽ、夜白被相付候、長作殿御親父とて暇乞ニ被来候、此方へ被申理候而夜ニ入門外ニ而暇乞被成、追付帰りニ而候、夫より大坂へ川舟ニ而御下被成、本之御宿へ御入被成候、長作殿ハ御蔵本へ御座候、かけて番衆被遣候、其夜宗甫御振舞被上候、下々迄も被下候、御蔵衆より舟籠をこしらへ同前ニ御本舟ニ付候、日数九日ニ美々津へ御着津と覚申候、夫よりハ小篠殿前より其所々ニ被仰理、宿送之趣ニ存候、国分へ御着被成、龍伯様へ興津鯛と中小鯛之様成ヲ駿河にて御才覚被成御上ニ而候、脇本ニ御着候て惟新様へ御指出て、かこ島へ七月廿日比ニ御着と存候、追付其晩紀刕老(比志島国貞)、兵部少(伊勢貞昌)殿御下国目出度とて御出被成候、此方より被仰候者、今日日から能候間御返事を可被仰せ如何と候、御両人可然と被仰、兵部少殿御意趣被聞せ御立、長作殿事者定其八九月之比、島へ御渡海可被成存候、醫者理心(汾陽)之小者遠島のもの御座候を御食焼ニ被進候、勿論長作殿下人壱人も不召列候、彼食焼帰京之時めしつれ候而御上り被成候、次十四年八月ニ御音信可被仰と候て、かきる便舟ニ而島へ被遣候、噌樽百、干鯛・中紙三束、酒樽壱荷被遣候、同(長脱カ)慶十六七年之夏か秋か御帰京被成候、此由承候而御暇乞ニ日置よりかこ島へ参候、小野辺ニ而参合、懸御目、伊集院御宿迄参候而、市成蔵人殿、日置善兵衛殿へ巨細申入、御暇乞申候而罷帰候、長作殿其比廿四五之人にて候、彼人之行衛其後終ニ不承候、右之段々大かたの御事ニ候へとも、かやうニ候欤と候、夢のやうニ御座候、何れも正ならす候、可然様ニ御申上可被成候、已上どれも〳〵ちうのくらいにて候、爲御存知候、

慶安三年三月廿六日　　瀬口加左衛門尉（花押）

東郷刑部大輔殿

参

（一）は寛永四年（一六二七）の久慶自身の申状で、知行地についての従来よりの経緯について述べ、鹿児島近辺の知行地配当等について藩老に要求した願書の草案または扣と思われる。（二）は歳久の二人の女、忠隣室と北郷三久・伊集院久洪室の生年月日・縁類ほかの照会と貼札によるその回答扣で、藩記録所よりの問い合わせに日置島津家の方で調査結果を報告したものであろう。慶安三年（一六五〇）は久慶死去の前年で、久慶自身この調査に何らか関与するところがあったのではなかろうか。（三）は年不明であるが、義弘の履歴についての問い合わせならびに同人の在京時の文書写および義久の細川家家臣死去の際の書状の所蔵の報告、歳久自害の際の状況を覚書風に記している。（四）は、天正十四年（一五八六）より十五年に至る間における忠隣の戦場での活躍の様子を、同じく十八歳で従軍した木脇永喜が問い合わせに応えて回報したもので、慶安三年三月廿四日の日付になっている。（五・六）は主として忠隣が根白坂で戦死した状況を記したもので、敗戦の一因に伊集院幸侃内通の噂を覚書としてあげている。（七）は、常久が慶長十三年（一六八〇）に京・駿河・江戸に使者として出向し帰国するまでの状況、とくに帰途の京にて、徳川家康の小姓で勘

氣を蒙り、硫黄島配流の処分を受けた落合長作を同道して下向した経緯について、四十三年前の記憶をたよりに覚書風にまとめた瀬戸口加左衛門尉の東郷刑部大輔宛の報告書である。文中、些細な事ではあるが、これまで他の論文で関説してきた人物に関わる記述があるので付記しておく。一つは大坂到着の際に応接した人名中に右筆家折田勘解由次官の名がみえること[9]。一つは滞京中、心岳様寺への参詣の記事、さらに内裏西の御門脇に伊勢友枕老（如芸）の宿があることの記述等である[10]。蛇足ながら付言しておく。

さて(七)の作成年は(二)・(四)と同じく慶安三年で、(四)とは月日も同じである。おそらく、(二)と同じく久慶が聞書等を収集し、自家の歴史ならびに藩史の史料として役立てたいと考えたものであろう。前述の如く久慶は慶安四年（一六五一）八月十八日、四十三歳で死去する。その後、養子大膳久豫（久憲）の告訴で寛文元年（一六六一）以降、罪を問われ系図削除の処分をうけ、「本藩人物志」には久憲共々国賊伝中に記載の取り扱い等をうけているが、薩藩修史上で果たした役割は大きく、数多くの史料を後世に残した業績は評価されるべきであろう。久慶・久豫の系図抹消事件、その国賊伝登載についても彼ら個人に対する特殊な取り扱いだけであったのか、もっと深い日置島津家にそそがれた眼差《まなざし》があったのか一切不明である。しかし、次々に発見される日置島津家文書一点一点の投ずる波紋は決して小さくはない。今後とも、日置島津家文書の発見とそのもつ意味について、検討を継続していきたいと思っている。

## 註

(1) 拙稿「日置島津家文書と島津久慶（一）・（二）—県立図書館本島津家文書の紹介を中心に—」（『鹿児島大学法文学部紀要　文学科論集』一〇・一一、一九七五・七六年）・「日置島津家文書と島津久慶（三）—島津久慶自記とその他史料の紹介を中心に—」（『鹿

児島大学法文学部紀要　文学科論集』二五、一九八七年）・「日置島津家文書と島津久慶（四）・（五）—新知見文書の紹介を中心に—」（『鹿児島大学法文学部紀要　文学科論集』二八・二九、一九八八・八九年）・「日置島津家文書と島津久慶（補遺）」（『鹿児島中世史研究会報』四六、一九九〇年）・「新城島津家と越前島津家」（『鹿児島中世史研究会報』三一、一九七二年）・「新城島津家家譜所収文書」（『鹿児島中世史研究会報』三二、一九七四年）・「島津久章一件並びに覚書」（『旧記雑録月報』八、一九八六年。本書第２部第七章）。

（２）拙稿「御厚恩記をめぐって」（『鹿児島大学人文学科論集』三一、一九九〇年。本書第１部第四章）参照。

（３）『島津家列朝制度』（藩法集八）・『薩藩政要録』（鹿児島県史料集一）・『鹿児島県史』二・『旧記雑録追録』四等参照。なお、垂水島津家の家格保持に対する関心の深さを示す史料としては、前掲拙稿「島津久章一件史料並びに覚書」参照。越前島津家成立の事情については、同「越前島津家文書の伝来について」（『鹿児島中世史研究会報』三九、一九八〇年）参照。

（４）前掲「御厚恩記をめぐって」参照。また、「島津世禄記」を読む時、その考え方は本文掲載史料の趣旨と合致していることが判明する。なお、島津義弘の家督不相続の問題については、西本誠司「島津義弘の本宗家督相続について」（『鹿児島中世史研究会報』四三、一九八六年）、松尾千歳「鹿児島ニ召置御書物並冨隈へ被召上御書物覚帳」（『尚古集成館紀要』三、一九八九年）参照。

（５）問題の系図は、旧稿「島津氏系図について補考」（『尚古集成館紀要』四、一九九〇年、本書第３部第六章）で紹介した「龍伯様御再治之御系図」であり、「義久様御系図大龍寺被写置、夫ヲ久国写置者也」とある川上久国が本文の写本をさらに写したという系図である。そして、この系図には義久の弟歳久は年久として「又六郎、左衛門督、相国之上使トシテ細川幽斎下向ニテ文禄元年七月十日於鹿児島生害也」と記されているのである。

（６）東京大学史料編纂所所蔵文書の中に「日向佐土原島津家文書」八巻がある。ところが、その内容は巻一から巻四までは現在国立歴史民俗博物館の所蔵となっている「越前島津家文書」四巻を正確に模写したもののようである。「越前島津家文書」は、越前島津家が島津本宗家によって再興されるまでは垂水島津家の庶家新城島津家が所蔵していたものであり、同じく垂水島津家から分出した佐土原島津家がその模写本をもっていたとしても不思議ではない。
　新城島津家は信久の二子久章を祖とするが、久章が正保二年（一六四五）、藩主光久に抵抗の姿勢をつらぬいて自裁した後は、室家久女との間に生まれた忠清が跡をついで再興する。しかし、忠清の跡は本宗家から養子が入り、義久の統を継いではいないのである。だが、垂水家と共に義久の統であるとする自負心は強く、「越前島津家文書」を格護していたのも同家の継承と経済的特権の付与を主張する重要な資料だったわけである。そして、「佐土原家文書」の巻三から巻八までもすべて垂水・新城島津家に関する文書のみであり、特に巻八の収録文書五通は新城島津家当主の将軍家御目見目録であることからみて、「佐土原文書」といってもこれはすべて新城島津家旧蔵文書といってよいのである。いずれにしても佐土原家と垂水家そして新城（現在末川）家の密接な関係がうかがえるのである。

（7）現在、同文書の所在は明らかでない。『旧記雑録』未収録文書八点の内容を知りえぬのは遺憾である。図録写真の歳久（年久）の花押の部分をとくに転載させていただく。

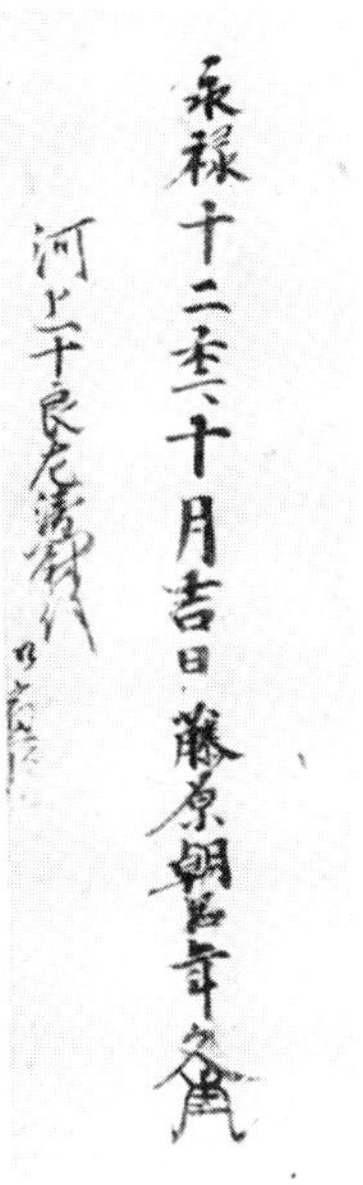

（8）このようにして歳久については年久と記された場合があるが、年久とある文書については歳久と同一人であるとする認識が一般化していなかったゆえに、とくに整理の対象にならなかった可能性のあることを指摘した。しかし、逆に歳久とある文書については完全に抹殺されていると思われ、歳久の存在がいかに重いものであったかを思い知らされるのである。そして、それは歳久の系統としてみなされた日置島津家に対する複雑なまなざしをも意味するものといってよいであろう。晋哲哉「注解島津歳久関係文書」（『尚古集成館紀要』六、一九九三年）、同「島津歳久について」（『千台』二一、一九九三年）参照。

（9）右筆家折田氏については、拙稿「鹿児島城下士折田家文書について」（『鹿児島大学法文学部紀要　人文学科論集』一五・一六、一九八〇・八一年）・「折田常孝一世大概之覚」（『鹿児島大学法文学部紀要　人文学科論集』二三・二四、一九八六年）・「折田常武一世大概之覚」（『鹿児島大学法文学部紀要　人文学科論集』二六・二七、一九八七・八八年）・「鹿児島城下士折田家文書について（補遺）」（『西南地域史研究』七、一九九二年）参照。

（10）伊勢友枕老については、拙稿「故実家としての薩摩伊勢家と伊勢貞昌」（『鹿大史学』三四、一九八六年、本書第2部第八章）参照。

【付記】旧稿ならびに関係史料・論文の検討を果たさぬまま、怱卒の間に粗稿を作成した。したがって、誤釈・誤解も多いことと思う。御批正いただきたい。擱筆にあたり、閲覧の便宜を与えられた史料所蔵者各位に深謝の意を表したい。

# 第3部

# 薩摩藩島津家の史料伝来

# 第一章　伊地知季安・季通と薩藩旧記雑録

『薩藩旧記雑録』は、幕末薩藩の生んだ史学者伊地知季安・季通親子が数十年にわたり、島津家文書をはじめ、薩藩領内において収集した文書・記録を編年順に集大成した薩藩関係史料集である。本書成立の経緯は、鹿児島県立図書館本『薩藩旧記雑録前編』第一巻巻頭の明治十三年（一八八〇）十月付、伊地知季通の自序によって明らかである。全文を左に掲げよう。

国史ヲ編輯スルニ考拠トスヘキ者ハ古実録ナリ、余カ亡父季安性古ヲ好ミ、薩隅日旧古ノ記録文書ヲ採討スルコト数十年、余モ亦之ヲ集メテ以テ大成スルノ志アリト雖、固ヨリ至愚ニシテ編纂ノ道ヲ知ラス、普ク採リ広ク求メ纂輯スルニ若干冊トナル、旧記雑録ト名ク、前後両編ニ分チ惣計六十八巻トス、長久二年星霜八百四十年ヲ以テ始トス、元和元年星霜二百六十余年ヲ以テ終トス、此中間五百七十余年ノ歴世治乱沿革ヲ見ル証拠トスルニ足レリ、初メ筆ヲ弘化ニ起シ嘉永中ニ至リ勤務暇アラスシテ停止ス、其後匿蔵スルコト殆ト三十年、而テ他書ハ皆近歳ノ災ニ罹ル、惟是ノ一書災ヲ免ル幸ト云ヘシ、該書載スル所ノ原文既ニ亡失スルモノ多シ、就中寺院所蔵ノ如キハ廃寺ノ際悉皆官庫ニ収蔵セシニ亦兵災ニ罹ル、嗟乎惜哉、曩ニ偶横川三等属ヲ訪ヒ該書ノ存在セシ話ニ及ヘリ、乃需ニ応シ五六巻ヲ遣ス、日ナラスシテ同氏京ニ齎シ往テ巌谷編修官ノ展閲ニ供セラル、是ニ於テ該館監事三浦安、書ヲ本県渡辺大書記官ニ寄セ該書ヲ謄写シテ以逓送スヘキノ倚頼アリ、即旨ヲ余ニ伝ヘラル、余以為ラク、此独余カ幸ノミニアラス、将来ニ保存スルニ至テハ豈本県ノ幸ト言ハサルヲ得ンヤ、退テ拙纂ノ体裁無キヲ思惟スルニ大ニ額ニ汗スルニ至レリ、伏テ願クハ再調審査ヲ経、脱漏ヲ増補シ、且醜拙ヲ删除セント欲ト雖モ、公務ノ寸暇偸ミ難ク笑ヲ永世ニ貽ス、実ニ是遺憾ト云ヘシ、今全巻謄写成ル、近日将ニ逓送セントス、概閲スルニ恐クハ伝写ノ誤アランコトヲ、因テ按スルニ旧古ノ文章時世ノ沿革ニ随ヒ各其体ヲ異ニシテ其行ノ文辞ニ至テハ解シ得サル者最多シ、識者ヲ俟ニ如カス、今該巻披閲ノ便ヲ要シ更ニ目録ヲ巻端ニ載セ概由ヲ叙ス、

これによれば明治十三年十月、季通が編纂し、修史局に提出したのは六十八巻であることを知る。これは現在、鹿児島県立図書館所蔵本前編三十六巻（長久三年より天文二十三年まで）と後編三十二巻（天文二十四年より元和元年まで）を合わせたものと同じ内容であろう。その後、追補として巻三十三（元和二年）より巻三十五（寛永二十一年）までの三巻と附録として巻一（年紀未考）より巻五（朝鮮日々記・朝鮮軍聞書）までの五巻を合わせて八巻が付加されたのであろう。以上、総計七十六巻の県立図書館本は修史局に浄写提出したものの原本であろうが、その筆者は県史局の数人で分担したものと思われる。しかし、所蔵者名、註記の書き入れ、貼付挿入文書に季通の筆が散見するので全体として季通が編纂の上、筆写を統轄したことは間違いなかろう。

県立図書館本とは別に島津家旧蔵、東大史料編纂所現蔵の旧記雑録がある。表題は薩藩を略し、それぞれ前編旧記雑録・後編旧記雑録・附録旧記雑録・追録旧記雑録とする。巻数は前編四十八巻、後編百二巻、附録三十巻、追録百八十二巻の計三百六十二巻の尨大なもので、内容も前者に比してはるかに豊富で所収文書の点数も著しく増大している。ことに、追録は県立図書館本になく、新たに加えられた分である。前・後編は季安の自筆写もかなり含まれるが、追録・附録はほとんど季通の自筆で占められている。また、巻仕立の方法、付箋の付け方などからみて、同本ははじ

め季安等の筆写した文書草稿を編年順に配列し、それに季通の自ら書写した分を挿入し、合わせて編成したものと思われる。同本は一般に薩藩旧記雑録の原本または季安・季通自筆本とよばれ、前記の県立図書館本より良質のものとされる。

『鹿児島県史料』の刊行にあたって、はじめにとりあげた追録旧記雑録は、同後編の後を受け継ぎ、正保二年（一六四五）より明治二十八年（一八九五）に至る二百五十一年間の文書・記事を編年順に収録する。島津氏歴代でいえば、光久代より忠重代に至る。前述の如く、若干の挿入文書を除きそのほとんどが伊地知季通自筆写本であり、追録が前後編と異なり全く季通一人の筆写・編集になることを示している。このように薩藩旧記雑録は県立図書館本、島津家旧蔵本とも現在のごとき形にまとめられたのは、ほとんど季通の手によるものといえるであろう。しかし、漠然とであってもその構想が季安の代に生まれ、その骨格をなす文書・記録の収集、筆写、整理の仕事が既に手がけられていたことは事実である。また、季通が父季安の教育・指導をうけ、その学風とともに歴史編纂の事業を忠実に継承したことは疑いない。季安が没するまで長年の間、季通はその協力者として精励し、その遺志と遺業を十二分にくみとっていたのである。かくみるとき、やはり『薩藩旧記雑録』は伊地知父子の手によって集大成されたとする定義が妥当のように思われる。

旧記雑録収録の文書は、それまでに何回か整理・修補され、そして写しとられた御文庫の文書のほか、藩記録所で長年にわたり藩内の寺社旧家等から提出させ、写しとった写本や、時には原本によって採録したものであった。藩内の目ぼしい古文書は大部分網羅されたといってよい（もっとも、祢寝文書・二階堂文書のごとく収録漏れのものも若干ある）。しかし、季通も前記序文で述べているように、その後幕末維新期の廃仏毀釈、西南の役等のため原本の失われたものも多く、さらに社会の変動、戦災等による原本の散佚・焼失もこれに加わって、現在旧記雑録による以外内容を知りえぬ文書は相当な数に達している。これによっても旧記雑録が薩藩史の研究にとって、必須の史料集であることが明らかであろう。勿論、多数の文書を筆写するわけであるから若干の誤写脱漏は避けられない。しかし、季安・季通の写本についてみればその数はきわめて少なく、不明字は原本に忠実に写す等、その正確度の高さは評価されてよい。また、年代の推定・人名の比定についても完全とはいい難い。しかし、何よりも尨大な史料を、つとめて正確に書写、かつ編年順に編集し、研究に利用しやすい形で後世に伝えてくれた功績に対し、我々後学者は深く謝意を表すべきであろう。

　さて、伊地知父子の中、父の季安は多作の人であった。彼は数十種に上る多数の史料集・著書・考証を残している。また、その履歴も季通らの手によって比較的明らかにされているといってよい。しかし、子の季通については季安より後代の人であるにもかかわらず、かえって不明の部分が多い。また、作品も『薩藩旧記雑録』の集成のほか、「慶明雑録」、「西藩名臣録」、「両院古雑徴」等史料編纂のほかは、一、二を除き著書・考証等ほとんど残されていない。

「両院古雑徴」は安政三年（一八五六）から六年にかけて父季安の考証や自ら収集書写した文書を加えて編纂したもので、彼が大口郷地頭代在任中の仕事であった。「伊地知季安日記秘要」によれば、万延元年（一八六〇）九月十四日季安の提出した高書上では持高百五拾五石四斗壱升八合五夕四才の中、「百石者喜十郎《（季通）》地頭代御役料高ニ候」とある。同じく「日記秘要」弘化四年（一八四七）二月十八日条では、島津斉彬にその業績を認められた季安が子の季通についても下問のあったことを感激して記しているが、その中で「当分御作事方下目付相勤罷在候」とある。そして、三月十三日条で著述の提出を命ぜられた際「小十郎《（季通）》悴不相替数寄ニ而心掛罷在ものニ御座候間、美濃紙弐三束も御戴せ被置候ハ、此品立之内書写させ差上」るように取り計らうとあり、同五月十八日条では季通が家老調所広郷趣法方用人海老原清凞より高麗町橋並びに吉野橋掛替の作事方を命ぜられ、毎朝六ツより暮六ツ過まで精勤していたが、その際、海老原清凞は「名高キ小十郎（季通）悴ニ候得者何角可辨達」との意向であったとある。党禍に連坐してはじめ逆境にあった季安も情勢の変化でようやくその学識が認められるとともに、「寛永軍徴」をはじめとする著作が当局者の求めるところとなってきたのである。以後、季安はさらに記録奉行という彼としてはもっとも所を得た官につくが、この間に季通は職務のかたわら父の助力者・協力者として史料の書写・整理・収集にあたり、やがて自らも史料編纂の抱負を強く持つようになったのであろう。

季通の履歴については、明治九年（一八七六）十二月改の「鹿児島県職員録」（県立図書館蔵）によれば、札紙に「明治九年丙子一月三十一日補　租税課　伊地知季通　五十六年四ケ月、文政二年己卯九月生」とあり、また台紙に「少属　日給　上等廿五円　下等廿三円　十二等出仕」と記載がある。しかし、生年月日については興国寺墓地にある伊地知季通の墓には「明治三十四年（一九〇一）三月十九日死　文政元年（一八一八）九月廿二日生」と刻まれてあり、さらに墓碑銘には、

君諱季通、通称喜十郎、又改小十郎、母季伴之女、文政元年九月生于上原、資性剛直、学問渕博撃剣弓術復極、時蘊嘉永六年為大口地頭、及期満、郷人咸曰、有恵於我、乞再任、留任八年、治績有可視者云爾、後為郡奉行、復出仕于軍務所・知政所、乃廃藩至明治丙子（九年）執掌于公務、無有遐逸、丁丑之変後以歴史編修官于鹿児島県庁、既而為磯邸古文書調方、卒之前二年而罷、明治三十四年三月暴疾卒、享年八十有四、

とある。おそらく、この方が正しいものと考えられる。

季通が先祖の招魂墓碑二基をたて、その碑名を委嘱し、また自ら記したのは、明治九年および明治二十二年のこと

である。

一つは、伊地知氏祖先招魂之塚で、「始祖民部少輔重眞」・「二世小次郎重之」・「三世民部少輔重照」・「四世民部少輔重辰」・「五世美作守重常」とあり、続けて、

伊地知氏始祖民部少輔重眞、伊地知弾正忠季随第三子、民部少輔季弘第三子也、季随始事島津氏、忠死著名、重眞分族亦事島津氏、第二世曰島津松元小次郎重之、食邑隅州姫木之松元因氏焉、島津蓋賜族也、第三世曰民部少輔重照、松元氏或称本姓、食邑姫木居松元、第四世曰民部少輔重辰、主貴久命為帖佐新城地頭守其城、享禄二年正月廿二日祁答院重武率多兵来攻、重辰与衆奮戦而死、第五世曰美作守重常、復本姓、為油須木地頭所、守接敵境、数有戦功、賜市来皆田代村及伊作田村陣園門、因居焉、食邑凡十二町、永禄十三年十一月十八日歿、年六十三、以上五世皆失墳墓所在、第十五世孫伊地知季通乞余曰、吾父季安嘗欲建招魂墓以合祀其霊、未果而歿、吾今継遺志而建一石於塋域、子為誌之、余乃拠家譜録其梗概云、明治九年四月、児玉利彰謹誌、

とある。もう一つは、伊地知氏先祖之招魂墓で、「六世備後守重康」・「七世民部少輔重堅」・「重堅妻阿多氏」・「重康二男弥右衛門重高」・「八世杢右衛門重政」・「重政妻最上氏」・「重政長男小吉」とあり、続けて、

重康慶長十三年卒於大口、月日不詳、重堅慶長三年十一月十八日戦死于朝鮮、重堅妻寛永廿年十二月二日卒於日州加久藤、重高慶長五年九月十五日戦死于関原、重政正保三年十一月四日卒於江戸、重政妻寛永十七年八月十二日卒、葬正建寺最上氏墓地、小吉正保二年七月六日卒於江戸、今失其墓、明治廿二年二月招霊魂祠於此地、十五世孫伊地知季通誌、

とある。

彼のこの挙は歴史学者として彼の面目の一端を示す一事といってよいであろう。また、著名な事実として慶応三年（一八六七）、父季安の死後、漢文でその伝記「伊地知季安小伝」を作成し、「先考伊地知府君之墓」をたて、その碑銘に父季安の業績を簡単な文章で要約した。季安の業績を紹介する意味で左に挙示しておこう。

先考諱季安、字子静、号潜隠、通称小十郎、世本府人、本姓伊勢氏、八之進諱貞休次子、妣亦伊勢氏、年二十出嗣伊地知氏、実為小十郎諱季伴後、而娶其女、乃先妣也、四男二女、男長夭、次季通、次嗣黒田氏、次季敦分族、女長適本田親賢、次夭、先考為人、淳朴寡慾、自少嗜学、既長好為文章、最精古先事、仕為横目、年廿七連坐党籍、禁錮凡四十年、常覃思古事、博捜群籍、遍質旧典、貴門士族請撰譜牒者多、或紀述答質問、或纂衆籍、著書若詩若文、凡数十百篇、其方編撰也、惟患事実不精・徴拠不明、深稽博証、日夜孜孜無倦無息、至忘寝食、齢踰六旬、特恩遭赦、挙御徒目付、歴御記録方添役・御軍賦役等、遷御記録奉行、時年七十一、順聖公私命撰　太祖得仏公譜図、又命先考及同僚、査検公室所出伝古文帖、以新加装潢、分軸凡数百巻、先考為之総裁、其拝呈譜図也、進官為御使番、以賞其功、其文帖之成也、今公賜物件以嘉賞之、後歴物頭・町奉行格至御用人、皆奉史事如故、更増職田、賞其老而益励職務、実可謂強而不已竭其職矣、今茲六月罹疾、竟以八月三日没、享年八十六、葬太平山塋、法謚高顕院殿子静楽道居士、今建石記行事、事猶多文不逮意、挙其概略以伝不朽、銘曰、

恬淡好古　不慕浮栄　勉励晨夕　史筆研精　遺編在笥　永伝芳聲　仰止罔極　鬱乎佳城

慶応三年丁卯仲冬不肖男平季通泣血謹誌

また、季安・季通の墓とならんで季通の長男季成の墓がある。季成は幕末維新期に際会し、多感な青春時代を軍人として送り、遂に西南戦争で落命したのであった。季通は父季安の死を見送り、今度は頼みとする息子に先立たれた

のである。その墓碑銘の末尾に「父伊地知季通涙を揮って誌す」とあるのは、彼の深い感慨を如実に示しているものといってよいであろう。

長男諱季成、初季柄、幼字小次郎、称杢右衛門、世氏伊地知、列鹿児島士、弘化四年九月四日生、母大橋氏、文久三年撃英艦於鹿児島海、季成列砲台士、元治元年討長賊闕下、亦列藩兵、慶応三年自伏見戦至上州梁田・奥州白川二本松・棚倉・会津等、列藩兵第四隊分隊長、明治二年応徴上京、四年再応徴上京、七月挙親兵軍曹、転権曹長、八月任陸軍少尉、六年帝行幸箱根従之、十一月任中尉、七年征佐賀賊、命抵兵庫聞既平皈、八月任大尉、十一月叙正七位、九年六月帝巡幸奥羽亦従焉、九月命入学戸山学校、十年二月十九日命征西役、更拝近衛兵歩第二聯隊副官、廿日発東京、廿七日抵久留米、自肥後南関進軍山鹿方、是時賊勢甚盛我聯隊尉官多死傷、於是自率第一大隊、振勇励兵拒戦数日、遂中銃丸死於山鹿郡城村、実三月十二日也、乃揚骸於南関、十三日葬西宗寺、迨凱陣第二聯隊長国司中佐送状於本県、以報告家族、嗚呼惜哉、命乎、娶市来氏有一女、官賜月金十五円、扶助寡婦、季成年僅三十、而屢労軍務、是職之盡遂以致身、其勲功偉績豈可不記以伝乎、因招魂建石勒其概略爾、十一年六月父伊地知季通揮涙誌

このほか、彼の数少ない著述の中に「愚意」がある。これは彼が明治十年の役後、郷土の地に開化と称して実は軽薄の風潮が流行するのを慨嘆し、青年はすべからく文武両道兼備に意を用うべきことを説いた警世の書である。彼が薩藩旧記雑録編纂の畢生の大業を成就したのも、かかる警世の情熱が根底にあったればこそであろう。

薩藩旧記雑録追録の刊行にあたって、まず同書全体の成立の事情と、その編纂に着手し完成した伊地知季安・季通父子、とくに季通の履歴の概略を紹介した。些少なりとも読者の参考の資に供しうるなら幸いこれに過ぐるものはない。

# 第二章　島津家文書の成立に関する再考察

## ―藤野・亀山家文書を中心に―

さきに私は「島津家文書の成立に関する一、二の考察」と題して小論を発表したことがある（『鹿児島中世史研究会報』三五、一九七五年）。そのいうところは、現在武家文書の中の最たるものとしてとりあげられる島津家文書も当初から現在のごとき構成・内容であったのではなく、島津家の歴史の変遷にともなって形成・変容をとげてきたのであり、本宗家の交替、特に、中世末、近世初期の変動の中で奥州家の没落にかわって家督の座を手中にした伊作（相州）家の登場により、あらたに同家のもとで文書の収集・再編が行われ、数度の整理・補正が実施されて現状に至ったとみるべきだということである。そして、伊作（相州）島津家個有の文書に加えて、奥州家最後の太守勝久が携帯していた文書もその子孫の手から逐次回収されて新島津家文書の重要部分を占めるに至ったということである。その回収文書の一が藤野家文書であり、二が亀山家文書である。そして、それらの文書は他の収集文書とともに相伝の由来を示す旧蔵者名を脱してすべて一様に島津家文書として、あるいは「歴代亀鑑」、あるいは「宝鑑」、あるいは「御文書」などの中に収録されていったのである。同様のことが島津家重代の宝物についてもいえるであろう。以下、これらの趣旨について再度島津家文書の目録などの検討から考察を加えてみよう。

## 一、「島津家大系図正統」にみる藤野・亀山両家

伊地知季安編纂の「島津家大系図正統」上（玉里文庫本、なお同本の原本は東大史料編纂所蔵「島津家文書」中にあり）には明徳四年（一三九三）、総州島津家の伊久が奥州島津家の元久に重代の太刀・鎧を譲渡した際の関係記事をのせ、そのとき譲渡された小十文字の太刀を中心に興味深い覚書を載録している。その一部を引用すれば左のごとくである。

十五代勝久公小十文字之御太刀、其外御重代之御太刀、御幡并御系図、御文書等飫肥之様ニ御持除被成候得共、勝久公之御孫ニ而候藤野休右衛門久昉《秀久》入道恕世、若年之比、兄弟三人共ニ日州那賀之城ニ被罷居候時、天正五年十月御国江被召置可被下旨御断被申上、御什物之品ミ義久公江献上被仕候、夫より今にいたり古来之通再御譲物ニ罷成候、恕世後ミ覚之為と存差上候品ミ自筆ニ記置被申候ニも小十文字之御太刀ハ長さ二尺八寸、源氏之髪切、熊野太刀与御座候、

すなわち勝久が鹿児島を没落する際、重代の宝物・系図文書なども もに持ち出され、それらは日向にあった勝久の子孫のもとに相伝されており、天正五年（一五七七）彼らの島津領国内復帰の儀の際、義久のもとに差し出されたというのである。しかし、これら宝物文書の引渡しは一度に行われたわけではなく、その後近世初期に至る間に数次にわたり、遺孫の藤野・亀山両家より譲渡されたもののごとくである。

勝久の子孫の略系譜は左のごとくで、孫の代より藤野・亀山両家に分かれた。良久は出家、正円も出家のため、忠

辰が三弟ながら惣領となって亀山家をたてたが、後には正円も還俗して藤野家をたてたのである。したがって、初祖忠久以来勝久代に至る家宝文書の類はほとんど両家に伝えられ、共有あるいは分有されたものらしい。今少し「大系図正統」によって詳述すると以下のようになる。

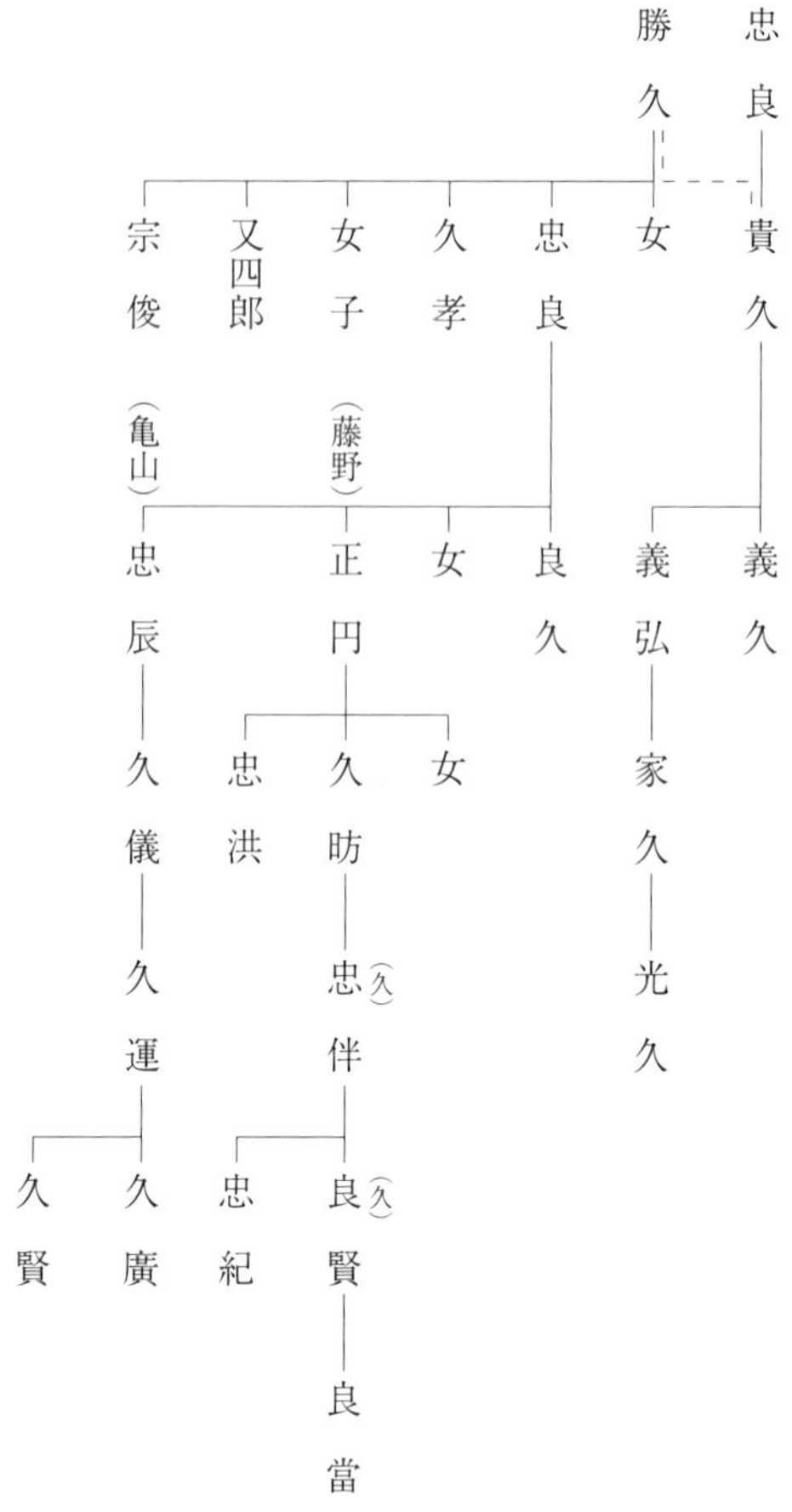


忠良については「益房丸、又三郎、三郎左衛門尉、修理大夫、称斎於休庵」とあり、「○天文四年乙未七月五日於鹿児島本城誕生、母祢寝式部大輔重就女也、○雖為勝久直子、不受守護職者、我之誕生九ケ年以前、使又三郎貴久為

猶子、已禅守護職、且復誕生之後迄九十四日、則厳親勝久鹿児島没落、丁此之時、母堂入吾於襁褓中、向祢寝懐去、漸及七歳、則以伯父忠治縁坐、適于日州憑于伊東修理亮義祐、義祐許諾、附与二箇之郷、以故居住広原、十五歳時、義忠従豊後来日向、于時遂対面加首服、称又三郎忠良也、在広原之際産男子三人、女子一人、義祐没落、則適美美居浜浦矣、其後適隅州高山、居于三男兵部大輔忠親之宅地也、〇元和四年戊午十一月二十二日死去、年八十四、法号雪叟常好大禅伯、葬于高山昌林寺」とある。

忠良の子に良久・正円・忠辰と桂山城守忠昉後室の女子一人あり、良久については「益房丸、又三郎」とあり、「〇永禄五年壬戌十二月十九日於日州広原誕生、母伊東義祐入道三位之家臣福永入道月甫長女也、〇天正二年甲戌十三歳而於日州広原八幡宮元服、称又三郎良久矣、〇天正六年戊寅島津修理大夫義久公率軍衆到日州之時、於都於郡平等寺得見義久公、於茲乎有出家之命、仍薙髪為時衆宗、其後大隅州曽於郡念仏寺十代住持其阿弥陀仏是也、〇元和二年丙辰正月十五日遷化、年五十五」とある。正円については「永禄十年丁卯於日州広原誕生、母同前、〇鹿児島大乗院五代住持成秀僧正之為弟子薙髪如斯、〇奉殿下秀吉公命、薩隅日三州中島津氏分領之寺社尽所寄（棄）破欠落、由是諸寺僧徒各難遂其宗、分散之際、天正十九年辛卯、有法印龍伯君高命、仍還俗称久右衛門尉忠恒、始号藤野、後改忠恒、称忠秀、又改称秀久、名斎於恕世、〇承応元年壬辰九月二十六日、於隅州小田死去、年八十六、法号忠秀恕世居士、葬于隅州金剛寺」とある。

忠辰については「号亀山、初忠親、虎房丸、又七郎、兵部大輔、又兵衛尉、称斎於如雲」とあり、「〇永禄十二年己巳三月十三日於日州広原誕生、母同前、〇兄二人為僧、由是雖為末子連続父家、始号亀山、〇寛永十三年丙子七月十九日死去、年六十八、法号龍室常雲大禅伯、葬于高山昌林寺」とある。亀山家は忠辰の後、久儀、久運、久賢と相伝する。

久賢については「寛文二年壬寅十月十六日誕生母同前、宝永七年八月十三日、太守吉貴公降命曰、於久賢家者、勝久公之血脈至于今綿綿然連続焉、以故於分国中者免許御番御供等之事矣」とある。良久は出家して子なく、正円は天正十九年、義久の命により還俗して藤野と号したが、その後は久昉が継いだ。

久昉については「初忠豊、久右衛門」とあり、「慶長十年乙巳七月十三日於隅州栗野誕生、○天和元年辛酉十二月五日死、年七十七、法号雲庵洞天居士」とある。久昉の後は忠伴で「新左衛門、休右衛門」とあり、「○寛永十六年己卯正月十二日誕生、母脇田助右衛門国綱女、○久昉無実子、故為養子、実隅州串良士木脇六右衛門祐信之子也、○宝永三年丙戌八月二十二日死、年六十八、法名禅心自参居士」とある。その後が良賢で「初久賢、松之助、休左衛門」とあり、「○寛文三年癸卯十一月十六日誕生、母飯隈山別当朝賞女」とある。

勝久遺孫の島津領国内復帰と重宝、文書授受に関する交渉を物語る史料も「大系図正統」下に数点採録されている。①は日向にあった義久の弟忠平（義弘）が勝久の子忠良に宛てた書状で、内容は重代の宝物の一つである忠久所用の幌（母衣）の授受と忠良の子の出家に関する交渉である。

①猶〻御息「休庵御長子時宗、曽於郡念仏寺十代、天正七年十七歳出家也、五年十二月十九日出家可仕旨被仰出、六年正月十一日御受、七年出家候畢」出家として御堪忍候心を添可申之由承候、不可存疎略候、

自旧冬於其御山「日州那賀村久峰寺ノコトカ」御堪忍由雖承及候、不知案内之条、御無沙汰罷過候処、珎翰之趣大慶之至候、仍御代〻緄御所持候哉、被懸御意候、尤雖可致頂戴候、依無嗜未相伝候、其上彼儀者不軽令存候間、先〻令進献之候、御芳志之段不可謝尽候、兼又御上洛被相定候哉、御心遣之段奉察候、然者御用物之事得其意候、無御隔心被仰遣候御事と一入満足存候、猶委者彼使僧可被申候、恐惶謹言、

「天正六年頃ヵ」
六月八日　　　　　　　　　　　　「惟新公初御名」忠平（花押）
「勝久公御嫡子忠良入道休庵」
修理入道殿
　　貴報

「包封」
　　　　　　　　　　　　兵庫頭
　　　　　　　　　　　　忠平
　修理入道殿
　　貴報

②は久昉の孫久賢が記録所の文書箱の中にあった義久日州発足日記中の関係部分を浄写したものであり、勝久の孫（良久であろう）が天正六年正月鹿児島内城で義久に対面・出家を約し、宝物太刀を進覧したことを記している。

②天正六年戊戌正月十一日御吉書、同日勝久御孫上御参入内城、於御亭従奉行上井甚左衛門尉、平田民部左衛門尉以両使、自最前如御内儀之被成御出家候ハヽ、御対面あるへき通、福永丹波守まて被仰、即刻丹波守安房殿へ被申入、御返答何と様ニも太守様之御意次第たるへき由也、軈而御会也、其刻靍作之御太刀、弘法之御作劒一、御重物之由候而被成進覧、従御前御きる物一重被進、同十三日安房念仏寺へ可為御弟子之由被仰出、御意次第請取可申由也、

右者御記録所御文書箱ニ入有之、義久様日州御発足日記ニ相見得申候、以上、

貞享四年夘年写候ヲ

元禄二年己巳五月清書畢、　　　　久賢（花押）

## 二、藤野家相伝の重宝・文書

東京大学史料編纂所現蔵の旧島津家編輯所蔵本中に「藤野文書」一冊がある。符箋に「臨写不及紀合」とあるから写本の写本であろう。原写本作成の事情は文書掲載後の次の証状③によって知られよう。

③合八拾七通
　内四拾三通者正文之写
　四拾四通者写本及案文之写

右之本書者、自曩祖至当孫深蔵櫃中、雖為家珎、此時被献太守光久公、由是祢其報礼已被宛行新恩三拾斛之地、然共借物之未弁者多矣、被訴之於国老、于時伊勢兵部少輔貞昭、嶋津図書頭久通、新納右衛門佐久詮、町田勘解由次官久則、鎌田源左衛門尉政有為評議、賜白銀弐貫目余、悉被償之、且復為遺末代之亀鏡、依写本懇望不改一字一点、如本書写以応其求者也、

明暦元年乙未十二月廿八日

鎌田筑後守
政　昭（花押）

藤野久右衛門殿

すなわち先祖より相伝の家宝たる文書を藩主光久にさし出し、その謝礼として三十石の地を宛行われたというのであり、文書の内訳は正文が四十三通、写及び案文が四十四通であった。さらに、なお借物の多いことを訴えたところ、家老評議の上、白銀二貫目余が下付され、また末代までの証拠として前に提出した文書の写本の下付を懇望したところ、望み通り臨模本一冊を交付されたというのである。

しかし、その時点で八十七通以外になお藤野氏所蔵文書はあった。十八年後さらに九通の文書が提出され、その内五通は召上げられ、四通が返却されたのである。④はその間の事情を物語る史料である。

④　請取申御文書之事

一頼朝公仮名御文写一通

　但口切物

一赤松満政状壱通

一御文書古目録三通

　但始末切物

右先日被為差出候御文書九通之内五通御用にて被召上之候、残四通者御用無御座候間、被為返給候旨、出雲殿御下知ニ而御座候、仍請取状如件、

　　　　　　　　　　　　　　御文書所

寛文十三年丑　　　　　　　　河野六兵衛印

　十月朔日

藤野休右衛門殿

さて次の延宝八年の文書⑤は以上掲げた諸史料を包括した内容のものとなっている。関係部分に上記の史料番号を付しておこう。

⑤　御家ニ進上仕候品〻覚

一御幡*1　一御ほろ

右天正五年丁丑十二月末原右京進殿を以申上、義久様江進上候、御使公儀方よりハ

上原長門守殿　上井勘左衛門殿

平田民部左衛門殿　本田右衛門殿

一御系図*2　一御調書　一惣御系図

御重代

一大十文字太刀三尺六寸余　一小十文字太刀弐尺八寸

一源氏鬚切　一熊野太刀

一包長太刀　一小鍛冶

一八幡十こひら本物あり　一匠作太刀

一靏作太刀　一血吸劔九寸五分空海作

右進上仕候、野村民部少輔殿、阿多源太殿を以申上候、其時御老中喜入摂津守（季久）殿、川上上野守（忠克）殿、本田下野守（親貞）殿、伊集院（忠棟）右衛門大夫殿

一太刀一腰惟新様　　　　　　一劔九寸五分浪平行安
此処間を置
一太刀一腰国行
一御文書十五札箱壱ツニ入
内一通　道仏かなかきの御自筆
一通　頼朝将軍御自筆御判形有之
一通　尊氏将軍御判諸国江御当家之御本領安堵御書判等有之
右国分御上江進上仕候、
一定家古今一部
右同断
右之通私親恕世書付置申候、
一[*3]御文書八拾七通
内四拾三通正文
四拾四通写本及案文之写
右明暦元乙未年進上仕候、同年十二月廿八日鎌田筑後殿奥書写本被下置候、
一[*4]御文書五通
内一通　頼朝公仮名御文書写但口切物

一通　赤松満政状

三通　御文書古目録但始末切物

右寛文十三年丑十月朔日ニ進上仕候、

取次川野六兵衛殿

延宝八年申十月三日

藤野休右衛門「久昉也」

さらに、⑥は「大系図正統」下の末尾採録の史料であるが、久昉死後、久伴がうけついだ系図文書目録であり、上記提出文書の写本の他になお「古御文書始末切物」が数通袋に入っていたことがわかる。

⑥　藤野久右衛門尉久昉公今月十五日暁遠行被遊候、依之同月廿四日私方江請取申品〻事

一御系図壱巻

一御文書八拾七通之写本壱冊但文コニ入

右鎌田筑後守殿奥書判形有之

一御文五通之写本壱冊但文壷ニ入

一古御文書始末切物数通但此袋ニ入

一歌書仏書種〻伝授本彼是数通但ツヽラ壱ツニ入

右後年為覚書記訖、

藤野新左衛門

于時天和元年辛酉十二月廿四日

久　伴（花押）

## 三、亀山家相伝の重宝・文書

さて「旧典類聚」十三（東大史料編纂所蔵）所収史料に「重物之目録」⑦がある。これは島津家歴代相承の重宝目録というべきものであろう。

⑦　重物之目録

一系図
一文書　五帖
一同巻物　数十軸
一御判物　三通
一記録　百八十九冊
一源氏重代膝丸之御太刀　一腰 改小十文字 光世造
一頼朝公御太刀　一腰 号大十文字 無銘
一頼朝公御守脇指　一腰 鳩作
頼朝公御本尊
一五指量愛染明王　一躰 弘法大師 一刀三拝之作
一忠久公御鎧　一領

一綱切太刀　一腰兼永作
一旗　二流一流ハ時雨之旗 一流ハ白旗
一太刀　一腰青江恒元作
一般若之劔　一振波平行安作
一太刀　一腰宗近作
一血吸之剣劔　一振弘法大師作之由
一小泉冑　一領
一手鐙　一本城州長吉作
一一本杉馬験　一本
一太刀　一腰真利作
一鷹之巣脇指　一腰宗近作

右先祖伝来之重器此節譲渡候間被致秘蔵可被相伝于子孫万代不彊候、仍如件、

貞享五年八月十二日

右の目録に付属してさらに文書、記録類を除く資料の一点ごとの由緒来歴を記した同日付の覚書⑧がある。それによれば、終わりの五行は豊臣秀吉よりの拝領の冑や脇差、義弘の武勲を示す手鐙や馬験などで義久以後の家宝であるが、はじめの十一行はいずれも忠久以来の重宝である。そして、その中の終わりの四行については次のごとく記している。

⑧一八幡十御太刀　一腰青江恒元作
一般若之劔　一振波平行安作
　大夫判官宗久公之御袖刀ニ而御座候、中心ニ島津判官袖刀ト銘御座候、
一御太刀　一腰宗近作
一血吸之劔御劔　一振弘法大師作之由
　右四行御家御代〻之御什物藤野恕世より差上候、

すなわち右の四点は藤野恕世（秀久）より進上したというのであろう。

前出の目録⑤の中、「包長太刀」とあるのは、兼永太刀で重物目録⑦に「綱切太刀」とあるのにあたろう。同覚書⑧には「細切御太刀一腰兼永作当分之御拵御脇指ニ而御座候、」とあり、「二代忠時公承久三年之兵乱ニ関東方ニ而宇治川御渡被成、敵七人御討取被成候時御帯被遊候、此軍功ニより伊賀国長田郷地頭職御賜被成候、夫より御代〻御譲被遊候御什物ニ而御座候」とある。次に目録に「小鍛治」とあり、隣行に「匠作太刀」とあるのは、写しの誤りで「小鍛治宗近作太刀」と続くのではあるまいか。とすれば重物目録に「太刀一腰宗近作」とあるのにあたろう。また目録に「八幡十」とあるのは重物目録に「太刀一腰青江恒元作」とあるのにあたろう。同覚書には「八幡十御太刀一腰青江恒元作」とある。さらに目録に「血吸劔」とあるのは重物目録には「血吸之劔一振弘法大師作之由」とあり、目録に「劒　浪平行安」とあるのは、重書目録に「般若劔一振波平行安作」となっているのである。

ところが、「旧典類聚」十三には他に亀山家より提出した、先祖亀山兵部太輔忠辰代より孫の三郎兵衛久運代に至る間に藩主に進上した重宝文書目録⑨が載録されている。左にこれを掲げる。

⑨御家之御重物、龍伯様、惟新様、又市郎様御殿江先祖兵部太輔進上候、

＊一御系図　　一巻

　但御家古より相伝候御系図ニ而御座候、

一御文章　　弐百六通

　内頼朝公御判紙三通有之

＊一霰之御幡　　一流

　但勝浦合戦ニ義経公為被指御幡之由ニ而御当家一物と申伝候事、

＊一御母衣

　但忠久公御母衣之由申伝、角之箱ニ入、

＊一御幡　　一流

　但忠久公御幡之由候事、

＊一熊野太刀一腰為所持申由披聞召上候間、御望之由強而被仰付候付、於鹿児島平野入道宗堅御取次ニて龍伯様へ進上之事、

＊一源氏之鬚切之御太刀一腰　龍伯様へ進上之事、

＊一鶴ケ作之御太刀一腰　龍伯様へ進上之事、

＊′一八幡厨与「尉子カ」之御太刀一腰　龍伯様へ進上之事、

＊′一血吸之劔

但赤銅金具ケホリニ鳩アリ、頼朝公御定指之由候、物ヲサシ候而も血出る事ナシ、依然ニ血吸与号ト云ヘリ、
右之名刀為所持仕由被聞召上、御望之由被仰付候ニ村、段〻龍伯様江進上仕候事、
一勝光之御腰物　又市郎様へ進上之事、
但関東小田原江御出陣之砌、御所望之由被仰下候ニ付致持参進上申候事、
此外御太刀御脇指拾七両　龍伯様
惟新様御両殿江進上申候、作者小銘不相見へニ付一〻不及書立申候事、
＊一定家卿之古今　壱冊
国分之御前様江進上之事、
但伊牟礼喜之助御取次ニ而候、
一牧渓和尚之真筆之墨絵之観音
但三幅対
龍伯様へ進上之事、
一茶臼釜
惟新様江致進上八角茶臼之形ヲマネカヒタルニヨリ茶臼釜と号申候、
頼朝卿之御釜之由候、於帖佐進上之事、
一大白滝と申琵琶　一面
但白木也、撥面ニ唐皮をキセ滝水白ク書也、

一小白滝と申琵琶　　一面

但白木也、撥面ニ唐皮ヲきせ滝水ヲ白ク書也、大白滝ヨリ少シチイサキニヨリ小白滝と号申候、

一松風与申琵琶　　一面　龍伯様へ進上仕候事、

一私曽祖父亀山三郎兵衛より題目之御文書拾通内壱通ハ嘉禄三年六月十八日於鎌倉、忠久公御自筆之御当国御譲状壱通仕候事、

右之通私家格護仕、先祖亀山兵部太輔代より時ゝ差上申候事、

一本ニ御文書者伊勢兵部殿御差図ニ而三郎兵衛宅江堀四郎左衛門被遣、其後諏訪采女御取次を以差上候事、

安永六丁酉正月　　　　亀山杢太夫（印）

十一月十二日

右文化十二年乙亥十一月廿四日夜本書山内平左衛門殿より致借用写置者也、

平　正　澄

一覧する時、藤野家提出の進上目録の内容と重複するもののあることに気づく。＊及び＊′を頭に付したものがそれで、特に＊′を付したものは重書目録覚に藤野恕世より進上と記されているものである。これらは同一名称で異品とは考え難く、同物を先祖進上の重物として藤野家も亀山家も混用して記載したのであろう。勝久の子忠良から分かれた両家であれば明らかに分割所有したものは勿論のこと、現在他家にあるものでも本来自家にあるべきものとして記載したのではなかろうか（当初の経緯からみて亀山家が惣領家といえるが、藤野家にも還俗の上は、二男家として三男家の亀山家よりも格が上だとする自負の気持はあったであろう）。

## 四、島津家文書と藤野家相伝文書の関係

文書についていえば、亀山忠辰の進上した「御文章、弐百六通内頼朝公御判紙三通有之」とあるのは、重書目録に「御判物三通」とあるのにあたるべく、その他の二百三通も重書目録中の「文書五帖、同巻物数十軸」などとある中に吸収されたのであろう。系図についても同様であろう。ただその後も亀山家の格護していた文書十通の中、嘉禄三年六月十八日の忠久譲状はとくに重書として、久運の代に召し上げられたのであり、その経緯については次の文書によってうかがえよう（「伊地知氏雑録」所収、万治二年鎌田政昭のものと推定される）。

　口状書
御方所持之文書余多被差出候内、忠久様御逝去之日御自筆之御譲状壱通右為御礼銀子五十枚可被下旨伊勢兵部殿より被仰渡候得共、此文書題目ニ付銀子不被申受候、此上ニ御手付可有之者不入御耳候へ者不成候間、明年之儀ニ而可有之候、銀子五拾枚之儀者最早相済候事ニ而候条、無口能候、如何可有之哉、相尋申候、巳上、
　　亥十月朔日
　　　亀山三郎兵衛被申上候、

現在問題の文書は島津家文書〔歴代亀鑑一〕中に収められている。亀山家相伝文書はこの一点の他、島津家文書中のどれにあたるか明確にし難いが、藤野家相伝文書については大部分明らかにしうる。さきに紹介した「藤野文書」

所収の八十七点と六点の文書目録を掲げ、それらが「島津家文書」中にどのように収録されているかを示そう。「島津家大系図正統」上中下に藤野氏所蔵文書として載録されているものはその旨を註した。

| 番号 | 年月日 | 文書題 | 島津家文書 | 大系図正統 |
|---|---|---|---|---|
| 一 | （承久三）七・一二 | 北条泰時書状 | 〔歴代亀鑑〕一八 | 上 |
| 二 | 文永四・一二・一二 | 島津道佛譲状（前欠） | 〔御譲状置文〕一四一 | 下 |
| 三 | 弘安七・三・一三 | 平氏女島津久経妻譲状 | 〔御外祖御譲状〕一五三 | 下 |
| 四 | 正応六・二・七 | 関東御教書 | 〔歴代亀鑑〕三三 | 下 |
| 五 | 文保二・三・一五 | 島津道義譲状 | 〔歴代亀鑑〕三九 | 中 |
| 六 | 文保二・三・一五 | 島津道義譲状 | 〔歴代亀鑑〕四〇 | 下 |
| 七 | 建武二・一〇・七 | 太政官符 | 〔歴代亀鑑〕五〇 | 中 |
| 八 | 建武四・五・一七 | 足利直義御教書 | 〔宝鑑二〕二四五 | |
| 九 | （応安八）三・二五 | 今川了俊書状 | 〔御文書師久公一流一八通〕六一四 | |
| 一〇 | （年未詳）七・四 | 菊池武光書状 | 〔宝鑑二〕二六一 | 下 |
| 一一 | （天授三）六・一〇 | 菊池武興書状 | 〔宝鑑二〕二五八 | 下 |
| 一二 | （年未詳）一二・二五 | 宮内大輔三雄挙状 | 〔宝鑑二〕二五四 | 下 |
| 一三 | （永和二カ）四・八 | 今川了俊書状 | 〔宝鑑二〕二六〇 | 下 |
| 一四 | （年未詳）二・九 | 斎藤明眞書状 | 〔御文書三〇通六之巻〕三二四 | 下 |
| 一五 | （年月未詳）四 | 某書状 | | 下 |

| | | | | |
|---|---|---|---|---|
| 一六 | (年未詳)二・一七 | 斎藤明眞書状 | 〔御文書三〇通六之巻〕三二五 | 下 |
| 一七 | (年未詳)二・一三 | 大友親世書状 | 〔御文書師久公一流一八通〕六一七 | 下 |
| 一八 | 暦応四・八・二三 | 将軍家足利尊氏御教書 | 〔御文書三〇通六之巻〕三一八 | 中 |
| 一九 | 暦応応四・一一・一三 | 高師直奉書 | 〔歴代亀鑑〕五一 | 中 |
| 二〇 | 暦応五・二・五 | 高師直奉書 | 〔歴代亀鑑〕五二 | 中 |
| 二一 | (年未詳)二・一三 | 重豊契約状 | 〔御文書師久公一流一八通〕六二一 | 下 |
| 二二 | 康永二・四・一二 | 足利直義軍勢催促状 | 〔他家文書二七通巻一〕一一七六 | 中 |
| 二三 | 貞和五・四・一一 | 粟原時朝奉書 | 〔御文書師久公一流一八通〕六〇六 | 下 |
| 二四 | 文和一・一〇・一三 | 沙弥某施行状 | 〔宝鑑二〕二五〇 | 中 |
| 二五 | (貞治一)一一・一一 | 足利義詮御教書 | | 中 |
| 二六 | 延文二・九・四 | 沙弥貞阿証状 | 〔御文書師久公一流一八通〕六〇七 | 下 |
| 二七 | 康安二・三・二五 | 斯波氏経感状 | 〔宝鑑一〕二三五 | 中 |
| 二八 | 貞治一・一〇・一七 | 足利義詮御感御教書写(若松孫太郎宛) | 〔宝鑑二〕二五七 | 中 |
| 二九 | 貞治一・一〇・一七 | 足利義詮御感御教書写(薩摩郡司弥太郎宛) | 〔宝鑑二〕二五七 | 中 |
| 三〇 | 貞治二・四・一〇 | 島津道鑑譲状案(氏久分) | 〔御譲状置文〕一五〇 | 下 |
| 三一 | 貞治二・四・二五 | 尼祖鑑文書請取状 | 〔御譲状置文〕一五一 | 中 |
| 三二 | 貞治二・四・二五 | あね、文書請取状 | 〔御譲状置文〕一五二 | 中 |
| 三三 | 応安七・八・二九 | 島津伊久譲状 | 〔御文書師久公一流一八通〕六一三 | 下 |
| 三四 | 永和一・八・二八 | 今川了俊書下 | 〔宝鑑二〕二五九 | 下 |

| | | | | |
|---|---|---|---|---|
| 三五 | 永和五・三・二三 | 今川了俊書下 | 〔宝鑑二〕二六二 | 下 |
| 三六 | 至徳一・一二・九 | 将軍足利義満御教書 | 〔宝鑑二〕二六四 | 下 |
| 三七 | 明徳二・九・八 | 将軍足利義満御教書 | 〔宝鑑二〕二六九 | 下 |
| 三八 | 応永九・八・一六 | 足利義満御判御教書 | 〔宝鑑二〕二七二 | 下 |
| 三九 | 応永一九・二・一二 | 泰雄起請文 | 〔御文書三〇通六之巻〕三三一 | 下 |
| 四〇 | （嘉吉二）四・一五 | 赤松満政副状 | 〔宝鑑二〕二七四 | 下 |
| 四一 | 寛正四・七・七 | 宗親証状 | | 下 |
| 四二 | 天正一一・四・八 | 女房奉書 | | 下 |
| 四三 | 天正一四・八・二〇 | 内田実久書状 | | 下 |
| 四四 | （承久三）七・一五 | 北条泰時書状案 | 〔御文書五二通四巻〕三〇一 | 下 |
| 四五 | （文暦二）閏六・二九 | 北条泰時書状案 | 〔御文書五二通四巻〕三〇一 | 下 |
| 四六 | （文暦二）一一・一三 | 北条泰時書状案 | 〔御文書五二通四巻〕三〇一 | 下 |
| 四七 | 元弘三・六・一〇 | 足利高氏書状案 | 〔御文書五二通四巻〕三〇一 | 中 |
| 四八 | 元弘三・六・一五 | 後醍醐天皇綸旨案 | 〔御文書五二通四巻〕三〇一 | 中 |
| 四九 | 建武一・二・二一 | 後醍醐天皇綸旨案 | 〔御文書五二通四巻〕三〇一 | 中 |
| 五〇 | 建武二・一一・一七 | 後醍醐天皇綸旨案 | 〔御文書五二通四巻〕三〇一 | 中 |
| 五一 | 文永八・一二・二四 | 関東下知状案 | 〔御譲状置文〕一四二 | |
| 五二 | 文永八・九・一五 | 島津道佛誡状案 | 〔御譲状置文〕一四一 | |

| | | | | |
|---|---|---|---|---|
| 五三 | | 河内西島地頭職相伝系図 | 〔御外祖譲状〕一五七 | 中 |
| 五四 | 弘安一一・六・一三 | 三池道智譲状案 | 〔御外祖譲状〕一五七 | 中 |
| 五五 | 嘉元三・一二・二〇 | 道智後家尼如円譲状案 | 〔御外祖譲状〕一五七 | 中 |
| 五六 | 文保二・三・一五 | 島津道義譲状案 | 〔御譲状置文〕一四五 | 中 |
| 五七 | （貞和五）一一・二三 | 島津道鑒書状案 | | |
| 五八 | （貞和五）一一・二三 | 島津道鑒書状案 | | |
| 五九 | 元徳二・三・一一 | 肥後守護規矩高政施行状案 | 〔他家文書二七通巻一〕一一七四 | |
| 六〇 | 暦応三・八 | 三池近房申状案 | 〔御外祖譲状〕一五六 | 中 |
| 六一 | 康安二・六 | 島津道鑑申状案 | 〔御文書二九通五之巻〕三一二 | 中 |
| 六二 | 観応二・五・三 | 島津道鑑書下案 | | 中 |
| 六三 | 観応三・五・一三 | 足利尊氏御教書案 | | 中 |
| 六四 | 観応三・六・一八 | 一色道猷施行状案 | | 中 |
| 六五 | 観応三・七・二七 | 宇都宮蓮智奉書案 | 〔御文書二九通五之巻〕三〇八 | 中 |
| 六六 | 観応三・九・一六 | 沙弥正全打渡状案 | 〔御文書二九通五之巻〕三〇八 | 中 |
| 六七 | 文和二・五・一二 | 足利義詮下文案 | 〔御文書二九通五之巻〕三〇九 | 下 |
| 六八 | 延文一・一二・四 | 石橋和義施行状案 | 〔御文書二九通五之巻〕三〇九 | 下 |
| 六九 | 永和二・五・二五 | 今川了俊書下案 | | |
| 七〇 | 延文五・一一・一 | 細川清氏施行状案 | 〔御文書二九通五之巻〕三一〇 | 中 |
| 七一 | 貞治一・一〇・一七 | 足利義詮御判御教書案 | 〔御文書二九通五之巻〕三一三 | 中 |

| | | | | |
|---|---|---|---|---|
| 七二 | 貞治一・一〇・一七 | 足利義詮御判御教書案 | 〔御文書二九通 五之巻〕三一三 | 中 |
| 七三 | 応安一・一〇・一五 | 島津道貞師久社領寄進状案 | 〔御文書師久公一流 一八通〕六一一 | 下 |
| 七四 | 応安七・六 | 島津伊久代本田泰光重申状案 | 〔御文書師久公一流 一八通〕六一二 | 下 |
| 七五 | | 薩摩国闕所注文案 | 〔御文書師久公一流 一八通〕六一二 | 下 |
| 七六 | 宝徳四・一〇・七 | 島津氏重書目録 | 〔御文書古目録〕一六一 | 上 |
| 七七 | 享徳三・九・二三 | 犬追物手組 | | |
| 七八 | 康正二・三・八 | 犬追物手組 | | |
| 七九 | 永正一二・四・一 | 犬追物手組 | | |
| 八〇 | （応永一五・六頃カ） | 島津伊久遺領文書案 | 〔御文書師久公一流 一八通〕六一九 | 下 |
| 八一 | | 京都四条東洞院敷地相伝系図 | 〔御外祖御譲状〕一五五 | 中 |
| 八二 | （永和二）六・二 | 今川満範書状案 | | 下 |
| 八三 | （永和二）八・一九 | 今川了俊書状案 | | 下 |
| 八四 | | 信濃太田庄相伝系図 | 〔御文書二九通 五之巻〕三〇六 | 下 |
| 八五 | | 島津氏所領注文 | 〔御文書二九通 五之巻〕三一四 | 中 |
| 八六 | | 相馬胤綱子孫系図 | 〔御外祖御譲状〕一五四 | 中 |
| 八七 | | 島津氏重書目録（前欠） | 〔御文書古目録〕一六三 | 中 |
| 一 | （文治五）八・二〇 | 島津氏譜代相伝重書案（巻子）某書状案 | 〔御文書五二通 四巻〕三〇一 | 下 |
| 二 | 一・一四 | 平某書状案 | 〔御文書〕三〇一 | 下 |
| 三 | | 島津氏重書目録 | 〔御文書古目録〕一六〇 | 下 |

| | | | | |
|---|---|---|---|---|
| 四 | | 島津氏重書目録 | 〔御文書目録〕一五九 | 下 |
| 五 | | 島津氏重書目録 | 〔御文書古目録〕一六一 | 下 |
| 六 | 四・一六 | 赤松満政書状 | | 下 |

また、それらの文書が「旧記雑録（島津家本）」にほとんど掲載されている（正文藤野久右衛門所蔵四十三通ノ一、藤野氏本四十四通ノ一案文の如し）ことも、同書が伊地知季安・季通父子自筆の草稿本であることからみても当然であろう。しかし、「藤野文書」載録のものが同家文書のすべてではない。すなわち、しばしば引用する伊地知季安編纂の「島津家大系図正統」下の十五代勝久譜の後半は、勝久遺孫、すなわち藤野、亀山氏などの系図であり、関係文書の集録となっている。そしてその文書というのが大半、藤野家文書ではないかと思われる。この文書集録の書出は次のごとき季安の注記である。

写口切ル、以下至天和元年云〻、藤野氏文書也、文政戊子四月以真本写ス、平季安

右の記述から、伊地知季安が文政十一年、藤野家文書を一括閲覧書写したものであることがわかる。ただし、すでに上・中巻に引用されているものもあるからそれらについては除かれたのであろう。また、本来は藤野家文書ではないが、関係文書として書写混入していたものについてもすべて採録し、一々ことわり書を加えている。それらには山田文書・土持文書・阿多文書・羽島文書・権執印文書などが含まれる。明らかに藤野家文書と思われ、しかも前出「藤野文書」に未載録のもののみの文書目録を挙示すると次のごとくになる。

| 番号 | 年月日 | 文書題 |
|---|---|---|
| 一 | 文保一・一二・二一 | 将軍家政所下文 |
| 二 | 元亨三・八・一二 | 沙弥稱恵譲状案 |
| 三 | 元亨三・八・二九 | 沙弥稱恵譲状案 |
| 四 | | 貞久袖判すミあふら番文（後欠） |
| 五 | | 鎮西下知状（後欠） |
| 六 | 嘉暦二・閏九・二〇 | 鎮西下知状 |
| 七 | 元徳二・三・一一 | 規矩高政施行状案 |
| 八 | 元徳二・五・一 | 肥後国守護代藤原秀種請文 |
| 九 | | 景弘申状（後欠） |
| 一〇 | 建武二・一二・二一 | 祐心・宝日連署状 |
| 一一 | （文和年中カ）三・二〇 | 一色範親書状 |
| 一二 | | 某書状（後欠） |
| 一三 | （文和二頃カ） | 某覚書（前後欠） |
| 一四 | 延文一・一〇 | 酒勾資光申状（前欠） |
| 一五 | 永徳二・六・七 | 慶安・幸阿連署状 |
| 一六 | （永和一カ）三・二五 | 今川了俊書状案 |
| 一七 | （永和一）八・一〇 | 今川了俊書状 |
| 一八 | （永和一カ）八・二七 | 島津道貞書状（前欠） |
| 一九 | （応永二七カ）二・二四 | 芥河愛阿書状（前欠） |
| 二〇 | （永和一） | やく人注文 |
| 二一 | 六 | 御教書請文案 |
| 二二 | 寛正三・九 | 寺家政所下文案 |
| 二三 | 永禄四・二・一六 | 施主某願文 |
| 二四 | 弘治三・三・二一 | 某願文 |
| 二五 | 三・二八 | 某書状 |
| 二六 | 一〇・一三 | 近衛稙家書状 |
| 二七 | | 某書 |

右の一号文書は島津家文書〔御文書古目録〕一六〇島津氏重書目録の中にみえ、かつ〔御文書六十三通有今川了俊入道裏判二之巻〕二九九島津氏譜代相伝重書案の中に収録されているが、同文書についての左の季安の注記は興味深い。

季安按、此御文書ハ忠宗公此諸所の地頭職御拝領為被遊政所下文之真本と相見得、格別成御文書と奉存候、公御伝記ニハ写有之と肩書ニて奥ニ平朝臣トある下ニも在判と計見得候、左候得ハ平田清右衛門純正此御正文ヲ未見候而写ニ而載置為申ニハ無御座哉、如此御正統様地頭職なと屹与御拝領被遊候御下文共ハ官庫ニ御伝蔵可相成筈之物共ニハ無御座哉、外御文書之内ニ此口之方有之候事も難計、御糺可被遊候、可成ハ正本ニて此口も写補中度

奉存候

すなわち、季安は前欠の原文書を藤野家文書中に見出したのであり、端切文書などとして島津家重書の中にとりあげられなかった重要文書がなお藤野家文書中にあることを指摘したのである。したがって二号以下の文書中にも内容的に重要なものが少なくない。なお末尾のものは「和歌三神」の書であるいは勝久の手習の書かと季安は注している。次に注目すべきことは前述の島津家文書〔御文書古目録〕五点のすべてが藤野家文書であったということである。そしてその目録の内容を検討する時、〔歴代亀鑑〕・〔御譲状置文〕・〔宝鑑〕・〔御文書〕などの主要文書を網羅していることである。おそらく、それらは後年の分類整理を経る以前の島津本宗家の文書の存在形態を示しているものといってよいであろう。そしてそれらの文書は遡った時点での「藤野家文書」であったということもできよう。島津家文書中、もっとも根源的な文書が〔歴代亀鑑〕中に収められたと考えられるが、その第一帖五十三点中、「大系図正統」・「旧記雑録」などによって旧蔵者別〔判明分〕に点数をあげれば、島津安芸守久雄〔永吉島津家〕七、加治木桑幡氏一、入来永利氏二、亀山氏一、藤野氏八であり、前述の「藤野文書」「御文書古目録」記載のもの〔判明分〕は十九で、その中十二が前記のものと重複しない。すなわち、少なくとも藤野家旧蔵文書は五十三点中二十点を数えるといえよう。

以上の考察により、藤野家文書が現在著名の島津家文書の中にあってその形成にきわめて重要な位置をしめていることを確認しえた。そして、前述のごとくこれほど明確かつ具体的ではないにしても亀山家文書についても同様の事がいえると思うのである。

## 五、藤野・亀山両家の処遇

普道、重代の宝物、系図、古文書類が家督の相続とともに後継者に伝えられるのは常識といってよいであろう。しかし、家督の継承が正常でないような場合、宝物類の授受も円滑には運ばない。戦国大名島津氏の場合も十四代勝久から十五代貴久への移行の際これが顕著にみられる。勝久は薩隅日三国の守護職を帯していたが、領国の統治に苦しみ一族中の実力者伊作家（当時相州家も兼帯）の忠良（日新）に援助を求め、その力をかりるとともに、後嗣にその子貴久をすえることを定めた。しかし、貴久の守護職就任に至らぬ前に状況は変転し、勝久は忠良を避けてその対抗者であった薩州家の実久と再び手を結び、隠居の地・伊作から鹿児島に戻り、守護復任の姿勢を内外に示したのである。貴久は難をさけて父忠良の許に走り、以後親子協力して実久の勢力と戦うのである。しかし、復帰した勝久は依然国内の統治に苦しみ結局は鹿児島を保つことができず、天文三年（一五三四）海路大隅半島に渡り、はじめは妻の実家根占に身を寄せる。翌年いったん鹿児島に帰ったものの半年で帖佐に出奔、さらに日向に移り、さらには豊後におもむき、天正元年（一五七七）、ついに鹿児島に帰ることなく七十一歳でその地に没したという。勝久の子忠良は日向の伊東義祐（伯父忠治縁戚）の庇護をうけ広原にあり、三男一女をもうけたが、天正五年、島津義久の進攻にあって義祐とともに没落（のち子忠辰とともに大隅高山に住す）、その子良久らは翌六年、義久と都於郡平等寺で対面、良久は出家、後年大隅念仏寺十代住持となったのである。その弟にあたる藤野・亀山家の島津氏領国内帰参後の処遇については前掲の系譜の記述にもみえるが、島津家本旧記雑録前編七九所収の寛永五年四月十七日付、伊勢貞昌・島津久元連署の覚（『鹿児島県史料 旧記雑録後編』五―一五六号）には、

一亀山殿次男・三男ニ御知行被遣候、舎兄へ五拾石、舎弟へ三十石、高山於近辺被成御支配、則高山衆ニ可被相付事、

一藤野殿へ於庄内知行五十石被遣、財部へ可被相付事、

とあり、前掲系譜亀山氏系図行間の季安朱筆補注には左のごとき高山衆中軍役高帳などの引用抄記をのせている。

寛永十年癸酉十月高山衆中軍役高帳

高三十石　　亀山次右衛門（忠則）

高廿八石四斗九升弐合　　亀山主馬首（忠弘）

同十七年庚辰右同帳

高一石　　三十四歳　亀山次右衛門（忠則）

高三斗弐合　　三十七歳　亀山主馬首（忠弘）

一本寛永十七年無高　亀山主馬首（忠弘）ト見得候、次右エ門（忠則）ハなし、

寛永九年壬申十二月高山衆中屋敷名寄帳

今馬場

屋敷十一間 十四間 五畦四歩蒔七升一合 大豆二斗一升　亀山主馬(忠弘)首

一茶七十目　籾九合八夕

一楮一本

下《蛭牟田》屋敷十間 十二間 四畦蒔五升六合 大豆一斗六升　亀山次右衛(忠則)門

一茶四十目　籾五合六夕

右同帳ニアリ、

諏訪之馬場

中屋敷廿七間 廿九間 弐反六畦三歩蒔三斗六升五合 大豆三表二斗五升五合　亀山如雲(忠辰)老

一柿二本　籾二升

一茶一斤百目籾四升九合

一漆六升　籾六升

右寛永九年壬申十二月高山衆中屋敷名前帳ニ有之、

勝久の子忠良と亀山氏初代忠辰は高山で死に墓も高山昌林寺にあることは「高山名勝誌」の記すところであるが、後に亀山氏は鹿児島城下士として、同じく島津氏一族で志布志衆中から鹿児島城下士となった山田氏ともども、よんどころなき家筋として無格、高百石の待遇を与えられた。「旧伝集」には左の由緒覚が載録されている。

覚　本文無御拠家筋にて山田同前無格にて御高百石被成下、当分加治屋町居住の事、一私事在江戸の節は御番相勤、於御当地は御番不相勤儀、何様の訳にて右式に候哉と被仰渡承知仕候、私事無身上者故、家内難続候へとも無是非御馬廻の御奉公奉顕在江戸仕候、右勤の内御番相勤為申事に御座候、私家筋之儀者御家十四代勝久様血筋無断絶相続仕来、勝久様より私迄六代に罷成、右の由緒故、御番相勤不申候、其上曽祖父島津兵部太輔代に中納言様被仰出候は、御社参御供、又は御番等永〻御免被遊候由被仰出置候、先年も御番の儀に付御尋有之候節、右之趣申出、至只今御番不被仰付候、此等の趣宜御申頼存候、以上

宝永七年寅四月十四日　　亀山杢太夫

また、同書には三郎兵衛久運が光久に憚られ、配流に処せられた際の逸話を紹介している。

藤野氏も城下士となり、「旧記雑録追録」によれば、宝永七年には鹿児島城に隣接して創設された東照宮・南泉院の神体、牌名護送の役として藤野休左衛門久賢が上京している記事がみえる。また、幕末作成の「薩陽武鑑」にも亀山氏とともに藤野氏も掲載されていていずれも上士の末席に位置していたといえるようである。

以上、本稿は島津氏旧本宗家の末流たる藤野、亀山両家相伝の文書・重宝が新本宗家たる伊作島津氏に継承された事情とその後の位置づけなどについて旧稿を補足、さらに些少の私見を加えたものである。

# 第三章　薩藩史料伝存の事情と事例

## 一、記録所と文書蔵

一九七九年、私は『旧記雑録前編一付録、月報1』において、「記録所の変遷と伊地知季安」と題して「伊地知氏雑録」の史料紹介を兼ねて一文を発表した。島津家文書、記録の伝存に果たした記録所の役割と、その役所の移建の経緯にふれ、現在我々はこれら多数の関係職員の努力の恩恵に浴していることを述べたのであった。その後も記録所並びに史料伝存の事情について関心をもちつづけていたが、さらに若干の事実を確認するに至ったので前稿を補う意味で二、三述べてみたい。

元禄九年（一六九六）の本丸炎上後、一時御下屋敷にあった記録所が御厩（私学校跡）に移され、安永初年に二の丸矢来門前の諸役所敷地（名山小学校）内に移されたことは前に述べた。御厩内でも御物見（馬見か）から馬頭観音堂裏の空地に移建の話もあり、記録所の設けられる場所としては必ずしも適当とはいえなかった。ただし、島津家重代の御文書・宝鑑等は本丸玄関虎之間に接した御番所に常時置かれていつでも非常持ち出しができるようになっていたから、場所としては比較的近く便利であったのかもしれない。

記録所には当然文書蔵が必要と思われ、安永度移建の記録所には立派な文書蔵があったと史料に見えているし、

『薩藩沿革地図』収載の天保年間の鹿児島城下絵図にも記録所と蔵の絵図が書き込まれている。記録所が御厩にあった時は如何だったのであろうか。従来このことは必ずしも明らかではなかったが、最近きわめて具体的かつ正確な事実を示す史料を見出すことができた。

鹿児島大学法文学部日本史研究室に寄託中の折田武雄氏文書には、藩政時代に小番で右筆等を勤めた、常孝・常武・常親三代の家譜が伝えられている。折田家の屋敷は、代々城内岩崎にあり（本家・分家とも。この折田家は分家の方である）、前記『沿革地図』にも岩崎口に屋敷の所在が明記されている。切絵図の方には道路をへだてて、北側に本家「折田八郎兵衛、弐百八拾四坪」とあり、南側に分家「折田清十郎　弐百壱坪、折田清十郎添地、百三拾坪」とある。（清十郎は文政、天保年間の当主常倫の呼称）。分家折田家の屋敷の位置は東は岩崎口番所に接し、南は城山の東端、護摩所・鐘撞堂のある山陰にあたる。護摩所・鐘撞堂のある山とは御厩の位置からみれば、背後北西側の城山のすそということになる。前記「切絵図」には「御厩」の北西側、本丸北門よりほぼ北西側に区画の線があり、「御用地　千七百拾弐坪半」の記載がある。すなわち、分家折田家屋敷の南東に隣接して御用地が続いているのである。ここは六ケ所屋敷と呼ばれ、もと家臣の屋敷地であったのを御用地とされたものらしい。そして、折田家では御用地内の空地の一角を預っていたもののようである。以下、家譜の中から関連の部分を引用してみよう。

①同（正徳三年）閏三月十日、我等居屋敷西之方堀溝涯へ纔之空地有之候所依申分御定之代銀上納申請被仰付、今日御竿入候処、長八間、横三間余、二間之所も有之、小路幅候、野村兵部殿屋敷土手涯迄三間小路と竿相究候、此時御勘定所中江宮里八兵衛殿、田中七右衛門殿、其外附々之衆被差越、境山植付候所迄差図有之、其後惣而十六坪之屋敷證文相渡、知行名寄帳同前ニ入置候事、

但此屋敷代銀十五匁上納被仰付候、右代銀ハ先年高役銀上置候を漸々被返下候内より差引上納之筋ニ高所へ申出、其通ニテ相済候、左候而居屋敷合弐百壱坪内十六坪ハ此節代銀上納被仰付候所、居屋敷ニ相定、右御家老衆任差図帳留居屋敷ニ相直候、仍證文如件、享保五年庚子三月九日蒲生十兵衛、肝付典膳、堀甚左衛門、嶋津主計と有之、各印形有之也、

（折田常孝一世大概之覚）

②護摩所鐘楼堂之下御厩後六ケ所之明屋敷内、最前者田尻小吉殿、岩城孫七殿、私三人ニ而見からめ被仰付、植物仕候儀御免被成置候処、右明地之内江御記録所御蔵出来候付、惣様酉正月被召揚候而御蔵壱ツ出来候、然共惣様御用ハ無之候故、明地之内、伊勢六郎左エ門殿元屋敷之分者見からめ被仰付、植物仕候儀御免被成度旨、今日御取次向井十郎大夫殿ニて左之通書付申上候処、願之通御免被成候由同人御取次ニて即日被仰渡候、左候而御普請方へ御證文御出シ可被成旨十郎大夫殿ゟ承之候事、口上書左ニ記、

私差次之屋敷伊勢六郎左衛門ニ而候処、先年御用地ニ罷成、右之辺六ケ所明地ニ被召成、先頃明地之内へ御蔵出来候、御蔵出来無之内ハ私共見からめ被仰付、草立も無之様仕候故、少々之植物なと御免為有之事候、就夫申上候、先キ々御蔵しゅり付而ハ諸屋敷懸り之方者垣等可被仰付哉と存申候、然かれハ右六郎左衛門元屋敷ハ御蔵ゟ一壇岸高別立申候而御蔵地一面之所ニ而も無御座候へハ、草刈等又ハ當式番人之行通迄難達事も可有御座哉と存申候間、向後右一ケ所之分ハ私見からめニ被仰付被下度候、左候者六郎左衛門元屋敷端御蔵地之方之分ハ御さし図を以垣相調、御用無之内ハ如此中少々之植物仕候儀も御免被仰付被下度之通左様御座候者高草ニ不罷成火之本其外念遣ニ存候儀迄堅固ニ仕筈御座候間右之段奉願候、尤願之通被仰付被下候而も屋作等ハ曽而相調不申、御用之時分ハ則差上可申候、且又六郎左衛門元屋敷内へ御用之土ヲ取候跡御座候、又も右御用可有之候間、其辺ハ明

置可申候、然とも草高く不繁、見苦無之程ニ者可仕候為御見合略絵図差上候間右之趣を以可然様被仰上可被下儀奉頼候、以上、

酉八月廿三日　　　　折田長兵衛

御普請方へハ右之口上書ニ此表申出之通被仰付候、惣而田尻小吉へ被仰付候通被仰付候由朱筆を以御普請方へ被仰渡候御證文酉八月廿四日私致持参、和田平右エ門へ相渡候也、

右之趣を以　常孝公御世願之通被仰渡置候付以後為見合享保弐年酉八月廿三日常孝公御日帳之内ゟ書附張紙いたし置候也、

（折田常孝一世大概之覚）

③（上包）

「岩崎御番所内

此御書付享保五年子三月廿三日

屋敷證文　於御勘定所被仰渡申請候、西之方空地

代銀上納申請ニ被仰付候故此御書付改候」

屋敷證文留写

屋敷弐百壱坪、、

内拾六坪者御借地此節代銀上納

申請被仰付屋敷相込

折田長兵衛

右者御家老衆任御差図帳面居屋敷相直候、
仍證文如件、

御勘定奉行

享保五年庚子
三月九日

蒲生十郎兵衛　印
肝付　典膳
堀　甚左衛門　印
嶋津　主計　印

右者居屋敷并御借屋敷御預ケ屋敷證文此跡段々渡置候処、此節取揚候様ニ被仰渡候間来ル廿九日限ニ当座へ可被差出候、以上、

二月廿五日

御勘定所

右之通御取揚ニ罷成候間書写留置者也、本書二月廿九日押川喜平次殿へ相頼差上候事、

（折田常孝一世大概之覚）

④御預地城山護摩所之岡昨今之雨ニ崩候、御厩江御用水之水筋ニ崩入候、私へ御預地之内之故此段申出候由（延享四年）卯五月廿三日書付御普請方御厩へ申遣候、則人足廿人計参候而大溝さらへ有之候事、

⑤

口上覚

一私居屋敷境先年御用地ニ罷成候、明屋敷一ケ所有之、見からめとして私親代より御預ケ被仰付置候、右屋敷境

へ小川有之、此程之長雨ニ明地之方地面高ク梅大木有之候所、段々川筋へ崩入候ニ付、右取除川筋本之通立置
申候、右崩入候ニ付而者現地少々潰申候付、此段被奉召置可被下候、以上、
西六月十七日　　　　　　　　　　　　　折田清右衛門
（折田常武一世大概之覚）
⑥一（宝暦六年）子六月廿日長兵衛様御代伊勢六郎左衛門殿本屋敷先年御用地ニ相成、右一ケ所其後御用外ニ相成
候ニ付、御預之願御申出、御預ケ御免被成置候処、長兵衛様引続私へ御預ケ被仰付被下度旨、此節左之通相願
候、

口上覚

岩崎御用地之内
屋敷三百九拾弐坪
右者私亡父折田長兵衛へ右坪数支配人被仰付植物等仕候儀迄も御免被成置、締方堅固仕来り申候、然処長兵衛
事先頃相果申候、依之奉訴候、右御用地亡父代之通何とぞ代々からめ被仰付置被下度奉願候、左様ニ御座候ハヽ、
入念不堅固之儀無之様ニ仕可申候間、此等之趣被仰上可被下儀奉頼候、以上、
子六月廿日　　　　　　　　　　　　　折田清右衛門
右御勘定所小頭田原正左エ門殿案文被遣候故、右通相認御勘定所へ差出候処、同廿二日願之通被仰付置候旨、奉
行嶋津大蔵殿ゟ被仰渡候由名代押川喜平次ニ而承知仕候事、
（折田常武一世大概之覚）

①・③は分家折田家屋敷二百一坪の成立を具体的に示す史料として掲げた。②・④・⑤・⑥が本稿の意図するとこ
ろの御用地、六ケ所屋敷、記録所御文書蔵の成立並びに状況を物語る史料である。②によれば、護摩所鐘楼堂下の御

厩の後の六ケ所の明屋敷の内を折田常孝ら三人で預かり植栽などしていたが、明地内に「御記録所御蔵」ができることになったので、享保二年正月より召揚げとなった。しかし、蔵が一つできただけで明地すべて御用というわけではないようなので、改めて明地の内伊勢六郎左エ門元屋敷の分を従前通り預地として植栽等を認めてほしいというのである。そして、同地は御用地となる以前、折田家差次の屋敷であったらしくその点一層申請に根拠があったのであろう。また、願出の条件として先々の御蔵修理等に伴う垣根作成の分担、草刈等の義務履行を申し出ている。文書蔵と預地の位置関係は、「六郎左衛門元屋敷ハ御蔵ゟ一壇岸高別立申候而御蔵地一面之所ニ而も無御座候」とあれば、蔵の建てられた所に接して北西側で一段高くなった所であろう。したがって、④・⑤の如く長雨等で土砂の崩入等のこともしばしば起こったのであろう。⑥は預地の常孝代より常武代への引続申請であるが、三百九十二坪と面積が記されており、御用地千七百十二坪半の約四分一の面積を占めていたことがわかる。

以上、折田家譜によって享保二年より記録所文書蔵が護摩所・鐘撞堂のある山の麓、御厩の北六ケ所屋敷の地に建てられていたことが明らかとなった。そして同所は岩崎口に近く岩崎御蔵とも呼ばれていたのである。

御厩、岩崎口は西南戦争の激戦地であった。城山東端の鐘撞堂の岡は、当然、官軍にとっても西郷軍にとっても軍事上の重要拠点とみなされていたと考えられる。

さて、このような要地に近接していた岩崎六ケ所の蔵に西南戦争当時、御番所から移された島津氏重書が大量に収蔵されていたのである。おそらく廃藩置県、熊本鎮台分営の設置に伴い移納されたものであろう。先述の如く記録所は安永二年矢来門前の敷地に移建され、立派な文庫も建造され、関係史料も多く収蔵されていたのであるが、六ケ所の文書蔵はその後も史料の収蔵庫としての機能を保持していたものと思われる。

一体、薩藩の藩政史料はその長い歴史に比して残存量が案外少ない割に藩主島津氏歴代の文書や系譜類は島津家文書としてかなりの量残存している。そして、この事実は多分に幕末維新期の激動の歴史の中で、或いは焼亡し、或いは関係者の努力によって保護された結果によるものと思われる。

『史談会速記録』（第三輯、合本一）には明治二十五年九月二日の市来四郎談話筆記をのせ、中でも「同家（島津家）旧記保存の顛末」、「藩庁公簿焼棄の顛末」の条はその経緯を詳細に説明している。(1)廃藩置県後、記録所の敷地には県庁が開設され、文庫収蔵の文書類やその他の藩政史料が大山県令の指令により、前庭ですべて焼却されてしまったこと、(2)御番所の島津家重書は六ケ所蔵に移され、西南戦争の最中危く戦火に焼亡するところを家令東郷氏らの努力によって難をまぬがれたこと、(3)二の丸も西南戦争最後の戦で焼亡し、邸中に残っていた人命と、久光関係の重書等は法亢氏夫人の働きによって危く難を免がれたこと等の詳細かつ具体的な口述があって興味深い。そして、「東郷が働きと法亢が妻の働きとは、島津家に於て貴重な品物の火災を免れましたことで、能其事実を記して置かねばならぬ事と考へます」というその言葉に深い実感がこもっているように思われる。ここで重ねて六ケ所蔵の文書搬出、その他文献の焼失或いは残存の史料として「旧記雑録追録」の記事と「磯島津家日記」の関係部分を引用し、その重要性を指摘しておこう。

明治十年二月西郷隆盛等率私学校党兵上京途、至肥後熊本、与鎮台兵戦、

朝廷更出師援台兵、又遣兵於鹿児島鎮撫、越五月有党兵帰至鹿児島之風聞、若果然則鹿児島當為戦場也、故忠義挈家、豫避乱於桜島横山村、而吾家所伝系図文書等至重巻籍蔵在岩崎宝庫、若為兵燹所焼亡則誠千載之遺憾也、乃欲転輪之於他則既属官軍塁内、戍兵不許出之、於是家令東郷重持以死請之再三、終得隊長許之而開庫出之、庫

中所在櫃凡七十有五荷、重持以下吾邸員及旧藩士等凡五十余人、各自荷担而去至海浜航輸之桜島、後果鹿児島為戦場、而岩崎宝庫属灰燼焉、若夫諸家文書写及旧記書類等蔵於築地邸庫者亦夥多、然今也急遽切迫如是、岩崎宝庫至重之物僅得免災耳、若力之不能以及其他、何竟罹燹而帰烏有焉、

（旧記雑録追録）

今ヤ官私両軍戦争相切リ弾丸雨飛ノ場トナリ、麾下一般兵火ノ焔タラントスルノ形勢眼前ニ迫マル、然ルニ御家御歴世ノ御文書御格護アリシ岩崎六ケ所御蔵ハ戦地ノ中央ニシテ兵燹ノ真面トナルヲ以一朝灰燼ニ属スルモ之何トカ云ハン實ニ千歳ノ御遺憾任職不臣ノ罪トモ申スヘシ、因テ御邸警衛員ノ中高島謙蔵及松山三九郎、新納泰介、東郷彌十郎其他諸郷人員両三輩ヲシテ旧御厩内官兵ノ塁ニ馳セテ事実ヲ述ヘ御文書ヲ転送センコトヲ計ラシムルニ塁兵拒絶シテ許サズ家令ニテモ参ラザレハ可否シ難シトテ事遅延ス、此ニ東郷重持ハ其遅延シ軍機彌迫マルヲ憂察シ慨憤シテ諸郷警衛員十数名ヲ連引シ自ラ馳テ先ツ田ノ浦官軍本営ニ到リ征討参軍川村純義ニ面接シテ御文書ノ速ニ転送セザルベカラザルノ事由ト前ニ談判スレトモ塁兵拒絶シテ許サ、ルノ旨ヲ訴ヘテ鑑札下附ヲ請フニ流石ニモ川村ハ御旧臣ノ事ナリ、素ヨリ御文書ノ至重ナルヲ解知スレハ異儀ナク鑑札ヲ与ヘラレタリ、東郷ハ之ヲ受領シテ大ニ悦ヒ、直ニ馳テ御厩ノ塁ニ到リ、東門ノ番兵ニ事由ヲ陳述シ再三乞ヘトモ亦タ固絶シテ許サス、凡ソ談判ニ時間ヲ費ス、既ニ夜ニ入ル、東郷事ノ遅延スルヲ察シ、転馳シテ北門ニ到リ番兵ニ乞フモ亦タ固絶シテ曰、軍法ニ依リ番兵張ル、今参軍ノ鑑札アリト雖トモ軍法ヲ背キ塁地ニ入ル、ヲ許サスト、東郷猶事情ヲ陳述シテ止マス、番兵曰、実ハ既ニ参軍ヨリ内命アリ、今夜未明ニ進撃シテ賊ヲ討スヘシ、将ニ線ヲ張ラントス、早々ニ此ヲ退クヘシ、退カスンハ軍法ニ処シテ汝ヲ斬ラント、銃剣ヲ按シテ威ヲ示ス、東郷従容トシテ心ニ慮ル

ニ談判遅延ノ間時刻ヲ移サハ軍機益迫マリ終ニ其志ヲ達シ難カルヘシト、乃慷慨悲憤ノ情内ニ堪ヘス、勇進シテ色ヲ起シテ曰、余ハ前陳ノ如ク島津家ノ命ヲ奉シテ堂々タル官軍門下ニ伏シテ當家至重ノ文書系譜ヲ全フセンコトヲ情請スル者ナリ、然ルニ許サレス、啻許サレサルノミナラス、却テ軍律ニ照シテ余ヲ斬ラント示サル、斬ルヘケレハ斬ラレヨ、余ハ決シテ身命ヲ惜ム者ニアラス、島津家ノ文書ヲ惜ム者ナリ、故ニ主命ヲ奉シ之ヲ全フセス、空シク帰リテ何ノ面目アリテカ再ヒ復命センヤ、余ハ島津家ノ文書ト共ニ死セハ遺憾ナシ、文書ヲ全フセスシテ身ヲ全フスルハ不忠ノ名千歳ノ遺憾ナリ、余ハ妨ナカラ此ヲ去ラス、去ラサレハ官軍殺スカ私兵殺スカ二ツニアルヘシ是余カ本望ナリト云テ此辺ノ石上ニ踞ヘタケテ自若タリ、少間アリテ番兵起テ往クニタビ来リテ余ニ参レト曰テ塁営内ニ引致ス、隊長某出面シテ曰、島津氏文書ノ事委曲其意ヲ承達ス、採ルヘキノ事情モアルニツキ乞ヲ許スヘシ、早々ニ転致セヨ、事遅緩セハ諧ハスト、東郷大ニ悦ヒ謝シテ乃六ケ所御蔵ヲ開扉シ御文書箱物数七十九個ヲ出ス、官兵剣ヲ抜テ箱ヲ破リ中ヲ改ム、東郷モ故サラニ進出シテ一二個ヲ打破リテ正物ナルヲ示ス、検査ノ官兵最可シト曰テ引渡ス、時ニ庁下到処既ニ兵線ヲ張リ道梗テ通セス、御文書ヲ御邸ニ致スコト能ハス、故ニ東郷ヲ始メ同列凡ソ五拾名計リ各自担荷シテ竊ニ市下上行屋海岸桐野孫太郎カ宅ニ護送シ夫ヨリ一船ヲ傭テ積載シ之ヲ桜島ヘ回漕ス、高島及ヒ其他ノ人員警衛渡海ス、東郷ハ直ニ帰邸シテ復命ス、是レ御家無二至重ノ御文書及御系譜無欠完全タルコトヲ得ル所以ノ事実ニシテ亦タ県下兵乱中ノ一大苦難事ナリ、

（磯島津邸執事方日記自明治十年五月三日条）

前掲「沿革地図」所収の城下絵図（天保年間）、同じく切絵図、県立図書館所蔵の安政末年と推定される大図、鹿児島大学図書館所蔵玉里文庫本の文政の城下図等に六ケ所屋敷及びその付近の位置景状の記載があり、それらによっ

てもある程度の推測は可能だが、最近県教育委員会による鶴丸城の発掘調査にともなって、その所在が明らかにされた成尾常矩の明治六年三月調製、同十一年三月改写の城配置図には、それらについて一層明確に記載されていて、いよいよその存在の確認を動かしがたいものとしてくれたのである。

## 二、成尾常矩と鹿児島城図

明治百年記念事業として鹿児島県では鹿児島大学医学部移転に伴うその跡地、すなわち鹿児島（鶴丸）城本丸、二の丸跡に仮称明治百年記念館（鹿児島県歴史資料センター黎明館）を建設することにし、さらにその後二の丸跡（鹿児島大学グランド、俗に七高グランドとよぶ）には、古くなった現存の県立図書館に代えて新しい図書館を建設することになった。これに先立って県文化課の手による大規模な発掘調査が行われ、既に二の丸部分については終了、目下記念館建設予定地たる本丸部分の調査も大詰めの段階に入っているところである。発掘調査に併行して関係史料蒐集の努力もなされたが、鶴丸城自体の文献は思いのほか乏しく関係者を苦慮させた。その中にあって県文化課が入手した城内殿舎の配置図（Ａ）と城及びその周辺の施設を記した概略図（Ｂ）は調査を進める上で重要なよりどころとなった。城内図（Ａ）は磯尚古集成館及び市立美術館にあり、（記載に若干の相異あり）、城周辺図（Ｂ）は市立美術館のみに現存する。発掘が進み建物の遺構が出現する毎に、配置図はその確認にどれ程役立っているかはかりしれない。もとより実測図ではないから正確とはいい難いが、相当な精度を有するものと推定された。そしてこの点をたしかめるため、図面の作者成尾常矩なる人物について調査を進めることとなったのである。本丸跡発掘調査担当の戸崎勝洋、吉永正史両氏は鋭意遺族の所在調査にあたられ、その結果草牟田町在住で関係資料も保存されている旨を確認された。一日筆者は吉永氏と同道、成尾氏宅を訪れ常矩の曽孫故哲二氏（昭和五十一年十二月死去）夫人ミツ子氏より話を伺い、史料調査を行うことができた。その際、採訪した史料の一部を紹介し、鹿児島城下士成尾家の家譜と常矩の作成絵図のもつ意義について些少の私見を述べてみたい。

（B）の図面下の余白部分には、はじめ、

明治十年丁丑春秋両度ノ県下騒擾ニテ殿中ノ図共ニ痛損シ漸ク之ヲ合セ彼ヲ継テ改写ス、于時十一年三月中旬也、

御殿内御座々図ハ別紙ニ誌シ置ク、

成尾常矩（花押）

と記してあり、ついで図の個々の場所等について一々説明を付した後、末尾に図を作成するに至った経緯を記し、感懐を左の如く吐露している。

慶長七年冬、家久公城ヲ鹿児島ノ上山ニ築キ玉フテヨリ御代々御居城ト成レリ、明治五年壬申陸軍の将井田譲城ヲ受取、鎮台兵卒ノ屯営トナル、時ニ慶長七年ヨリニ百七十一年也、然ルニ御本丸ハ明治六年癸酉十月十八日焼失セリ、時ニ随テ変遷スル珍シカラネト大哉、戊辰ノ兵役復古ノ御一新、諸侯版図ヲ奉還有テ、国主ヲ藩知事ニ命セラレ、華族ノ称ヲ賜ヒ三歳セヲ経スシテ藩ヲ廃シ県ヲ置カルルノ御制度ニ遷リ、旧国ニ僅ノ宅地ヲ賜テ闕下ノ常住ト成ル、君トシ事ヘ、臣トシ扶持セル、舟水ノ交義モ疎薄ニ旧来ノ戴恩モ自ラ忘却スルニ垂々タリ、当県ニ於テハ忠久公文治二年薩隅日三州ノ地頭職御補任アリテヨリ御闕如ナク御代々御伝領、七百年来臣トシテ従事シ、東西離別ノ情争テカ忍フニ堪ヘサラン、今ヤ万国通信交際有テ文明開化ノ御趣意日ニ新ニ月ニ盛ニ行ハレ、

西洋ノ正朔ヲモ用ヒラレ、万ツ洋風ニ模擬セラレ、大和魂ト唱シ年来節モ稍銷鑠ニ至ラントスルノ勢ニ又脱刀ノ命ヲモ下サレ、四民合一ト云ニ殆ト立至リ、国々ノ境関ヲ毀除カレ城郭ヲモ破却セシ多シト、関モ戸サ、ム御代トハ古キ歌ニモ見ヘヌレト、毀テレハ猶増リテ実ニ乱ヲ忘ル、ノ目出度御代ニテ、後世ノ人ハ封建ノ厳備ハ昔語ニ聞クノミニテ、往々商家市街ト成ナンモ遺憾ナレハ、老ノ眼ノ開タル内ニ旧御屋形御曲輪ノ図ヲ書シ子孫ニ残シ置、マタ眼ヲ閉テハ此処彼処ト考合、空覚ノ儘遥カ四十年以前ノ図ヲ取リテ明治六癸酉三月二十四日清書シ畢ル、屋敷ノ広狭、小路割ノ違ヒハ見ル者察シテ宥スヘシ、　成尾常矩（花押）

また、（A）には下段余白に図面各所の説明を記した後に、

県治ノ制ニ帰シ鹿児島御城御本丸西鎮台二分営ト成、兵卒（入ヵ）営、殿中諸御坐々間壁ヲ毀チ除、一面ニ成（鎮台カ）屯所トナレリ、後世□ハ知ル者ノナキニ慨歎シ、麁図ヲ模シテ残置（者也ヵ）、常矩　明治六年癸酉三月誌置

と付記している。廃藩置県後、鎮台屯所に変じ、通い慣れ親しんだ旧城殿舎の荒廃していく様を概嘆して後世に旧状を伝えようと意図したものであることがわかる。（B）には四十年前の図をもとにして作図したとあるから、天保初年の城下図が手許にあったのであろう。そして（A）・（B）とも西南戦争の戦禍によって甚しく損われたので、その復元につとめ、翌十一年三月に改写したものが今に伝えられているのであろう。

成尾家には、常矩の孫にあたる故静夫氏（昭和三十八年十月死去）が昭和二十五年に常矩の修成した家譜を増補浄写した「成尾家親戚之系略誌」があり、詳細かつ広範にわたりその系譜を知ることができる。また別に慶応二年十二月稿の常矩自筆家譜があり、常矩及びその長子常経等について特に詳しい履歴をみることができる。右のうち、常矩

の項について左に掲げる。

本家　折田　八郎兵衛

始折田別立賜

成尾　平姓

嫡家　折田　長兵衛

成尾苗字

実家　折田清太左エ門

始常経

常矩《ノリ》

幼名仙千代　清次　喜平治

折田清之進常之二子母亡勝部軍記興意之嫡女寿賀《スカ》

一文政二己卯年七月六日生

一文政十丁亥年二月十八日叔父折田清十郎常倫於宅元服、加冠常倫、理髪常倫之養子折田清八郎常直、

一文政十一戊子年正月廿五日中紙進上を以初而斉興公江御目見、奏者伊集院伊膳

一天保九戊戌正月御裁許方書役助被仰付、弘化三丙午年五月晦日同書役被仰付、同十月来未秋代江戸御留守詰被仰付未九月廿三日出立

一弘化三丙午年十二月十八日早崎次郎左衛門後改名七左エ門親盈之娶女名慶《ケイ》天保元庚寅年五月廿八日生

一嘉永元戊申年三月廿二日

斉興思召之訳被為在、別立被仰付、成尾苗字相名乗候儀被仰渡、御家老調所笑左衛門殿ゟ御用人伊勢雅楽以御取次於敷舞台申渡、列席島津主水、席詰御目付種子島次郎右衛門

一同日叔母静尾院事
斉興公御側江多年相勤、抜群之勤功茂有之、其後宝鏡院（斉興実母）様御附御年寄被仰付、御一世之間別而御用立数十年首
尾克相勤候付旁別段之以思召常矩江宿元被仰付候旨御家老御同人ゟ御用人席詰御目付同人ニ而於御用人座被仰
渡之、
一嘉永元戊申三月廿五日一番組小与九番江組入被仰付候旨、御小姓与番頭島津隼見ゟ被仰渡之、
一同年七月頴娃与石垣下代両人割合ニ而被仰付、八貫五百目附属相成候、
一屋敷壱ケ所百五拾四坪
右牧野矢之助ゟ永代譲受、嘉永三庚戌正月廿八日御家老島津将曹殿ゟ御用人伊勢雅楽以御取次願之通屋敷直御
免許被仰付段被仰渡候、
一嘉永三庚戌年三月十一日初而高持成御免被仰付候旨御家老川上筑後殿ゟ御用人小笠原轍以御取次於敷舞台被仰
渡之、別席川上右近、御目附伊集院源之丞席詰也、
一静尾院様御勤役中御餘金を以椎原与右衛門方ゟ永代御買入被成候末吉岩崎村持高弐拾石、慈父常之公御名前ニ
被直置候処、嘉永三庚戌六月五日御家老島津豊後殿ゟ御用人小笠原轍以御取次願之通高直御免許被仰付候旨被
仰渡之、
一嘉永三庚戌八月廿日給地高御改正ニ付、市来養母村庄屋浮免之内浮免高弐石九斗三升三合三夕、同所同村垂水
門之内浮免高壱石弐斗、鹿児島比志島村中間門之内右同高壱石弐斗六升六合七夕、合高五石四斗申請被仰付候、
一嘉永三庚戌十月来亥秋代江戸御留守詰被仰付候、

一嘉永五壬子年十一月廿四日於江戸御家老末川近江殿ゟ御供目付森川孫太夫以御取次定数外ニ而横目助被仰付、
同日右御同人ゟ御側役名越彦大夫以御取次来丑春（後筆）「上州木曽路御通行也」斉彬公御下国御供人馬掛ニ而
役掛被仰付候旨被仰渡之、
一嘉永六癸丑年来寅春斉彬公御参府御供同様被仰付候旨、御家老島津豊後殿ゟ御側役山口直記以御取次被仰渡、
一嘉永七甲寅年来夘年御同公御下国御供同様被仰付候旨、御家老右御同人ゟ御側役右同人御取次ニ而被仰付置候
処、御滞府被仰出候、
一嘉永七甲寅十一月八日御内用之儀有之、東海道藤枝辺迄兼而被差越候旨御家老右御同人ゟ御趣法掛御側御用人
向井新兵衛以御取次被仰付、即日出立、同月廿七日帰府、右御用筋東海道筋大地震ニ付聞合取□委曲別冊ニ
記、
一安政二乙卯年四月当秋（後筆）「東海道氣賀御廻伊勢両社ニ御参詣」宰相斉興公御下向ニ付御供人馬掛ニ而役掛
被仰付候旨御家老右御同人ゟ御側役得能彦左衛門以御取次被仰渡候、
御着之上白紬一疋金子弐千疋頂載被仰付候、
一安政三丙辰年九月来巳春
御同公御参府御供同様被仰付候旨御家老新納駿河殿ゟ御側役有馬舎人御取次ニ而被仰渡之、又候御着之上白紬
一反金子弐千疋頂載被仰付候、
一安政四丁巳年三月当春斉彬公御下国御供同様被仰付候旨、御家老島津豊後殿ゟ御側役勤竪山武兵衛御取次ニ而
被仰渡之

一安政五戊午四月十四日郡奉行見習御役被仰付、御役料銀壱枚半被下置候旨、御家老新納駿河殿ゟ御勝手方御用人勤二階堂源太夫以御取次於敷舞台被仰渡之、
一安政五戊午六月御製薬方御新田掛被仰付候旨御家老御同人ゟ宰相様御附御側役橋口今彦以御取次被仰渡候、
一安政五戊午十二月廿一日御家老右御同人ゟ御趣法掛御側御用人福崎助八以御取次、兼而致精勤者候処、所帯方別而難渋之由候付、別段之訳ヲ以金子拾両被成下候旨被御渡之、
一安政六己未年七月朔日
宰相様御方掛御庭奉行江御役替被仰付、御役料米弐拾七俵被下置、左候而御製薬方掛被仰付候旨、御家老新納駿河殿ゟ御側御用人勤谷川次郎兵衛以御取次於唐子之間被仰渡、御供目付迫水孫次郎席詰、
一同年九月
宰相様御遊去ニ付掛之御役々都而御役御断申出候様被御渡、御断書差出之候処、同十一月廿二日御家老島津登殿ゟ御側御用人三原藤五郎以御取次掛被成御免、是迄之通相勤候様於御側御用人座被仰渡之、
一金子三拾両
右者諸所下代出物蔵之間、名代勤御内意申上置候処、右之通引替被成下候旨御家老島津左衛門殿ゟ御勝手方御用人勤伊集院伊膳以御取次文久元辛酉六月廿八日被仰渡御金頂戴、
一文久元辛酉年十月
茂久公御参勤御供人馬掛見聞役御添ニ而御供役掛被仰付候旨、御家老島津登殿ゟ御側役平田伊兵衛以御取次被仰付置候処、御猶豫被仰出候、

一文久二壬戌年正月十九日当春（後筆）「下之関ヨリ御乗船也、御滞京之上御出府」和泉様御出府ニ付右同様役掛被仰付候旨、御家老喜入摂津殿ゟ御側役勤小松帯刀以御取次被仰渡之、
一文久二壬戌七月廿四日（後筆）「兵庫ヨリ御乗船阿久根御着艦」御同人様御下向ニ付同様被仰付候旨、御家老小松帯刀殿ゟ御側役中山次左衛門以御取次被仰渡之、
一文久二壬戌九月十八日御家老喜入摂津殿ゟ御側御用人勤島津内蔵以御取次江戸江御内用之儀有之、急ニ而出府被仰付候旨被仰渡、九月廿三日出立、十月十七日着府御届ケ申上候事、但金拾五両御内々頂戴被仰付候事、
一文久二壬戌十月廿九日今般暐《テル》姫様（朱）「斉彬公御姫様也」寧《ヤス》姫様御国許御下向ニ付御供人馬掛見聞役之儀ニ而役掛被仰付候旨、御家老小松帯刀殿ゟ御側役中山次左衛門以御取次被仰渡之（後筆）「伊勢両宮御参詣京都御滞在筑前博多御廻大宰府天満社御参詣八十日余ノ御道中十一月廿九日御立正月廿二日御着也」
一金子七両
右者此度御供被仰付候付、為仕舞料御内々拾月廿一日頂載被仰付候事、
（後筆）「文久三年春三郎様御下国日州細島着船ニ付大久保一蔵以御取次差引トシテ被差越候段被仰付候」
一文久三年癸亥三月六日御備組樺山権十郎組御先手一組之什長被仰付候旨、御家老川上式部殿ゟ御小姓与番頭川上源次郎以御取次被仰渡、
一同年七月廿七日英国船七艘侵入及戦争、二番組御先手物主相良治部組壱組之什長ニ而弁天波戸御台場御堅相勤、英夷船退帆後左之通、
金弐両（後筆）「本文戦争之始終別冊ニ記置候間見之、危急御切迫之御時態ヲ可察也」什長成尾清次

右者今度英夷侵入之砌台場相堅、必死相働候為勤労、右之通拝領被仰付候間、愈可抽忠勤候、

七月　（朱）「小松」帯刀

右同十二日相良治部御取次を以於宅被仰渡、御金頂戴被仰付候、

一同年（後筆）「佐賀之関ヨリ御乗船兵庫御着山崎街道御通駕」三郎様御上京ニ付人馬掛見聞役心添ニ御供役掛
被仰付候、
八月十七日御家老川上式部殿ゟ御側役勤伊集院平治御取次を以被仰渡、同年十一月廿一日（後筆）「十二月十一日御京着也」貞姫様御上京ニ付播
州姫路迄被差越、同所ゟ御供役掛之儀仰付候旨、右御同人ゟ御側役勤島津主殿御取次ヲ以被仰渡、御京着之
上。十二月十一日金子三両御供御側役中山次左衛門御取次ヲ以御内々頂戴被仰付候、

一元治元年甲子二月朔日御用有之、兵庫迄急而被遣候旨右御同人ゟ御側役大久保一蔵以御取次被仰付、左候而御
内々金子拾両頂載被仰付候、尤右御用筋島津図書殿御着京差図也、当日出立、

一同年
中将様（後筆）「久光公」御下向御供前文同様被仰付候旨四月十一日右御同人ゟ御側役右同人以御取次被仰渡「大阪ヨリ御乗船日
州細島御着艦」

一同年八月十九日屋久島奉行江御役替御役料米是迄之通被下置、屋久島御改革掛被仰付旨御家老喜入摂津殿ゟ御
勝手方以御用人伊集院静馬以御取次於敷舞台被仰渡、列席向井新兵衛席詰御目付伊集院金之進、柳半之丞、

一同八月廿日御改ニ付一代新番御入置候旨御月番御家老島津丹波殿ゟ御小姓与番頭島津権五郎以御取次御小姓与
番頭於詰席被仰渡候、

一同十月六日来丑春代屋久島在番被仰付候旨御家老川上式部殿ゟ御勝手方御用人松岡十太夫以御取次於御勝手方御用人座被仰渡、

一同二乙丑正月十一日金山奉行江御役替御役料米是迄之通被下置候旨御家老桂右衛門殿ゟ御側御用人勤島津織部以御取次於唐子之間被仰渡、列席北郷浪江御供目付前田龍五郎席詰、

一同年三月朔日

太守様御方二番組御旗本談合役被仰付候旨御家老諏訪伊勢殿ゟ物主川上東馬殿以御取次被仰渡候、

一慶應元乙丑七月八日数度江戸詰之御取訳ヲ以見聞役同様沖永良部島詰為引替御金弐百両被成下候旨御家老桂右衛門殿ゟ御勝手方御用人勤中村新助以御取次被仰渡候、

一同年十月

茂久公御上京被仰出御供見聞役心添ニ而役掛被仰付候旨御家老桂右衛門殿ゟ御側役勤島津求馬以御取次、同十七日被仰渡、右御旗本談合役之儀ヲ以御免被仰付候、然処　御猶豫被仰出候、

一慶應四年戊辰三月五日御家老新納刑部殿ゟ御用人細瀧権八御取次ヲ以郡奉行格江御役替被仰付、御役料米是迄之通被下置、左候而不及日勤旨被仰渡候、敷舞台申渡方列席島津織部、御目付永江伊右ヱ門席詰、

一慶應四年戊辰四月六日御家老刑部殿ゟ御用人西筑左衛門以御取次郡奉行添役江御役替被仰付、御役料米是迄之通被下置、左候而不及日勤、繰廻山吹之間江参勤候様被仰渡候、敷舞台申渡、列席島津織部ニ而御目付鎌田十五席詰也、

一同年七月廿四日御家老桂右衛門殿ゟ御用人西筑右衛門御取次ヲ以於御用人座被相渡御書付候様繰廻山吹之間江

相勤候様被仰付置候処、鮫島吉左衛門事、此節出軍被仰付候付、罷下迄之間、物奉行寄候而重心掛被仰付、左候而山ケ野金山詰被仰付候条可申渡旨致承知候事、

一明治二己巳藩治職制御治定ニ付議政所以下被廃(衍)廃職等被仰付置候向多々有之、物奉行之儀茂被廃候付、二月廿九日山ケ野金山ゟ帰府御届申上置候処、同三月十九日郡奉行之儀も被免、郡方之儀も被廃候旨被仰渡候段民事奉行ゟ問合相達候、民事奉行之儀則郡奉行之御役職ニ而候由安政五午年御役被仰付、追々転職ニ而都合拾弐ケ年無懈怠奉職候事

一明治二年己巳三月廿三日伝事田畑平之丞ゟ只今御用ニ而罷出候処、知政所ゟ巡察被仰付、御書付被相渡候事、

一俸禄三拾俵被成下賦者五人之処を以被成下由七等官なり、明治三午六月昼夜之職務致骨折候付、「一ケ年ニ后三十両ニ重」季録金弐拾両之俸録不被成下者者四拾両七月十二日ニ季半金ツ、可被成下旨知政所ゟ被御渡候事、

一清姫様御名文字同唱迄茂遠慮被仰渡、明治四年未四月十八日傳事栗川少取次ゟ喜平治と願之通改名御免、

一明治五年壬申正月廿九日鹿児島県典田畑平御伝事以水川外七ケ郷管轄里正被仰付、俸録七拾五俵下置候、阿久根在勤且亦旅中応詰日数旅扶持米壱日壱升ツ、被成下候、

一里正之儀大区副戸長ト改称壬申十月二日被仰渡候事、

一屋敷百五拾八坪加世田弥八郎ゟ譲受、御検地ニ付壱反限御免許相成、屋敷目録被相渡候事、明治四年辛未八月十五日民事局総裁椎原与右エ門民事奉行久保田新次郎、青山勇蔵連名目録也、

（後筆）「県庁之印相居屋敷目録引換、明治七戌一月十□日被相渡候也」

一大区副戸長之儀又大区副長トテ十月十七日改称被仰渡候、

一各区郡治所廃止更ニ支庁被相建候段、明治六年癸酉八月三日御布達、同五日阿久根役々方江相達候付、翌日出立、同八日帰縣之御届申出候処、第一「加治木也」支庁出仕、栗野吉松地券掛被仰付之段、名代ヲ以致承知候、取次右松典事也、左候而俸録是迄通被成下候旨被仰渡候、然処同十三日俸米引換受テ月給一ケ月金拾円ツ、九月ゟ可被相渡旨被仰渡候事、

一明治六九月四日桜島地券掛被仰付、月給是迄之通被下置候旨名代ニ而致承知候事、

一同七甲戌五月廿七日前件地券掛身弱之処ヲ以辞職願出候処、御免職被仰付候事、尤県庁ゟ御書付相渡可辞之時至而然也、委細日帳ニ記置候事、御裁許方書役助ゟ当職迄引續三拾七カ年奉職也、

（後筆）「一従是前明治三庚午六月十日傳事上村休助取次以三島並沖永良部島廻島被仰付候得共、誠徳院様御病体ヲ見捨難致渡海情実奉歎願候処、直ニ許可相成候事、但巡察勤之内也、

一世録二十六石ニ不充ハ二十五石ニ見込以下御救助米六石宛可被下置旨御布達之趣有之、奉願候処、明治七甲戌一月十五日庶務課之印相居リ願通被仰付候也、

一鹿児島比志島中間門一石二斗六升六合七夕之浮免高、明治五申年就大御支配同村之内溝口門浮免高一石二斗六升六合ト繰替被仰付、御検地掛日高為十左エ門、三原傳左エ門證文被渡置、

一勝部興巍名前後之屋鋪名面替願出、券状改替、県令大山綱良、拾二等出仕上村行英、明治八年乙亥三月廿五日付之券状相渡候事、

一明治八年四月十九日願之通隠居聞届候旨、県令大山綱良之御書附相渡、

以上の経歴からみても、常矩がよく鹿児島城の内外に精通しており、城内図および周辺図を正確に記録しうる人物

であったことは明らかである。

次に、「成尾家親戚之系略誌」の方に転写されている常矩の文章の一部を掲げよう。その家譜編集の意図と彼自身の家史史料の考証の一端をうかがうことができよう。

好古不好新は武器茶器にして他品の是に異なるは挙人之通情雖違戚族の親みまた然り、世の風俗如何せん、さはいへと人百年の寿を保たず、年移り世をふるにしたかひ子々孫々に至っては史傳に由らすして誰にか問ん、家史傳はらされハ親しむ所之厚薄をしらすして遠古近新疎情交絶に及へる多からんか、是父祖之過也、よって姓者は史に遺し来者は是を訊て連綿として永く親しみ祖先に孝あらしめむことを思ひ、戚族の系きを冊に記置と雖も過し丑年縣下騒乱之際兵火に罹り焼亡しければ今度再記録して家に傳ふるに序を添ふ、

明治十二年戊卯四月十五日

七九に二つ不足翁誌（花押）

折田素織田也、至本家五代之祖常貞、墓石誌織田、従是代々相継折田也、以誦同改與織田之由緒不載家譜、姓平而紋瓜也、今所用紋略之、嘗聞慈父常之公、叔父常倫公、詳欲糺家譜、御記録奉行相良某官庫之訊家譜、是亦元禄之火災焼失不詳故、相良云、元和之乱随従於大阪方織田之支族有数多、至落城有名之士皆忍生落於西国、於吾御国伝云、奉始秀頼公、真田、後藤等之族、忍此地終生、今真田、後藤之苗字残曰子孫、織田亦其類乎、至徳川家統一統之御代有所忌憚、命令改折田與、姓平紋瓜則信長公之後胤無疑與云々、予幼聞之、雖信之、今見家記、此説時代齟齬、自始祖至三代生卒年月不詳、四代常治慶長五年生、落城元和元年也、然則遥前也、明智叛逆信長公生害天正十年也、至慶長五年歴世僅十九而及四代則世代亦可謂近與、惜哉常治代自家有火災、悉焼旧記、其子

常長不継家早没、其子常両幼不能再撰、卒由緒及廃失、至子孫不知所始祖之出、折田於府下有数家、姓不知皆異紋、独折田伝太夫某家紋瓜也、未紀諮家系、市来郷有一家、慈父常之公所写置見家譜、素織田、同姓紋、是復無温故唯知新而已、高岡郷有一家、未紀市来郷折田、雖云分家、古史不伝孰為本、孰為末難知、是故誌所考、與類家而欲令知子孫、著拙文、家系之為序者也、

　于時慶応三丁卯歳正月上浣　成尾常矩誌之

追考織田家實名用信與長、見慶元記、信雄公入道号常真、亦支族有用常之字、実名用常字與不詳、

追記

常香代身上衰微ニ而福昌寺門前ゟ常孝公屋敷内へ木屋掛にて御引取有之、其節武助事十二才無便者にて是以同所養置候與常孝公御書留に見えたり、其以前武左衛門事致病死段識候、武助へ被仰候、武助母者島津玄豊殿御方へ致奉公居候由見えたり、織田家之由緒不詳、折田長兵衛常孝代の御記録所ゟ御紀有之たる由候得共、常治代自家有火災、旧記悉焼失故を以申傳之事段を挙書出相成候筋嫡家折田長兵衛常憲方家記有之、其のあらましをこ、にしるす、

一其先鎌倉に為罷在由申伝候、

一丹後局御下向之砌市来は鎌倉へ似寄り候所と彼方に被成御座候由、

一織田和泉市来へ罷居し其子孫織田四郎右衛門事ハ日州表の御手に入り候時分にて高岡へ被移、四郎右衛門は遂に別家良清と申候て市来初瀬寺住職に相成候、右四郎右衛門高岡江移り候時分、織田平馬と申す者養子に仕居、織田家の系図ハ高岡江渡済候由、右四郎右衛門女子一人有之、鹿児島之士三原六兵衛後号慶道祖母に見、四郎右衛

門事、其後遠流、其段養子故系図等残置候儀如何敷焼捨候由祖母申され候由、右之平馬養子ハ織田八右衛門、其子良右衛門于今市来初瀬寺の島へ罷在候由、右出家に成候者之子孫ハ加治木へ罷居候由折田良右衛門申候由、

一折田和泉守ハ　維新公へ殉死申上候者ニて子孫加治木陪臣織田甚七之由、此家別立之処不相知、是ハ実名信之字を用候由、

一高百六石五斗三升門屋敷四、織田対馬守と龍伯様御代国分故田帳ニ有之候得共、是以右同所之由、

一其嫡流先年四ケ所へ被相寄、日新公へ奉仕とも申候、其譯ハ大永六年丙戌十一月十八日勝久公御養子として貴久公鹿児島へ御入都之時、伊作　御供之内松崎飛弾、満留吉左衛門、池之上但馬、織田淡路、吉田肥前、川越三左衛門、昼夜御膝元へ被相置候と云々、伊作由来記に詳也、

但吉田肥前者備前歟可糺と有、元祖ニ代清閑様吉田家ゟ養子ニて備前とあれども肥前かと有、

右通吉田肥前様

貴久公御供之内ニ而鹿児島へ来リ安清養子契約いたしたるかと有、然れバ織田淡路事安清ニてハ有之間敷哉、石塔安清と迄にて姓名不相知、殊ニ常治代火災ニ而旧記焼失なれば何れとも難計かる、前件之次第今茲に略誌して致張紙置者也、

明治八年乙亥旧九月　成尾常矩（花押）

曽祖父常親公者誠実之御方にて対事精密に家記等御手を付られ、遺書文なと御書御綴、子孫に残置かれ、且家伝之品々其御身代御蔵之品々留置かれし壱冊有伝、武器等御揃軍役用量等御嗜ミありと見えたり、何れも嫡家折田常憲之方に格護也、

一市来居住折田信三左衛門系図、慈父常之公御紀被遊候節写置候系図之内、二代目折田平馬名前あり、所名中臼井家ゟ養子屆後八右エ門と致候筋見風前文ニ平馬養子ハ織田八右エ門と有之、何れか伝来の系図も慶安以前之名前不相見えす、夫ゟ以後之初代折田甚兵衛ニてハ三代目折田量右衛門之前文ニは良右衛門と有之、系図写置候も引合可見ものなり、

　本文写置候折田信三右衛門方系図ハ明治之擾乱ニ兵火ニ焼失、実家ニハ写シ可有之、

平野大明神　京都平野茅二殿
　　　　　　久度神也

右者平姓之氏神ニ付、元禄十一年祢寝家廿一化祢寝丹波清雄領地江勧請之儀、平松中納言時量卿江被申上、吉田三位兼連卿神篭幣白被成御授守下られ、領地吉利仮屋ゟ一町餘の子の方に勧請為有之筋、官江書上の留に相見得居候、然れハ為平姓者孰も尊崇此御神、奉仰氏神、遍き事ならんと今茲にしるし置ぬ、

明治九丙子歳初秋　平姓常矩誌

一折田勘解由真連坊、田中善庵、当夏火事出候付、当分寺領にて罷在候由達上聞候処、可被相書候由御意候事、

外二行略

寛永十九年　川上因幡守
十月十七日　頴娃左馬頭
　　　　　　島津国書頭

山田民部少将（輔）様
島津下野守様
右国書之内ゟ書抜、然ハ此代自家火災旧記等悉焼失無疑、　　　　　　　　　　常矩記

一前書に丹後局御下向之砌御供にて罷下候哉、其先鎌倉ニ被罷在候者と有之、他ニ一ハ信長公之苗裔にては無之、日本百将伝ニ平重盛之二男資盛、西海に渡る時、幼児あり、母是を携えて江州津田郷に流落す、時に越前織田乃荘神職の幼子を養ひ家を継しめて織田権大夫親真といふ、其子孫続て越前に住す、難波氏小臣となり、後尾張に移る、信長ハ親真十八代之孫也とあれハ越前にて親真ゟ出たる庶子の中、鎌倉に出て後丹波局に属して市来郷に下り住したるかともしれかたし、以而今茲にこれを載置ものなり、

明治十二年卯四月望

成尾家は折田家の分家の分家である。折田家は代々右筆の家であった。成尾の称は二十七代藩主斉興付の奥女中成尾方の称号に基づく。同人は、後には斉興の母にも仕え、弘化三年七月、その没後に剃髪して成徳院、のち静尾院と号した。よく精励したので、賞与としてとくに一家を建てることを許されたのである。嘉永元年三月、兄常之（常倫弟）の子常矩を養嗣として迎え、折田姓を改めて成尾姓を称えさせたのである。屋敷は草牟田の牧野氏の屋敷百五十四坪を永代譲受けて居住した。

常矩の長子常経は通称哲之丞、嘉永三年の生まれ、武芸に達していた父の素質をよくうけていたという。戊辰戦争で北越方面を転戦、明治四年御親兵となり曹長に昇進したが明治六年征韓論で西郷隆盛が下野すると共に帰国、明治

十年西南戦争に従軍、永山弥一郎の三番大隊十番小隊半隊長、のち阿多牡五郎大隊長たる干城隊中隊長として日向・大隅の各地を転戦、八月十四日に延岡の戦で壮絶な自刃を遂げた。行年二十八歳。次子常彦も従軍。戦後、宮城監獄に服役。明治十二年免されて帰国、鹿児島県巡査となったが、同三十二年八月災害に際会殉職した。三子武二はのち山口不及の家の後嗣となった。同人は楓園と号し文筆に長じ、「成尾常経事蹟」等の遺稿は今も成尾家に残っている。

常矩が没したのは明治十二年十月十七日であったから、城図修成後一年半のことになる。もし常矩のこの挙がなく、城図が伝存しなかったら、せっかくの鹿児島城の発掘も要領を得ぬまま終わっていたかもしれないし、発掘された遺構、遺物によって往時を想起すること等所詮かなわぬ夢となったであろう。常矩の律義なまでに主家と自家を想う真情が、城図作成を思い立たせ、今日城にかかわる歴史の真実にせまろうとするこころみに大きな励ましとなっているのである。常矩の業績に敬意を表するとともに、因縁の不思議さに今さらながら感嘆せずにはいられない。

【後記】本稿作成に際し、鹿児島県教育委員会文化課、磯尚古集成館、鹿児島市立美術館関係各位、文書所蔵者折田武雄氏、成尾ミツ子氏らの有形、無形の協力のあったことを付記し、また同僚原口泉氏よりの史料の所在内容について種々助言をえたことを併記して謝意を表する。

# 第四章　越前島津家文書の伝来について

最近文化庁の入手した越前島津家文書（国立歴史民俗博物館現蔵）については、同庁の山本信吉氏および湯山賢一氏によってその内容および入手の経緯についての紹介があった（『日本歴史』三六九、一九七九年・『古文書研究』一四、同年）。それにもあるように、同文書は越前島津家が天文三年（一五三四）播磨国朝日山合戦に赤松氏に属して没落した後、本宗島津家の手中に入り、やがて元文二年（一七三七）に至り、重富島津家を再興した際、同家に付与されたものであった。中世の越前島津家の系譜等については丸山晴久氏の詳しい論稿があるが（「越前島津氏とその系譜」『神奈川県博物館協会報』二〇、一九六八年・「島津忠兼について」『金沢文庫研究』一六五、一九七〇年）、筆者もまた、「新城島津家と越前島津家」（『鹿児島中世史研究会報』三一、一九七二年）において些少の見解を記しておいた。そのいうところは、播磨で没落した越前島津家の文書が薩摩の島津本宗家に伝来した事情の不明なことと、その謎を解く鍵として元文二年の重富島津家の再興に先立って早く新城島津家（垂水島津支家）による越前島津家相続の運動があり、文書もまた当初は同家の有するところであったことなどである。これらについて最近知ることを得た史料によって再度考察を加えてみたい。

「源姓越前島津正統譜抜萃」（玉里文庫蔵、一時重富島津家を相続した島津久光自筆本）によれば、同系譜は十五代忠長よりそのまま元文二年再興の十六代忠紀を接続させている。忠長については「天文三年甲午八月二十六月与赤松次郎共戦死於播州朝日山、歳三十四、法名高清矣、元文二年丁巳四月十四日有命、追諡号月峯院殿明阿高清大居士」とある。しかし、忠長の遺孫は播磨国にいたわけであり、江戸時代および明治になってからも両家の間で多少の交渉はあったようである。ただ、前者は島津宗家の支流で一門筆頭家に格付されていたのに対して、後者は播磨国揖保村の一庄屋であったから当時としては身分上の差別が著しくその交渉も変則的なものにならざるをえなかった。東京大学史料編纂所蔵島津家文書中には、関係の史料として「越前島津家由緒承合候日記全」・「播磨島津家関係文書全」等があるが、前者は越前島津家再興にあたり、島津家が播磨国所在の遺族・遺跡について調査を行った際の関係史料が収録されている。中でも「元文三年越前島津家之儀為聞合播州エ罷越候日次記」は、島津家から現地調査を委嘱された僧禅外のひと月に渡る詳細な聞き取り等の報告書で興味深い。しかし、結論として当時の記録所職員の要約したところは左記の如きもので、越前島津家の餘族として認めながらも正嫡（同文書旧蔵家）についてては明確でないとしたのである。

播州揖保村権兵衛家之系図幷由緒書差越申候ニ付、私共江モ一覧被仰付候、右ニ付吟味仕候趣左ニ申上候、

一権兵衛系図熟覧仕候処ニ権兵衛六代之祖彦兵衛義廣法名宗賀ヨリ以来者近来之事故、其通ニモ可有御座候、宗賀以前ハ彼方ニ然ト相知不申候処ニ、此節新敷綴立候ト見得申候、先年大坂ヨリ播州江両人被遣越前島津家餘裔御尋之節、権兵衛エ致対談、其節初而左近将監忠長名茂存為申与見得申候故、右系図之最初ニ忠長ヲ系リ新九郎忠之、源兵衛某ハ播州龍野町人和泉屋四郎左衛門所持之文書弐通有之、右文書ヲ以系リ掛候ト相見得申候事、

一兵庫能福寺住持ハ権兵衛親良久弟ニ而候、大坂両人之者右僧江対談仕候節、宗賀事ハ青山ニ而戦死被成候忠長

トヤラン申方ノ孫ニ而可有之哉ト存候、宗賀ヨリ先ハ覚不申由申候ト見得申候、然ハ此節差越候系図右僧江茂致内談候哉、右僧申候通孫ニ綴度候事、

一播州朝日山ニ而合戦有之候事不承候、忠長トヤラン之戦死ハ菟角青山ニ而候由、能福寺為申由、大坂両人之者書付ニ茂見得申候、然処ニ此節差越候系図ニ者忠長於朝日山戦死ト記申候、権兵衛方何ソ書付等茂所持不仕故、右通区々仕候ト見得申候事、

一和泉屋四郎左衛門所持天文三年十二月之文書ニ相見得候島津新九郎、永禄九年二月ニ相見得候島津源兵衛事、権兵衛系図ニ左近将監忠長子ニ系リ置申候、新敷綴立候系図ニ而候得ハ此儀究而信用難仕御座候、周防守忠行播州下揖保地頭職ニ補セラレ候而ヨリ以来至忠長十四代、其間支族ノ別レ茂多ク有之筈ニ御座候、尤越前島津家古系図之内子孫不相知支族餘多見得申候、右新九郎・源兵衛ハ庶流之面々ニ而可有之候得共、究而出処相知不申候事、

一由緒書之内忠之於青山長子源兵衛ト共戦死ト見得申候、系図ニハ源兵衛事忠之弟ニ系リ申候故、由緒書ト系図相違仕候事、

一天正十七年八月十日島津図書忠長日帳ニ播磨衆島津八郎殿見廻タル銭弐百文到来ト記置候、権兵衛系図ヲ以テ八郎ト申人ヲ考申候得者宗賀代ニ相当リ申候、然トモ八郎名見得不申候事、

一和泉屋四郎左衛門ハ宗賀惣領娘縁付致サセ候故、女ニ而候得共惣領之事故、持伝候文書遺置候由大坂両人之者書付見得申候、然ト宗賀娘ハ専右系図ニモ書記、文書附属候段茂記申筈候処ニ其訳見得不申候事、

一権兵衛系図之通ニ而ハ左近将監忠長嫡流ニ系申候得共、権兵衛事古系図文書等モ所持不仕、只島津氏之餘裔ト

シ計之事ニ而候ト相見得申候事、
一寛永年中越前島津家餘裔之人系図文書等御当国鹿屋江持越忠長戦死之後家筋及断絶候間御取立可被下ト願之企候処ニ、右之人不意ニ相果、右系図文書鹿屋之寺家ニ有之候ヲ島津又助代ヨリ彼家ニ笥蔵候ト申事ニ而候、鹿屋之儀寛永年中迄ハ島津相模久信私領ニ而又助事ハ相模孫ニ而御座候故、又助子孫島津市太夫殿方江右系図文書モ此間ハ所持ニ而御座候、右通餘裔之人系図文書ヲ証拠ニ仕御当国江為罷下事候、家ニ付大切成系図文書ハ其家一流無拠由緒之人ナラテハ所持ハ不仕筈ニ候、然者其涯忠長家筋御取立候モ又只今ヨリ御立候モ同前之御事ニ而御座候、殊更惣御嫡家ヨリ被仰付事候得ハ御庶流断絶之跡者イツトテモ相続可被仰付儀ニ而御座候事、
右之次第ニ御座候処、権兵衛系図之綴立様ニ而ハ忠長之一流ニ系リ掛ケ殊更播州ニ罷在右嫡家ト申候ハハ不存者ハ其通心得可申事候、依之得ト吟味仕候ニ権兵衛家ニ付古キ書付等モ所持不仕、六代之祖彦兵衛義廣以前ハ連続之次第茂相知不申躰ニ候得ハ、究テ越前島津家之餘族トモ難申儀乍去所迄モ代々島津氏名乗来候歴々之筋目之者ト申候得ハ如何様其餘族ニ而モ可有御座候、然者越前島津嫡家ハ於御当国御取立被成候条、権兵衛家ハ右餘族ニ而候段落着仕、且又古系図写望ノ由申越候得ハ右落着已後忠綱ヨリ忠長迄之間ザツト駱系図被下筋ニモ可有御座哉ト詮議仕候、乍此上御吟味次第奉存候、以上

未（元文四年）
二月廿五日

御記録方稽古
吉田用右衛門
安藤左平次
御記録奉行

児玉主右衛門
町田仲右衛門
川上平右衛門

この関係は明治年間にも引継がれ、明治二十四年（一八九一）、播磨在住のその遺孫から島津家に対して越前島津の子孫であるという証明書の発行等を求めてきている。後者がその関係史料で、冒頭の「系図文献御下附願」は左の如くである。

今回其筋ヨリ墓籍調査之義ヲ達セラレシニ付而ハ元祖経続之次第并ニ諡号等調べ候処、最モ尊崇スベキ元祖忠綱（越前島津）ヨリ忠長（播州朝日山戦死）ニ至ル、十有五代ノ法号不相分候ニ付、種々苦心ノ上当国揖東西両郡中ニテ凡六百年以上継続セル寺院ニ就一々古記録ヲ調査セシモ聢ト不相分、実ニ落胆ニ堪ヘズ、然ル処伝家記録中ヲ取調之際、十六代目左近忠之妻系図文献ヲ携ヘ寛永六年九月薩州ヘ趣カントシテ御領地日向国鹿屋村ニテ病死仕リ候得共、当時携帯セシ系図文献ハ薩州公ヘ納ル云々、其後廿二代目権兵衛ト申者当領主ヲ経テ系図之事ヲ御問合セ仕リ候節之ニ対ス御返答書并連続略記等御下附被成下候得共、彼之法号忌日等ハ分明不仕、実ニ如何セバ宜敷哉ト苦慮罷在候間、前書之情実御洞察之上何卒格別之御詮議ヲ以テ系図文献御下附被成下度此段奉願上候也、

兵庫県下播磨国
揖西郡揖保村
島津与三郎印

明治廿四年

長男　島津佐五治印

正二位勲壱等公爵
島津忠義殿
御家令様方
御中

これに対し、島津家では翌年系譜の不明と文書伝来の経緯を立証する確たる資料がないとして判然とした回答は与えなかったようである。ただ、明治二十四年八月、子孫与三郎（二十七代義重）は鹿児島に至り、公式に本家島津家先祖の墓参に列席、磯・玉里邸をも訪問、交誼を結び、三十年の死去に際しては本家忠義より香典が送り届けられている（「播州島津家略歴」）。

島津家史局の懸念は十五代忠長の後、十六代忠之、十七代義弘との接続が明確でない点にあった。系図を持参、薩摩へ下向した人物が忠之の末亡人であるとしても、それがはたして義弘（宗賀）の母であるか否か明証はないとしたのである。播磨島津氏が義弘以後の系統は明確であるにしても、越前島津家十五代忠長とのつながりがもう一つはっきりしないとして断定を躊躇したわけである。その覚書を示そう。

彼方系図ニ拠テ接スルニ、忠之戦死ノ時義廣二歳ト云、若シ此時母二十二歳ニスレバ寛永六年ニハ七十六歳ナリ、此老母ヲシテハルバル薩州ニ下ラセシハ何故ナルヤ不審也、若又忠之戦死ノ時此母二十二歳トセバ忠之ハ五十二歳、夫婦ノ年齢余り離隔セリ○義廣天正二年ノ生ナラバ寛永六年ハ義廣ハ五十六歳、若シ母十六歳ノ時ノ子ニシテモ七十一歳トナル、夫ハ五十二歳、妻ハ十六歳、尚ホ年齢相当セズ、

だが、かつて播磨から越前島津家文書を携えて何人かが薩摩の領内をめざして渡来してきたことは事実であり、そ

の地が大隅鹿屋（天正八年肝付氏没落以後伊集院幸侃、文禄二年移封後、垂水島津家久信所領）であったこともあたっていよう。家の再興を期したと思われるその挙も不幸にして病没により果たせず、垂水島津家によるその名跡襲称も成功せず、本宗島津家による全く新しい形での家名再興となってしまった。同家の文書も数奇な運命で、播磨↓大隅↓薩摩、そして東京と変転の旅をつづけたことになる。

具体的に大隅にもたらされた時期、事情、担当者名等知らねばならぬことはまだまだ多く残されている。事実は一つ。越前島津家文書の今後の解明に期待したい。

【付記】史料の閲覧について便宜を与えられた鹿児島県維新史料編さん所、東京大学史料編纂所の各位に対して謝意を表します。

# 第五章　島津氏系図について

磯島津家所蔵の島津氏系図には箱入り三巻のものが二点ある。一方のものには巻ごとの題簽に「島津氏正統系図」と書き入れがあるが、もう一方のものにはその書き入れがない。内容は全くといってよいほど相異はないが、前者には朱色枠線の外にさらにもう一本金泥の枠線が施されており、原本であることをうかがわせるのに比して後者の方にはそれがなく、副本として書写作成されたものではないかと考えられる。いずれにしてもほぼ同時期に二組の「島津氏系図」が浄写作成されたものとみてよい。さてその内容であるが、巻之一は清和天皇にはじまり、義弘代までつづき、巻之二は家久代より斉宣の代までつづき、巻之三は斉興代より忠義の代までつづく。その一番新しい記事は久光の項で元治元年（一八六四）四月十一日従四位上左近衛中将推叙の件である。巻之三は巻物全量のはじめの方三分一ほどしか記されておらず、後世書きつぎ補筆を予定して巻装されたものと思わざるをえない。いいかえれば保存用の系図ではなく、実用の将来性をもった系図として作成されたものとみられるのである。

磯島津家には右の巻子本の他に冊子本（写）の系図があり、それは前者とほぼ同内容であるが、近世後半以降の記事には表現法などでかなり相違がみられる。そしてこれと内容的に近似する系図が現在東京大学史料編纂所蔵島津家文書中に「島津氏系図」として巻子装本三巻本（各巻見返しに松巌を負う亀之図十字紋入りを描く）の形で伝えられている。同系図は随所に貼札が施されて補註が加えられており、また藩主の歴代数も書き加えられている（忠義は二十九代）。また、記事内容ももっとも新しいのが忠義の娘為姫の誕生記事で「明治二十年五月十日生於鹿児島」とある。これまた成巻後の書き続きを示しており、さらに貴久の項に大正十二年（一九二三）追贈位の書き込み記載のあることは、書き続きが止まり実用の系図としての役割が終わった後も島津家編輯所の所員の手が加わったことを示しているといってよいであろう（前掲磯島津家冊子本或いは東大本の草稿本かと思われるが、それに二十九代忠義の葬儀と葬場の記事が貼紙のまま残されている。したがってその浄書本かと思われる東大本は、それ以前に稿了し、以後の書き入れは別々に行われ、その部分は書きこまれなかったのであろう。今回の印刷本には注書きしておさめている）。

今回印刷（尚古集成館編『島津家資料　島津氏正統系図』一九八五年）に付するに際しては、前者島津家本の正本を底本として、後者東大本によって歴代数や前者の書止め以後の分、詳記されている部分などを補筆追加することにした（巻之三は、体裁上の相異註書きなど煩雑であるので、内容を比較したうえでむしろ詳述されている東大本をすべて底本とした）。

一体、島津氏系図には他に現存流布するもの少なしとしないのである。鹿児島県立図書館所蔵の「島津正統系図」は、内題は「島津家略系図」とあり、これが本来の題名であろう。印記などからみて県庁本を引き継いだものと思われ、末尾に「明治十四年十一月謄写」の記入がある。また、各処に伊地知季通の書き込みがあることや、季通が当時「鹿児島県地誌」の編纂に関係しており、「鹿児島県地誌備考」の作成も同人の力に負うところが多いことから、その関連史料として書写されたものと考えられ、同本が藩庁本→県庁本→県立図書館本と推移したことが納得できる。鹿児島大学附属図書館玉里文庫蔵本に「略御系図」がある。三冊本で天が清和天皇より五代貞久まで、地が六代師久・氏久から十八代家久まで、人が十九代光久から二十八代斉彬までとなっている。もちろん後年の書きつぎもあるが

（元治元年八月まで）、写本の作成は奥書に「天保十三年壬寅《歳次》春二月初六日、共三冊、源忠教写」とあることから、久光の筆写で異本、得能本を以て校正を加えていることもわかる。しかし、全体の内容からみて前記の県立図書館本とこの玉里本とは原本を一にするものではないかと思われ、既に久光の書写以前すなわち天保十三年（一八四二）より古く成立していたとみなくてはならない。

「略系図」の特色としては、島津家正統以外の分流・支流などについても記載があり、その末裔を一々挙示していることであろう。逆に「正統系図」の方は、正統の記事を形式面で整備した反面、分流・支流などの記載は省略されてしまっている。いわゆる現行の島津氏系図に、おおむねこの二通りのものがあるといえよう。そして、一門家をはじめとして近世島津家家臣団の上層部をしめる一族の家々には、自家の系図の他に本宗家系図もあわせて格護していたものと思われるのである。現在広く活用されている著名な『寛政重修諸家譜』は、文化九年（一八一二）の作であるが、内容は寛政十一年（一七九九）までの分を載せる。島津氏の項に「今の呈譜に、寛永にたてまつれる系譜は、古代のことにして、編集の校正も全からず、其後家蔵の文書旧記等に参考して改撰す」とあり、寛永期、幕府に提出したものをさらに修補したものであることがわかる。「寛永諸家系図伝」収載のものが当初のもので、はるかに簡潔な内容となっている。しかし、いずれも和文体の記述となっており、繁簡の相違はあるが、これらを漢文体に整えた形式のものが、内容は別として冒頭に掲げた「島津氏正統系図」におおむね相当するとみてよさそうである。

また、造士館教授山本正誼は主命によって『島津国史』を著したが、彼の史観にもとづきその一環として寛政十二年（一八〇〇）、忠久以来重豪に至る歴世を中心に支流も付加した簡明な系図「本支百世図」を作成しており、藩主島津斉興は文政五年（一八二二）、初代忠久以降二十八代斉彬に至る正統の略系譜「系譜略」を著している。前者では師久（定山公）・伊久（久哲公）を歴世に挙げている点、後者では六代師久のごとく正統の代数を付している点が注目されよう。『史籍集覧』所収の「島津家譜」は末尾に貞享元年（一六八四）甲子十一月十六日とあり、同年幕府に提出したものとみられるが、内容は元祖忠久から家久までで、六代に宗久、十九代に久保をいれ、家久は二十代としている。この代数のたて方は「新編島津氏世録正統系図」（東大史料編纂所々蔵『薩藩旧記雑録』の典拠本）と同じである。すなわち同系図は江戸時代初期に、忠久にはじまり家久の慶長七年（一六〇二）十二月までを編纂し、後期になってから家久の慶長八年以後を続編の形で編纂しているが、前編では家久を二十代と数え、続編では十八代と数えているのである。これにより少なくとも江戸時代前半まではこの取扱いで、後半に至って宗久・久保を歴代から除外し家久をもって十八代とする数え方がとられるようになったのであろう。一般に正式の系図には歴代の数は書き入れられなかったようであるが、便宜上それが書きこまれることも早くからないではなかった。島津家に伝えられる古系図にもその例はある。

東京大学史料編纂所所蔵の島津家文書の中に四番箱、古系図並輯八巻一巻があり、島津氏の古系図数点が収められている。その内容は、

①清和天皇―忠久―勝久《十四代》（新納・豊州・伊作家系図を含む）
②清和天皇―忠久―忠昌―勝久（薩州家・国久―忠興を含む）
③清和天皇―忠久―立久―武久（忠昌）
④（前欠）養家―忠久―武久（新納家系図を含む）
⑤為義―忠久―忠国―立久

などであり、このうち④の奥書には、文明九年（一四七七）潤正月吉日藤原忠政（花押）とあり、他のものも書体などからみてほぼ室町・戦国期作成の系図と思われる。⑤は山田聖栄の前書に「系図目安、為自見計是用、努々他見可秘〳〵」とあり、奥に「文明六年五月十九日、沙弥聖栄（花押）歳七十七」と朱書のある島津氏系図（島津家編輯所本、現東大史料編纂所蔵本）に内容が近似している。内容的には①が惣系図の形をとり、支流系図も含んで豊富であり、年代も天文十年（一五四一）の記述にまで及んでいる。十四代勝久に丸印を付し、ついで伊作家の貴久の上に丸印が付されているのは惣領職の移動を反映したものであろうか。②では勝久について「豊後御上」と記し筆をとめている。③は立久について文明六年四月一日死去と記したあと武久をあげているが、丸印を付さず、忠昌と改名する以前の略系図と考えられる。同系図は端書に「当代系図　将久」の記載がある。

系図は家督継承の証として古来尊ばれ、先祖伝来の宝物、古文書とともに家統をついだ者が格護していた。島津家にあっても五代貞久以後総州家と奥州家の両家に分かれ、互いに家統をめぐって争ったが、奥州家が勝利をおさめてからそれらは同家に伝えられ、十四代勝久代まで及んだ。しかし勝久は、三州の統治に失敗、天文四年（一五三五）鹿児島清水城を捨てて大隅・日向へと走った。その後、薩州家と伊作家との争いが続いたが、後者の征覇により名実ともに十五代貴久の誕生をみた。以後、貴久―義久―義弘―家久―光久と家統は継承されるが、その間勝久が国外に持出した系図・家宝・文書なども逐次勝久の子孫の手から回収され、新本宗家の手に格護され、歴代家督相続の折々に譲与伝世され近代にまで至ったのである。『旧記雑録追録』によれば、惣御系図を藤野家より近世はじめ入手していることがわかる。これが古系図であり、島津家の基礎系図となったのであろう。そして、代毎に相伝されていったことが挙示されている目録によっても明らかである。もちろん、古系図がそのままの形で島津家の本宗系図となったのではない。近世初期、藩の役職として設置された古文書方・記録所の制は次第に整備発展し、記録奉行以下歴史・文筆に通じた有能な多数の職員によって文書記録が収集書写整理され、あわせて島津家を中心とした系図・編年史料が集成されていくのである。上掲の各種系図もこの記録所の作業の成果をいずれもふまえたものであるといってよいであろう。幾多の考証や異本の校合などを長年積み重ねることによって、現存の「島津氏正統系図」もできあがったものといえよう。島津家・薩藩の長い歴史の過程で系図の相伝は家督争いの一因ともなり、その格護は重大な課題であった。また、より精緻でかつ説得力があり権威のある系図の集成を実現することはその任にあるものに課された至上命令でもあった。もとより系図の性格上、歴世及び登載人物の履歴などに関する内容がほとんどであり、社会的・政治的事項の記述には乏しい。また文書などの直接史料を採録することもしない。それらを含めた系譜は同時に別個に併行して作成されていったと思われる（前述「新編島津氏世録正統系図」は御譜とよばれた）。

ここに、現在島津本宗家がもっとも基本としている「島津氏正統系図」が公刊されるにあたり、いささか島津氏系図作成の由来の一端を記し、これを拠りどころにさらに系図形成の次第と、あわせて島津氏・薩摩藩の歴史の推移に思いをはせ、真実の把握に大方の関心の深まらんことを期待するものである。

# 第六章　「島津氏系図について」補考

昭和六十年（一九八五）十月、尚古集成館で編集した島津家資料、『島津氏正統系図』の解題「島津氏系図について」（前章）を執筆した際、その考察の未熟、考証の不足を痛感したものであった。それから五年、再び同じ題目で執筆する機会を得た。しかし、依然として不明な部分はきわめて多い。何度か躊躇断念しかけたが、その後知り得た史料も一、二にとどまらないのでその紹介と些少の所見を記すことによって責めをふさぎたいと思う。

## 一、「島津家古文書」中の「御談合可入条々」

早く竹内理三氏は昭和二十七年（一九五二）『日本歴史』四九号において「島津氏源頼朝落胤説の起り」を発表され、島津忠久が源頼朝の庶子とする島津氏系図は寛永二十年（一六四三）、林道春らの編修した寛永諸家系図伝の呈譜で強引につくり出されたものであろうと推測され、大方の賛同を得た。このときの論拠の一つが氏自身採訪された志布志町山下三郎氏文書であり、氏はこれについて「島津氏の系図の始まりについて、当時島津家での史料を提出したときの控で、一ッ書きにして三条あり、その最初の条に、義朝とその子を系図がきにして、そのあとへ、当家の古系図にはかうある。然しその古系図は破れて明瞭でない、と記してある。而してこの系図には、忠久は出てゐないのである。第二の条には、矢張り大体同じく義朝とその子を系図がきにして、つぎに、義弘公のとき調べたときの系図では、かうなっている、と記してある。これにも矢張り忠久はでていない。第三条には、古系図も破損が甚しくて明瞭でなく、証拠として指出せないので、結局、何も證拠文書を添えずに、ただ当家では専らかういふことになってゐますとばかり仰せ上げられた、とかいてある」と記している。しかし、同文書はその後県立図書館の購入するところとなり、現在、同図書館蔵「島津家古文書」十八巻中の一号文書「御談合可入条々」がこれにあたる。そしてそれによれば、第一条は義親、為義を親子でなく兄弟とする古系図写を掲げ、同系図が腐損本であることから呈上本とするのを躊躇している旨記しているのであり、第二条には義親、為義を親子とし、義朝の子義衡、朝長までを記す所謂義久再撰の系図を掲げ、前者とどちらを呈上本とすべきかをたずねているのである。したがって、ここでは系図の一部分を取りあげているのであり、何も忠久が出てこないということを論ずるにはあたらないのである。古系図にはたしかに記載があると述べているし、事実それらは現存している。ただ、頼朝の直子であるというはっきりした記録がなく、家伝にのみあるということで、系譜呈上にあたり、その取り扱いをいかがしたらよいかということについて意見を述べているのである。同史料はすでに旧稿において全文掲載紹介したが、論点を明らかにするためにあえて左に再掲しておこう(1)。

御談合可入条々

一御当家古之御継図ニハ対馬守義親公より六条之判官爲義御法名義法ニ被相譲、左馬頭義朝公、右大将征夷将軍頼朝ニ続候事、

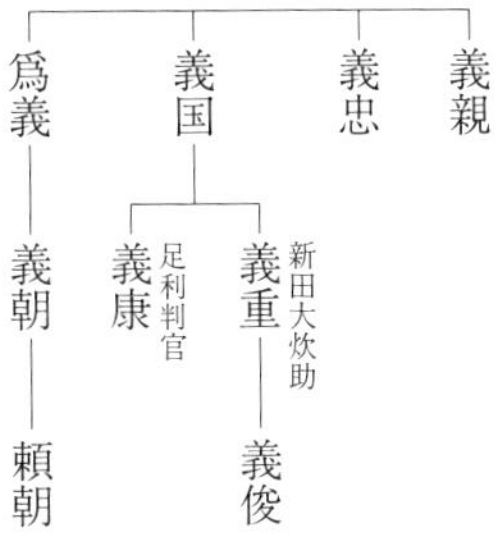


如右之続候へハ式部太輔義国爲新田之元祖

右ハ古御継図之写

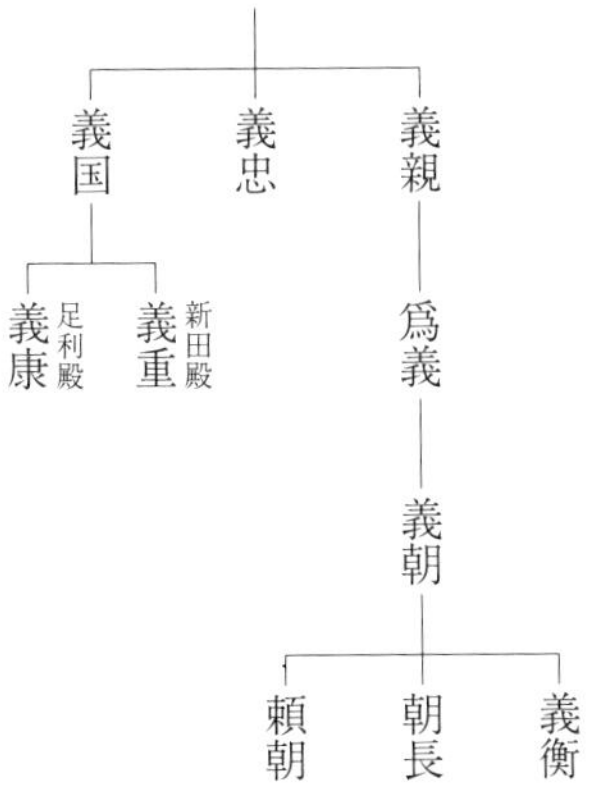


一右之御継図かみそこね候間苦間敷哉之事竜伯様御再治之御継図ニハ

如右之両様ニ見得申候、いつれを可被差出哉之事但竜伯様御再撰之御本ニハ大岳（忠国）より四代被遊加候故実有之事

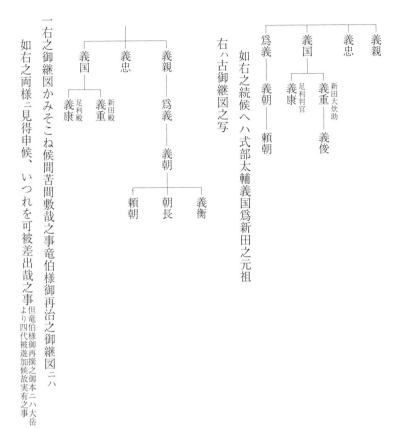

一日本之惣継図并平家之劍之巻は古之御継図ニ合申候、惣継図ニハ為義より義朝ニ続候、平家劍之巻ニハ四男六条判官為義ニ譲ト書ヶ候事、

一国分より御相続之御継図ニハ忠久公称親王云々、福宇征夷将軍或判官、或大政大臣と御座候證文見合申度候事、
付御綸旨可有之候哉之事

一古之御継図ニ忠久公分国七ヶ国、越前・若狭・伊勢・信濃・薩摩・大隅・日向三ヶ国下向、治承四年庚子御誕生と御座候文書見合之事、

右之儀ニ付而信濃国太田庄地頭職之由、承久三年五月日、陸奥守平朝臣在御判と書ヶ候間と見え候、又越前国守護人たる事、承久三年七月十二日、陸奥守在御判と書ヶたる写も御座候、島津三郎兵衛尉忠義為越前国生部庄并久安保、重富地頭職之事、承久三年八月廿五日、陸奥守平在御判とも御座候、本書見出申度候事、外ニ久時公へ伊賀国長田庄之事、鎌倉殿依仰下知如件、と書ヶ、文永八［此間虫喰不見得］月廿四日、相模守平朝臣書判、左京権大夫平朝臣、同文書有之事、

一前右大将家政所下左兵衛尉惟宗忠久と有之文書書判有之、大隅、薩摩両国家人奉行人致沙汰条なとゝ、書ヶ候、年号建久八年十二月三日之日付有、か様之文書も可被差出哉、又周防国揚井庄道鑑公御領所之事、正慶元年十二月日と書ヶたるも有之事、但文書数如何程可被召上哉、今分ハ虫喰万々之様体ニ候、如何様ニ申候をも御繕ハせ可被成哉、御談合之事、

一此節急度御使可被罷立候哉、御談合之事、付海上御念遣之事、

一忠久公頼朝公之御直子たる事、記録ニハ見え不申候へ共、古之御継図ニハ慥ニ御座候、古之御継図を被差出、む

かしより此分ニ家伝候と計も可被仰上哉之事、

一御氏之事

寛永十八年将軍家光之御代諸家之系図文書可有上覧と被仰出、光久公御在国之刻、同年九月申来リ候時御内談

之目録

島津弾正久慶書之

島津忠久を源頼朝の庶子とする系図はすでに文明六年（一四七四）五月十九日付山田聖栄の系図目安に明確に形を整えて現われており、惟宗広言の後とする惟宗系図よりも普及して島津氏系図の典型となっていたようである。(2) 義久再撰系図というのも忠久を頼朝の後とする点では同じであったと思う。ただ、幕府の命で寛永諸家系図が集成される際、島津家ではあらためて忠久を頼朝の子として記載し、源姓を名乗ることについて幕府の承認を求めていることは事実であり、その結果以後公然と源姓を称したのであった。

## 二、川上久良氏旧蔵文書の島津氏系図と「越前島津系図」

鹿児島県立図書館所蔵の川上久良氏旧蔵文書中に二巻の島津氏系図がある。ともに腐損本であるが、内容形式ともきわめて近似している。A本には端書に「此系図□」とあり、B本には「義久様御系図大龍寺被写置、夫ヲ久国写置者也、少違有之」とある。本文の筆跡は異なるが、この端裏書の筆跡は同一とみられるので、ほぼ時を同じくして同

一人がA・Bの各巻に系図の由緒を書き記したのであろう（本章末尾参照）。

B本の端裏書に「義久様御系図」の文言があるからといって、それがただちにいわゆる義久再撰の系図そのものではなく多少の後補はあったと思われ、A本と比較する時、系線のひき方、記事内容の誤りなどもみとめられる。しかし、基本的にはこれが「竜伯様御再治之御継図」と呼ばれるものとしてよいのではあるまいか。B本ではおそらく久国の加筆補正などもあって一層その感を深くする。いまB本を全文掲出しよう（本章末尾参照）。

紙数の関係上、A本の全文は掲載しなかったが、歴代数についてA本では立久を十代とし、貴久を十一代、義久を十二代、義弘を十三代、久保を十四代、家久を十五代と記している。B本では立久十代、貴久十二代とのみあり、以下他には代数の記載がない。ただし、B本で朱線は九代忠国より友久につなぎ、忠幸、忠良を経て貴久にかける。忠昌、忠治、忠隆、忠兼には朱丸をつけるが黒線でつなぎ歴代数の記載はない。そして、A本では立久の項に「義久主自立久下五代削除」と記されている。五代削除とはこのことで、「竜伯様御再撰之御本ニハ大岳（忠国）より四代被遊加候故実有之事」とは、友久—忠幸—忠良—貴久の系統を主とし、忠国のあと忠昌—忠治—忠隆—忠兼の四代を副として記載したことをいうのであろう。義久は従来の奥州家の系図（古御継図）に加えて、新に相州家の系図によって自己の位置付けを意図したものと思われる。同じく朱線によって義家—義親—為義—義朝—頼朝とつないでいることも、「竜伯様御再治之御継図」に義親—為義—義朝—頼朝とあることを示していると思われる[4]。

他にB本と比較する意味で、A本の記事の一部（初代忠久より五代貞久まで）を左に掲げよう。

一、忠久については、

嶋津判官又三郎先薩州山門御下候而□庄内居住仕給、今シマト云ヘル在郷也、

号修理大夫　陸奥守　薩摩守、治承三年己亥摂州住吉ニテノ事也、建久七年丙辰此三ヶ國下向御歳十八、又十五共申也、至文明十四年二百九十年、御法名得佛奉申也、建仁三年九月四日比企藤四郎能員爲北条時政被殺、忠久依爲能員之縁坐、薩、隅、日三州不知行、世間依危同十日三州御安堵云々、

とある。

二、忠義については「三郎兵衛尉　修理亮　大隅守　法名道佛　建仁二年壬戌誕生、初忠時、母儀畠山重忠息女」とある。

三、久經については「下野守　豊後守　修理亮　法名道忍」とある。

四、忠宗については「歌道文者也、集入歌、カセワタルナツミノ川ノ夕暮ニ、山カケ涼シ日クラシノ声、法名道義、正中二年十一月十二日五十七歳ニテ薨」とある。

五、貞久については「上総介　文永六年己巳正月十一日誕生、法名道鑒　観応三年七月三日薨」とある。

A・B本ともに共通して頼朝及び一の忠久の項で「至文明十四年壬寅二百八十四年也」、「至文明十四年壬寅二百九十年」の記載があり、それらは同系図の祖型が先述の山田聖栄の文明六年の系図目安と同種のものを骨格としてそのころ形成されたものであることを示しているとみてよいであろう。

いわゆる島津古系図として知られているものについて旧稿においても関説したが、そのうち島津忠久についての記事を①—④の順に掲げれば左のごとくである。[5]

①文治二年六月一日関東立上洛アリ、内裏ニ参籠申西國下向之由ヲ奏聞ス、然ハ不空征夷将軍ト示給フ、騎馬三十騎打せ下着、御年十八、以母丹後御局、承久三年六月改姓(ママ)宗氏号藤原、嶋津判官、豊後守、衛門兵衛佐、分國七ヶ

國、信濃・若狭・越前・伊勢・日向・大隅・薩摩

②建久七年六月日下向九州、判官兵衛助、豊后守、御分國七ヶ國、若狭、越前、伊勢、伊賀、信濃、薩摩、日向、大隅

③号嶋津判官、左兵衛尉、右衛門兵衛、豊後守御母者丹後御局、分國者越前、若狭、信乃、伊与、伊勢、大隅、薩摩、日向已上七ヶ国也

④法名得佛、豊後守、分國七ヶ國、越前、若狭、伊勢、信濃、薩摩、大隅、日向、嶋津判官、左衛門尉、右衛門兵衛佐

すなわち、そのいずれも分国七ヶ国の記載は共通しているが、①が不空征夷将軍（福宇＝副か）とある以外は官名を記すのみで生没年などの記載はない。前掲「御談合可入条々」で国分より相続の系図に福宇征夷将軍とあるのがこれに合致し、また古之御継図に忠久公分国七ヶ国、越前・若狭・伊勢・信濃・薩摩・大隅・日向三ヶ国下向とあるのに該当する。『備忘抄』（鹿児島県史料集XV）中に各種系図を掲げている中で、持明夫人（国分様）所宝襲系図として「公則書福宇征夷将軍、薨于弘安九年三月廿一日、実丁亥年也」とあり、また其他古系図として「公諱日同之者有二本、且寛永諸家図亦書公卒于嘉禄二年三月二十一日享年四十八」とある。さらに、伊集院善太夫所蔵系図には「弘安九年丁亥三月二十一日薨」とあり、一本には「弘安九（年二脱カ）月廿一日薨、実丁亥年也」とあるという。ここに、忠久の没年月日について弘安九年（一二八六）三月二十一日、嘉禄二年（一二二六）三月二十一日の両説のあることがわかる。しかし、忠久の没年月日は『吾妻鏡』によれば嘉禄三年六月十八日であることが明らかであり、同年はまさに丁亥年である。後半の「寛政重修諸家譜」もこれによって「寛永諸家系図」の記載を訂正したのであろう。

これとは別に越前島津家文書には古系図写三巻が伝存するが、そのうちの一巻「越前島津系図」には本宗島津家について忠久から貞久まで次のごとく記されている。

「使五品　豊後守　忠久　左兵衛尉　左衛門尉　島津判官　右大将家御代関東参候、母丹後局、比企判官婦、嘉禄三年死去、八十二、島津庄三ヶ国守護兼地頭職并国々大庄四ヶ所拝領之」

「従五位上　大隅守　法名道佛　忠義　改忠時　三郎兵衛尉　左衛門尉修理亮　最明寺御代出家、文永九年九月廿二日死去、八十四、文暦年中改姓藤原」

「従五位下　下野守　法名道意　久時　修理亮　法光寺御他界時出家、母畠山重忠女　弘安七年後四月十二日死去、五十四」

「五位　下野守　法名道義　忠宗　三郎左衛門尉　豊後守　最勝薗寺御出家時出家、母相馬小次郎左衛門尉胤綱女」

「三郎左衛門尉　貞久」

この系図の冒頭は「五品孝親」とあり、以下「四品掃部頭　孝言　詩作」・「基言」とあり、その跡が消えている。おそらく「広言」とあり、忠久とつなぐのであろう。惟宗姓系図であり、藩記録所でも同系図の取扱いについては苦慮したようである。(6)

以上、縷説を重ねてきたが、島津氏系図の古系図には一人一人についての生没年などの記載はなく、官職及び特殊な事歴が付載される程度の簡単なもので、むしろ継続関係を示す方に重点がおかれていたと考えられる。そして、文明年間に山田聖栄らが要約集成したものが基本となり、その後の知見が加わり、さらに寛永年間の幕府や藩の本格的な系譜作成事業において多くの知識が集められ淘汰され、政治的配慮も加味されて一層外見的には精緻な本系図や略系図ができあがっていったものと思われる。本節で紹介した川上氏旧蔵の義久再撰系図と思われるものも、その過程での一所産であったと考えられる。寛永以後はさらに藩記録所職員らの努力が積み重ねられ、より重厚な「新編島津氏世録正統系図」や「新編島津氏世録支流系図」なども作成され、寛政重修諸家譜の島津氏分もさらに改訂が加えられ、修成をみたものであろう(7)。

## 三、島津氏本系図・略系図と『島津氏正統系図』

東京大学史料編纂所蔵の島津家文書中の「伊地知氏雑録」は「旧記雑録」の編纂など数々の史料の集成に尽力、多くの業績を世に残した薩藩の碩学、史家伊地知季安の書写した関係史料や調査覚の集録であるが、その中に、正徳三年（一七一三）、記録奉行田中国明ら調進の島津氏本系図・略系図の相違箇所の書上がある。季安はこれを明和年間に書写した記録奉行吉田清純の写本からさらに書写したものと思われ、その時期はおそらく自身が記録奉行に就任した嘉永五年（一八五二）以降のことであったろう。左にその全文を掲げる(8)。

覚

御前江被召置候略御系図、本御系図ニ引合可申上旨被仰渡、左之通ニ御座候、

①一本御系図貞純親王之御兄弟十四人相見得申名之伝記等御座候、略御系図ニ者末弟四人相見得不申候間、此節本御系図之通書載可申候事、

②一新羅三郎義光之伝、略御系図ニハ甲斐源氏祖与有之候、本御系図ニ者逸見武田祖与書記有之、相違ニ而御座候得共、右両氏則甲斐源氏ニ而御座候へハ本意ハ違不申候へとも本御系図之通書改可申候事、

③一中宮大夫進朝長後者左兵衛尉与本御系図ニ相見得候得共、畧御系図ニ者左兵衛尉無之候、此節書載可申候事、

④一畧御系図ニ者頼家公之御子一幡、公暁与相見得候へとも本御系図ニ者一幡、公暁之分書載無之候得共、其通ニ而被召置候而も可然哉与奉存候、

⑤一本御系図ニハ実朝公之幼名千幡君与有之候、畧御系図ニハ君之字不相見得候而君之字書載可申候事、

⑥一本御系図ニ忠久公、頼家公、貞暁法印、女子、実朝公与次第有之候、畧御系図ニハ頼家、実朝、忠久、貞暁法印、女子与御座候、此次第相違ハ、忠久公他腹ニ而将軍家之統を御継不被遊ニ付、実朝之次ニ為奉載次第与相見得申候、実之次第者、本御系図之通ニ而御座候得共、畧御系図之通ニ而ハ召置候而も不苦儀と奉存候、

⑦一畧御系図ニ忠久公御母比企判官能員妹与計有之候、本御系図ニ者丹後局与御名相見得候間書載可申候事、

⑧一本御系図ニ若狭島津忠季父子書載有之候得とも畧御系図ニハ不相見得候、是ハ異父御同腹之儀御座候へハ朱線を掛可申様無御座候故、略仕候与相見得候得とも此節本御系図之通書載可申哉与奉存候、

⑨一掃部介忠直之子三人、本御系図ニ相見得候へとも畧御系図ニ畧仕候、其通ニ而可然奉存候、

⑩一本御系図ニ越前嶋津忠綱之子孫書載有之候得共、畧御系図ニハ忠綱之子之代迄書載候而孫之代より略仕候、畧御系図之儀ニ御座候得ハ其通ニ而可然奉存候、

⑪一本御系図ニ伊作家之元祖久長之妹壱人有之候へ共、畧御系図ニ不相見得候間、此節書載可申候事、

⑫一本御系図ニ伊作家宗久入道名道恵与有之候、略御系図ニハ法名道恵与有之候得共、法名者別ニ御座候間入道与

書載可申候事、

⑬一本御系図ニ伊作家宗久之弟主殿助久俊之次ニほうしゅと有之候、畧御系図ニ不相見得候間、此節書載可申候事、

⑭一本御系図ニ伊作家親忠之弟若狭守忠武之弟ニ神代家、其次ニ女子与有之候、略御系図ニハ不相見得候間書載可申候事、

⑮一畧御系図ニ総州家伊久之名之伝ニ九花斎与有之候得とも、本御系図ニ不相見得候ニ付吟味仕候へとも出所相知不申候間相除可申哉之事、

⑯一伊久之弟碇山三郎左ェ門久安ニ始良祖也与本御系図ニ有之候へとも、畧御系図ニハ不相見得候間書載可申候事、

⑰一総州家守久入道名得佛与本御系図ニ有之候得共、畧御系図ニ者法名得佛与有之候、然共法名者別ニ御座候間、入道与書記可申候事、

⑱一守邦之次ニ女子七人共ニ爲比丘尼与本御系図ニ者有之候得共、畧御系図ニ者不相見得候間書載可申候事、

⑲一伊作久義之弟久親之次ニ□《そうゆう》の房与本御系図ニ有之候得共、略御系図ニハ不相見得候間書載可申候事、

⑳一右同弟石見守久周之次ニ男子ぞう与本御系図ニ有之候得共、略御系図ニ無之候間書載可申候事、

㉑一総州家久世誕生之年、本御系図ニ無之候へ共、畧御系図ニハ相見得、別条無御座候間其通ニ被召置可然与奉存候、

㉒一義岡家之元祖豊久之弟僧壱人、女子四人与本御系図ニ有之候得共、畧御系図ニハ不相見得候間書載可申候事、

㉓一伊作家教久之伝ニ四郎左衛門尉与畧御系図ニ有之候得共、本御系図ニ不相見得候間相除可申候事、

㉔一立久公之御幼名安房丸与畧御系図ニ有之候得とも、本御系図ニ不相見得候ニ付、吟味候得共、御記録其外古御系図ニも相見得不申候間相除可申候事、

㉕一忠国公御娘之内嶋津出羽守忠徳室之妹ニ女子早世与本御系図ニ有之候得共、畧御系図ニ無之候間書載可申候事、
㉖一伊作家久逸之法号徳瑶輝公与本御系図ニ有之候得共、略御系図ニ者徳瑤道輝与有之候間、本御系図之通相直可申候事、
㉗一右馬頭忠興之妹女子早世与本御系図ニ有之候得共、畧御系図ニ不相見候間書載可申候事、
㉘一左兵衛尉尚久之幼名鎌安丸与本御系図ニ有之候得共、畧御系図ニ者曇秀丸与有之候ニ付吟味仕候処ニ曇秀丸別条其通書記可申候事、
㉙一久保公御兄鶴寿丸与本御系図ニ有之候得共略御系図ニ者無之候間書載可申候事、
㉚一久保公御母廣瀬氏之女、実者園田清左ェ門女与本御系図ニ有之候得共、畧御系図ニ者廣瀬大炊助宗安与有之候、本御系図之通書載可申哉之事、
㉛一家久公御名之伝ニ中将宰相与本御系図ニ有之候得共、畧御系図ニ者中将書落有之候間、本御系図之通書載可申候事、
㉜一光久様以来之儀、御兄弟之分いまた不書載も有之、其外段々本御系図ニ相違仕候間、相糺書載可申候事、
右之通本御系図与相違仕候間、此節右ヶ條之分者本御系図之通書改可被仰付候哉、御差図次第ニ奉存候、以上、

御記録奉行

川上平右衛門

「正徳三年」巳九月十五日

田中五右衛門

右壱冊明和三年丙戌三月上旬書写之

清純

以上の内容を整理して表記すれば次頁のごとくになる。項目番号、本系図、略系図の記事の相違点、記録所の取扱い案、『島津氏正統系図』の記載事項との関連（合致は○、相違の場合は字句説明）などに分けて記載した。

旧稿でも指摘したが(9)、現存流布本の島津氏系図には島津氏略系図と称するものがあり、主たるものは鹿児島県立図書館所蔵の「島津正統系図」、その内題は「島津家略系図」とある。また、鹿児島大学附属図書館所蔵の玉里文庫本に「略御系図」があり、その原本は一つであったと考えられる。基本的にその内容は共通しており、島津家正統以外の分流、支流などについても記載し、その末裔をも一々挙示している。これらの略系図が表記の本系図、略系図とある略系図の祖型と思われる。すなわち、正徳三年（一七一三）の段階で島津家には本系図と略系図とがあり、本系図を基本として略系図の記載を補正し、本系図の記載に近づける試みが記録所においてなされたごとくである。

しかし、その成果については現存のものからみて部分的な補正に止まったのであろう。前章で紹介した尚古集成館所蔵の『島津氏正統系図』はその相伝事情と内容からみて正徳三年時点での本系図を継承しているものと考えられるが、略系図との内容、形式両面の懸隔はなお相当程度ありといわざるをえない。

いずれにしても『島津氏正統系図』は中世以来の古系図を基に、中でも文明年間、山田聖栄自記とあわせて作成された古系図を基にその後の島津氏本宗家の政治的変動と関連しながら識者の知見を加えて次第に記事の数量を増していった。さらに、近世に入って寛永年間の幕府の系図提出令が引金となり、藩自体でも記録所を中心に精力的に系図の集成がはかられ、何度か考証補正削除を繰り返しながら島津氏の本系図として現在の形に仕上げられたものといっ

| | 本系図 | 略系図 | 取扱案 | 正統系図 |
|---|---|---|---|---|
| ① | 貞純親王ノ兄弟十四人 | 末弟四人見エズ | 本系図ノ通リ | ○ |
| ② | 新羅三郎義光ノ伝逸見武田祖 | 甲斐源氏祖 | 〃 | ○ |
| ③ | 中宮大夫進朝長ノ後ハ左兵衛尉 | ナシ | 〃 | ○ |
| ④ | 一幡、公暁ノ分ナシ | 頼家ノ子一幡・公暁ト見ユ | ソノ通リニ召置ク | ○ |
| ⑤ | 実朝ノ幼名千萬君 | 君ノ字ナシ | 君ノ字書ノスベシ | ○ |
| ⑥ | 忠久・頼家・貞暁法印・女子・実朝ノ順 | 頼家・実朝・忠久・貞暁法印・女子ノ順 | 実ハ本系図ノ通リ略系図ノママデ苦シカラズ | ○ |
| ⑦ | 丹後局 | 忠久母比企判官能員妹 | 本系図ノ如ク書ノス | ○ |
| ⑧ | 若狭島津忠季父子 | ナシ | 本系図ノ通リ | ○ |
| ⑨ | 掃部介忠直ノ子三人 | 略 | ソノ通リニテシカルベシ | ○ |
| ⑩ | 越前島津忠綱子孫書載アリ | 忠綱ノ子ノ代マデ孫ノ代ヨリ略 | 略系図ナレバソノママニテヨシ | ○ |
| ⑪ | 伊作家ノ元祖久長妹一人アリ | ナシ | 本系図ニヨリ書載ス | ○ |
| ⑫ | 伊作家宗久入道名道恵 | 法名道忍 | 法名ハ別<br>入道ト書載スベシ | ○ |
| ⑬ | 伊作宗久弟主殿助久俊ノ次ニほうしゅ | ナシ | 書載スベシ | ○ |
| ⑭ | 伊作家親忠弟若狭守忠武弟ニ神代家其次ニ女子トアリ | ナシ | 〃 | ○ |
| ⑮ | ナシ | 総州家伊久ノ名ノ伝ニ九花斎トアリ | 出所知レズ、除クベシ | 九花斎 |
| ⑯ | 伊久弟碇山三郎左ェ門久安ニ始良祖也トアリ | ナシ | 書載スベシ | ○ |
| ⑰ | 総州家守久入道名得仏トアリ | 法名得仏トアリ | 法名ハ別 | ○ |

| | | | |
|---|---|---|---|
| | | 入道ト記スベシ | |
| ⑱守邦ノ次ニ女子七人共ニ比丘尼トアリ | ナシ | 書載スベシ | ○ |
| ⑲伊作久義ノ弟久親ノ次ニそうゆうの房トアリ | ナシ | 〃 | ○ |
| ⑳同弟石見守久周ノ次ニ男子ぞうトアリ | ナシ | 書載スベシ | ○ |
| ㉑総州家久世誕生ノ年ナシ | 相見得 | ソノ通ニ召置然ルベシ | 嘉慶元年丁卯誕生 |
| ㉒義岡家ノ元祖豊久ノ弟僧一人、女子四人トアリ | ナシ | 書載スベシ | ○ |
| ㉓ナシ | 伊作家教久伝四郎左ェ門尉トアリ | 相除クベシ | 四郎左ェ門尉 |
| ㉔ナシ | 立久、初名安房丸トアリ | 御記録其外古系図ニモナシ、除クベシ | 安房丸 |
| ㉕忠国ノ女島津出羽守忠徳室妹ニ女子早世トアリ | ナシ | 書載スベシ | ○ |
| ㉖伊作家久逸ノ法号徳瑤公トアリ | 徳瑤道輝トアリ | 本系図ノ通リニスベシ | ○ |
| ㉗右馬頭忠興妹女子早世トアリ | ナシ | 書載スベシ | ○ |
| ㉘左兵衛尉尚久ノ幼名鎌安丸トアリ | 曇秀丸トアリ | 曇秀丸別条其通リ書記スベシ | 曇秀丸 |
| ㉙久保兄鶴寿丸トアリ | ナシ | 書載スベシ | ○ |
| ㉚久保母広瀬氏女実ハ園田清左ェ門女トアリ | 広瀬大炊助宗安トアリ | 本系図ノ如ク記スベシ | ○ |
| ㉛家久公御名之伝ニ中将宰相トアリ | 中将書落シアリ | 本系図ノ通リ書載スベシ | ○ |
| ㉜光久様以来ノ儀 | 光久様以来ノ儀不載モアリ相違ノ儀モアリ | 相糺シ書載スペシ | ○ |

てよいのであろう[10]。
　したがって、我々は各種の系図を歴史研究の資料として取り扱う場合、軽々にその記載内容を鵜呑みにすべきでなく、慎重にかつ深く広く考察して史実の把握につとめなければなるまい。言うはやすく行うは難しの自戒と嘆息の感慨をこめて擱筆する。
　終わりに、鹿児島県立図書館・東京大学史料編纂所など史料の調査閲覧利用の便宜を与えられた所蔵者各位に謝意を表する。

【補記】

　成稿後、左の系図などの所在を知ったので、補っておく。磯尚古集成館所蔵の「町田氏正統古系図」には題僉に「文之和尚筆」とあり、その筆跡からみてほぼ誤りはないと思われる。全巻天部が焼損しているため、その系續・記事内容に不明の部分も少なくないが、島津氏本宗系図に支流町田氏系図を加えて記述したものとみられる。その中で忠久についての記事を掲出すれば次のごとくである。

「抑忠久為後白川院之猶子、一節備高倉宮蒙親王之宣旨事、先年於宇治平等院被討給、似先高倉宮故也、頼朝三男母儀祇園御門三代末惟宗卿比幾判官藤四郎義数娘也、忠久十四歳趣奥州征伐之大将、功畢自鎌倉為西国下向上洛、参内之時也、忠久御下向時、白川院九州ノ諸侍士可用忠久被成宣旨、三宝祇殿為勅使先下向、九州ノ諸侍士戴宣旨、中国安藝国迄ヲ打迎ニ参リ黒木ノ御所ヲ造リテ雑賞シ、御目ニ懸ル故ニ敏参上ト云也、於若宮拝殿、畠山重忠ヲ為烏帽子親ト、元服之故ニ為忠久」

「称親王ト云々」

「福宇征夷将軍、或判官、或大政大臣、始者念佛宗而道阿弥陀佛、後作禅宗、法名得佛ト弘安九年三月廿一日逝去」

右によれば一本本宗系図に親王と称したり、副宇征夷将軍とあったり、没年月日を弘安九年三月廿一日としたりするのと一致し、文之はおそらく同系図をよりどころにして系図を作成したものと考えられる。

なお、義久の系図再撰の経緯・時期については加治木新納家文書中に寛文八年（一六六八）正月二十五日付「垂水御家ニ付図書様御申分一巻写」があり、その一節に「先年於国分御景図御再撰之刻、義久様上意候者、上統之御筋、勝久より貴久様へ御相続ニ御景図者御座候へとも、一遍御違変之御事ニ候間、友久より忠幸・忠良と続候て貴久様を上統ニ被遊候へハ能候、殊ニ友久者十一代之太守立久御舎兄之御事ニ候間、是以可然との御僉議ニて其分ニ被相直候」とあり、「其節右馬頭以久御申候者」とあって忠将（垂水島津家の祖）の子以久が意見を述べたとあれば、おそらく慶長十年（一六〇五）頃のことと思われ、義久の系図再撰そのものに文之らも関与していたのではないかと考えられる。

## 註

（１）「日置島津家文書と島津久慶（一）―鹿児島県立図書館本『島津家古文書』の紹介を中心に―」（『鹿児島大学法文学部紀要　文学科論集』一一、一九七六年）に収載。

（２）東京大学史料編纂所蔵、島津家編輯所旧蔵文書「系図目安」。源姓系図に先立って惟宗系図が存在したことは市来氏、執印氏系図や東京大学史料編纂所蔵『旧典類聚』所収「酒匂安国寺申状」などによって明らかである。「南北朝、室町期における島津家被官酒匂氏について―酒匂安国寺申状を中心に―」（『鹿児島大学法文学部紀要　人文学科論集』一九、一九八三年、後に『シリーズ中世西国武士の研究１　薩摩島津氏』戎光祥出版、二〇一四年に再録）参照。

（3）本稿で掲出した川上久良氏旧蔵文書については、「御厚恩記をめぐって」の中で紹介した（『鹿児島大学法文学部紀要　人文学科論集』三一、六〇ページ）。系図はいずれも近世初期の国老川上久国関与のもので、大龍寺とあるのは南浦文之であろう。

（4）概して、A本はB本に比し簡略で、系図登載の人名、記事ともB本の方が多く、後に追加されたものであることがわかる。記事については「　」でその部分を示した。そして久経の項の追加記事は明らかに後代の事を誤って記したものであることがわかる。なお系図掲載にあたり朱線は太線で示し、朱大丸は○●、朱小丸は●などのごとく記した。

（5）『島津氏正統系図』解題「島津氏系図について」（前章）東京大学史料編纂所々蔵島津家文書四番箱。①は清和天皇―忠久―十四代勝久、（新納、豊州、伊作家系図を含む）、②は清和天皇―忠久―忠昌―勝久（薩州家、国久―忠興を含む）、③は清和天皇―忠久―立久―武久（忠昌）、④は（前欠）義家―忠久―武久（新納家系図を含む）の系図である。古系図が他にも存在したことは『備忘抄』所収の文書目録中に右系図を含む十巻の古系図をあげ、末尾に「持明様常々御襟ニ被為掛候御系図之由」とあることからもしられる。

（6）越前島津家文書は国立歴史民俗博物館にあり、同館発行の館蔵資料展示目録『中世の武家文書』中に水藤重氏「越前島津氏の系図と文書」に同系図の重要性についての関説あり。なお、同系図は『備忘抄』にも採録されており、元禄年間記録所において、本宗系図と異なる同系図をいかに取扱うか協議している史料も付載されている。

（7）前出「御厚恩記をめぐって」（本書第1部第四章）の中で系譜編集の推移についても言及している。なお、『寛政重修諸家譜』所収のものよりさらに後になって編集されたものとして「島津氏系譜」十巻（東京大学史料編纂所蔵島津家文書中）がある。その奥書に文化十年（一八一三）七月松平豊後守（斉興）として左のごとく記されている。

私家之系図御用ニ付寛永十九午年編集差上置候処、誠古代之儀故編選議論疎漏ニ而国統連続之朱線傳記等書損之儀共有之候、依之先祖代家蔵之文書舊記類精緻ニ相糺実跡正統を以系譜改選仕置候付、今般右ニ基キ元祖忠久より私迄代々之家譜一連ニ編集進呈仕候、仍而如斯御座候、以上

系譜の内容は巻一の忠久代より巻十の吉貴・重年代に至る。これには文書も挿入されていて「島津氏世録正統系図」の形式にも似る。

(8) 説明の便宜上、各項の頭の一とある上に整理番号を付した。

(9) 『島津氏正統系図』解題「島津氏系図について」(前章)。

(10) 島津氏系図の形式過程について言及した注目すべき論稿としては、早く朝河貫一氏の「島津忠久の生ひ立ち」(『史苑』一二ノ四、一九三九年)がある。その中でもふれられている「惟宗系図」についての考証は、利光三津夫・松田和晃両氏の「古代における中級官人層の一系図について—東京大学史料編纂所蔵〝惟宗系図〟の研究—」上・下(『法学研究』五六—一・二号、一九八三年)があり、さらに島津忠久の系譜について具体的に要約記述した論考として、同氏の「島津家始祖説話の真偽—〝惟宗系図〟補遺—」(『同』五八—二号、一九八五年)がある。ただし、本稿では『島津氏正統系図』形成の過程を中心に論じたので、「惟宗系図」などとの対比や忠久始祖説話についてはとくに関説しなかった。

(附録) 川上久良氏旧蔵文書「義久様御系図」

「(端裏書)義久様御系圖大龍寺被写置
夫ヲ久国写置者也、少違有之、」

自神武天王五十三代　　桓武大王

○淳和天王(天長元)——○仁明天王(承和元　嵯峨太子　深草御門)——○文徳天王(仁寿丸　仁明太子)——

人皇五十六代
○清和天皇

号水尾帝、嘉祥三年三月廿五日降誕、諱惟仁、同四年十一月廿五日立太子、文徳天王崩後之後、惟高惟仁御兄弟世、ヲ争給、十万之競馬□之祈念アリ、惟高之祈師ハ高雄真齋、惟仁之祈師ハ北嶺之恵凉也、委細不言可知、文徳第四之皇子、在位十八年、天安二年八月廿七日受禅、同三年十一月七日即位、貞観元年十一月十七日大嘗会、同六年正月元服、十五歳、同十八年十一月廿九日禅位、廿七歳、同十二年尊号、元慶三年五月八日入道、卅歳、同四年十二月四日崩御、卅一歳、法玄真、御母大皇太后藤明子、忠仁公女染殿后也、

恵亮和尚者清和天王御僧御舎兄惟高御子卜位争之時相撲投人良雄少将紀名虎右衛門督七百人力
○陽成天皇

諱貞時、貞観十年十二月十六日降誕、同十一年二月一日立太子ニ、同十八年十一月廿九日受禅、九歳、元慶九年正月三日即位、同十一月十八日大嘗会、同六年正月二日元服、十五歳、同八年二月四日遜位、十七歳、同日尊号、天暦三年九月廿一日出家、廿九歳、崩八十三歳也、御母皇太后高子、長良卿女也、

三品
貞固親王

四品
貞元親王

三品
貞平親王

三品
貞保親王

四品
貞純親王

兵部卿、号中務卿桃園親王、延喜十六年五月七日薨、六十四歳、此王於一条大宮桃園之池為龍之由詩人得夢之告云々、又号陸奥太守也

号六孫王
○經基王

鎮守府将軍、大貳、正四位上、式部丞、左衛門佐、兵部少輔、内蔵頭、上総介、天徳五年庚申六月十五日始賜源姓、相馬将門為追罸也、武蔵・信濃・伊豫等守護也、天徳十一年四月四十五歳ニテ卒、此所令為律院此王成八尺龍住西八条池云々、

四品
貞辰親王

四品
貞数親王

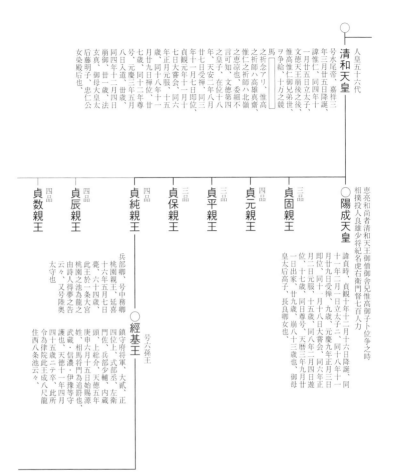

貞真親王　三品

貞頼親王　四品

長猷　従二位

長渕　従四位

長鑒　従三位

長頼　正四下

孟子内親王　母中納言諸行女

包子内親王

満仲　鎮守府将軍

村上・円融・花山等奉仕昇殿、武蔵・摂津・越前・美濃・信乃・陸奥守、此時代九州より鍛治ヲ召登セ、鬚切・膝丸ト云二ノ剣ヲ打セ玉、源氏代々ノ重宝也、此満仲始テ天下将軍トシテ国土ヲ治玉フ、去ハ以正直息訴訟、以愁歎静四海、吹風草木靡セ、降雨如潤国土也、然者天下静謐也

満正

満輔

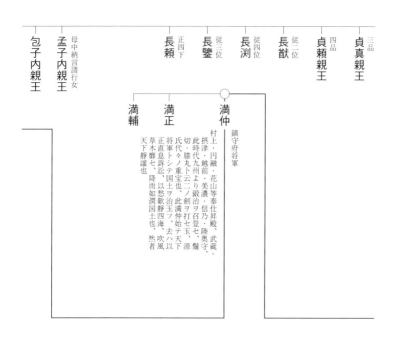

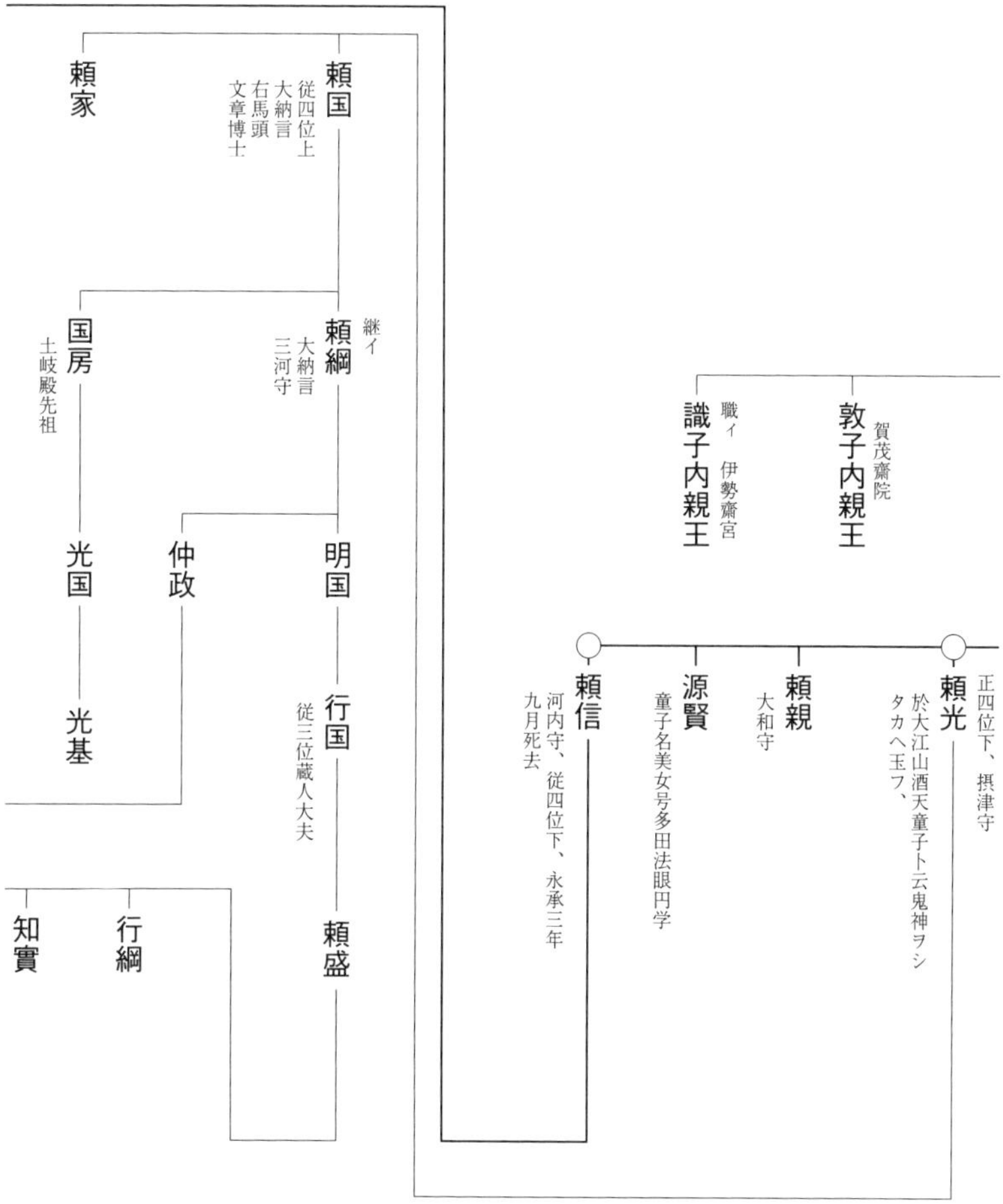
敦子内親王
賀茂斎院
識子内親王
職ィ 伊勢斎宮
頼光
正四位下、摂津守
於大江山酒天童子ト云鬼神ヲシタカヘ玉フ、
頼親
大和守
源賢
童子名美女号多田法眼円学
頼信
河内守、従四位下、永承三年九月死去
頼国
従四位上
大納言
右馬頭
文章博士
頼家
頼綱
継イ
大納言
三河守
国房
土岐殿先祖
明国
仲政
光国
行国
従三位蔵人大夫
光基
頼盛
行綱
知實

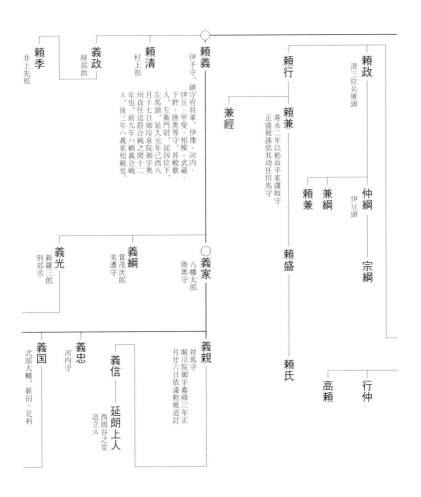

頼政　源三位兵庫頭

頼行

頼兼　寿永二年以勅命平家讃岐守正盛被誅依其功任但馬守

兼經

仲綱　伊豆頭

兼綱

頼兼

宗綱

頼盛

頼氏

行仲

高頼

頼義　伊予守、鎮守府将軍、伊豫・河内・伊豆・甲斐・相模・武蔵・下野・陸奥等守、昇殿歌人、左衛門尉、従四位下、左馬頭、延久元年己酉八月十七日御冷泉院御宇奥州貞任追罰合戦之間十二年也、前九年ハ頼義合戦ス、後三年ハ義家相戦也、

頼清　村上祖

義政　掃部助

頼季　井上先祖

義家　八幡太郎　陸奥守

義綱　賀茂次郎　美濃守

義光　新羅三郎　刑部丞

義親　対馬守　堀川院御宇嘉祿三年正月廿六日依違勅被追討

義信

延朗上人　西岡谷之堂造立ス

義忠　河内守

義国　式部大輔、新田・足利

佐渡式部大輔重成
- 義業
  - 昌義　佐武
  - 盛義　平賀冠者
    - 義信
- 義定　逸見
- 義清　武田

為義　先祖
六条判官法名義法
保元元年七月十九日
依違勅於七条朱雀
被切玉フ
- 義時　五郎左衛門尉
  - 義基　武蔵守
    - 義兼　石河判官代
- 義隆　平治元年竜下ニテ横川法師被討玉フ　陸奥六郎
- ○
  - 義朝　下野守、左馬頭、依宣旨誅父為義、平治二年正月三日尾州内海浦ニテ為長田被討給也、
    - 義平　悪源太　平治二年六条川原ニテ被誅、二十歳也、

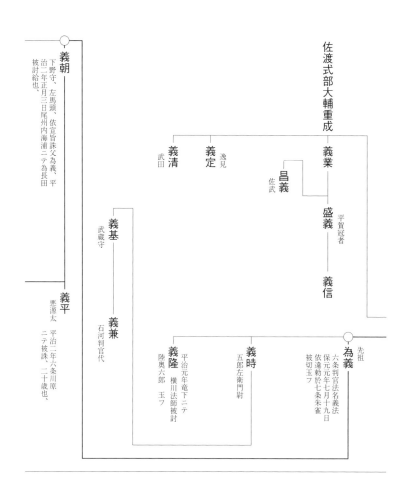

**義賢** 太刀帯先生迯 久寿二年八月於武蔵国為悪源太義平被討

**仲家** 六条蔵人

**仲頼**

**義仲** 木曾左馬頭

**義憲** 廣 志田 三郎先生迯 「治承五年閏二月廿日誘足利又太郎忠綱於常陸国対頼朝起謀反、被攻小山党終逃亡、寿永三年正月十五日於伊勢国被討畢、」

**義高** 清水冠者

**義隆** 「御台所頼朝娘也、夫ヲウタルヽカ故仍崇ノ神ト也給、七代マテ可崇トノ誓願也、故ニ仍忠久ヲ西国ヘヲトサレ給、是ハ重忠カ計也、」

**朝長** 中宮太夫進　平治元年十二月廿九日奥波賀延寿カ宿ニテ自害、十六歳也、幕之文蓬莱之亀也

**頼朝** 右大将　正二位　大納言 征夷大将軍 久安三年丁卯誕生、寿永二年癸卯十月九日復本位、三十六、治世十七年、五十三歳、建久十年改正治同元年己未正月十三日薨、至文明十四年壬寅二百八十四年也、灯台切トハ合基長者ヨリ頼朝傳之、

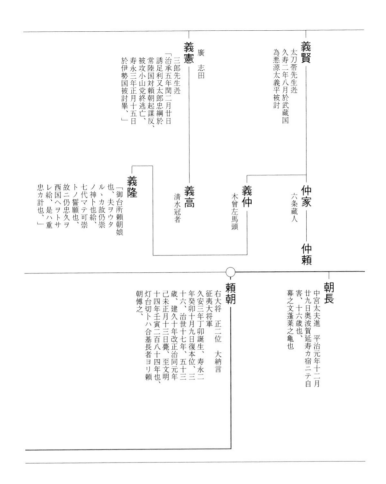

（○）

- 頼賢　四郎左衛門尉被切
- 頼仲　掃部助被切
  - 為重
- 為宗　六郎被切
- 為成　七郎被切
- 為朝　八郎迯日域無双之勢兵也、
- 為仲　九郎被切
- 行家　始義盛、高倉宮帯令旨、催東国源氏　新宮十郎蔵人被迯　時、補八條院蔵人　名字改行家、
- 乙若　舟岡ニテ被切、十三歳
- 亀若　舟岡ニテ被切、十一歳

- 範頼　三河守　蒲冠者　依義經同意於　伊豆修善寺　被　誅罸畢、依影時讒言也、
  - 貞朝
- 義門
- 希義
- 全成
- 圓成
- （●）義經　太夫判官　追討平家、雖為源氏之中興、　位影時讒言、奥州衣川ニテ　自害ス、錦城戸致野心也、

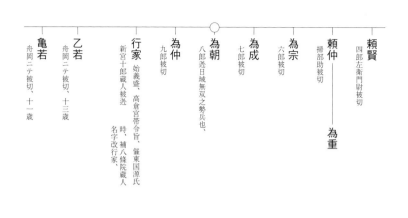

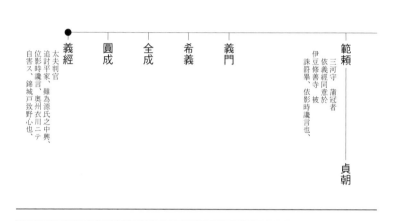

鶴若
舟岡ニテ被切、九歳

天王
舟岡ニテ被切、七歳
右舟岡一二埋申故到今君達塚卜申

義重
新田大炊助

義康
足利判官

義兼
足利上総介

義清
矢田判官
仁木・細川先祖
於備中水島討死

義純

義助

兼純

義氏
長氏イ
足利武蔵守　承久関東方

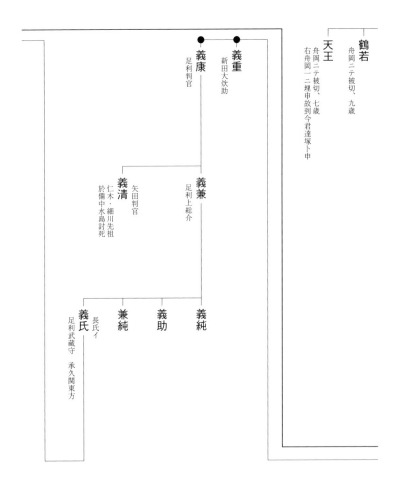

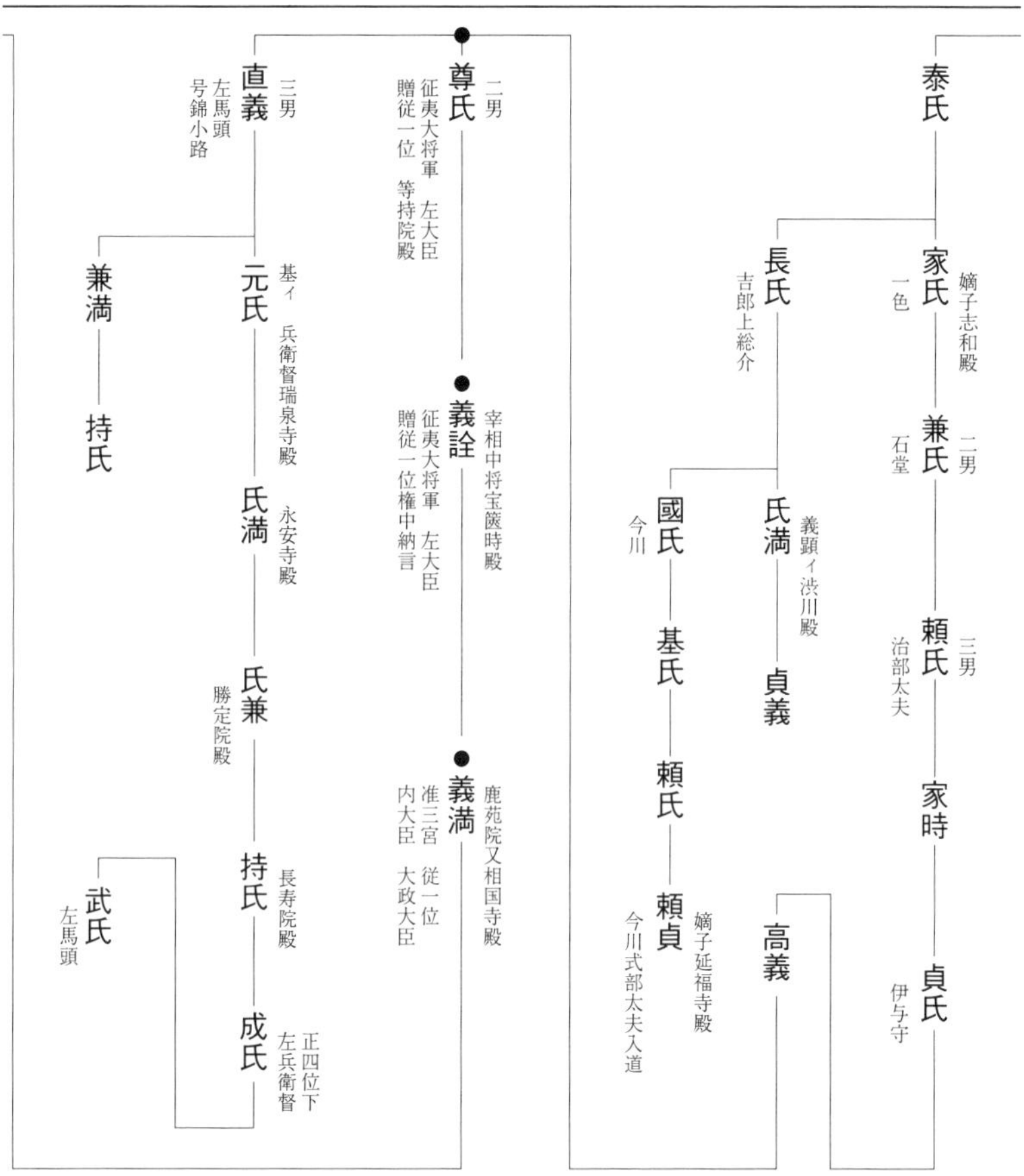
泰氏
家氏 嫡子志和殿 一色
長氏 吉郎上総介
兼氏 二男 石堂
氏満 義顕ィ 渋川殿
國氏 今川
頼氏 三男 治部太夫
貞義
基氏
家時
頼氏
頼貞 嫡子延福寺殿 今川式部太夫入道
高義
貞氏 伊与守
尊氏 二男 征夷大将軍 左大臣 贈従一位 等持院殿
義詮 宰相中将宝篋時殿 征夷大将軍 左大臣 贈従一位権中納言
義満 鹿苑院又相国寺殿 准三宮 従一位 内大臣 大政大臣
直義 三男 左馬頭 号錦小路
元氏 基ィ 兵衛督瑞泉寺殿
氏満 永安寺殿
氏兼 勝定院殿
持氏 長寿院殿
成氏 正四位下 左兵衛督
兼満
持氏
武氏 左馬頭

**義持**　内大臣勝定院　右大将

**義量**　宰相　中将

**義教**　右大将　左大臣　贈従一位　普廣院殿　光イ

**義政**　東山殿　贈大政大臣　慈照院殿

**義熙**　贈大政大臣　常徳院殿

**義植**　恵林院殿

**義高**　法住院殿

**義晴**　萬松院殿

**義輝**　時之執権為三好被亡　光源院殿

**鹿苑寺殿**　北山三男　時之執権為三好被亡給、

**義昭**　義晴公之二男、義輝公之御舎弟也、南都一乗院御座ケル、義輝公御自害之後、越前朝倉義景ヲ頼落行給、竊越前之紀綱壊乱ノ極ヲ御覧有テ又尾州織田上総介信長ヲ頼御入駕有、信長不經年月自卒数万騎兵攻上、追拂畿内之凶徒、御帰有新立御所、号室町殿、其後依佞臣之讒、忠臣信長ヲ討トシ玉フ、一戦不功而備後之鱸ヘ被流給フ也、

頼家　左衛門督　征夷大将軍

　公暁　悪禅師　若宮別當　鎌倉号法印能観貞暁、
　御舎弟三人、一人ハ一万丸、次ハ千寿丸ト申候歟、

實朝　右大臣　左大将
征夷大将軍　承久元年己卯正月廿七日甲午

忠久　治承三年己亥摂州住吉ニテ御誕生、島津判官又三郎
先薩州山門へ御下着アリ、夫ヨリ庄内へ居住仕給、故嶋ト云ル在所也、
建久七年丙辰三ヶ国へ下向ノ時御年十八歳ト申也、又ハ十五歳トモ申
也、文明十四年迄至二百九十年、御法名得佛
「御母ハ丹後之御局也、弘安九年丙戌三月廿一日卒玉フ」

能直　藤家　「従五位上　豊前守　左近衛将監　法名能連斎院次官親能
大友之先祖　為猶子、實ニハ大織冠十三代能成子也、一説右大将頼朝
子、母大友四郎太夫經家女也、是ハ日本武家之在大系圖」

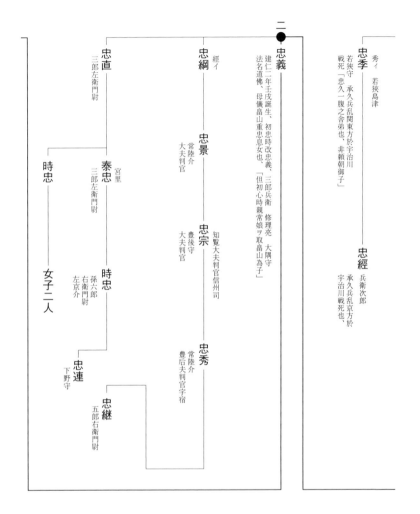

忠季（秀イ）若狭島津
若狭守　承久兵乱関東方於宇治川戦死「忠久一腹之舎弟也、非頼朝御子」

忠經
兵衛次郎
承久兵乱京方於宇治川戦死也、

二●忠義
建仁二年壬戌誕生、初忠時改忠義、三郎兵衛　修理亮　大隅守
法名道佛、母儀畠山重忠息女也、「但初心時親常娘ヲ取畠山為子」

忠綱（經イ）

忠景
常陸介
大夫判官

忠宗
知覧大夫判官信州司
豊後守
大夫判官

忠秀
常陸介
豊后夫判官宇宿

忠継
五郎右衛門尉

忠直
三郎左衛門尉

泰忠（宮里）
三郎左衛門尉

時忠
孫六郎
右衛門尉
左京介

忠連
下野守

時忠

女子二人

忠継　他腹也　式部少輔　号山田
―忠真　式部少輔
―宗久　式部少輔
―忠能　式部少輔
―久興　式部少輔

忠尚　式部少輔　出羽守　聖栄
―忠廣　式部少輔　加賀守
―忠豊　式部少輔　河内守
―久親

中村

鵜宿

三　久經　下野守　豊後守　修理亮　法名道忍「此御代ニ畠山礼部九州ヲ手ニ付、三ヶ国ニ乱入候時、肝付山城ヲ取、二年半ト申ニ開運、忝モ男山八幡大菩薩稲荷大明神ノ有瑞相、霧島之脚ニテ畠山ヲ責失ケル、」

高久　大炊助　信濃中沼先祖

忠康　式部大輔

忠佐　左衛門尉

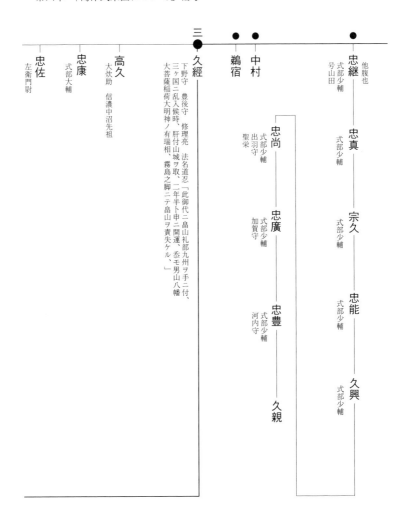

- 久時　大炊助　号阿蘇谷「久經公御上洛之御留守三州之守護代ニ定置ケル処、誇権位、対地頭御家人我意ニ被振舞ケル間、被改易畢、」
- 忠經　五郎
  - 宗長　彦三郎　三郎左衛門尉　左京進　給黎之祖
  - 忠継　三郎兵衛佐
  - 忠光　五郎太郎
  - 俊忠　侍従房
    - 久兼　町田之先祖　弥五郎　伊集院
      - 久親　五郎太郎　図書助　法名道智
        - 忠親　助三郎　図書助
          - 忠國　長門守　法名道忍　道号無等
            - 氏久　大隅守　法名大道
              - 頼久　弾正少弼　法名道集
                - 煕久（爲イ）　大隅守
                  - 頼忠　孫三郎
- 久氏　七郎

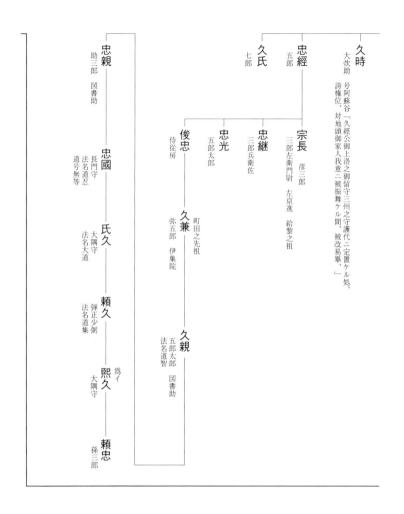

四 忠宗

建長三年辛亥誕生、下野守　歌道文学之達者也、集入御歌
風ワタルナツミノ川ノ夕暮ニ山陰ス、シ日クラシノ声、
法名道議(義)　正中二年十一月十一日、五十七歳ニシテ薨也、

- 忠古
  号伊作
  大隅守　忠久御幡同鎧同綱切相傳
  法名道意　初久長、又忠長、後忠古
  - 久清
    官途之御綸旨有之
    初宗久　左京進
    法名道恵
    - 久義　下野守
    - 勝久　元久之聟
    - 久親　近江守
    - 久幸　加賀守
    - 久次　左馬介
    - 十忠　遠江守
    - 久周　石見守
      此八人皆忠直之息也
- 忠親
  下野守
  法名道一
- 久氏
  三郎左衛門尉
  尊氏将軍之御代於天王寺戦死
  東寺ニテ御扇ヲ拝領、此ノ扇ニ御歌
  九ツノ國ヨリ御代ハヲサマリテ目出度事ヲ白菊ノ花、
  此扇舎兄下野守ニ被下也、為兵乱上洛之蒙宣旨、御盃ヲ頂戴并御扇子ヲ給也、
  - 竹壽丸
    信濃国不神代郷
    拝領也

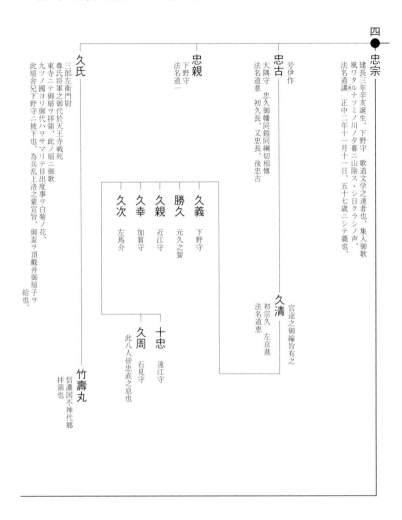

五

「此御代太宰少貳三ヶ国下緩怠ヲ致、少貳ヲ責還、六ヶ国責上、少貳ヲ退治スト云、御臺所大友殿姫君也、高崎ハ大友殿ノ弟也、腰ソヘ左ノ役、小田原ハ右ノ腰ソヘ也、」

**貞久**

文永六年己巳正月十一日誕生、上総介　法名道鑒　観應三年七月三日薨也、

**忠氏**

号和泉　三郎左衛門尉　豊後守　下野守　「忠氏ヨリ久豊守護式ノ事定申氏久ニ寶ヲ渡申候、一飛歸太刀、二血吸、三骨ハミ、并大十文字、小十文字、鳥切蛇丸、松風ト謂琵琶、阿弥陀三尊、小袖ト云太刀、已上十一渡申候、」

**忠光**

号佐多　三郎左衛門尉　初師忠　康永三年四月六日死去也、

**時久**

号新納　四郎左衛門尉　近江守　法名道弘道号宗綱

**資久**

号樺山　三郎左衛門尉　安芸寺

資忠　号北郷　七郎左衛門尉　尾張守

久泰　号石坂　九郎左衛門尉　初義久

河上
●頼久　孫三郎　左衛門尉

親久　号川上　上野守　法名自法

家久　上野守　法名道哲

兼久　上野守

幸久　三郎五郎

公久　上野守　東岳

朝久　左衛門佐

●
宗久　三郎左衛門尉　太夫判官　筑前多田良濱ニテノ合戦ニ為尊氏之御味方戦死、法名久阿、廿四歳也、
「此御代ハ父子弓矢始ル、忠明ハ甥ニ守護ヲ渡故、同伊久仰ニ塩房守護ヲ渡候ヘト仰ニ仍、父子中不和ニナリ候、氏久頼兵乱ヲ取起、元久・久豊父子三人同心シテ塩房殿抱取給、伊久御同心有リ、渋谷當、伊東ハ塩房殿ニ致敵ヲ、忠明ヨリ従山東之事、伊東ニ使侯也、」

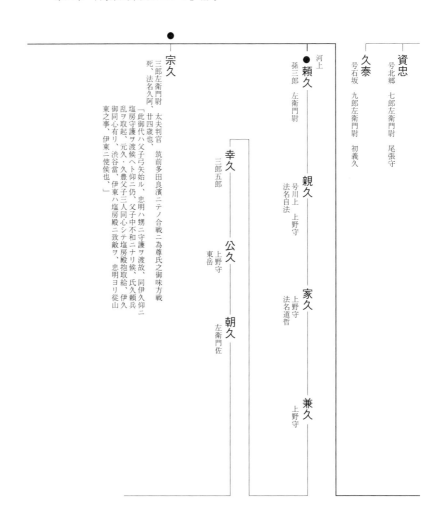

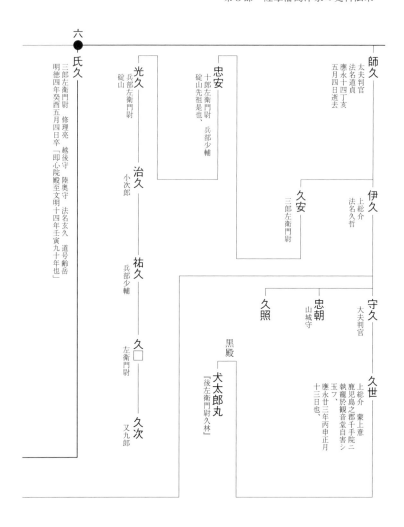

師久
太夫判官
法名道貞
應永十四丁亥
五月四日逝去

伊久
上総介
法名久哲

久安
三郎左衛門尉

忠安
十郎左衛門尉　兵部少輔
碇山先祖是也、

光久
兵部左衛門尉
碇山

治久
小次郎

祐久
兵部少輔

久□
左衛門尉

久次
又九郎

守久
大夫判官

忠朝
山城守

久照

久世
上総介　蒙上意
鹿児島之郡千手院ニ
執籠於観音堂自害シ
玉フ、
應永廿三年丙申正月
十三日也、

黒殿
犬太郎丸
『後左衛門尉久林』

六
氏久
三郎左衛門尉　修理亮　越後守　陸奥守　法名玄久　道号齢岳
明徳四年癸酉五月四日卒「即心院殿至文明十四年壬寅九十年也」

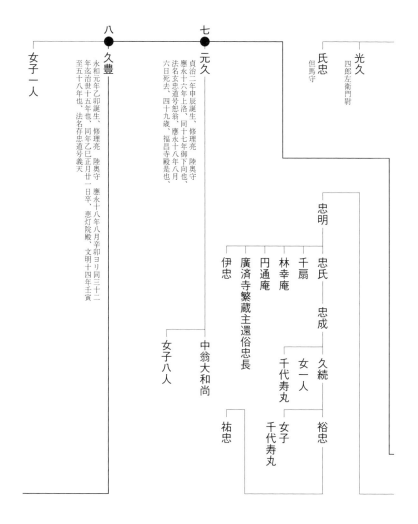

光久　四郎左衛門尉

氏忠　但馬守

忠明

忠氏

千扇

林幸庵

円通庵

廣済寺繁蔵主還俗忠長

伊忠

忠成

久続

女一人

千代寿丸

裕忠

女子

千代寿丸

祐忠

七　元久

貞治二年申辰誕生、修理亮　陸奥守
應永十六年上洛、同十七年御下向也、
法名玄忠道号恕翁、應永十八年八月
六日死去、四十九歳、福昌寺殿是也、

中翁大和尚

女子八人

八　久豊

永和元年乙卯誕生、修理亮　陸奥守　應永十八年八月辛卯ヨリ同三十二
年迄治世十五年也、同年乙巳正月廿一日卒、恵灯院殿、文明十四年壬寅
至五十八年也、法名存忠道号義天

女子一人

九

忠國

始貴久　至聖三年癸未五月二日ニ誕生、修理亮　陸奥守　三十二歳ヨリ薩州別府庄ニ御座テ文明二年正月廿一日ニ御他界、其旧跡ニ六角堂被建立、其以来依不思議之瑞相、鹿児嶋清水ト云ル処ニ小城権現ト顕玉テ末世之守護ト成玉フ、法名元譽道号大岳深固院是也、

用久

薩摩守阿久根ニ居住、法名道存、道号松夫也、

季久

豊後守　飫肥ニ住城、法名為柱、道号大橋、永源寺殿也

忠廉

次郎三郎　修理亮　摂州住吉ニテ死去、法名忠存道号雪陰

有久

大嶋ト号

出羽守於三俣小山戦死也、

豊久

吉岡ト号　忠豊ィ

伯耆守於日州飫肥戦死也、

僧

忠朝

豊後守　常春院殿

法名道海道号月舟

忠真

一郎三郎　法名圓翁

道号忠廣

女子四人

瑠阿

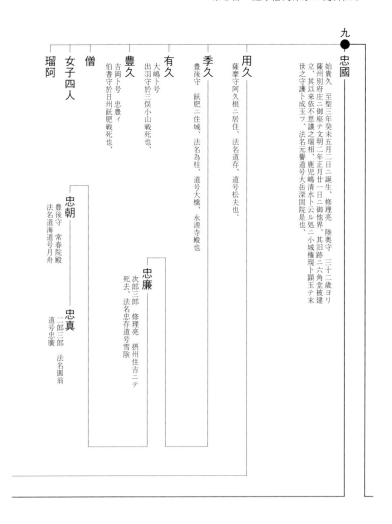

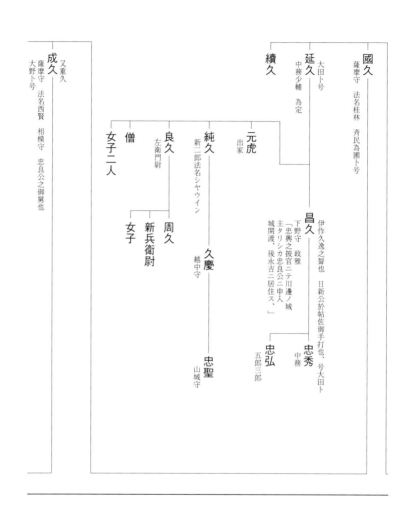

國久　薩摩守　法名桂林　斉民為圃卜号

延久　大田卜号　中務少輔　為定

昌久　伊作久逸之聟也　日新公於帖佐御手打也、号大田卜　下野守　政雅　「忠興之披官ニテ川邊ノ城主タリシカ忠良公ニ申入城開渡、後永吉ニ居住ス、」

忠秀　中務

忠弘　五郎三郎

元虎　出家

純久　新二郎法名シヤウイン

久慶　越中守

忠聖　山城守

良久　左衛門尉

周久

新兵衛尉

女子

僧

女子二人

續久

成久　又重久　薩摩守　法名西賢　相模守　忠良公之御舅也　大野卜号

- **忠綱**　駿河守　法名節傳　吉利ト号
  - **忠悟**　駿河守
  - **忠佐**　吉利　右衛門太夫
  - **忠康**　三郎五郎
- **秀久**　伊勢守
  - **弘久**　治部少輔　法名安叟
  - **満久**　刑部少輔　法名青岸
- **勝久**　越後守

- **忠興**　薩摩守　法名隆岳　「加世田ニ住城」
  - **實久**　八郎左衛門尉　薩摩守「雖貴久公ト三州之守護職争、一戦不功止、」
  - **中務太輔**

- **義虎**　八郎左衛門尉　薩摩守
- **久兼**　東市正　左近太夫

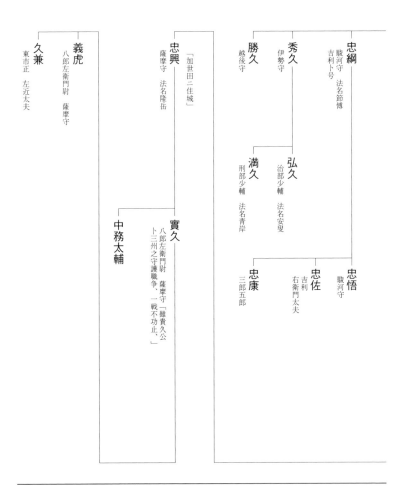

△

**友久**

右馬頭　相模守　雖為御嫡子、依他腹田布施・阿多・高橋被進、即号田布施殿也、然者依為御當腹、立久被任御家督畢、上古例如此、阿多ハ平四郎忠景卜云ル人城主也、田布施ハ二階堂出羽守知行也、高橋ハ阿多ニ付処也、雖然義天御代各自被追罸以来不易也、法名天勇常珠寺殿是也、

十●

**立久**

永享四年十一月五日誕生、又三郎　修理亮　陸奥守
寛正元年庚辰取世、御歳廿九、治世十五年、此御代ニ薩州市来院被追罸畢、文明六年甲午四月一日御他界、法名節山龍雲寺殿是也、

**久逸《トシ》**

伊作犬安殿娣聟養子
号伊作殿　式部大輔　河内守　於別府庄戦死四十二歳
法名徳瑤輝公居士也、

**勝久**

桂卜号
遠江守
迫水号

**忠昉**

神祇太郎兵衛
山城守

清久
伊豫守

忠弘
若狭守
喜入卜号

頼久
右馬頭　摂津守　母ハ松本也

御僧
四人
五番福昌寺柱山和尚、七番芳蔵主、九番廣済寺湖月和尚、
十番福昌寺天祐和尚龍盛院開山也、

女子
六人有
ハイ

●忠昌
始武久
寛正四年癸未五月三日誕生、修理亮　陸奥守　文明六年甲午取世
十二年、治世廿五年、永正戊辰二月十五日死去、法名玄鑑道号圓
宝御歳四十六、興国寺殿也、「但雖肝付相戦、不得軍功退陳シ玉
ィ、為散憤於清水之二階御自害卜云々、奈良原御供被申也、」

**忠治**
延徳元己酉正月十七日誕生、又三郎 永正戊辰御年廿五歳ヨリ同十二年迄治世八年、永正十二年乙亥八月廿五日廿七歳ニテ死去、法名蘭宗津友寺殿、御母ハ大友政親息女也、

**忠隆**
明應六年丁巳誕生、又六郎、永正十三年十九歳ヨリ治世、同十六年迄五年也、法名興岳龍盛院殿、御母儀同也、

**忠兼**
後号勝久、又八郎、八郎左衛門尉 修理大夫 十七歳ニテノ御官途也、廿五歳、薩隅日州御退出也、法名太翁、豊後邊ニテ死去候歟、御母儀同也、

**忠幸**
又三郎 三郎左衛門督 相模守 田布施殿一瓢是也、此御代ニ又四郎殿之後室様有御縁中、伊作田布施一致ニシテ聽而忠良公ヲ為御養子、両家ヲ御相続候、天文八年己亥七月朔日薨、法名道登大年寺殿也、

**義久**
又四郎 忠良之直父 号伊作早世、法名越山多宝寺殿也、

**忠良**

三郎左衛門督　相模守、当家澆季、海面騒屑之交、忠良粉骨碎身、勵武名、為欲修補当家、先攻平伊作之城、次永吉・日置・伊集院・加世田、期年属手裏、其外悪逆凶徒悉退散者也、偏忠良一麾所致也、由是貴久遂数年之素懐、無異儀、再領守護職、国家太平至今日也、永禄十一年戊辰十二月十三日七十七歳薨、法名常潤道号梅岳日新寺殿也、御内儀薩摩守西賢之御姫也、

**十二　貴久**

御年十三歳ニテ御養君ニ成給フ也、
三郎左衛門尉　修理大夫　陸奥守、勝久始ハ忠兼依無的子、雖付属守護職於貴久、国家之錯乱出来、悔還堅約、父子令儀絶矣、於是貴久欝憤之餘、為雪會稽、窮韜畧之術、運帷幄之筹、誅伐数多逆臣、不日得勝、及此時薩隅日州之賢臣・勇士帰幕下、再奉仰守護職之重任、其功弥夫難罄筆紙、可謂富家之中興也、至哉大哉、法名良等道号大中　元亀二年辛未六月廿三日薨、南林寺殿也、御母儀西賢之御姫也、

**忠将**

又四郎　右馬頭　肝付方ヨリ奉對守護、致干戈時節、於廻陣戦死、法名大安道号心翁、御母儀同也、
于時永禄四年辛酉七月十二日也、

以久
又四郎　右馬頭

彰久
又四郎　早世　高麗在陣ニテ死去也、
守右衛門

尚久
又五郎　左兵衛尉
法名曇秀道号一枝　他腹

忠長
又八郎
図書頭　入道紹益

女子四人
一人義久様之御廉中、一人樺山玄佐廉中、
一人肝付省釣廉中、一人種子嶋廉中ニテ
御子孫繁昌也、

又四郎
右馬頭「忠仍相模守」

又五郎
河内守

忠久建久七年丙辰當国下向以来、至于義久十六代、當家之繁栄、無過于今日矣、古曰、治国安家、得人也、是天下鑒言也、蓋渋谷・菱刈・肝付・伊東當家累代不臣也、越義久為家為国、可怒而怒、可殺而殺、并以令属治内矣、加之平肥後・肥前・筑後・筑前・豊後・豊前之六国為九州一統矣、義久一代喧名不可勝計、尓以来、天正十五年丁亥、孟夏聚楽相国率日本中、数十萬騎、征伐九州、諸士或亡国、或破家、當家亦除薩隅日外、令不知行、天乎々々、同六月、殿下歸洛諸士従大駕発行、或在聚楽、或在大坂経数年、於此摂津国能瀬郡五千斛、同茅野村一千八百斛、播磨国堅島庄三千二百斛都合一萬斛之知行、下賜于義久施名誉於聚楽屋形作有是、盡美善者也、亦云、歌道執心也、近衛殿下向前久申セシニ傳授古今集、其後在京之時、於近衛殿席、有御歌曾、巻軸題寄道祝、世ヲ廣ク守レル神モ言葉ノ道ニヤナヒク心ナルラント被詠、其比洛陽ノ連歌奉行タリシ紹巴ノ宅ニテ発句ニ梢ヨリシツ枝モ花仁標哉ト被遊シヲ天下ノ御名誉時ノ人ロアリ、御剃髪以来法印龍伯奉申也、

**義久**

又三郎　修理大夫　始号久辰
法名存忠道号貫明妙谷寺殿
御母儀入来院石見守之御娘也、
雪窓院殿是也

**女子三人**

一人ハ薩州御廉中也
一人ハ又四郎殿御廉中也
今一人ハ儲聟君国
家御相續也、

義久依無世子、讓於守護職於舎弟兵庫頭義弘、義弘武勇過人、談笑却敵、有冠於我国者、義弘着一戎衣、而親手其戈、殲厥渠魁者数多矣、匪翅播武名於我国、前大閤殿下秀吉公於于朝鮮征伐之時、義弘輿其子忠恒走従其軍、数年之間労軍務、於此之時大明諸将率数百萬騎之軍、至于朝鮮、時吾軍屯於泗川者僅一萬餘、較之大明諸軍、豈翅九牛之一毛哉、大明諸将令数百萬之軍、攻我泗川之城、義弘親子胸中
自有数萬之兵甲、不戦而屈人之兵、是故自提三尺、
直進入百萬之軍々一時瓜潰、追亡逐北、伏尸者八万有餘、流血漂楯矣、於是有参謀大夫龍涯者、求和義於我軍中、義弘親子謀之日、武豈可久黷乎、且止二人之戈、是謂之武、意應於参謀之求、令大明将茅渭濱為賀、載之与倶歸于日本矣、大閤殿下為賞其功、賜親子以宝劍、且復賜薩州之地出水・高城二郡、以為其履矣、日本東西之諸将、無不称賛其武名者、可謂義弘親子、克我国家者也、

**義弘**

始ハ忠平

又四郎　兵庫頭　入道維新
元和五年七月二十一日　八十五歳ニシテ御他界也、
法名自貞道号松齢妙圓寺殿是也、

**年久**

又六郎左衛門督
相国之上使トシテ細川幽斎下
向ニテ文禄元年七月十七日
於鹿児島生害也

**忠親**

聚楽相国征西之時、於日州
高城之内根白陣戦死也、

家久
又七郎　中務大輔
法名長策道号梅天

女子二人

忠豊
又七　中務大輔
慶長五年庚子九月十五日
於濃州関ヶ原戦死也、
母樺山之息女也、

又吉

女子
根占殿之妻

●

久保
天正二十年壬辰之春、前太閤殿下秀吉公率畿内已西之士衆、征伐朝鮮、西海
九州地近其国、是故久保公率薩隅日三州之諸士、走従其軍、武名雄略、遠出
諸将、人皆無不敵羨其威名、不幸而薨於朝鮮之地、惜哉、
又一郎　文禄二年癸巳九月八日、於朝鮮死去、早世也、
法名恕参　道号一唯　皇徳寺殿是也、

家久
始忠恒号羽柴少将　太閤殿下為人一家、應時代日本国諸大名皆如此也、
又八郎　陸奥守　又任薩摩守也、宰相　中納言

女子二人
一人ハ豊後守殿之廉中
一人ハ伊集院源次郎之廉中、其後經幾春秋、
島津下野守殿之御廉中也、

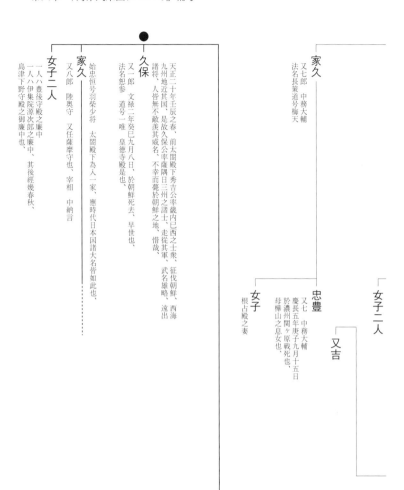

# 第七章　福島正治と伊地知季通

## ―「旧記雑録」補考―

### 一、福島正治

昨年（二〇〇六）刊行の『鹿児島県史料　旧記雑録拾遺　伊地知季安著作史料集六』解題の補遺で、筆者は幅広く史料を収集・書写して現代に伝える役割を果たした知られざる人物の一人として福島巌之介（虎嘯）の名を掲げ、些少の私見を記している。ところが、その後『東京大学史料編纂所研究紀要』一五号（二〇〇五年）収載の川島慶子氏の研究報告「明治～昭和初期における島津家の編集事業」に接して、その存在を確実なものとして把握することができた。それによれば、明治期島津家の御家譜掛として得能通古・平田宗高・福島正治の三人の名を掲げ、その業績について記されているが、この福島正治こそ巌之介であり、虎嘯と号した人物であった。

彼は明治二十一年（一八八八）以降、磯邸に置かれた島津家編集方にあって家令―家扶等の指示をうけ、上司平田宗高（編集方主管）の下に史料の整理・家譜の編集・特別事項の調査等を実施していたのであり、そこでは別に伊地知季通の「旧記雑録」の増補、「地誌備考」の編述等も行われていたというのである。また、磯邸保管の文書の一部は同三十七年、東京袖ケ崎邸に移管されたが、彼はその後も袖ケ崎邸内において少なくとも明治末期まで編纂業務に携わっていたものとされる[1]。事実、明治三十七年の「比志島文書」（東京大学史料編纂所蔵島津家文書「六十八番箱」）の受入事務を担当しており[2]、また長年にわたり手がけた墓誌の調査史料にも明治四十四年の重野安繹の谷中墓地墓参の記述があり、また収集詩編中に同四十五年の小牧昌業（編集所総裁）の詩文を掲載していることからもうかがえる[3]。そして川島論文によれば、正治が編纂業務のために帯出していた書籍の一部は大正三年（一九一四）に島津家臨時編集所の蔵書点検の際に文書箱に返納されているという[4]。

また、前稿で紹介した県立図書館所蔵の「三州遺芳」が未定稿本のまま同館に収蔵されたのは大正三年四月であるから、この頃には正治の活動に終止符が打たれていたとみられる。現在、東京大学史料編纂所蔵の島津家文書中、「中箱六十七番箱」の全巻冊には「吉田鉄太郎氏蔵」の付札があり、冊子の約半分は「虎嘯輯録」の表題のある写本類である。おそらく、これが福島正治（巌之介・虎嘯）の磯邸に入る以前から手がけ、引続き磯邸─袖ケ崎邸在職期間に収集・書写したものの成果であると思われる。またそれ以外の史料にも彼の収集・整理したと思われるものもある（同「諸事雑綴」等）が、別に彼が家譜編纂の参考資料として編集方より帯出していたものも含まれていたと考えられる[5]。それらが一括され、吉田鉄太郎所蔵史料の名で島津家文書中に収納されたのであろう。その間の事情については明らかにしえないが、ここに吉田鉄太郎とは、大正三年十月初版刊行の『大正人名辞典』等には慶応元年（一八六五）生まれ、正治と同郷の鹿児島城下下加治屋町出身で、吉田清英（明治十五年─二十二年埼玉県令・知事）長子、早く米・独国の大学に留学、帰国後経済界に入り、北浜銀行東京支店長より泰昌銀行専務取締役に転じたとある人物で、明治二十二年三月建立の西郷・大久保誕生之地碑には父子共に名が刻まれており、連名中には福島巌の名も見出せる。もちろん、島津家との関係も考慮しなければならないが、或いは吉田鉄太郎は同郷の誼もあって正治の後事を引き受けたのかもしれない(6)。正治の没年等なお不明の点は多いものの、県属より島津家編集方に転じ、さらに明治二十九年平田宗高の没後はその後任として業務取扱の中心に位置していたのであろう(7)。さらに彼自身、単に史料収集・書写・整理・取調を担当するのみならず、自著の編纂・著述にも意欲をもっていたと思われ、前出「三州遺芳」のほか、島津家史料中にも数点その編纂書が残されているのである(8)。中でも「秘伝島津譜図備考」は伊地知季安の島津忠久の出自説を批判した考証で、他にもまま彼の評言がその収集史料等の中に記されている(9)。また、多くの史料借写の対象となった人としては木脇啓四郎（祐業）・伊地知季通がいるが、今後それらの交流関係の解明とともに書写伝存史料の活用が期待されるのである。

## 二、島津家編集方における伊地知と福島

前掲の「島津家文書」中箱六十七番「諸事雑綴八」には、伊地知季通の「旧記雑録」関連史料数点が綴じこまれている。はじめに、「前編旧記雑録巻一上」と「長久四」より「寿永二」までの年号年数を列記した表紙がある。次に、「薩藩旧記雑録前編目録」として「巻一　自長久二年至建久九年」から「巻三十六　自天文十八年至同廿三年」までと、「同後編目録」として「巻一　自天文二十四年至弘治三年」から「巻三十二　自慶長十九年至元和元年」までを列記した後に、「右ノ通前編後編ノ合テ六十八巻ナリシニ明治二十二年磯御邸ニ持上リ、増補追録セシニ三十一年ニ至リ三百六十二巻トナレリ、未タ編輯ノ結局ニ至ラス、季通記ス」といずれも季通の自筆で罫紙三枚に当初作成の「旧

記雑録前後編」の目録とその後の経緯の記述がある。(10)

次に、明治十三年十月付の県庁本「薩藩旧記雑録前編一」、巻頭記載の季通の序文の草稿が一枚に記されている。各所に訂正が加えられており、内容から成文直前の原稿とみられる。ついで季通の自筆で一、「続日本紀」天平二年三月班田の記事、二、「交替式」天平十七年十一月廿七日の公廨の史料、三、「続日本紀」天平十七年十月正税出挙の記事、十一月の諸国公廨の記事、四、「日本後紀」延暦十九年十二月の斑田の記事、五、「延喜式二八」の駅馬の史料、六、「伊地知季安考」(同上史料の駅名の考証)が三枚に列挙されている。次に(一)、「交替式」延暦廿二年二月廿日の太政官符、(二)、「続日本紀」神亀元年三月の記事、(三)、「同」天平宝字元年十月の記事、(四)、「清水台明寺文書」長久二年十一月十二日の大隅国司庁宣、付属して貼紙に季通の筆で「長久二年ヨリ明治三十年迄八百五十七年ニナレリ、三ヶ国中原書ノ第一也」とあり、(五)、「同」長久四年八月十一日の大隅国符、(六)、「続日本後紀」承和八年二月の記事、(七)、「清水台明寺文書」長久六(元)年八月八日の大隅国符、(八)、「調所恒範譜」天喜二年の記事、(九)、「調所氏文書」天喜二年二月廿七日の大宰府符が十枚に列記してある。島津家本(東京大学史料編纂所蔵)の「旧記雑録」は一―四・六(五は前編巻二に掲出)、(一)―(九)を載録せず、県庁本(県立図書館本)「旧記雑録」は一―六を除き、(一)―(九)を載録している。表紙の形状等からみても前出季通の記述にある如く、明治三十一年(一八九八)には島津家本「旧記雑録」は増補を重ねて前・後編、附録に追録を加えて全文書、記録を収載し終えたものの、最終的な編集は未了であったと思われる。そして翌三十二年に季通は磯邸を去り、三十四年三月に死去しているのである。修史館に書写提出した「薩藩旧記雑録」(内閣文庫本、県庁本)が一応体裁を整えたものであったのに対し、島津家本「旧記雑録」はあくまでも自筆草稿本の姿をとどめたものといってよいであろう。そして季通の去った後は編集方に残り、家譜編纂の残務処理にあたった福島正治の手に委ねられたとみてよいであろう。明らかに「旧記雑録」の巻首部分、もしくはその草稿と思われる上記の史料が何らかの理由で本体から離れていたものが正治の手によって整理され、「諸事雑綴八」中にとりこまれ伝えられたものであろう。島津家本「前編旧記雑録」巻一が「自長久二年至寿永三年」と表記しながら、実際には「清水台明寺文書」天喜三年七月廿五日の大隅国司庁宣の記載から始まっている矛盾はこれによって解明されたと思う。

福島正治は天保十三年（一八四二）十一月十六日生まれで季通より二十四歳年下であったが、ほぼ同じ頃（明治二十二年）磯編集方に就職しており、学識ある先輩として敬慕していたと思われる。[11]そして数多く季通関係の資料を借写しているが、その中で明治二十七年十一月十八日暁に季通の詠んだいろは連歌を翌二十八年九月二十九日に借写しており、終わりに「此の歌は二代伊地知小十郎殿ノ詠マレシモノ也」・「尋楽老人、伊地知季通翁八十四才ニテ死去、余ト深友ノ人ナリ」と記している。そのいろは歌には、

生きて浮世に生存し、老人と人に呼バれつゝ、早く毎朝起て出、日勤するは磯御邸、（略）我が壮年に編集せし、兼て秘蔵の雑録を、世に増補して残さんと、多年の宿意果し得す、連日遺憾おもひしか、其事自然磯御邸、終に御耳に入りけれハ、願の通り御呼出し、何も旧記の雑録書、乱世治世数拾冊、昔時壮年集しに、写し載セ度御文庫の、幾百年前御文書を、残りなく皆増補して、御蔵に納め置たきの、苦心の情実御許可あり、（略）薩隅日州三国の、旧記文書は残りなく、行末永年伝ハらん、明治の二十二年より、未明に起きて終日の、心実勤強冊数も、撰ひ済しか三百に、日に〳〵近くなりぬるそ、（略）

のごとく、明治二十二年季通の磯編集方勤務以降、島津家本「旧記雑録」作成の経緯を詠みこんでいる。

尋楽老人とは季通の雅号で、季通の居宅は明治十年以後居住の吉野の別荘も、明治十三年県属復職後の上原の居宅もその名（尋楽亭）で呼ばれているようである。尋楽の名称は中国宋代の儒者周茂叔（敦頤）の詩句からの引用で、明治十三年以降同二十一年に至る間で交流のあった上司の県令渡辺千秋や丸山子堅（県史・地誌編纂主任）、横川源蔵（修史館への「旧記雑録」の紹介者）等よりの贈詩文、自身の詩文、時流を慨嘆批判した自著「教化善悪論」・「古今反対論」等にもこれらの雅号が用いられている。そして、福島正治はその草稿を一括書写して輯録したわけで、同人の季通に対する強い関心がうかがえるのである。(12)

## 三、「旧記雑録」と伊地知季通

東京大学史料編纂所刊『島津家文書目録Ⅲ』によれば、吉田鉄太郎旧蔵で大正年代新に島津家文書に追加収蔵されることになった「中箱六十七番」には伊地知季安・季通の著作史料も数点含まれている。すなわち、季安の「管窺愚考」写本のほか、季通の「西藩名臣録」・「殉国名藪」・「薩摩藩諸郷地頭記」等である。これらは福島正治が家譜編纂参考資料として他の諸史料、たとえば「薩摩志」・「島津世家」写本等と共に帯出していたものと思われる。この中で「薩摩藩諸郷地頭記」は、当初「諸郷地頭系図」といわれてきたものであり、既に『鹿児島県史料　旧記雑録拾遺諸氏系譜一』に収録済である。同解題の中ではこれを季安の自筆本として説明しているが、その後検討を重ねた結果、筆跡は季安のものではなく、季通のものとみられ、あらためて季通自筆本と訂正させていただきたい。(13)また、関連してこれまでに執筆してきた「旧記雑録」に関する解題においても季安の筆跡と季通の筆跡の一時期近似していること等による判断、すなわち、前・後編（島津家本）収載文書の多くを季安筆としたことについては、一部季安筆のものも採録しているが、大部分は季通筆であるとあらためたい[14]。早い時期のもの（明治十三年「薩藩旧記雑録」編成までのもの）、遅い時期のもの（明治二十二年以降三十一年に至る増補期のもの）の筆跡の相違を、季安・季通のそれと速断したことによる誤りがあったことを認め、訂正しておきたい。いずれにしても「旧記雑録」成立の詳しい経緯については、今後進められる全島津家文書、島津家史料の解読の進行と併せて逐次明らかにされるものと期待している。

終わりに、「旧記雑録」について現時点で明らかにしえたことを概略要約すれば、「旧記雑録」は当初、季安の収集した史料に季通自らも収集した史料を加え、弘化年間（一八四四～四八）より編年順に書写集成してきたものを、明治十三年（一八八〇）に県を通して修史館に浄書提出、自筆本は手許に置き追々増補修訂を加えていたと思われる[15]。しかし明治十九年、県庁を退いた後、さらにその本格的な増補修訂を志し、明治二十二年には手許の史料を島津家に提出、その許可を得て、直接島津家文書等にあたるなどして精力的にほとんど独力で書写校訂を実施する[16]。すなわち、前・後編の増補修訂、附録・追録の増補を明治三十一年までにほぼ達成したわけで、その経過は拙稿「島津家本旧記雑録編纂の経過」（『旧記雑録　前編二』付録月報２）に記した如く、明治二十四年四月段階で合計百五十六冊とあり、同二十七年十一月の前出いろは連歌では三百冊近くに達したとあり、そして同三十一年には三百六十二冊にまとめあげたことになる。また、前・後編の文書点数に限っていえば、県庁本と島津家本との収録文書数の隔差からみて、季通が明治二十三年四月以降、島津家文書等により新たに古文書五、六千通を追補したとあるのも頷けるのである。

以上の経緯からみて、厳密にいえば「旧記雑録」は県庁本・島津家本ともに季安の志を受け継いだ季通の編著といってよいのであろう。昭和四十五年（一九七〇）以降、「旧記雑録」および関連史料の解題を担当してきたが、なお不明の点を多く残している。大方の批正を待望して擱筆する。

## 註

（1）川島論文では明治期の島津本家には、家譜編纂や調査、書写業務を行う磯邸編集方と、旧藩の事蹟を調査し、「島津家国事鞅掌史料」の編纂を行う市来四郎等の編集方が併存していたこと、両者の関係、変遷等について触れられている。なお、島津家編集方についての関連論文として、寺尾美保「島津家の編集方について―島津家の家政との関わりを中心に―」（『鹿児島歴史研究』四、一九九九年）、同「公爵島津家の編纂事業と家政事情―国事鞅掌史料編纂をめぐって―」（明治維新学会『明治維新の新視覚―薩摩からの発信―』高城書房、二〇〇一年所収）、同「公爵島津家の編纂事情―国事鞅掌史料編纂の再検討―」（『近世薩摩における大名文化の総合的研究』二〇〇三年所収）、朴沢直秀「島津家本の構成と形成過程」（『東京大学史料編纂所研究紀要』八、一九九八年）等がある。

（2）山本博文「島津家文書の内部構造の研究」（『東京大学史料編纂所研究紀要』一二、二〇〇二年）。また、島津家史料の明治四十二年十二月七日付の「町田氏系譜　旧記及家蔵品種目録」には、「書類入五箱」に添えた浜田信正より小牧昌業・福島厳之介宛の書状がある。これまた町田家の文書（現東京大学史料編纂所、磯島津家所蔵文書）が島津家に譲渡された際の福島正治の関与を示す史料とみてよいであろう。

（3）東京大学史料編纂所蔵島津家文書「中箱六十七番」所在「虎嘯輯録墓誌銘部」、「同　詩部」。

（4）島津家臨時編集所作成「明治三十九年十二月旧編輯方御家譜参考書籍目録」、島津家史料「島津家　小松家　町田家蔵書目録稿本」所収目録。

（5）寺尾美保「史料掛が語る島津家の史料管理について―聞き取り調査報告―」（『鹿児島歴史研究』三、一九九八年）によれば、当時編集方の業務は袖ケ崎邸外において行われていた可能性がうかがえる。

（6）『鹿児島市史Ⅲ』所収「鹿児島の金石文」共建者大山巌以下八五名中に福島巌とあるのは福島巌之介（正治）であろう。福島巌の名は明治十年十二月、川内地方の三級副区長としてみえ（『川内市史』下）、明治十二年、薩摩郡書記としてみえる（「虎嘯輯録雑之部」）福島巌之介と同人と思われる。なお、旧稿では書家の福島新左衛門（半介）の後としたが、これについては確証はなく、断定は差し控えたい。

（7）明治二十九年（一八九六）四月五日付で三月七日病没した旧家譜編集長平田宗高（翠屏）墓誌の共献者は、種子島保・伊地知季通・石川正之進・長井利裏・蒲生清隆・福島巌之介の六名である（「虎嘯輯録　墓碑誌銘部」）。平田宗高の業績については、林匡「史料紹介〝平田宗高手記〟と〝御家譜編集一件帳〟」（『黎明館調査研究報告』第二〇集、二〇〇七年）に詳しい。

（8）「島津家系之弁」・「有馬家系図序」・「薩藩陶器之濫觴」・「諸士建白録」等。

（9）「秘伝島津譜図」は安政二年（一八五五）、季安七十四歳の作。また、他に例として明治二十七年、旧会津藩士で熊本県下学校教員であった秋月種永の編述した「観光集」で鹿児島県下の諸制度等を概述した中に、風俗の頽廃等実状に則さない記載があるとして慨嘆し、批正の執筆を求めて五代徳夫・伊地知季通・平田宗高宅を訪問したが、病気・不在・多忙等の理由で成功せず、終わりに田原陶猗（直助、当時八二歳）に要請して跋文を送付した次第を詳記している（「虎嘯輯録　史部」）。

（10）後編目次の終わりに、追補として巻三十三より三十五（元和二年―寛永二十一年）の自筆貼紙が付されている。修史館提出後の増補分を指すのであろう。

（11）旧稿で述べた如く、福島正治は県属として明治二十二年二月、可愛山陵調査の任にあたっているから、島津家への就職はその後のことになる。また季通の就職も明治二十二年九月、増補の件を提案、「旧記雑録」等の収集書写史料を島津家へ提出する前後のことであろう。

（12）「虎嘯輯録　文記一」に季通関係史料がまとまって書写収録されている。また、「同三」には明治十六年九月、吉野村菖蒲谷の別荘尋楽亭訪問記「秋日遊行伊地知君荘記」が収載されている。季通は別に杉林幽居尋楽老人、頑固老人の称号も用いている。季通の随想記には「愚意」（桑波田興「伊地知季通の愚意」『旧記雑録　後編二　付録月報』4所収）と同様、世相批判の文辞が少なくない。なお、伊地知季通らの履歴と「鹿児島県地誌」編纂の仕事と関連させて渡辺千秋・丸山子堅・平田宗高らの履歴を紹介した著書に、内山義成『鹿児島県地誌の起稿年次と編纂』がある。また、山口隼正「伊地知季通と太政官正院歴史課のことども」（『長崎大学教育学部社会科学論叢』六二、二〇〇三年）は伊地知季通と中央史局、そして「旧記雑録」との関わりについて論及している。旧稿での修史局を修史館に改めたのも同論に拠る。

(13) 今後の島津家文書、島津家史料の調査には伊地知季安・季通の筆跡の検討が必要であることを川島氏も前出論文で言及されている。

(14) たとえば『旧記雑録　前編一』解題では（　）部分を補い、「すべてとは云いきれないが比志島文書・樺山文書・入来院文書・台明寺文書・池端文書等、比較的まとまった文書は季安の（収集文書より季通が）書写したもので、後に増補したとみられる伊作家文書・越前島津氏譜等は季通が書写したものと思われる。また同一文書を重複掲載している例がしばしばみられるが、その場合は大抵、季安の（収集文書より季通が）書写した文書と同じ文書を、季通が（はじめから）別に家譜等に載録されている文書写から書写したもののようである」の如くあらためるべきであろう。

(15) 当時の状況は木脇啓四郎の「万留」（原口泉・丹羽謙治『薩摩藩の文化官僚の幕末・明治』岩田書院、二〇〇五年）中の吉野の季通宅訪問記に活写されている。

(16) 季通は父季安の序文付の弘化四年（一八四七）の編著「殉国名藪」の増補を、明治二十二年「旧記雑録」増補と同時に着手、その遺漏分も併せて同書に載せると共に、同編一冊を書写して明治二十三年一月磯邸に蔵めた旨を巻末に記している。同じく季通の編纂にかかる慶応元年起稿の「先君掖官遺抄」の明治二十二年十月の後跋には、「今亦命を拝して島津の磯邸に出頭す、旧記編集の事に与る、余か所持の旧記類永存を慮り請て悉く献納す、数百冊に至る、此稿も亦旧時掖官の事実を詳明す、因て献納す」とある。また、「磯島津家文書」明治二十三年七月四日の季通宛家令東郷重持らの受領書付属の「島津家磯御邸進上書類目録」（宮下満郎『旧記雑録　後編二　付録月報』4の史料紹介）には、惣計一七六冊（季安・季通著作・収集史料）中にその「殉国名藪」・「諸郷地頭系図」（薩摩藩諸郷地頭記）も含まれており、また季安書写の「樺山家文書」・「比志島氏文書」もその中にみえる。季通はこれら文書写を「旧記雑録」に転写し、さらに「島津氏世録正統系図」・「同支流系図」等諸史料により増補を行ったのであろう。

## 【著作目録】

※論文・史料紹介を中心に取り上げ、共著・共編などは除いた。刊行年順に整理した上で、『鎌倉幕府の御家人制と南九州』（戎光祥出版、二〇一六年。五味①）・『南九州御家人の系譜と所領支配』（同、二〇一七年。五味②）・本書に収録しているものは、その旨も記した。

・「鎌倉御家人の番役勤仕について」（『史学雑誌』第六三編第九・一〇号、一九五四年。五味①収録）
・「書評　羽原又吉著『日本漁業経済史 中巻一』」（『史学雑誌』第六三編第九号、一九五四年）
・「豆州内浦組江梨村における津元（名主）網子（百姓）の係争と分一村請について」（『常民文化論集』第一、一九五五年）
・「鎌倉幕府の番衆と供奉人について」（『鹿児島大学文理学部　文科報告』第七号、史学篇第四集、一九五八年。五味①収録）
・「薩摩の御家人について―その数と系譜―」（『鹿大史学』第六号、一九五八年。五味②収録）
・「薩摩の御家人について（補遺）」（『鹿大史学』第七号、一九五九年。五味②収録）
・「薩摩国建久図田帳雑考―田数の計算と万得名及び『本』職について―」（『日本歴史』第一三七号、一九五九年。五味①収録）
・「大隅の御家人について（上）（下）」（『日本歴史』第一三〇・一三一号、一九五九年。五味②収録）
・「中世開発漁村の変遷―若狭田烏浦の場合―」（『鹿児島大学文理学部　文科報告』第八号、史学篇第五集、一九五九年）

・「大隅国建久図田帳小考─諸本の校合と田数の計算について─」（『日本歴史』第一四二号、一九六〇年。五味①収録）
・「日向国建久図田帳小考─諸本の校合と田数の計算─」（『日本歴史』第一四八号、一九六〇年。五味①収録）
・「薩摩国御家人比志島氏について」（『鹿大史学』第八号、一九六〇年。五味②収録）
・「中世社会と御家人─惣領制と御家人制、薩摩国の場合を中心として─」（『歴史教育』第八巻第七号、一九六〇年。五味①収録）
・「讃州塩飽島の人名制と漁業制（一）」（『鹿児島大学文理学部　文科報告』第九号、史学篇第六集、一九六〇年）
・「調所氏寸考」（『日本歴史』第一六二号、一九六一年。五味②収録）
・「日向国那珂郡司について─郡司文書、系図の紹介─」（『豊日史学』第二九巻、一九六一年）
・「大隅国御家人税所氏について」（『鹿大史学』第九号、一九六一年。五味②収録）
・「讃州塩飽島の人名制と漁業制（二）」（『鹿児島大学文理学部　文科報告』第一〇号、史学篇第七集、一九六一年）
・「薩摩国御家人鹿児島郡司について」（『鹿児島大学文理学部　文科報告』第一一号、史学篇第八集、一九六二年。五味②収録）
・「平姓多祢島郡司と見和村名主職の史料」（『種子島民俗』第一四号、一九六二年）
・「島津庄日向方北郷弁済使並びに図師職について─『備忘録抄』所収北山文書の紹介─」（『日本歴史』第一七〇号、一九六二年）
・「朝河貫一　島津忠久の生ひ立ち─低等批評の一例─」（『鹿児島史学』第一〇号、一九六二年）
・「薩摩国甑島地頭小川氏の史料」（『鹿大史学』第一〇号、一九六二年）

・「鎌倉幕府の御家人体制―京都大番役の統制を中心に―」(『歴史教育』第一一巻第七号、一九六三年。五味①収録)
・「在京人と篝屋(上)(下)」(『金沢文庫研究』第九三・九四号、一九六三年。五味①収録)
・「入来院山口氏について―山口文書の紹介―」(『鹿大史学』第一一号、一九六三年)
・「鹿児島県の古文書」(『鹿児島大学文理学部　文科報告』第一二号、史学篇第九集、一九六三年)
・「薩摩国守護島津氏の被官について」(『鹿大史学』第一二号、一九六四年。五味②収録)
・「有馬家文書(一)」(『鹿大史学』第一二号、一九六四年)
・「入来古文書」「桑幡文書」「郡山町川田堂薗の供養塔群」(『鹿児島県文化財調査報告書』第一一集、一九六四年)
・「大隅国御家人菱刈・曽木氏について―曽木文書の紹介を中心に―」(『鹿児島大学文理学部　史学科報告』第一三号、一九六四年)
・「有馬家文書(二)」「指宿氏支族原田氏について」(『鹿大史学』第一三号、一九六五年)
・「鎌倉時代の御家人並びに島津荘大隅方の荘官について」(『鹿児島史学』第一二号、一九六五年)
・「肥後氏と多祢島氏―南北朝期関係史料の紹介―」(『種子島民俗』第一七号、一九六五年)
・「島津庄大隅方鹿屋院小考」(『鹿児島大学法文学部紀要　文学科論集』第一号、一九六五年)
・「鎌倉南北朝期の日向真幸院―関係史料の紹介―」(小林市史編纂委員会編『小林市史 第一巻』小林市役所、一九六五年)
・「薩摩国御家人羽島氏並びに延時氏について―羽島文書と延時文書の紹介―」(『鹿児島大学法文学部紀要　文学科論集』第二号、一九六六年)
・「救二院と救二郷(報告資料)」(『中世史研究会会報』一、一九六六年)

・「史料紹介　千竈文書」（『中世史研究会会報』二（附録）、一九六六年）
・「余録」（『中世史研究会会報』二、一九六六年）
・「余録　二階堂氏の墓碑」（『中世史研究会会報』四、一九六六年）
・「余録　花尾神社の中世文書」（『中世史研究会会報』五、一九六六年）
・「鎌倉時代の肝付郡と肝付氏―関係史料の紹介―」（『高山郷土誌』高山町、一九六六年）
・「栗野町稲葉崎・田尾原供養塔群」（『鹿児島県文化財調査報告書』第一三集、一九六六年）
・「鹿児島県地方史研究の現状」（『鹿大史学』第一四号、一九六六年）
・「志々目家文書」（『鹿大史学』第一四号、一九六六年）
・「伊集院元巣について」（『戦国史料叢書6月報』一九六六年）
・「島津庄日向方救二院と救二郷」（宝月圭吾先生還暦記念会編『日本社会経済史研究〈古代・中世編〉』吉川弘文館、一九六七年。五味②収録）
・「余録　伊集院家旧蔵島津家久書状十二点」（『中世史研究会会報』六、一九六七年）
・「史料（拾遺）鹿児島神宮所蔵文書二通」「史料　大井文書」「余録　伊作城跡」（『中世史研究会会報』七、一九六七年）
・「史料　奈古神社文書」（『中世史研究会会報』八、一九六七年）
・「史料　薩摩郡山田村関係史料一点」（『中世史研究会会報』九、一九六七年）
・「史料　伊集院元巣関係文書」（『中世史研究会会報』一一、一九六七年）
・「史料　川上矢吉家文書（続）」（『中世史研究会会報』一二、一九六七年）

・「史料　島津家久切支丹禁制関係書状一点」（『中世史研究会会報』一三、一九六七年）
・「史料」（『中世史研究会会報』一四、一九六七年）
・「川田家文書」「鹿児島県地方史研究の現状（Ⅱ）」（『鹿大史学』第一五号、一九六七年）
・「川田家文書　近世之部目録」（『鹿大史学』第一六号、一九六八年）
・「薩摩国御家人牛屎・篠原氏について」（『鹿児島大学法文学部紀要　文学科論集』第三号、一九六七年）
・「市来町大里来迎寺跡墓塔群」（『鹿児島県文化財調査報告書』第一四集、一九六七年）
・「中世山門院・和泉郡関係文書集」（『出水郷土誌資料編』二九、一九六七年）
・「東国武士西遷の契機―薩摩国の場合―」（『歴史教育』第一六巻第一二号、一九六八年。五味①収録）
・「薩摩国祁答院一分地頭斑目氏について―斑目文書の紹介を中心に―」（『鹿児島大学法文学部紀要　文学科論集』第四号、一九六八年）
・「史料　酒匂安国寺申状」（『中世史研究会会報』一五、一九六八年）
・「史料　伊地知季安『国分正興寺二王之私考』」（『中世史研究会会報』一六、一九六八年）
・「追補　清水瀬戸口文書」（『中世史研究会会報』一六、一九六八年）
・「史料　喜入前田家文書」（『中世史研究会会報』一七、一九六八年）
・「屏山文庫所蔵新納文書展示会」（『中世史研究会会報』一七、一九六八年）
・「史料　斑目文書補遺」（『中世史研究会会報』一八、一九六八年）
・「史料　斑目文書補遺（続）」（『中世史研究会会報』一九、一九六八年）

・「史料　吹上町永吉字大辻石塔群」（『中世史研究会会報』二〇、一九六八年）
・「史料　猿渡正統系譜抄」（『中世史研究会会報』二一、一九六八年）
・「史料　本田助之丞文書」（『中世史研究会会報』二二、一九六八年）
・「史料　大脇家系譜所収文書」（『中世史研究会会報』二三、一九六八年）
・「伊地知季安『先年差出置候著述物就御手許御用又被下ヶ置候一件書留』」「鹿児島県地方史研究の現状（Ⅲ）」（『鹿大史学』第一六号、一九六八年）
・「入来院文書について」（NHK鹿児島放送局編『さつま今昔』鹿児島放送文化研究会、一九六八年）
・「薩摩国伊集院の在地領主と地頭」（竹内理三編『荘園制と武家社会』吉川弘文館、一九六九年。五味②収録）
・「島津庄大隅方串良院小考」（『鹿児島大学法文学部紀要　文学科論集』第五号、一九六九年）
・「鎌倉時代の鹿児島」（『鹿児島市史Ⅰ』鹿児島市、一九六九年）
・「史料　留守文書写」（『中世史研究会会報』二四、一九六九年）
・「史料　喜入外園氏所蔵文書」（『中世史研究会会報』二六、一九六九年）
・「岡児ヶ水」（九州方言学会編『九州方言の基礎的研究』風間書房、一九六九年）
・「寺尾家文書　近世之部目録」「鹿児島県地方史研究の現状（Ⅳ）」（『鹿大史学』第一七号、一九六九年）
・「矢野主膳と永俊尼」（『鹿大史学』第一七号、一九六九年。本書収録）
・「大隅国正八幡宮領吉田院小考」（『鹿児島大学法文学部紀要　文学科論集』第六号、一九七〇年）
・「比志島国隆について」「鹿児島県地方史研究の現状（Ⅴ）」（『鹿大史学』第一八号、一九七〇年）

・「覚兼日記七」(『中世史研究会会報』二七、一九七〇年)
・「経兼日記」(『中世史研究会会報』二七、一九七〇年)
・「史料　伊勢貞昌言上書について」(『中世史研究会会報』二八、一九七〇年)
・「御屋地君略伝」(『中世史研究会会報』二八、一九七〇年。本書収録)
・「喜入肝付家文書・山田家文書目録」(『鹿大史学』第一八号、一九七〇年)
・「鹿児島県地方史研究の現状(Ⅵ)」(『鹿大史学』第一九号、一九七一年)
・「日向の御家人について」(『鹿児島大学法文学部紀要　文学科論集』第七号、一九七一年。五味②収録)
・「史料　吉田村　市来家文書」「市来氏関係文書一通」「吹上町永吉字大辻石塔群(続)」(『中世史研究会会報』二九、一九七一年)
・「名越氏と肥後氏」(『中世史研究会会報』三〇、一九七一年)
・「伊地知季安『京及江戸御質人交替紀略』」(『中世史研究会会報』三〇、一九七一年)
・「磯尚古集成館文書(三)」(『中世史研究会会報』三〇、一九七一年)
・「建昌城の史料」(『中世史研究会会報』三〇、一九七一年)
・「大隅国正八幡宮領帖佐郷小考」(『鹿児島大学法文学部紀要　文学科論集』第八号、一九七二年。五味①収録)
・「新城島津家と越前島津家―末川家文書の紹介―」(『鹿児島中世史研究会報』第三一号、一九七二年)
・「加世田氏系図並びに文書」(『鹿児島中世史研究会報』第三一号、一九七二年)
・「正八幡宮領加治木郷について」(『鹿児島中世史研究会報』第三一号、一九七二年。五味①収録)

・「伊勢貞昌書状」「玉里文庫目録未載番外史料について」「鹿児島県地方史研究の現状（Ⅶ）」（『鹿大史学』第二〇号、一九七二年）
・「高坂好氏のこと」（『史友』第一号、一九七二年）
・「平安末・鎌倉初期の南薩平氏覚書―阿多・別府・谷山・鹿児島郡司について―」（『鹿児島大学法文学部紀要　文学科論集』第九号、一九七三年。五味②収録）
・「玉里文庫本『文政五年鹿児島城絵図』について」「鹿児島県地方史研究の現状（Ⅷ）」（『鹿大史学』第二一号、一九七三年）
・「月島分室と「常民文化論集」」（『日本常民生活資料叢書 月報』一六、一九七三年）
・「新田宮執印道教具書案その他」（『日本歴史』第三二〇号、一九七四年。五味②収録）
・「『備忘録抄』所収の鎌倉期の文書」（『鎌倉遺文月報』七、一九七四年）
・「島津庄日向方三俣院と伴氏」（『鹿児島中世史研究会報』第三二号、一九七四年。五味②収録）
・「新城島津家々譜所収文書」（『鹿児島中世史研究会報』第三二号、一九七四年）
・「島津忠治と調所氏・本田氏・入来院氏」（『鹿児島中世史研究会報』第三三号、一九七四年。本書収録）
・「永俊尼の系譜」（『鹿児島中世史研究会報』第三三号、一九七四年）
・「日置島津家文書と島津久慶（一）―鹿児島県立図書館本『島津家古文書』の紹介を中心に―」（『鹿児島大学法文学部紀要　文学科論集』第一〇号、一九七四年）
・「執権北条時宗」「執権北条貞時」（安田元久編『鎌倉将軍執権列伝』秋田書店、一九七四年）

・「伊地知季安の家系その他」（『鹿大史学』第二二号、一九七四年）
・「種子島文書（一）」（『鹿児島県文化財調査報告書』第二一集、一九七四年）
・「日置島津家文書と島津久慶（二）―鹿児島県立図書館本『島津家古文書』の紹介を中心に―」（『鹿児島大学法文学部紀要文学科論集』第一一号、一九七五年）
・「伊地知季安『穆佐院悟性寺御石塔一件私考』」（『鹿児島中世史研究会報』第三四号、一九七五年）
・「『島津家物語―日我上人自記―』について」（『鹿大史学』第二三号、一九七五年。本書収録）
・「島津家文書の成立に関する一、二の考察」（『鹿児島中世史研究会報』第三五号、一九七五年）
・「桂久春氏所蔵文書」（『鹿児島中世史研究会報』第三五号、一九七五年）
・「栗野踊溝辺横川廻勤雑記」「栗野調所家文書」（栗野町郷土誌編纂委員会編『栗野町郷土誌』栗野町、一九七五年）
・「種子島文書（二）」（『鹿児島県文化財調査報告書』第二二集、一九七五年）
・「薩摩国御家人の大番役勤仕について―付、宮里郷の地頭・郡司・名主等について―」（『川内市史』上巻、一九七六年。五味①収録）
・「薩摩国御家人薩摩郡成枝・成富名主について―三角（森）氏文書の紹介を中心に―」（『鹿児島大学法文学部紀要　文学科論集』第一二号、一九七六年）
・「串木野頂峯院文書に関する一、二の考察」（『鹿児島中世史研究会報』第三六号、一九七六年）
・「川田文書、島津忠兼書状について」（『鹿児島中世史研究会報』第三六号、一九七六年）
・「永吉島津家関係文書三点」（『鹿児島中世史研究会報』第三六号、一九七六年）

・「伊地知季安『狩夫銀御旧法記』」「鹿児島県地方史研究の現状（Ⅸ）」（『鹿大史学』第二四号、一九七六年）
・「中世河辺郡・河辺氏関係史料」（川辺町郷土史編集委員会編『川辺町郷土史』川辺町、一九七六年）
・「大隅国祢寝郡司庶家角氏について―鹿児島大学図書館所蔵市来文書の再考察―」（『鹿児島大学法文学部紀要　文学科論集』第一三号、一九七七年）
・「鹿児島中世史研究会のあゆみ」（『西南地域史研究』第一輯、文献出版、一九七七年）
・「薩摩郡平礼石寺と守護・地頭・郡司との関係―旧記雑録前編所収山内文書について―」（『鹿児島中世史研究会報』第三七号、一九七七年）
・「『佐多久英覚書』」（『鹿児島中世史研究会報』第三七号、一九七七年）
・「伊地知季安関係史料『御歴代歌註解』、『藩翰譜島津伝記弁誤』、『古郡院説』、『御当家始書』」（『鹿大史学』第二五号、一九七七年）
・「鹿児島県地方史研究の現状（Ⅻ）」（『鹿大史学』第二五号、一九七七年）
・「歴史的概観」（『知覧武家屋敷町並み―伝統的建造物群保存対策調査報告書―』知覧町教育委員会、一九七七年）
・「鶴丸城二丸御門と御下屋敷御門」（『鹿大史学』第二六号、一九七八年）
・「島津家文書の成立に関する再考察―藤野・亀山家文書を中心に―」（『西南地域史研究』第二輯、文献出版、一九七八年。本書収録）
・「大隅国正八幡宮社家小考」（竹内理三博士古稀記念会編『続荘園制と武家社会』吉川弘文館、一九七八年。五味①収録）
・「島津忠久画像由来―伊地知季安関係史料の紹介を中心に―」（『鹿児島大学法文学部紀要　文学科論集』第一四号、一九七

八年）
・「東福寺城跡」（『鹿児島市文化財調査報告書』第二集、一九七八年）
・「いわゆる文禄検地について」（『鹿児島県文化財調査報告書』第二五集、一九七八年）
・「島津忠久画像由来―伊地知季安関係史料の紹介を中心に―」（『鹿児島県文化財調査報告書』第二六集、一九七九年）
・「中世初期の薩摩」（『指宿史談』創刊号、一九七九年）
・「記録所の変遷と伊地知季安」（『旧記雑録月報』一、一九七九年）
・「大隅国正八幡宮社家小考補遺」（『鹿児島中世史研究会報』第三八号、一九七九年）
・「島津忠久画像補考」（『鹿児島中世史研究会報』第三八号、一九七九年）
・「島津忠国木像小考」（『鹿児島中世史研究会報』第三八号、一九七九年）
・「内城（大龍寺）跡について」（『鹿児島市埋蔵文化財発掘調査報告書（1）大龍遺跡』一九七九年）
・「『旧記雑録』と鹿児島の城」（『日本城郭大系』第一八巻、新人物往来社、一九七九年）
・「薩藩史料伝存の事情と事例」（『鹿大史学』第二七号、一九七九年。本書収録）
・「島津家本旧記雑録編纂の経過」（『旧記雑録月報』二、一九八〇年）
・「薩摩の在国司」（『南北朝遺文月報』一、九州編第一巻、一九八〇年。五味②収録）
・「野田感応寺の史料について」（『鹿大史学』第二八号、一九八〇年）
・「越前島津家文書の伝来について」「薩摩赤松氏について」「島津忠久画像補考追加史料」「『薩摩の在国司』補註」「『逆瀬川祐知、由緒覚書写』」（『鹿児島中世史研究会報』第三九号、一九八〇年。「越前島津家文書の伝来について」のみ本書収録）

・「内之丸翁心軒跡磨崖仏」・「清水城跡」、「月船寺跡」（芳即正氏と共著）（『鹿児島市文化財調査報告書』第三集、一九八〇年）
・「天保年間鹿児島城下絵図注解」（『鹿児島市立美術館蔵鹿児島城下絵図』大江出版、一九八〇年）
・「鹿児島城下士折田家文書について」（『鹿児島大学法文学部紀要　人文学科論集』第一五号、一九八〇年）
・「大隅国御家人酒井氏について」（御家人制研究会編『御家人制の研究』吉川弘文館、一九八一年。五味②収録）
・「坊津一乗院関係史料について」（『鹿児島中世史研究会報』第四〇号、一九八一年）
・「伊勢貞昌と伊勢家文書」（『鹿大史学』第二九号、一九八一年）
・「鹿児島城下士折田家文書について（続）」（『鹿児島大学法文学部紀要　人文学科論集』第一六号、一九八一年）
・「野田感応寺の史料について」（『鹿児島県文化財調査報告書』第二八集、一九八一年）
・「坊津一乗院跡と一乗院関係史料」（『坊津町埋蔵文化財発掘調査報告書（一）一乗院跡』一九八二年）
・「平泉城跡について―文献史料面からの考察―」（『大口市文化財報告書（一）平泉城発掘調査報告書』大口市教育委員会、一九八二年）
・「伊地知季安と『五指量愛染明王由来記』」（『鹿児島大学法文学部紀要　人文学科論集』第一七号、一九八二年）
・「伊勢貞昌と伊勢家文書（続）」（『鹿大史学』第三〇号、一九八三年）
・「伊地知季安と『秘伝島津譜図』・『花尾社伝記』・『花尾祭神輯考』―島津氏祖廟成立の経緯―」（『鹿児島大学法文学部紀要　人文学科論集』第一八号、一九八三年）
・「清水城跡と大乗院跡―文献史料からの考察―」（『鹿児島市埋蔵文化財発掘調査報告書（三）大乗院跡』鹿児島市教育委員

会、一九八三年〉）
・「中世史料としての金石文の一例」（『鹿児島中世史研究会報』第四一号、一九八三年）
・「伊地知季通と『両院古雑徴』」（『旧記雑録月報』五、一九八三年）
・「鹿児島県の古文書」（『鹿児島県文化財の知識』鹿児島県教育委員会、一九八三年）
・「鹿児島城の沿革―関係史料の紹介―」（『鹿児島県埋蔵文化財発掘調査報告書（二六）　鹿児島（鶴丸）城本丸跡』一九八三年。本書収録）
・「『山田家文書』と『山田聖栄自記』補考」（『鹿大史学』第三一号、一九八四年。本書収録）
・「上山城と鶴丸城―近世鹿児島城の創建の年について―」（『黎明』vol.２№３、一九八四年）
・「総州家島津忠朝について二、三の覚書」（『鹿児島中世史研究会報』第四二号、一九八四年）
・「鹿児島城二の丸の変遷について―市立美術館敷地を中心に―」（『鹿児島市埋蔵文化財発掘調査報告書（五）鹿児島（鶴丸）城二之丸跡』鹿児島市教育委員会、一九八四年）
・「南北朝・室町期における島津家被官酒匂氏について―酒匂安国寺申状を中心に―」（『鹿児島大学法文学部紀要　人文学科論集』第一九号、一九八四年）
・「島津氏被官酒匂氏について」（『季刊南九州文化』第一八号、一九八四年）
・「藤野、藤崎家文書について―付記録所、焼失文書復原の一例―」（『鹿大史学』第三二号、一九八五年）
・「入来院家文書目録小考」（『鹿児島大学法文学部紀要　人文学科論集』第二二号、一九八五年）
・「中世薩摩国分寺・国分氏関係文書」（『環境整備報告書　国指定史跡　薩摩国分寺跡』川内市教育委員会、一九八五年）

・「島津氏系図について」(尚古集成館編『島津家資料 島津氏正統系図(全)』島津家資料刊行会、一九八五年。本書収録)
・「島津家文書の成立について」(黎明館企画特別展『激動期の島津氏―三州平定から関ヶ原の戦いまで―』鹿児島県歴史資料センター黎明館、一九八六年)
・「義弘の古文書」(三木靖編『島津義弘のすべて』新人物往来社、一九八六年)
・「市来家由緒書と市来家文書・系図」(『鹿児島中世史研究会報』第四三号、一九八六年)
・「大隅国正八幡宮関係文書拾遺」(『鹿児島中世史研究会報』第四三号、一九八六年)
・「『島津久章一件』史料並びに覚書」(『旧記雑録月報』八、一九八六年。本書収録)
・「故実家としての薩摩伊勢家と伊勢貞昌―関係史料の紹介―」(『鹿大史学』第三四号、一九八六年。本書収録)
・「島津久慶宛島津家久文書二点について」(『鹿児島中世史研究会報』第四四号、一九八六年)
・「『折田常孝一世大概之覚』(上)」(『鹿児島大学法文学部紀要 人文学科論集』第二三号、一九八六年)
・「『折田常孝一世大概之覚』(下)」(『鹿児島大学法文学部紀要 人文学科論集』第二四号、一九八六年)
・「野崎道雄先生の思い出」(『千台』第一四号、一九八六年)
・「大口・菱刈方面研修会に参加して」(『南九州の石塔』第七号、一九八六年)
・「歴史史料よりみた本県の中世城館跡」(『鹿児島県埋蔵文化財調査報告書(四三) 鹿児島県の中世城館跡―中世城館跡調査報告書―』鹿児島県教育委員会、一九八七年)
・「『折田常武一世大概之覚』(上)」(『鹿児島大学法文学部紀要 人文学科論集』第二六号、一九八七年)
・「『酒匂安国寺申状』の周辺」(『千台』第一五号、一九八七年)

・「日置島津家文書と島津久慶（三）―『島津久慶自記』その他史料の紹介を中心に―」（『鹿児島大学法文学部紀要　人文学科論集』第二五号、一九八七年）
・「横川城関係の史料について」（『横川町埋蔵文化財発掘調査報告書（一）　横川城跡』一九八七年）
・「総州家と奥州家―『応永記』を中心に―」（『千台』第一六号、一九八八年）
・「『折田常武一世大概之覚』（下）」（『鹿児島大学法文学部紀要　人文学科論集』第二七号、一九八八年）
・「日置島津家文書と島津久慶（四）―新知見文書の紹介を中心に、その一―」（『鹿児島大学法文学部紀要　人文学科論集』第二八号、一九八八年）
・「旧藩時代における名山小学校敷地の状況について―文献を中心とした考察―」（『鹿児島市埋蔵文化財調査報告書（八）　名山遺跡』一九八八年）
・「中世薩摩国分寺・国分氏関係文書補説」（『鹿大史学』第三七号、一九八九年）
・「大隅国御家人菱刈・曽木氏再説」（安田元久先生退任記念論集刊行委員会編『中世日本の諸相　下巻』吉川弘文館、一九八九年）
・「伊勢貞昌の島津久慶宛書状をめぐって」（『鹿児島中世史研究会報』第四五号、一九八九年）
・「鹿児島市内の中世城館跡について」（『鹿児島市文化財調査報告書（六）　鹿児島市中世城館跡―中世城館跡調査報告書―』一九八九年）
・「島津久慶とその関係文書について」（『千台』第一七号、一九八九年）
・「日置島津家文書と島津久慶（五）―新知見文書の紹介を中心に（その二）―」（『鹿児島大学法文学部紀要　人文学科論集』

第二九号、一九八九年）
・「日置島津家文書と島津久慶（補遺）」（『鹿児島中世史研究会報』第四六号、一九九〇年）
・「『御厚恩記』をめぐって」（『鹿児島大学法文学部紀要　人文学科論集』第三一号、一九九〇年。本書収録）
・「『島津氏系図について』補考」（『尚古集成館紀要』第四号、一九九〇年。本書収録）
・「『建昌城』について―関係史料の紹介を中心に―」（『姶良町埋蔵文化財発掘調査報告書（四）建昌城跡』姶良町教育委員会、一九九一年）
・「流転の古文書―越前島津家文書について―」（『鹿児島県大学図書館協議会会報』第九号、一九九一年）
・「薩藩の記録所と記録奉行覚書―『御記録方帳』の紹介を中心に―」（『旧記雑録月報』一二、一九九一年）
・「入来清色城について」（財団法人観光資源保護財団編（日本ナショナルトラスト）編『清色城と入来麓武家屋敷群』一九九一年）
・「鹿児島城二之丸跡について―関係史料の紹介―」（『鹿児島県埋蔵文化財発掘調査報告書（五五）鹿児島城二之丸跡（遺構編）』一九九一年）
・「鹿児島城について」（『薩摩七十七万石―鹿児島城と外城―』鹿児島県歴史資料センター黎明館、一九九一年）
・「国分氏文書と国分氏系図～初見史料の紹介～」（『千台』第一八号、一九九〇年）
・「史料の伝来と系譜の作成―島津氏の場合を中心に―」（『季刊南九州文化』第四六号、一九九一年）
・「歴史断章」（『千台』第一九号、一九九一年）
・「鹿児島市内の寺院跡について」（『鹿児島市文化財調査報告書（七）鹿児島市寺院跡―近世寺院跡調査報告書―』、一九九一

年）
・「伊地知季安と『帖佐来歴』」（『旧記雑録月報』一三、一九九二年）
・「旧造士館跡敷地の歴史—文献を中心とした考察—」（『鹿児島市埋蔵文化財発掘調査報告書（一三）造士館・演武館跡』鹿児島市教育委員会、一九九二年）
・「惟宗姓執印・国分・市来氏と島津氏」（『千台』第二〇号、一九九二年）
・「鹿児島城下士折田家文書について（補遺）—『折田常親遺言文』・『折田家持伝諸品之覚』の紹介—」（『西南地域史研究』第七輯、文献出版、一九九二年）
・「鹿児島神宮文書」（『鹿児島県文化財調査報告書』第三九集、一九九三年）
・「中世の薩摩—鎌倉・南北朝期の薩摩の古道—」（『歴史の道調査報告書第一集　出水筋』鹿児島県教育委員会、一九九三年）
・「町田二男家文書と諏訪社居頭役」（『旧記雑録月報』一四、一九九三年）
・「坊津一乗院聖教類等」（『鹿児島県文化財調査報告書』第三九集、一九九三年）
・「続・歴史断章」（『千台』第二一号、一九九三年）
・「鉄砲伝来—特に種子島家譜を中心にして—」（『鉄砲伝来四五〇年』鹿児島県歴史資料センター黎明館、一九九三年）
・「中世の大隅—鎌倉・南北朝期の大隅の古道—」（『歴史の道調査報告書第二集　大口筋・加久藤筋・日向筋』鹿児島県教育委員会、一九九四年）
・「中世の鹿児島」（『尚古集成館講座・講演集』一六、尚古集成館、一九九四年）
・「『御文書有物套』と『種子島正統系図』・『種子島男爵家文書』」（『旧記雑録月報』一五、一九九四年）

・「又続歴史断章」（『千台』第二二号、一九九四年）
・「川上城と川上氏」（『鹿児島市埋蔵文化財発掘調査報告書（一八）川上城跡』一九九四年）
・「志々目家文書の再考察」（『鹿児島女子大学研究紀要』第一五巻第二号、一九九四年）
・「中世の海の道―鎌倉・南北朝時代の海の道―」（『歴史の道調査報告書第三集　海の道』鹿児島県教育委員会、一九九五年）
・「樗木家旧蔵造船関係資料」「大根占町天神下の笠塔婆」（『鹿児島県文化財調査報告書』第四一集、一九九五年）
・「郷土史点描」（『千台』第二三号、一九九五年）
・「日置島津家と垂水島津家―系譜と家格をめぐって―」（『鹿児島女子大学研究紀要』第一六巻第二号、一九九五年。本書収録）
・「中世前期の南薩の道―阿多郡を中心に―」（『歴史の道調査報告書第四集　南薩地域の道筋』鹿児島県教育委員会、一九九六年）
・「薩藩記録奉行本田親方と記録所職員の勤務時間問題」（『旧記雑録月報』一七、一九九六年）
・「折田常清『中抑勤要用留』」（『都城市史編さんだより』第二号、一九九六年）
・「薩摩藩記録奉行有馬純応について」（『鹿児島女子大学研究紀要』第一七巻第二号、一九九六年）
・「佐土原城櫓跡をめぐって」（『南九州の城郭』第三号、一九九六年）
・「続郷土史点描」（『千台』第二四号、一九九六年）
・「源頼朝の『御落胤』伝説島津忠久」（『歴史読本』一九九六年五月）

・「中世の大隅地域の道―南北朝、楡井頼仲、島津氏久に関して―」（『歴史の道調査報告書第五集　大隅地域の道筋』鹿児島県教育委員会、一九九七年）
・「伊地知季安と児玉利器、そして末川周山」（『旧記雑録月報』一八、一九九七年）
・「折田常親一世大概之覚」（『鹿児島女子大学研究紀要』第一八巻第二号、一九九七年）
・「川内の中世文書」（『千台』第二五号、一九九七年）
・「中世の河辺郡と河辺氏～平安末期より室町中期まで～」（『川辺町文化財調査報告書第四集　鹿児島県指定文化財（史跡）清水磨崖仏群　清水磨崖仏塔梵字群の研究』一九九七年）
・「続々郷土史点描」（『千台』第二六号、一九九八年）
・「竹内先生の学恩」（「竹内理三　人と学問」編集委員会編『竹内理三　人と学問』東京堂出版、一九九八年）
・『宮崎県史通史編　中世』（分担執筆、宮崎県、一九九八年）
・「菱刈本城城主考」（『南九州城郭研究』創刊号、一九九九年）
・「『日向記』と『旧記雑録』、真幸院領主北原氏のその後」（『宮崎県史叢書しおり』第三回、一九九九年。本書収録）
・「菱刈本城城主考（補正）」（『南九州城郭研究』第二号、二〇〇〇年。本書収録）
・「『種子島家譜』と『再撰方申出覚帳』など」（『旧記雑録月報』二一、二〇〇〇年）
・「島津家文書伝存の経緯」（『奇跡の至宝「島津家文書」』鹿児島県歴史資料センター黎明館、二〇〇〇年）
・「『旧薩藩御城下絵図』解題」（『旧薩藩御城下絵図』鹿児島県立図書館、二〇〇一年）
・「『玉里邸跡』関連史料その他」（『鹿児島市埋蔵文化財発掘調査報告書（四一）鹿児島市埋蔵文化財確認発掘調査報告書Ⅱ

玉里邸跡・墓下遺跡』二〇〇四年）
・「畏友との出会いと別れ」（『網野善彦著作集月報』四、岩波書店、二〇〇七年）
・「福島正治と伊地知季通─『旧記雑録』補考─」（『旧記雑録月報』二八、二〇〇七年。本書収録）
・「弥勒院と弥勒寺」（『八幡神の遺宝─南九州の八幡信仰─』鹿児島県歴史資料センター黎明館、二〇一六年）

## 【初出一覧】

第1部　島津本宗家と史料

第一章　「島津家物語―日我上人自記―」について（『鹿大史学』第二三号、一九七五年）

第二章　「島津家物語―日我上人自記―」をめぐって（『千葉県史のしおり』第六回、二〇〇一年）

第三章　鹿児島城の沿革―関係史料の紹介―（『鹿児島県埋蔵文化財発掘調査報告書』二六、一九八三年）

第四章　「御厚恩記」をめぐって（『鹿児島大学法文学部　人文学科論集』第三二号、一九九〇年）

第2部　島津氏の一族と家臣

第一章　矢野主膳と永俊尼（『鹿大史学』第一七号、一九六九年）

第二章　御屋地君略伝（『中世史研究会会報』第二八号、一九七〇年）

第三章　島津忠治と調所・本田・入来院氏（『鹿児島中世史研究会報』第三三号、一九七四年）

第四章　「山田家文書」と「山田聖栄自記」補考（『鹿大史学』第三一号、一九八三年）

第五章　菱刈本城城主考（『南九州城郭研究』創刊号・2号、一九九九・二〇〇〇年）

第六章　『日向記』と『旧記雑録』、真幸院領主北原氏のその後（『宮崎県史叢書しおり』第三回、一九九九年）

第七章　「島津久章一件」史料并びに覚書（『旧記雑録後編六・附録一』月報、一九八六年）

第八章　故実家としての薩摩伊勢家と伊勢貞昌―関係史料の紹介―（『鹿大史学』三四号、一九八六年）

第九章　日置島津家と垂水島津家―系譜と家格をめぐって―（『鹿児島女子大学研究紀要』第一六巻第二号、一九九五年）

第3部　薩摩藩島津家の史料伝来

第一章　伊地知季安・季通と薩藩旧記雑録（『鹿児島県史料　旧記雑録追録1』一九七一年）

第二章　島津家文書の成立に関する再考察―藤野・亀山家文書を中心に―（『西南地域史研究』第二号、一九七八年）

第三章　薩藩史料伝存の事情と事例（『鹿大史学』第二七号、一九七九年）

第四章　越前島津家文書の伝来について（『鹿児島中世史研究会報』第三九号、一九八〇年）

第五章　島津氏系図について（尚古集成館編『島津家資料　島津氏正統系図（全）』島津家資料刊行会、一九八五年）

第六章　「島津氏系図について」補考（『尚古集成館紀要』第四号、一九九〇年）

第七章　福島正治と伊地知季通―「旧記雑録」補考―（『旧記雑録拾遺　伊地知季安著作史料集七』月報、二〇〇七年）

# あとがき

私の著作集が刊行されるとは、数年前までまったく想像すらしていなかった。それも『鎌倉幕府の御家人制と南九州』『南九州御家人の系譜と所領支配』『戦国・近世の島津一族と家臣』の三冊もである。実は、今まで何度か出版しないかというお声をかけていただいたことはある。しかし自分の著作は史料紹介が主だったこと、また改めて自分が書いたものを見直し選んでまとめる時間も能力もないと思っていたのでお断りしていた。ところが、今回は栗林文夫君・新名一仁君・松尾千歳君ら教え子たちが熱心に著作集の刊行を勧め、お手伝いしますと申し出てくれたので、その言葉に甘え著作集を刊行させてもらうことにした。

著作集刊行に際し、改めて自分の書いたものを見直していると、さまざまなことが思い起こされた。まず私事で恐縮だが、私が歴史に興味を抱いたのは三つ上の兄の影響である。それで京都大学に進学したのだが、それが昭和十九年のことで、大学に通うことなく、豊橋の陸軍予備士官学校に入ることになった。そして速成教育を受け見習士官となり、千葉の九十九里浜の守備についた。幸いすぐに終戦となり復員したが、復員直後は歴史研究が出来るような状況ではなかった。しかし、仲の良かった兄がレイテで戦死していたため、兄の分も頑張らないといけないと思い直し、東京大学に入り直して歴史学を学んだのである。

東大では坂本太郎先生、宝月圭吾先生、佐藤進一先生、竹内理三先生らにお教えいただいたが、中でも佐藤先生は年も近く、兄に似ている所があったため親しみを感じ、佐藤先生の影響を受けて中世史を研究テーマとするようになった。私の初期の論文に鎌倉御家人に関するものが多いのは以上のような次第である。

東大卒業後は常民文化研究所に入り、漁村史料の調査に携わっていたが、やがて東京の開成高校の教師となった。しかし研究者になりたいという思いは断ち切れず、その機会を待っていたところ、九州大学に移られていた竹内理三先生から鹿児島大学が教員を探しているから行かないかと薦められ、応募し採用された。

鹿児島大学に採用されたのが昭和三十一年。はじめ七高の後身だから史料・文献がある程度あると思っていたが、戦災・火災で焼けてほとんどなく愕然とした。そういったこともあり、まず元になるものを作ろうと史料の発掘と刊行に力を注いだ。自分の著作に史料紹介が多いのはこのような理由からである。

また昭和三十四年に鹿児島県立図書館が『鹿児島県史料集』を、昭和四十二年頃から鹿児島県が『鹿児島県史料』を、私自身も昭和三十九年から『鹿児島県史料拾遺』を、同四十一年から『鹿児島中世史研究会報』を刊行するようになった。こうした史料集の編さん・刊行、特に『鹿児島県史料』が、当初、明治維新百年を記念したもので『旧記雑録追録』や『忠義公史料』などの刊行から始まったため、中世だけでなく近世・近代のことも調査・研究する必要に迫られた。さらに文化財の委員を務め、各地の郷土誌刊行に携わっているうちに、研究対象が広がり、他の分野、例えば文書が中世から近世にかけてどのように伝来していったのか、その経緯や時代背景、それに携わった家臣や学者たちのことにも関心を持つようになった。それに伴い近世・近代の記述も増えた。

私は、こうした自分の著作が些少でも次の世代の研究の踏み台になれば幸いと思っている。

最後に、著作集の刊行にご尽力いただいた戎光祥出版株式会社の方々、刊行をお手伝いしてくれた栗林君・新名君・松尾君らに深く御礼申しあげ結びとしたい。

二〇一八年一月

五味克夫

【著者略歴】

五味克夫（ごみ・よしお）

1924年、愛知県生まれ。
1950年、東京大学文学部卒業。
1955年、（旧制）東京大学大学院。

常民文化研究所、開成学園高等学校、鹿児島大学文理学部助教授、同大学法文学部助教授・教授、鹿児島女子大学教授を経て、現在、鹿児島大学名誉教授・鹿児島県史料編さん顧問。

主要編著書に、『日本歴史地名大系47　鹿児島県の地名』（平凡社、1998年、共監修）、『鎌倉幕府の御家人制と南九州』（戎光祥出版、2016年、単著）、『南九州御家人の系譜と所領支配』（戎光祥出版、2017年、単著）がある。また、『鹿児島県史料』『鹿児島県史料集』『鹿児島県史料拾遺』等の史料翻刻や編纂に多く携わる。他論文多数。

装丁：川本　要

戎光祥研究叢書　第15巻

戦国《せんごく》・近世《きんせい》の島津《しまづ》一族《いちぞく》と家臣《かしん》

二〇一八年三月一日　初版初刷発行

著　者　五味克夫
発行者　伊藤光祥
発行所　戎光祥出版株式会社
東京都千代田区麹町一-七
相互半蔵門ビル八階
電　話　〇三-五二七五-三三六一(代)
FAX　〇三-五二七五-三三六五
編集・制作　株式会社イズシエ・コーポレーション
印刷・製本　モリモト印刷株式会社

http://www.ebisukosyo.co.jp
info@ebisukosyo.co.jp


ISBN978-4-86403-284-1

# 人名索引（50 音順）

〇〇氏、〇〇家などは省略した。

（あ）



（い）

（う）



（え）



（お）



（か）

（き）



（く）



（け）



（こ）



（さ）

（し）

（ね）



（の）



（は）



（ひ）



（ふ）

# 地名・寺社名・城名索引（50音順）

（う）



（え）



（お）

（す）



（せ）



（そ）



（た）



（ち）



（つ）

（て）



（と）



（な）



（に）



（ね）



（の）



（は）



（ひ）

(ふ)



(ほ)



(ま)



(み)